Barbara Schönig, Justin Kadi, Sebastian Schipper (Hg.)
Wohnraum für alle?!

Urban Studies

Barbara Schönig, Justin Kadi, Sebastian Schipper (Hg.)
Wohnraum für alle?!
Perspektiven auf Planung, Politik und Architektur

[transcript]

Gefördert durch die Rosa-Luxemburg-Stiftung.

Bibliografische Information der Deutschen Nationalbibliothek
Die Deutsche Nationalbibliothek verzeichnet diese Publikation in der Deutschen Nationalbibliografie; detaillierte bibliografische Daten sind im Internet über http://dnb.d-nb.de abrufbar.

© 2017 transcript Verlag, Bielefeld

Die Verwertung der Texte und Bilder ist ohne Zustimmung des Verlages urheberrechtswidrig und strafbar. Das gilt auch für Vervielfältigungen, Übersetzungen, Mikroverfilmungen und für die Verarbeitung mit elektronischen Systemen.

Umschlaggestaltung: Kordula Röckenhaus, Bielefeld
Lektorat: Antonia Krahl, Cilia Lichtenberg
Satz: Tabea Latocha
Druck: Majuskel Medienproduktion GmbH, Wetzlar
Print-ISBN 978-3-8376-3729-8
PDF-ISBN 978-3-8394-3729-2
EPUB-ISBN 978-3-7328-3729-8

Gedruckt auf alterungsbeständigem Papier mit chlorfrei gebleichtem Zellstoff.
Besuchen Sie uns im Internet: *http://www.transcript-verlag.de*
Bitte fordern Sie unser Gesamtverzeichnis und andere Broschüren an unter: *info@transcript-verlag.de*

Inhalt

Vorwort | 9

Sechs Thesen zur wieder mal ›neuen‹ Wohnungsfrage –
Plädoyer für ein interdisziplinäres Gespräch
Barbara Schönig | 11

DIE RÜCKKEHR DER WOHNUNGSFRAGE UND IHRE URSACHEN

Kapitalistischer Wohnungsbau:
Ware, Spekulation, Finanzialisierung
Bernd Belina | 31

Finanzialisierung und Responsibilisierung –
Zur Vermarktlichung der Stadtentwicklung
Susanne Heeg | 47

Social housing in Europe: Affordable 'housing for all'?
Kathleen Scanlon | 61

Social housing and European Community competition law
Darinka Czischke | 73

Gentrifizierung und neue Mittelschichten:
Drei Phasen eines wechselhaften Verhältnisses
Susanne Frank | 87

SOZIALE KÄMPFE FÜR BEZAHLBAREN WOHNRAUM

Die Repolitisierung des Wohnens. Städtische soziale
Bewegungen für ein Recht auf Wohnen und auf Stadt
in Hamburg, Berlin, Jena und Leipzig
Anne Vogelpohl, Lisa Vollmer, Elodie Vittu und Norma Brecht | 105

›Neue Gemeinnützigkeit‹ im Wohnungswesen als Antwort?

›Neue Gemeinnützigkeit‹ und soziale Wohnungsversorgung
Andrej Holm | 135

Für und Wider Wohnungsgemeinnützigkeit
Bernd Hunger | 153

**Sieben gute Gründe zur Verteidigung
einer ›Neuen Wohnungsgemeinnützigkeit‹ (NWG)**
Jan Kuhnert | 165

Kommunale Strategien

Postneoliberale Strategien für bezahlbaren Wohnraum? Aktuelle wohnungspolitische Ansätze in Frankfurt am Main und Hamburg
Joscha Metzger und Sebastian Schipper | 181

**Kommunale Strategien für bezahlbaren Wohnraum.
Das Wiener Modell oder die Entzauberung einer Legende**
Christoph Reinprecht | 213

Das Berliner Modell der kooperativen Baulandentwicklung
Grit Schade | 231

**Vom Mietenvolksentscheid zum Wohnraumversorgungsgesetz –
Antwort auf die Wohnungsfrage in Berlin?**
Katrin Lompscher | 243

Alternativen jenseits von Markt und Staat

**Selbstverwaltet bezahlbar wohnen? Potentiale und
Herausforderungen genossenschaftlicher Wohnprojekte**
Ivo Balmer und Tobias Bernet | 259

**Community Land Trusts in den USA: Strukturen
und aktuelle Tendenzen**
Sabine Horlitz | 281

ARCHITEKTONISCHE STRATEGIEN FÜR BEZAHLBAREN WOHNRAUM

Prefab MAX – Die Potentiale vorgefertigter Konstruktionssysteme im kostengünstigen Wohnungsbau
Jutta Albus und Hans Drexler | 301

Das Bauhaus und die Bezahlbarkeit des Wohnens
Caroline Kauert und Max Welch Guerra | 333

Autorinnen und Autoren | 353

Vorwort

BARBARA SCHÖNIG, JUSTIN KADI UND SEBASTIAN SCHIPPER

Im Anschluss an die globale Finanzkrise von 2008 sind Mieten und Wohnungspreise insbesondere in prosperierenden Metropolregionen, Groß- und Universitätsstädten deutlich gestiegen. Für einkommensschwache Haushalte und zum Teil selbst für Mittelschichten wird es immer schwieriger, bezahlbaren Wohnraum in der Stadt zu finden. Vor diesem Hintergrund analysierte die Konferenz »Wohnen für alle?! Wissenschaftliche Perspektiven auf Architektur, Planung und Politik«, die im Mai 2016 vom Institut für Europäische Urbanistik an der Fakultät Architektur und Urbanistik der Bauhaus-Universität Weimar in Kooperation mit der Hermann Henselmann Stiftung durchgeführt wurde, die Gründe für die Wiederkehr der Wohnungsfrage und diskutierte mögliche Strategien für eine nicht-profitorientierte Wohnraumversorgung und eine Realisierung bezahlbaren Wohnraums für alle. Explizit sollte dabei ein interdisziplinärer Dialog ermöglicht werden, der gestalterische ebenso wie gesellschaftliche Lösungsansätze in den Blick nimmt. Diese Publikation bringt die Beiträge der Konferenz zusammen. Gefördert wurden sowohl die Konferenz als auch die nun vorliegende Publikation durch die Rosa-Luxemburg-Stiftung.

Bei unseren Kooperationspartnern und unserem Förderer möchten wir uns für die Unterstützung bedanken, ebenso wie bei allen Autorinnen und Autoren des Buches. Danken möchten wir auch Cilia Lichtenberg und Antonia Krahl für das Lektorat und Tabea Latocha für den Satz. Unser Dank geht außerdem an Diana Decker für das Design des Konferenzplakats, das auch die Grundlage für das Titelbild des vorliegenden Buchs war.

Sechs Thesen
zur wieder mal ›neuen‹ Wohnungsfrage –
Plädoyer für ein interdisziplinäres Gespräch

BARBARA SCHÖNIG

»Wohnraum für Alle?!« Dieses Buch macht sich eine Forderung zu Eigen, der wohl niemand widersprechen wollen würde. Doch fragt man weiter nach Größe, Qualität, Lage und Ausstattung des Wohnraums, danach für wen und von wem dieser zu welchen Preisen zu gewährleisten sei – sucht man also den normativen Anspruch dieser drei Worte konkret zu fassen, so zeigt sich, dass die Forderung »Wohnraum für alle« ebenso mehrheitsfähig wie zunächst nichtssagend ist. Gleichzeitig aber verweist sie auch unmittelbar auf die Vielzahl gesellschaftlicher Konflikte, die mit der Frage einer Wohnraumversorgung für alle verbunden sind: Wohnen ist ein Grundbedürfnis des Menschen, es wird in kapitalistischen Gesellschaften, in denen Grund und Boden sich überwiegend in privatem Eigentum befinden, zu einer auf dem freien Markt handelbaren Ware, dessen Herstellung und Finanzierung zugleich einen bedeutenden Wirtschaftssektor darstellt. Und als Hauptnutzung städtischen Bodens prägt es wesentlich die räumliche und soziale Struktur unserer Städte.

Aus all dem ergibt sich, dass unterschiedlichste Interessen, Politikfelder und Disziplinen berührt sind, wenn über das Wohnen gesprochen wird: die all jener, die eine Wohnung brauchen, jener, die als Eigentümer/-in die Wohnung als ein Wirtschaftsgut und eine Quelle von Profit betrachten, jener, deren Beruf, Einnahmequelle und Expertise im Entwerfen, Bauen oder Bewirtschaften von Wohnraum besteht und auch all jener, die sich aus einer Perspektive städtischen Lebens und städtischer Entwicklung mit der Bedeutung des Wohnens befassen. Wohnen also ist ein Feld komplexer Interessensgeflechte und es ist in mehrfacher Hinsicht von elementarer Bedeutung für Individuen, Gesellschaft und räumliche Entwicklung.

Wenn dieses Buch danach fragt, was »Wohnraum für alle« bedeutet und wie er geschaffen oder gewährleistet werden kann, so stellt es diese Komplexität in Rechnung und sucht sie durch einen interdisziplinären und feldübergreifenden Dialog zu erfassen. Dabei geht es um nichts weniger als darum zu erklären, was »Wohnraum für alle« im Kontext gegenwärtiger gesellschaftlicher Bedingungen bedeuten sollte und auf welche Weise er baulich-räumlich ebenso wie institutionell geschaffen werden könnte. Antworten hierauf aber lassen sich, so die These dieses Buchs, keineswegs nur auf Basis gegenwärtiger Bestandsaufnahmen geben. Und sie müssen, sollen sie nachhaltig sein, auch weit über kurzfristige Lösungsansätze hinausweisen. Sechs Thesen sollen einleitend an diese grundlegende Perspektive heranführen.

1. Die derzeitige »neue Wohnungsnot« trifft nicht alle überall gleich.

Ausgangspunkt dieser sechs Thesen ist die Frage danach, über welches Problem eigentlich zu reden ist, wenn heute über »Wohnungsnot« gesprochen wird. Hierzu ist anzumerken, dass es gesamtgesellschaftlich und flächendeckend keine Wohnungsknappheit gibt. Stattdessen ist die Wohnungsfrage heute räumlich ebenso wie sozial polarisiert (vgl. hierzu ausführlich Schönig et al. 2017: 27-28). Wohnraum ist vor allem in wachsenden Städten, Großstädten und auch kleineren Universitätsstädten knapp, wo seit Jahren die Boden- und Mietpreise steigen, während sie in schrumpfenden ländlichen und städtischen Regionen vielfach sinken. Dass aber selbst in den knappen Wohnungsmärkten der Flächenkonsum pro Kopf trotz zunehmender Haushaltszahlen steigt, verdeutlicht, dass selbst dort von einer »absoluten Wohnungsknappheit«[1] kaum gesprochen werden kann. Wohnraum wird hier aufgrund steigender Preise allerdings stetig knapper und unbezahlbarer für jene Einkommensschichten, die Wohnungen im unteren und mittleren Preissegment brauchen. Deren Wohnkostenbelastung liegt bereits jetzt oft weit jenseits der – vielfach als ›bezahlbar‹ betrachteten – 30 Prozent Bruttokaltmieten (RegioKontext 2013: 23).[2] Folglich haben wir es also mit einer Ungleichverteilung von

---

1 Häußermann und Siebel differenzieren zwischen »absoluter« und »relativer« Wohnungsnot. Während erstere einen Mangel an Wohnraum für die gesamte Bevölkerung bezeichnet, stellt letzteres die (sozial ungerechte) Ungleichverteilung von Wohnraum und somit die Unterversorgung eines Teils der Bevölkerung hinsichtlich Wohnraum als solchem aber auch Wohnungsqualität in den Vordergrund (Häußermann/Siebel 1996: 287).

2 Vgl. zu den unterschiedlichen Ansätzen die Bezahlbarkeit von Wohnraum zu veranschlagen: Praum 2016.

Wohnraum und vor allem Wohnkosten zu tun. Die heutige Wohnungsfrage hat also eine ausgeprägte soziale Dimension. Das wiederum gibt gerade deshalb Anlass zur Sorge, weil die Zahl armer Haushalte, die auf preiswerten Wohnraum angewiesen sind, in Deutschland ebenfalls zunimmt (Spannagel 2015: 7). Diese soziale Polarisierung der Wohnungsfrage ist materiell allerdings keine ›neue‹ Wohnungsfrage. Die überproportionale Belastung armer Haushalte durch Wohnkosten wurde durch Hermann Schwabe mit seinem »Schwabeschen Gesetz« schon im späten 19. Jahrhundert herausgestellt (Praum 2016: 38). Heute wie damals stehen wir gerade in den wachsenden Städten vor dem Problem der strukturellen Knappheit von Boden und Wohnraum. Gleichzeitig aber gilt damals wie heute, dass die Wohnung ein besonderes Gut, tatsächlich sogar ein Menschenrecht ist – wenn es sich auch nicht als individuelles Recht einklagen lässt. Dass die Wohnungsnot in den wachsenden Städten der Industrialisierung zeigte, dass Adam Smiths »unsichtbare Hand des Marktes« keineswegs in der Lage war, dieses Problem zu lösen, führte im frühen 20. Jahrhundert zu Wohnungskämpfen und -reformansätzen ganz unterschiedlicher Art. Letztlich mündeten diese auch in staatliche und kommunale Interventionen in den Wohnungsmarkt, mit denen »neue Wege in der Wohnungsversorgung jenseits des kapitalistischen Marktes« gefunden werden sollten (Häußermann/Siebel 1996: 103). Hierzu gehörten in Deutschland u.a. die Etablierung der gemeinnützigen steuerlich begünstigten Wohnungsunternehmen sowie der kommunalen Planungs- und Wohnungsämter und die großen, steuerlich finanzierten kommunalen Wohnungsbauprogramme der 1920er Jahre, deren Siedlungen in Berlin oder Dessau sogar als UNESCO Weltkulturerbe geschützt werden (vgl. hierzu Kauert/Welch Guerra in diesem Band). Es ist also sicher nicht ›neu‹, dass es eine sozial und räumlich polarisierte Wohnungsfrage gibt.

2. **Wohnungsnot im frühen 21. Jahrhundert ist Ausdruck der Transformation des Wohlfahrtsstaats insgesamt. Sie ist das Ergebnis gesellschaftlicher Entwicklungen, nationaler, lokaler und supranationaler wohnungspolitischer Entscheidungen und wird die sozialräumliche Struktur und gesellschaftliche Integrationsfähigkeit der Städte erheblich verändern.**

Sprechen wir heute von einer ›neuen‹ Wohnungsnot, so verweist dies eher darauf, dass sich – im kurzfristigen historischen Vergleich – in den letzten 30 Jahren der gesellschaftliche Kontext der Wohnraumversorgung in der Bundesrepublik Deutschland geändert hat, und zwar im Kontext der Durchsetzung neoliberaler Politiken auf nationaler und supranationaler Ebene, globalisierter Wirtschafts- und

Finanzströme und der Hegemonie neoliberaler Austeritätspolitiken (vgl. hierzu Heeg, Belina in diesem Band sowie Schipper/Schönig 2016: 8-9). Dies geschieht nicht nur auf nationaler Ebene, sondern auch lokal. Seit den 1980er Jahren erleben wir unter diesen Bedingungen eine radikale Transformation des Wohlfahrtsstaats, die auch mit einem Umbau der sozialen Wohnraumversorgung einhergeht (Fahey/Norris 2010: 479; Matznetter/Mundt 2012: 276). Verändert haben sich nicht nur die Bedeutung, das heißt die gesellschaftliche Funktion sozialer Wohnraumversorgung, sondern auch ihre institutionellen ebenso wie baulich-räumlichen Formen. Schon zuvor galt die soziale Wohnraumversorgung in allen Wohlfahrtsstaaten westlicher Prägung als sogenannter »wobbly pillar of the welfare state«, also als wackelige Säule des Wohlfahrtsstaat, da sie, so auch in Deutschland, dem Markt nur recht unzureichend entrissen war (Abrahamson 2005: 5; Matznetter/Mundt 2012: 276). Steuerungen der Wohnraumversorgung erfolgten hierzulande mit drei verschiedenen Strategien: Erstens durch eine im internationalen Vergleich starke Regulierung des Mietwohnungsmarkts, zweitens durch Subventionen oder steuerliche Begünstigungen in unterschiedlichen Segmenten des Wohnungsbaus (im Eigentumssektor, im freien Mietwohnungssektor und im sozial gebundenen Mietwohnungsbau) sowie drittens durch das sogenannte »Wohngeld« für jene, deren Einkommen nicht hinreichend war, um sich am Markt mit Wohnraum zu versorgen.[3] Schon seit den 1980er Jahren aber hat sich der Bund sukzessive aus der Förderung des Wohnungsbaus sowohl institutionell als auch finanziell zurückgezogen, und zwar insbesondere im unteren Preissegment (Egner 2014: 15). Wesentlich waren hierbei drei Schritte:

Erstens wurde die »bedeutsamste wohnungspolitische Innovation« der Weimarer Republik (Häußermann/Siebel 1996: 150), nämlich die gemeinnützige Wohnungswirtschaft im Zuge einer Steuerreform 1990 abgeschafft. Vor dem Hintergrund der Feststellung eines vermeintlich dauerhaft »ausgeglichenen Wohnungsmarkts« verloren die ehemals gemeinnützigen Unternehmen mit der Befreiung von Gewerbe-, Unternehmens- und Körperschaftssteuern einen wirtschaftlichen Wettbewerbsvorteil und wurden der Verpflichtung zu einer nicht profitorientierten und auf die Bereitstellung bezahlbaren Wohnens gerichteten Geschäftspraxis entledigt (Deutscher Bundestag 1988: 169). In der Folge veräußerten zahlreiche Unternehmen ihre preisgünstigen Bestände oder richteten ihre Unternehmenspraxis auf rentablere Segmente des Wohnungsmarkts aus. Von den Veräu-

---

3 Vgl. zu den Instrumenten der sozialen Wohnraumversorgung: Egner, Björn/Georgakis, Nikolaos/Heinelt, Hubert/Bartholomäi, Reinhart (Hg) (2004): Wohnungspolitik in Deutschland. Positionen – Akteure – Instrumente. Darmstadt: Schader-Stiftung.

ßerungen betroffen waren neben Werkswohnungsbeständen auch zahlreiche öffentliche Wohnungsbaugesellschaften der Länder und der Kommunen (Voigtländer 2007: 74), die damit nicht nur preisgünstige Bestände, sondern zugleich auch Einfluss auf den lokalen Immobilienmarkt verloren. Insgesamt sank durch Privatisierungen ebenso wie das Auslaufen von Belegungsbindungen im sozialen Wohnungsbau die Zahl der Sozialwohnungen von knapp 4 Millionen 1987 auf 1,5 Millionen 2012 (difu 1998: 9, Pestel-Institut 2012: 12).

Gleichzeitig wurde zweitens die Bedeutung der sogenannten Subjektförderung, also des Wohngeldes, als wohnungspolitisches Instrument gestärkt (Heinelt 2004: 39): Da mit der Zahlung von Wohngeld der Staat die Differenz zwischen der tatsächlichen Miete und dem Einkommen ausgleicht, das für Miete ausgegeben werden kann, machen Mietpreissteigerungen langfristig eine Erhöhung des Wohngelds und damit der staatlichen Ausgaben notwendig. Demgegenüber wurde die Zahl neu geförderter belegungsgebundener Wohnungen reduziert und die Zielgruppe des sozialen Wohnungsbaus wurde durch das Wohnraumfördergesetz im Jahr 2001 auf die ärmsten Schichten der Gesellschaft eingegrenzt (WoFG § 1(2), Egner 2014: 15-16).

Schließlich wurde mit der Föderalismusreform 2006 die soziale Wohnraumversorgung endgültig vom Bund den Länder überantwortet (BBSR 2011: 7) und letztlich stark in die Kommunen verlagert, ohne allerdings zugleich Mittel hierfür dauerhaft zu verschieben. Die Haushaltslage der deutschen Kommunen aber ist vielfach desolat, und zwar nicht zuletzt deshalb, weil der Bund sukzessive Lasten auf die Kommunen verlagert hat, ohne dies mit entsprechenden Mitteln zu versehen.[4] Gleichzeitig aber sind die Kommunen verpflichtet zu ausgeglichenen Haushalten. Es bewahrheitet sich also, was Jamie Peck so treffend formuliert: »Cities are, where austerity bites« (Peck 2012: 629). Sichtbar wird dies nicht nur in der Wohnungspolitik, sondern auch bspw. am Sanierungsstand von Schulen, Kitas oder anderen sozialen Infrastrukturen.

Die Dezentralisierung erhöhte allerdings auch den Einfluss der Kommunen auf die Gestaltung der sozialen Wohnraumversorgung, die ihre wohnungspolitischen Strategien im Rahmen der jeweiligen Landesgesetzgebung recht eigenständig gestalten, so dass eine »Kommunalisierung der Wohnungspolitik« zu beobachten ist (vgl. Schönig et al. 2017). Allerdings hatte vor dem Hintergrund zunehmend wettbewerbsorientierter und letztlich unternehmerischer Stadtpolitiken

---

4   So konnte der Bund seine Leistungen für Wohngeld 2005 erheblich reduzieren, da mit der Einführungen von »Hartz IV« die Kommunen größtenteils für die soziale Sicherung des Wohnens für Arbeitsuchende zuständig waren (Statistisches Bundesamt 2014, Deutscher Städtetag 2014).

Wohnungspolitik in den letzten Dekaden eine geringe Bedeutung. Kaum politisch diskutiert wurde daher die Ambivalenz der vielfach staatlich geförderten Maßnahmen zur Erhaltung und Erneuerung innerstädtischer Quartiere, deren zunehmende Attraktivität für die neuen »urbanen Mittelschichten« und für innerstädtisches Gewerbe auch einen Anstieg von Boden- und Mietpreisen nach sich zog. Folgerichtig wurde auch Strategien zur Sicherung preiswerten Wohnraums wenig Beachtung geschenkt. Auch Instrumente zum Erhalt bezahlbaren Wohnraums wie das Erbbaurecht, Konzeptvergabe, Milieuschutzsatzung, städtebauliche Verträge zur Integration geförderten Wohnraums (soziale Bodennutzung) (vgl. hierzu Friesecke et al. 2014) wurden viel zu selten genutzt, obwohl sich im Zuge der Restrukturierung der sozialen Wohnraumversorgung zugleich die Zahl preiswerter Wohnungen im Neubau und im Bestand reduzierte, und zwar gerade auch in den von Preissteigerungen betroffenen Quartieren (BBSR 2014: 18). Folgerichtig trugen die innerstädtischen Aufwertungsprozesse zur Reduktion bezahlbaren Wohnraums und auch zur Verdrängung derjenigen, die auf diesen angewiesen sind, aus den Kernbereichen der Städte bei. Spätestens mit der Finanzkrise 2008 wurde innerstädtischer Wohnraum zusätzlich auch noch hochprofitabel für nationale und internationale Akteure des Finanzmarkts, deren Aktivitäten zusätzlich zur Dynamik der Wohnungs- und Immobilienpreise beitrugen (Heeg/Holm 2012: 211–212; Deutscher Bundestag 2012: 16, 18–19).

Die gegenwärtige Knappheit an preiswertem Wohnraum in den engen Wohnungsmärkten ist also keineswegs ausschließlich als Ergebnis einer gesteigerten Nachfrage zu interpretieren, sondern wurde maßgeblich durch die Restrukturierung wohlfahrtsstaatlicher Wohnraumversorgung und die veränderten Rahmenbedingungen von Wohnungs- und Stadtentwicklungspolitik auf lokaler, nationaler wie internationaler bzw. supranationaler Ebene verursacht. Im Ergebnis zeitigt dies allerdings nicht nur ein wohnungspolitisches Problem. Denn der Mangel an preiswertem Wohnraum wird auch die sozialräumliche Struktur der Städte und Stadtregionen durch die Intensivierung sozialräumlicher Segregationsprozesse dauerhaft verändern. Den hiermit angedeuteten gesellschafts- und stadtpolitischen Rahmen der gegenwärtigen Wohnungsfrage spannen im ersten Abschnitt unseres Buches Susanne Heeg, Susanne Frank, Bernd Belina, Kathleen Scanlon und Darinka Czischke auf.

Abbildungen 1-3: Die Wiederkehr der Wohnungsnot in Deutschland

Quelle: DER SPIEGEL 03/1981, DER SPIEGEL 38/1989, DER SPIEGEL 15/2016

3. **Wohnungspolitisch können diese Entscheidungen aber nicht als grundsätzlicher Bruch (west-)deutscher Wohnungspolitik betrachtet werden. Sie verwirklichen vielmehr das in der bundesrepublikanischen Wohnungspolitik seit den 1950er Jahren angelegte Grundverständnis der »sozialen Wohnungsmarktwirtschaft«. Es bedarf daher einer grundsätzlichen Neubestimmung von Wohnungspolitik und nicht temporären monetären Interventionen in den Wohnungsmarkt.**

Allerdings lässt vor dem Eindruck aktueller Probleme der schnelle Blick zurück die Vergangenheit oft rosiger erscheinen als historisch gerechtfertigt: Bereits seit der Hochphase des sozialen Wohnungsbaus in den 1970er Jahren kam es wiederholt zu sogenannten »Wohnungskrisen«, die vor stets ganz unterschiedlichen Hintergründen entstanden. In den frühen 1980ern war trotz erheblicher Neubaubestände ein großer Anteil innerstädtischen Wohnraums nicht mehr bewohnbar, gleichzeitig hatten sich aufgrund veränderter Haushaltsstrukturen und Wohnbedürfnisse auch die Ansprüche an Wohnraum verändert und die Nachfrage nach Wohnungen hatte sich erhöht. Ende der 1980er Jahre erlebte Westdeutschland durch den Zuzug aus der Sowjetunion ebenso wie der DDR einen plötzlichen Mangel an Wohnraum. Bereits seit Mitte der 1990er Jahre finden sich nun in Gesamtdeutschland, insb. aber in Westdeutschland, regelmäßig Reportagen über einen Mangel an Wohnraum insbesondere für Studierende.[5] Wer lokalpolitisch das Thema verfolgte, konnte auch bereits seit den frühen 2000er Jahren einen stetigen Anstieg an Mieten und einen Rückgang der Wohnungsversorgungsquoten in etlichen Großstädten beobachten.

Letztlich aber lässt sich die wohnungspolitische Entwicklung seit der Abschaffung der Gemeinnützigkeit durchaus interpretieren als eine logische Fortsetzung bundesdeutscher Wohnungspolitik, die nach 1945 zunächst als »Wohnungszwangswirtschaft« zur Bewältigung der dramatischen Wohnungsnot etabliert wurde (Kühne-Büning/Plumpe/Hesse 1999: 160). Diese Wohnungspolitik betrachtete jedweden Eingriff in den Wohnungsmarkt von Anfang an als lediglich temporär legitim, solange aufgrund der Kriegsschäden und Zuwanderung eine Unterversorgung mit Wohnraum gegeben war. Von Anfang an wurde daher sozialer Wohnungsbau in Deutschland nicht etwa als dauerhaft belegungsgebundener oder wenigstens öffentlicher Wohnungsbestand geschaffen. Stattdessen ermöglichte der Bund durch die Subventionierung von bzw. mittels Darlehen den Wohnungsbau privater ebenso wie öffentlicher Bauträger, deren subventionierte Wohnungen

---

5   Vgl. zur Wohnungsnot in den 1980er und 1990er Jahren Häußermann/Siebel 1996: 287-289.

nach der Rückzahlung der Darlehen vollständig in das frei verfügbare Eigentum der Träger übergehen und in den freien Wohnungsmarkt eingegliedert werden sollten (vgl. Hanauske 1995: 42-43). Diese »soziale Zwischennutzung« (Donner 2000: 200) zielte also eher darauf, temporäre Engpässe zu schließen und durch die Förderung von Darlehen privaten Wohnungsbau sowie die Bildung privaten Kapitals zu ermöglichen. Vor diesem Hintergrund wird zudem verständlich, dass auch die Eigentumsförderung für Mittelschichten in der Bundesrepublik von Anbeginn an einen großen Stellenwert besaß. Solange die Steigerung des Einkommensniveaus und die Ausweitung und Verbesserung des Wohnungsangebots gleichwohl eine hinreichende Steigerung von Wohnungsqualität für die Mehrheit der Bevölkerung ermöglichten, der Staat weiterhin in neue, temporär belegungsgebundene Wohnungen investierte und hinreichend Wohnraum vorhanden war, schien dieses Modell zu funktionieren.

Gesellschaftspolitisch lässt sich diese »soziale Wohnungsmarktwirtschaft« (Hanauske 1995: 61) im Kontext der ordoliberalen Idee der sozialen Marktwirtschaft verstehen, wie sie von Alfred Müller-Armack und Ludwig Erhard geprägt wurden. Diese zielte darauf, im Widerstreit der Systeme zwischen Kapitalismus und Sozialismus die Überlegenheit des Kapitalismus zu demonstrieren, indem die sozialen Verwerfungen einer liberalen Marktwirtschaft durch ein Minimum an staatlichen Interventionen in den Markt verhindert werden sollten. Übertragen auf den Wohnungsmarkt bedeutete dies, dass Wohnungspolitik lediglich insoweit in den Markt eingreifen sollte, als es notwendig schien, um eine hinreichende Versorgung der Bevölkerung mit Wohnraum zu gewährleisten. Mittel der Wahl waren dabei solche Instrumente, die lediglich indirekt in den Markt eingriffen, also das Handeln von Marktakteuren ermöglichten oder lenkten. Nicht aber ging es im Sinne des von Joe Harloe identifizierten »sozialdemokratischen« Modells der sozialen Wohnraumversorgung um eine Sicherung gleichwertiger Wohnraumverhältnisse (vgl. Harloe 1995) oder gar darum, in einen an sich in toto als dysfunktional erachteten Wohnungsmarkt dauerhaft staatlich zu intervenieren. Dass nichtsdestotrotz die bereits in der Weimarer Republik gegründeten kommunalen und gemeinnützigen Wohnungsunternehmen zusätzlich als Träger von Wohnungsbau auch in der Bundesrepublik begünstigt wurden, lässt sich aus heutiger Sicht als ein Zugeständnis an die sozialdemokratische Idee einer eher an Umverteilung orientierten Sozialstaatlichkeit und als korporatistischer Kompromiss interpretieren. Er war zugleich eine Möglichkeit, einen ›echten‹ staatlichen Wohnungsbau zu vermeiden und sich damit auch vom staatlichen Wohnungsbau der DDR abzugrenzen. Denn von Anfang an waren auf diese Weise Unternehmen, und zwar private profitorientierte ebenso wie gemeinnützige, zum Teil kommunal gesteuerte Unternehmen die Träger des Wohnungsbaus.

Gerade vor diesem Hintergrund aber wird deutlich, dass es notwendig ist über eine grundsätzliche Neuorientierung von Wohnungspolitik nachzudenken, die soziale Wohnraumversorgung nicht als lediglich in Krisenzeiten zu rechtfertigende Intervention in den Markt betrachtet, sondern sie grundsätzlich als eine Notwendigkeit wohlfahrtsstaatlichen Handelns versteht. Folgerichtig muss über Ansätze nachgedacht werden, die kurzfristig vielleicht kaum, dafür jedoch langfristig umso mehr Wirkung zeigen mögen. Hierzu gehört jenseits einer funktionalen Neubestimmung der Bedeutung von Wohnungspolitik insbesondere die Auseinandersetzung mit Trägerformen und der institutionellen Organisation sozialer Wohnraumversorgung, die dazu beitragen könnten, ein Wohnungsmarktsegment zu schaffen, das den Mechanismen des Markts dauerhaft entzogen und demokratisch kontrollierbar bleibt.

Folgerichtig befassen wir uns in diesem Buch ausführlich mit unterschiedlichen Ansätzen zur Schaffung, Organisation und Reform preiswerten Wohnungsbaus, einerseits mit Blick auf die staatliche Förderung nicht-profitorientierter Träger, bspw. durch eine ›Neue Gemeinnützigkeit‹ (Andrej Holm, Bernd Hunger, Jan Kuhnert), durch Genossenschaften (Ivo Balmer; Tobias Bernet), durch staatliche bzw. kommunale Wohnungsbaugesellschaften (Christoph Reinprecht) und andere nicht-profitorientierte Modelle wie Community Land Trusts (Sabine Horlitz). Dabei öffnen wir den Blick auch in andere Länder, in denen diese Modelle bereits erprobt werden bzw. eine lange Tradition haben.

4. Lokale Politik kann und muss hier im Sinne einer sozial orientierten, integrierten Wohnungs- und Stadtentwicklungspolitik eine bedeutende Rolle einnehmen.
Während insofern mit diesen Überlegungen über ein grundsätzlich neues Verständnis von Wohnungspolitik nachzudenken ist, darf zugleich nicht vergessen werden, dass Wohnungspolitik die räumliche Entwicklung von Städten erheblich beeinflusst und dass sie gerade auch aufgrund der zuvor erwähnten Dezentralisierung von Wohnungspolitik durch Städte gesteuert wird. Dies gilt auch trotz des Verlusts an Wohnungsbeständen und knapper kommunaler Ressourcen: Denn Wohnen ist schlicht die Hauptnutzung städtischen Bodens, die nicht zuletzt durch Liegenschafts- und Bodenpolitik aber auch das Planungsrecht gesteuert werden kann – eine Möglichkeit, die in den letzten Jahren viel zu wenig genutzt wurde.

Soll sich dies ändern, ist es notwendig auch auf kommunaler Ebene umzudenken und soziale Wohnraumversorgung nicht als Korrektiv einer im Grunde unternehmerisch interessierten Stadtentwicklungspolitik, sondern als Teil einer, lokalen sozialen Daseinsvorsorge und Teil integrierten Stadtentwicklungspolitik zu betrachten. Um bezahlbaren Wohnraum langfristig unter den Bedingungen von

Ressourcenknappheit zu gewährleisten, müsste städtische Politik darauf zielen, die kostengünstigen Bestände zu erweitern und zu halten, Boden- und Mietpreisdynamiken einzudämmen und die öffentliche Verantwortung für bezahlbaren Wohnraum auch gegen private Renditeinteressen durchzusetzen.

In etlichen Städten wird derzeit darum gerungen, Wohnungspolitik neu zu konturieren und mancherorts lassen sich Ansätze eines möglichen Paradigmenwechsels in der kommunalen Wohnungspolitik wenigstens erahnen (vgl. Schönig et al. 2017). Beharrungstendenzen und Strategien lokaler Wohnungspolitik unter den Bedingungen des transformierten Wohlfahrtsstaats diskutieren Joscha Metzger und Sebastian Schipper, Christoph Reinprecht, Kathrin Lompscher und Grit Schade, während Anne Vogelpohl, Lisa Vollmer, Elodie Vittu, Norma Brecht die sozialen Kämpfe um das »Recht auf Wohnen« und die Rolle der sozialen Bewegungen beleuchten.

5. **Wesentlich für die dauerhafte Akzeptanz und Stabilität sozialen Wohnungsbaus ist die Suche nach stadträumlich vernetzten, städtebaulich und architektonisch qualitätsvollen aber auch bezahlbaren Formen sozialen Wohnungsbaus.**

Diese zuletzt genannte Forderung nach sozialer Wohnraumversorgung als Teil einer integrierten Stadtentwicklungspolitik impliziert unmittelbar die Frage danach, wo und wie sozialer und bezahlbarer Wohnraum unter den gegebenen Bedingungen geschaffen werden soll. Dabei darf allen Herausforderungen im Neubau zum Trotz nicht vergessen werden, dass bezahlbares Wohnen vor allem im Wohnungsbestand qualitätsvoll gewährleistet wird. Geht es in zentralen Lagen vor allem darum, Verdrängungsprozesse durch Preissteigerungen zu verhindern, stellt sich gerade dort, wo Wohnraum nach wie vor preiswert ist wie z.B. in den Siedlungen der Nachkriegszeit die Aufgabe Wohnqualität dauerhaft zu erhalten. Hier beziffert der GdW-Bundesverband deutscher Wohnungs- & Immobilienunternehmen die Investitionsbedarfe allein in seinen Beständen auf über 3,3 Milliarden € pro Jahr bis 2030 (Kompetenzzentrum Großsiedlungen 2015: 102).

Meist allerdings tritt die Frage nach der adäquaten Planung und Gestaltung sozialen Wohnungsbaus angesichts der gesellschaftlichen Bedarfe gegenüber den institutionellen Fragen der Wohnraumversorgung in den Hintergrund, allenfalls bauökonomische Argumente werden breiter diskutiert. Bedenkt man, dass sozialer Wohnungsbau gerade auch aufgrund seiner Architektur, seines vielfach qualitätslosen Städtebaus und seiner stadträumlichen Peripherisierung diskreditiert war, ist dies erstaunlich. Tatsächlich aber war sozialer Wohnungsbau auch in den planenden und bauenden Professionen jahrelang kaum Thema. Antworten auf die Frage, wie unter den gegebenen Bedingungen städtebaulich integrierter und architektonisch überzeugender Wohnungsbau heute kostengünstig geschaffen werden könnte, müssen nun jedoch dringend gefunden werden.

Betrachtet man Beispiele sozialen Wohnungsbaus der letzten beiden Jahrzehnte, so zeigt sich, dass sich nicht nur die institutionelle Organisation, sondern zugleich auch die baulich-räumliche Form sozialen Wohnungsbaus mit der Durchsetzung postmoderner städtebaulicher Leitbilder und integrierter Planungsstrategien erheblich gewandelt hat (vgl. z.b. Bodenschatz/Polinna 2011; BBSR 2015; Chipova 2014). So scheint sich gerade in der äußeren Form des sozialen Wohnungsbaus und seiner städtebaulichen bzw. stadträumlichen Einbettung die erhebliche Restrukturierung des sozialen Wohnungsbaus seit dem Ende des Massenwohnungsbaus fordistischer Prägung zu materialisieren (Schönig 2006: 287-288; vgl. auch Harlander/Kuhn 2012a). Programmatisch kennzeichnend ist dabei der Trend zu sozialer Mischung und kleinteiligen, urbanen baulichen Formen (Harlander/Kuhn 2012b). Was zunächst eine Strategie sein sollte, um soziale und bauliche Stigmatisierung und Isolation zu vermeiden, erweist sich jedoch vielfach als ambivalente Forderung, die gerade in attraktiven Lagen und engen Wohnungsmärkten auch genutzt wird, um die Menge geförderten Wohnraums zu begrenzen (vgl. Schönig 2006). Städtebaulich zielen viele der Projekte auf urbane Dichte, nutzen flächensparende, ökologische und energieeffiziente Bauweisen oder suchen motorisierten Individualverkehr zu reduzieren (BBSR 2015: 99). Auch entstehen unterschiedliche Segmente sozialen Wohnungsbaus, die sich in Zielgruppe, Gestaltung und Integration in den städtischen Kontext erheblich unterscheiden. Städtebaulich reicht das Spektrum von neuen ›Großsiedlungen‹ des sozialen Wohnungsbaus am Rand der Stadt, über Gebäude mit wenigen Wohneinheiten, die in innerstädtischer Lage durch Nachverdichtung entstehen, und neu errichteten Reihenhäusern bis zu einzelnen Apartments, die im hochpreisigen Wohnhochhaus integriert werden. Ebenso breit ist das Spektrum von Wohnumfeldgestaltung, stadträumlicher Lage, infrastruktureller Ausstattung und adressatengerechter Wohnungsgrundrisse. Dies deutet darauf hin, dass sich trotz der identifizierten Trends der Transformation von Wohnungs- und Stadtentwicklungspolitik sowie Leitbildern eine Diversifizierung institutioneller und baulich-räumlicher Formen sozialen Wohnungsbaus erkennen lässt.

Es zeigt sich also, dass sich auch planerisch, städtebaulich und architektonisch wenig klare Antworten zu Planung und Gestaltung sozialen Wohnungsbaus finden lassen. Einigkeit besteht wohl in erster Linie darin, was neuer sozialer Wohnungsbau nicht sein soll: peripherisiert am Rand der Städte, städtebaulich anspruchslos und ohne hinreichende Integration in die Stadt. Folgerichtig befassen wir uns in diesem Band auch mit der Frage, wie preisgünstiges Wohnen geschaffen werden könnte: Dies erfolgt mit zwei Blicken, die sich nicht zuletzt auf den Ort beziehen, an dem diese Publikation entstanden ist, nämlich die Bauhaus-Universität Weimar in Thüringen. Caroline Kauert und Max Welch Guerra wagen einen Blick auf die recht ambivalenten Spuren, die das Bauhaus selbst, dessen Ursprungsort sich in Weimar findet, in diesem Kontext hinterlassen hat. Jutta Albers und Hans Drexler gehen der Frage nach, die sie für die Internationale Bauausstellung Thüringen ausführlich betrachtet haben, auf welche Weise der Plattenbau als »Platte 2.0« kostengünstiges qualitätsvolles Bauen ermöglichen würde.

6. Es bedarf einer interdisziplinären Wohnungsforschung und eines feldübergreifenden Diskurses wohnungspolitischen Engagements aus Praxis und Wissenschaft, Wirtschaft, Zivilgesellschaft und Politik.

Die Wohnungsfrage bringt, wie diese Ausführungen gezeigt haben, Fragen aus unterschiedlichen Disziplinen mit sich. Die gegenwärtige Konjunktur wohnungspolitischer Themen und der hierdurch möglicherweise induzierte neue Zyklus an Wohnungspolitik öffnet fördertechnisch ein Gelegenheitsfenster, führt allerdings bislang kaum zu den notwendigen grundlegenderen Reformen in der Wohnungspolitik. Grundlage einer solchen Wohnungspolitik müsste eine interdisziplinäre Wohnungsforschung sein, die nach Strategien sucht, wie bezahlbares Wohnen für alle geschaffen werden kann. Für die Initialisierung einer solchen interdisziplinären Wohnungsforschung eröffnet sich mit dem gegenwärtigen Diskurs eine Chance. Er gibt Anlass und Möglichkeit, die fragmentierten wissenschaftlichen Diskurse um Wohnungspolitik, Stadtentwicklung, Wohnungswirtschaft und Wohnungsbau zusammen zu führen und damit die notwendige Voraussetzung zu schaffen, um tragfähige Lösungsansätze zu erarbeiten.

LITERATUR

Abrahamson, Peter (2005): The wobbly pillar revisited theorizing welfare state and housing policy: the case of Denmark. Unveröffentlicher Aufsatz, vorgestellt auf der European Network for housing research International Conference in Reyjavik, Island (29. Juli - 3. Juli 2005), Kopenhagen.

BBSR – Bundesinstitut für Bau, Stadt und Raumforschung (Hg.) (2014a): Aktuelle Mietenentwicklung und ortsübliche Vergleichsmiete: Liegen die erzielbaren Mietpreise mittlerweile deutlich über dem örtlichen Bestandsmietenniveau?, Bonn.

BBSR – Bundesinstitut für Bau, Stadt und Raumforschung (Hg.) (2014b): Kleinräumige Wohnungsmarkttrends in Großstädten (= BBSR KOMPAKT 9/2014), Bonn.

BBSR – Bundesinstitut für Bau, Stadt und Raumforschung (Hg.) (2011): Fortführung der Kompensationsmittel für die Wohnraumförderung, Endbericht, Berlin.

Bodenschatz, Harald/Polinna, Cordelia (2011): Perspektiven einer IBA Berlin 2020. Ein strategisches Gutachten, Senatsverwaltung für Stadtentwicklung, Berlin.

Chipova, Irina (2014): »Affordable housing: in search of new forms, diversity and individuality«, in: speech: 12/2014, S. 28 – 56.

Deutscher Bundestag (2012): »Unterrichtung durch die Bundesregierung: Bericht über die Wohnungs- und Immobilienwirtschaft in Deutschland«, in: BT Drucksache 17/11200.

Deutscher Bundestag (1988): »Gesetzentwurf der Fraktionen der CDU/CSU und FDP. Entwurf eines Steuerreformgesetzes 1990«, in: BT Drucksache 11/2157.

Deutscher Städtetag (2014): Soziale Leistungen der Kommunen, Gemeindefinanzbericht 2014, Köln.

Difu – Deutsches Institut für Urbanistik (1998): »Entmischung im Bestand an Sozialwohnungen«, in: Difu-Berichte 4/1998, S. 8-9.

Deutsches Institut für Urbanistik/Bundesverband für Wohnen und Stadtentwicklung e.V. (2016): Wohnungspolitik neu positionieren! Plädoyer von vhw und Difu für eine soziale und resiliente Wohnungspolitik, Berlin.

Drixler, Erwin/Friesecke, Frank/Kötter, Theo/Weitkamp, Alexandra/Weiß, Dominik (2014): Kommunale Bodenpolitik und Baulandmodelle – Strategien für bezahlbaren Wohnraum? Eine vergleichende Analyse in deutschen Städten. (= Schriftenreihe des DVW, Band 76), Augsburg.

Donner, Christian 2000: Wohnungspolitiken in der Europäischen Union: Theorie und Praxis, Wien: Selbstverlag.

Egner, Björn (2014): »Wohnungspolitik seit 1945«, in: Bundeszentrale für Politische Bildung: Aus Politik und Zeitgeschichte 64, S. 13-19.

Egner, Björn/Georgakis, Nikolaos/Heinelt, Hubert/Bartholomäi, Reinhart (Hg.) (2004): Wohnungspolitik in Deutschland. Positionen – Akteure – Instrumente, Darmstadt: Schader-Stiftung.

Fahey, Tom/Norris, Michelle (2010): »Housing«, in: Francis G. Castles/Stephan Leibfried/Jane Lewis/Herbert Obinger/Christopher Pierson (Hg.): The Oxford Handbook of the Welfare State, Oxford: Oxford University Press, S. 479-494.

Hanauske, Dieter (1995): »Bauen, bauen, bauen...!«. Die Wohnungspolitik in Berlin (West) 1945-1961, Berlin: Akademie Verlag.

Häußermann, Hartmut/Siebel, Walter (1996): Soziologie des Wohnens. Eine Einführung in Wandel und Ausdifferenzierung des Wohnens, Weinheim/München: Juventa.

Harlander, Tilman/Kuhn, Gerd (2012a): »Europa – Im Spannungsfeld von Mischung und Segregation«, in: Tilmann Harlander/Gerd Kuhn (Hg.): Soziale Mischung in der Stadt. Case Studies – Wohnungspolitik in Europa – Historische Analyse, Stuttgart [u.a.]: Krämer, S. 182-199.

Harlander, Tilman/Kuhn, Gerd (Hg.) (2012b): Soziale Mischung in der Stadt. Case Studies – Wohnungspolitik in Europa, Stuttgart [u.a.]: Krämer.

Harloe, Michael (1995): The people's home? Social rented housing in Europe & America, Oxford [u.a.]: Blackwell.

Heeg, Susanne/Holm, Andrej (2012): »Immobilienmärkte und soziale Polarisierung in der Metropolregion Frankfurt Rhein-Main«, in: Jochen Monstadt/Karsten Zimmermann/Tobias Robischon/Barbara Schönig (Hg.): Die diskutierte Region. Probleme und Planungsansätze der Metropolregion Rhein-Main, Frankfurt a.M./New York: Campus Verlag, S. 211-230.

Heinelt, Hubert (2004): »Rahmenbedinungen, Politikinhalte und Politikprozesse«. in: Egner/Georgakis/Heinelt/Bartholomäi (Hg.): Wohnungspolitik in Deutschland: Positionen, Akteure, Instrumente, Darmstadt: Schader-Stiftung, S. 35-48.

Kompetenzzentrum Großsiedlungen (2015): Perspektiven großer Wohnsiedlungen. (= Jahrbuch 2015), Berlin, S. 106.

Kühne-Büning, Lidwina/Plumpe, Werner/Hesse, Jan-Otmar (1999): »Zwischen Angebot und Nachfrage, zwischen Regulierung und Konjunktur. Die Entwicklung der Wohnungsmärkte in der Bundesrepublik, 1949-1989/1990-1998«, in: Ingeborg Flagge: Geschichte des Wohnens, Band 5, Stuttgart: Deutsche-Verlags-Anstalt.

Matznetter, Walter/Mundt, Alexis (2012): »Housing and Welfare Regimes«, in: David F. Clapham/William Clark/Kenneth Gibb (Hg.): The SAGE Handbook of Housing Studies. London: SAGE Publications, S. 274-294.

Peck, Jamie (2012): »Austerity Urbanism. American cities under extreme economy«, in: City 16 (6), S. 626-655.

Pestel-Institut (2012): Bedarf an Sozialwohnungen in Deutschland. http://www.pestel-institut.de/images/18/Studie%20Sozialer-Wohnungsbau%2008-2012.pdf vom 12.08.2015.

Praum, Carsten (2016): »Der Mythos der Bezahlbarkeit. Zur wohnungspolitischen Relevanz von Faustregeln«, in: derive no. 65, S. 37-41.

RegioKontext (2013): Strategien für bezahlbares Wohnen in der Stadt. Berlin.

Spannagel, Dorothee (2015): Trotz Aufschwung: Einkommensungleichheit geht nicht zurück, WSI-Verteilungsbericht 2015 (= WSI-Report 26).

Statistisches Bundesamt (2016): Ausgaben für Wohngeld von Bund und Ländern von 1991 bis 2014 (in Milliarden Euro). http://de.statista.com/statistik/daten/studie/72123/umfrage/wohngeld---leistungen-von-bund-und-laendern-seit-1996/ vom 26.05. 2015.

Schipper, Sebastian/Schönig, Barbara (2016): Urban Austerity. Impacts of the Global Financial Crisis on cities in Europe, Berlin: Theater der Zeit.

Schönig, Barbara (2006): »Ausgrenzende Integration. Soziale Wohnraumversorgung und Urban Renaissance in Chicago«, in: AK Stadterneuerung & Institut für Stadt und Regionalplanung der TU Berlin (Hg.): Jahrbuch Stadterneuerung 2005/2006, Berlin: ISR TU, S. 275-294.

Schönig, Barbara/Rink, Dieter/Gardemin, Daniel/Holm, Andrej (2017): »Paradigmenwechsel in der kommunalen Wohnungspolitik? Variationen kommunalisierter Wohnungspolitik im transformierten Wohlfahrtsstaat«, in: Marlon Barbehön/Sybille Münch (Hg.): Variationen des Städtischen - Variationen lokaler Politik, Wiesbaden: Springer, S. 25-62.

Voigtländer, Michael. (2007): »Die Privatisierung öffentlicher Wohnungen«, in: Wirtschaftsdienst 87 (11), S. 748-753.

Die Rückkehr der Wohnungsfrage und ihre Ursachen

Wesentlich für eine interdisziplinäre Wohnungsforschung aber auch für die Suche nach Strategien zur Gewährleistung bezahlbaren Wohnens ist es, die gesellschaftlichen Hintergründe aber auch strukturellen Ursachen der gegenwärtigen Wohnungsnot zu verstehen. Die Beiträge im ersten Abschnitt dieses Buches betrachten daher anknüpfend an internationale Diskurse der Wohnungsforschung die zunehmende Verflechtung globaler Finanzmärkte mit vormals lokal oder national organisierten Immobilienmärkten sowie die lokalen, nationalen ebenso wie supranationalen wohnungs- und stadtentwicklungspolitischen Rahmenbedingungen von Wohnraumversorgung und Wohnungsmarkt heute. Sie bringen diese Debattenstränge zusammen und analysieren die gesellschaftlichen Wechselbeziehungen und polit-ökonomischen Wirkungsmechanismen der ›neuen‹ Wohnungsnot.

Kapitalistischer Wohnungsbau: Ware, Spekulation, Finanzialisierung

BERND BELINA

Der Wohnungsbau hierzulande ist in globale Prozesse der Kapitalzirkulation (und deren staatliche Regulierung) eingebunden; was und wo gebaut wird, entscheidet sich vor allem in eben jenen Prozessen. Im Folgenden werden diejenigen Aspekte der Zirkulationsprozesse systematisch dargestellt, die im Bereich von Wohnungsbau, -finanzierung, -handel und -vermietung relevant sind. Es zeigt sich, dass die Art und Weise, in der kapitalistischer Wohnungsbau organisiert ist, Stockungen und Krisen hervorbringt.[1]

DIE KAPITALZIRKULATION UND IHRE AKTEURE

Es wird von einer stark vereinfachten Konstellation ausgegangen, innerhalb derer verschiedene Kapitalkreisläufe stattfinden. Diese ist in Abb. 1 graphisch umgesetzt. Zu sehen sind Akteure (graue Kästen) und ihre Transaktionen miteinander (Pfeile), wie sie »auf der Oberfläche der Gesellschaft« (Marx [1894] 1988: 33) erscheinen, sowie die marxistische Bestimmung des kapitalistischen Wesens dieser Transaktionen (weiße Ovale und Kästen sowie Schraffuren).

Die Akteure sind dabei keine konkreten Individuen, sondern »Charaktermasken« (Marx [1867] 1971: 100), d.h. Abstraktionen, die so agieren, wie es ihre Position innerhalb der eingerichteten Gesetzmäßigkeiten der Kapitalzirkulation von ihnen verlangt, und die so agieren können, wie es eben jene Position ermöglicht.

---

[1] Mein Dank für produktive Kommentare gilt den Herausgeber/-innen, Felix Wiegand, Hannah Hecker und Ronja Stiep sowie für die graphische Umsetzung von Abb. 1 Elke Alban. Alle Ungenauigkeiten verbleiben natürlich in meiner Verantwortung.

Innerhalb eines gewissen Rahmens können sie stets anders handeln – etwa Vermieter*innen, die aus Nettigkeit, sozialen Erwägungen oder Faulheit mögliche Mieterhöhungen nicht durchführen. Dies ändert aber nichts daran, dass sie als Vermieter*innen mit der Vermietung Geld verdienen (oder sich die anfallenden Verluste leisten können) müssen.

Abbildung 1: Kapitalzirkulation im Wohnungsbau

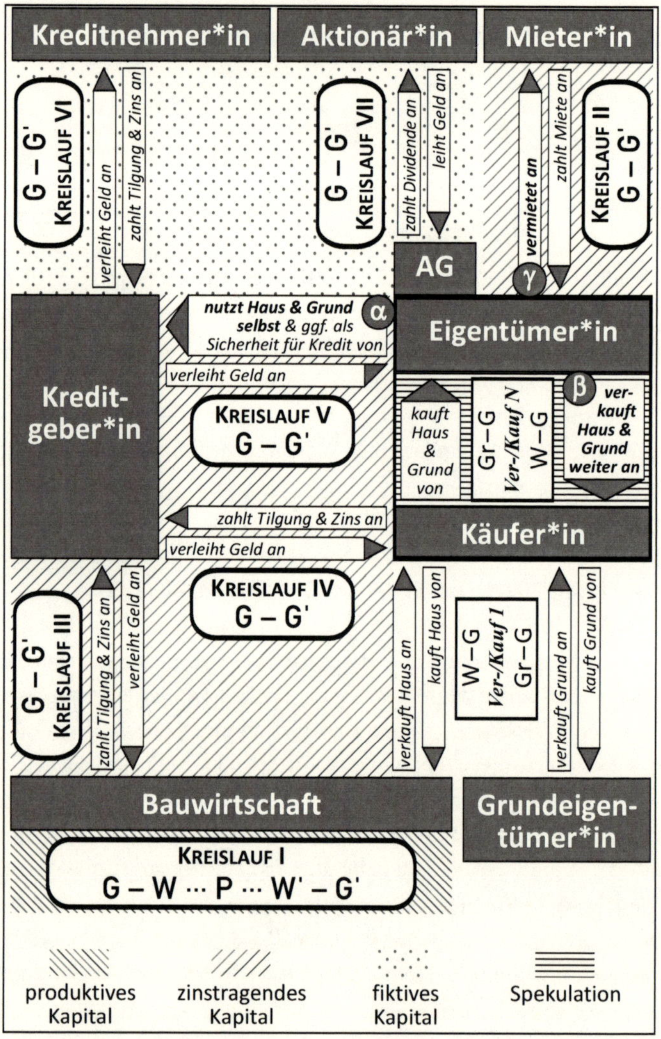

Quelle: eigene Darstellung

Die Akteure sind auch insofern Abstraktionen, als die jeweiligen Positionen von unterschiedlichen Typen von Individuen oder Institutionen eingenommen werden können. Eigentümer*innen und Vermieter*innen können Privatleute aus Mittel- oder Oberschicht sein, aber auch Kommunen bzw. ihre Wohnungsbaugesellschaften, gemeinnützige oder kirchliche Institutionen oder kleine, mittlere, große und inzwischen auch sehr große privatwirtschaftliche Akteure, wie die börsennotierten Vonovia, das größte Wohnungsunternehmen Deutschlands mit rd. 370.000 Wohnungen (Statista 2016).

Die Akteurskonstellation sieht folgendermaßen aus: Ein Wohngebäude wird von einer Produzentin/einem Produzenten aus der Bauwirtschaft in ›Kreislauf I‹ hergestellt. Es steht auf einem Grundstück, das einer bzw. einem Grundeigentümer*in gehört. Beides, Gebäude und Grundstück, wird zusammen in ›Ver-/Kauf I‹ von einer bzw. einem Käufer*in gekauft, die/der damit zur/zum Eigentümer*in wird. Diese*r kann das Wohngebäude α) selbst nutzen, β) an eine*n andere*n Käufer*in weiterverkaufen (die/der dadurch zum/zur Eigentümer*in wird) oder γ) vermieten (und damit ›Kreislauf II‹ konstituieren). Die/der Produzent*in, die Käufer*innen und die Eigentümer*innen leihen sich Geld von der/dem Kreditgeber*in (zinstragendes Kapital; Kreislauf III, IV und V), die/der wiederum die zukünftige Rückzahlung als tatsächliches Geld behandelt (fiktives Kapital; Kreislauf VI und VII).

Diese Konstellation ist eine starke Vereinfachung. U.a. wird davon abgesehen, dass zwischen Produzent*in und Käufer*in üblicherweise Intermediäre (Entwickler etc.) agieren, dass Wohngebäude häufig das Eigentum mehrerer Parteien sind und/oder von mehreren Mietparteien bewohnt werden, dass Grund und Boden häufig nicht gekauft, sondern gepachtet wird oder dass die Bauwirtschaft aus großen Konzernen und einer Vielzahl kleiner und mittlere Gewerke besteht. Die Rolle der involvierten Staatsapparate wird im Folgenden nur angerissen, wenn dies zum Verständnis der aktuellen Lage der Kapitalzirkulation hierzulande vonnöten ist.

Kapitalkreisläufe entstehen durch die systematisch immer gleichen, aufeinanderfolgenden Handlungen beteiligter Akteure, in denen das Kapital »eine Reihenfolge zusammenhängender, durch einander bedingter Verwandlungen durchläuft, eine Reihe von Metamorphosen, die ebenso viele Phasen oder Stadien eines Gesamtprozesses bilden« (Marx [1885] 1975: 56). Die Metamorphosen finden zwischen verschiedenen Formen statt, in denen Kapital vorliegt: Geldkapital (abgekürzt: G), Warenkapital (W), womit alle produzierten Dingen inkl. der Arbeitskraft bezeichnet sind, und produktives Kapital (P), mithin Warenkapital, das so angewandt wird, dass neue Waren und Mehrwert entstehen. Mehrwert entsteht nur hier, nur in der Produktion (zu der auch der hier nicht weiter wichtige Warentransport zählt) – nicht aber beim Geldverleih oder beim bloßen Tausch. Deshalb beginnt die folgende Darstellung mit der Produktion des Wohngebäudes (Kreislauf I). In den übrigen Kreisläufen (II bis VII) findet keine Mehrwertproduktion statt, sondern nur Geldverleih. Dies ist bei den hier bewegten Summen erstaunlich und, wie im Folgenden nur angerissen wird, Grund für Blasenbildung und deren Platzen, mithin Stockungen und Krisen. In der Diskussion der Kreisläufe II bis VII ist jeweils zu klären, woher die zu erzielenden Gewinne stammen. Dasselbe gilt für die Tauschhandlungen (›Ver-/Kauf‹), in denen Geld verdient wird, ohne dass ein Kreislauf vorliegt.

Kapital ist Geld, aus dem mehr Geld werden soll. Dies kann nur gelingen, wenn es in einen Kreislauf eingespeist wird, in dem Mehrwertproduktion stattfindet oder anderswo produzierter Mehrwert abgezogen wird. Deshalb ist Kapital »eine Bewegung, ein Kreislaufsprozeß durch verschiedene Stadien« (ebd. [1885] 1975: 109). Weil es in der Zirkulation aber zugleich an jeder Stelle und zu jedem Zeitpunkt als ›Ding‹ erscheint, argumentiert David Harvey, dass Kapital gleichwohl eine widersprüchliche Einheit von ›Ding‹ und ›Prozess‹ bildet:

»Die Einheit des kontinuierlich zirkulierenden Kapitals als Prozess und als Strom auf der einen Seite, und die verschiedenen materiellen Formen, die es annimmt (vor allem Geld, Produktionstätigkeit und Waren) auf der anderen Seite, ergeben eine widersprüchliche Einheit.«[2] (Harvey 2014: 71)

Aus der widersprüchlichen Einheit von Kapital als notwendig kontinuierlichem Prozess einerseits und ebenso notwendig immer wieder in Sachen fixiertem Ding andererseits resultieren in der Wirklichkeit der Kapitalzirkulation zahlreiche Reibungsverluste und Stockungen der Zirkulation (wenn etwa für produzierte Gebäude keine Käufer*innen zu finden sind, sie unter Wert verkauft werden müssen und Kredite nicht bedient werden können) und Krisen (etwa wenn dies massenhaft geschieht, wie 2007ff. in den USA, Irland und Spanien).

DIE ERSTE RUNDE: NEUBAU UND ERSTER VER-/KAUF

Zu den Vereinfachungen in der Konstellation aus Abb. 1 gehört es, zwischen dem Neubau und erstem Ver-/Kauf des Wohngebäudes sowie dem, was danach passiert, zu unterscheiden. Dies ist nicht nur tatsächlich die übliche Reihenfolge, es erlaubt auch zum Zweck der Systematisierung die ›erste Runde‹ als weitgehend

---

2   Übers. der Zitate B.B.

übersichtlich, die zweite und dritte hingegen als zunehmend komplexer zu präsentieren. Diese Komplexität erscheint Außenstehenden häufig als Irrationalität. Zweck der Darstellung ist es u.a. zu zeigen, welche bzw. wessen Rationalitäten – nämlich jene utilitaristischer kapitalistischer Einzelakteure – hier am Werk sind. Gleichwohl findet sich die klare Trennung der ›Runden‹ in der Realität nur sehr begrenzt, da v.a. die Kreditvergabe der ›dritten Runde‹ meist zeitgleich mit oder vor Neubau und erstem Ver-/Kauf beginnt.

Kreislauf I: Die Produktion von Wohnraum

Kreislauf I in Abb. 1 ist der Geidkapitalkreislauf (vgl. Marx [1885] 1975: 31), wie er sich aus Sicht des bzw. der Produzent*in darstellt, hier bezogen auf die Produktion des Wohngebäudes. Die/der Produzent*in kauft für Geld (G) Waren (W), nämlich Produktionsmittel (PM) und Arbeitskraft (AK). Diese wendet er/sie so an, dass in der Produktion (P) eine neue Ware (W') entsteht (das Wohngebäude), die für mehr Geld (G') verkauft wird, als die zu Beginn gekauften Waren (W) gekostet haben. Das fertige Wohngebäude (W') hat einen höheren Wert als die gekauften Waren (W), weil in der Produktion (P) Mehrwert entstanden ist (der mit dem Strich bei W' dargestellt ist). Dieser realisiert sich, wenn der Verkauf des Gebäudes zur Geldsumme G' gelingt. Ob dem so ist, kann die/der Produzent*in zu Beginn nicht wissen, nur hoffen bzw. darauf hinzuarbeiten versuchen. Von dieser grundlegend spekulativen Natur kapitalistischer Warenproduktion, deren Miss-/Erfolg sich immer erst ›hinterher‹ zeigt, wird im Folgenden der Fall β als Spekulation i.e.S. unterschieden. Im Erfolgsfall wird die Geldsumme G' von der Produzentin/dem Produzenten ganz oder teilweise verwendet, um erneut Produktionsmittel und Arbeitskraft zu kaufen und weitere Gebäude zu bauen, womit der Kreislauf von neuem beginnt.

In Kreislauf I gelten die Gesetzmäßigkeiten der Warenproduktion. Der Wert (W') des Wohngebäudes drückt die gesellschaftlich notwendige Arbeitszeit aus, die zu seiner Produktion notwendig war (vgl. Marx [1867] 1971). Der Wert und damit der Preis von Wohnungsneubauten ist grundsätzlich sehr hoch. Der Grund hierfür ist die »relativ niedrige organische Zusammensetzung des Baukapitals, insbesondere der geringe Anteil des fixen Kapitals« (Brede/Kohaupt/Kujath 1975: 27). D.h. für die Produktion von Gebäuden muss bei G–W viel Geld für Arbeitskraft im Verhältnis zu Produktionsmitteln ausgegeben werden. Letztere beinhalten Arbeitsgegenstände (Rohmaterialien wie Stahl, Farbe oder Leitungen, die mit ihrem Wert in das Gebäude eingehen) und, wichtiger, Arbeitsmittel wie Maschinen und Werkzeuge. Die Arbeitsmittel fungieren als fixes Kapital, weil ihr Wert nicht komplett in W' eingeht, sondern »allmählich, bruchweis« (Marx [1885] 1975:

159) auf alle Gebäude und sonstige Waren übergeht, die mit ihnen produziert werden. Nun ist der Ersatz von Arbeitskraft durch fixes Kapital, also durch Maschinen und andere Formen der Automatisierung, entscheidend bei der Produktivitätssteigerung, die es einzelnen Kapitalist*innen erlaubt, Waren billiger herzustellen als andere. Dies müssen sie, um W' in der Konkurrenz um die begrenzte zahlungsfähige Nachfrage auch loszuwerden, also den produzierten Wert W' in W'–G' zu realisieren. Gebäude sind im Vergleich zu anderen Waren wie etwa PKW, Fernseher oder Textilien so teuer, weil ihre Produktion weit weniger automatisiert vonstattengeht (vgl. Albus/Drexler in diesem Band) und in sie deshalb vergleichsweise mehr Arbeitskraft relativ zu fixem Kapital eingeht. Die Einschätzung, dass in der Bauwirtschaft der »Schritt zur Entwicklung der ›großen Industrie‹ […] noch nicht vollzogen [wurde]« (Projektgruppe Branchenanalyse 1972: 128) trifft nach wie vor zu (wobei sie ihm hierzulande näher ist als z.B. im anglophonen Raum, vgl. Berry 2014: 399). Auch muss die Herstellung von Gebäuden vor Ort erfolgen, weshalb sie – anders als jene anderer arbeitsintensiver Waren wie Textilien – nicht in Niedriglohnländer ausgelagert werden kann. Dem versucht die Bauindustrie regelmäßig durch den ›Import‹ von – oft in dieser Form nicht legalen – Niedriglohnverhältnissen zu begegnen.

Neubauten sind also immer teuer. Verschärfend kommen hierzulande aktuell zwei Aspekte hinzu. Erstens sind hochpreisige Wohngebäude mit viel Wohnfläche für wenige Personen und besserer bzw. Luxusausstattung, die auf die zahlungsfähige Nachfrage der sich re-urbanisierenden Mittel- und Oberschicht treffen (vgl. Frank in diesem Band), in der Produktion nicht viel teurer als einfache Wohngebäude (vgl. Holm 2014: 31f.). Private bauen deshalb fast ausschließlich im oberen bzw. Luxussegment (außer sie werden durch Sozialwohnungsbauquoten o.ä. anderweitig gezwungen, was sie regelmäßig beklagen). Die Mehrkosten durch neue gesetzliche Auflagen bzgl. Energieeffizienz, Brand- oder Naturschutz etc., über die die Bauwirtschaft medienwirksam klagt, verteuern das Bauen von einfachen wie Luxuswohnungen gleichermaßen und verschärfen die Lage lediglich.

Zweitens kommt preistreibend hinzu, dass auch bei Wohngebäuden wie bei allen Waren, die »Möglichkeit quantitativer Inkongruenz zwischen Preis und Wertgröße« (Marx [1867] 1971: 117) gegebenen ist. Der Preis des Gebäudes fluktuiert je nach Angebot und Nachfrage um seinen Wert. Nun konzentriert sich die zahlungsfähige Nachfrage derzeit in den zentralen Lagen der Groß- und Universitätsstädte, und muss auch genau dort befriedigt werden – die Ware Wohngebäude kann nicht an andere Orte transportiert werden. Leerstehende Wohnungen in strukturschwachen, peripheren oder ländlichen Räumen, auf die mitunter verwiesen wird, um das Problem steigender Miet- und Hauspreise in den Zentren zu relativieren, ändern deshalb nichts an der Lage ebendort. Dass sich dort zudem Bevölkerung mit niedriger Zahlungsfähigkeit konzentriert, bedeutet für ärmere Gruppen Wohnungsnot.

Ver-/Kauf I: Der Markt für Wohngebäude

Mindestens ebenso wichtig für die Erklärung der hohen Preise derzeit ist die Preisexplosion bei Grund und Boden, v.a. in nachgefragten Lagen. Wenn Grund und Boden gegen Geld getauscht wird, konstituiert das keinen Kreislauf, sondern einen simplen Tauschakt. Dieser wird hier und in der Konstellation in Abb. 1, wenn er das erste Mal stattfindet, als ›Ver-/Kauf I‹ bezeichnet. Weiterverkäufe (›Ver-/Kauf N‹), bei denen in Abb. 1 stets Gebäude und Grundstück zusammen gehandelt werden, bauen hierauf auf und werden weiter unten als Spekulation separat diskutiert. Der Geldfluss beim Tausch von Grund und Boden gegen Geld ist in Abb. 1 als ›Gr–G‹ abgekürzt.

Der Preis von Grund und Boden kommt anders zustande als jener von Waren, weil Grund und Boden nicht von Menschen produziert, sondern von Natur aus da und von Menschen nur abgegrenzt und mittels des »ursprünglich der Gewalt entstammenden Besitzrecht[s]« (Marx [1868] 1976: 59) einer/einem Eigentümer*in zugesprochen wird. Was Marx ([1885] 1975: 816) mit Blick auf landwirtschaftliche Nutzung schrieb, gilt gleichermaßen für städtischen Grund und Boden: »Der Bodenpreis ist nichts als die kapitalisierte und daher antizipierte Rente«. Die Höhe des Preises ergibt sich daraus, was zukünftige Nutzer*innen mit/auf dem Boden verdienen und deshalb für seinen Erwerb zahlen können – und zwar unabhängig davon, ob die Quelle dieser Zahlungsfähigkeit Mehrwertproduktion, Kreditvergabe, Steuern (bei staatlicher Nutzung), Vermögen, Löhne oder Transferleistungen sind. Entscheidend ist allein die reine Geldmenge, die der/die Käufer*in zu zahlen bereit und in der Lage ist. Harvey (1982: 333) betont die aktiven, da »koordinierenden Funktionen, die [die Grundrente] bei der Allokation von Landnutzungen und bei der geographischen Organisation des Raums ausübt«. Was auf welchem Grund und Boden (und damit wo) passiert, wird durch die Zahlungsfähigkeit, und damit durch die vermutete zukünftige Profitabilität unterschiedlicher Nutzungsmöglichkeiten entschieden. Von der Finanzindustrie oder von Immobilienmakler*innen genutzte Büros, Einkaufszentren oder Luxusjuweliere können – sofern sie am ›richtigen‹ Ort sind – aus ihren zukünftig erwirtschafteten Profiten weit mehr für den Grund aufbringen als dies alternative Gastronomie, Kindergärten oder die Vermieter*innen bezahlbaren Wohnraums können. Die unterschiedlichen Preise von Grund und Boden in unterschiedlichen Regionen, Städten und Stadtteilen sind der entscheidende Grund dafür, dass die Wohnkosten bei Kauf oder Miete sich räumlich so stark unterscheiden – denn die Produktion der Gebäude kostet überall ungefähr dasselbe.

Zu den Besonderheiten des aktuellen Wohnungsbaubooms gehört es, dass Luxus- und hochwertiges Wohnen – am ›richtigen‹ Ort und bei viel Wohnfläche pro Grundfläche – zukünftige Einnahmen zu generieren verspricht, die mit anderen Nutzungen konkurrieren können. So kann die profitable Nutzung von Bürogebäuden angesichts hoher Leerstandsraten in vielen Regionen Deutschlands, oder jene weiterer Einzelhandelsflächen oder Kinosäle angesichts der Marktsättigung in diesen Bereichen als weniger erfolgversprechend erscheinen als eben Luxuswohnen.

Der aktuelle Trend zu Wohntürmen in Frankfurt am Main, den es hierzulande so bislang nur ebendort zu geben scheint, verdeutlicht, dass und in welcher Weise Bodenknappheit die Vermehrung der Nutzfläche pro Grundstück durch weitere Stockwerke befeuert, und damit – weil bei großer Wohnfläche höhere zukünftige Einnahmen zu erwarten sind – auch die Bodenpreise. Für Toronto, wo *Condominium Towers* (Hochhäuser mit überwiegend Eigentumswohnungen) seit den 2000er Jahren boomen, beschreiben Lehrer und Wieditz (2009: 93) die Konsequenzen: einen »Anstieg der Immobilienpreise mit dem Resultat, dass Menschen, die auf bezahlbaren Wohnraum angewiesen sind, verdrängt werden«.

In der Realität werden städtische Grundstücke fast nie, wie in der hier konstruierten Konstellation, ohne jegliche Bebauung oder sonstige Veränderung durch menschliche Arbeitskraft gehandelt:

»Der Begriff ›Grund und Boden‹ beinhaltet inzwischen natürlich alle Infrastrukturen und Modifikationen aus vergangenen Zeiten (z.B. die U-Bahntunnels von London und New York, die vor mehr als einem Jahrhundert entstanden) ebenso wie neuere Investitionen, die sich noch nicht amortisiert haben.« (Harvey 2014: 76f.)

In Abb. 1 werden der Ver-/Kauf des Grundstücks und jener des Wohngebäudes getrennt betrachtet, weil die erzielten Gewinne unterschiedlichen Quellen entstammen: hier Mehrwertproduktion, dort kapitalisierte Grundrente.

Die zweite Runde:
nach Neubau und erstem Ver-/Kauf

Je nachdem, was der bzw. die Eigentümer*in mit Wohngebäude und Grundstück tut, fallen beide aus der Kapitalzirkulation heraus (Fall α), erfolgt Spekulation durch weitere Ver-/Käufe N (Fall β) oder konstituiert sich durch Vermietung zwischen Vermieter*in und Mieter*in ein neuer Kreislauf II (Fall γ).

Eigennutzung: Ende der Kapitalzirkulation

Werden Gebäude und Grund im Fall α zur eigenen Nutzung erworben, fallen sie für diese Zeit aus der Kapitalzirkulation heraus (wurde auf Kredit gekauft oder werden sie als Sicherheit für Kredit genutzt, sind die über Kreislauf IV resp. V nach wie vor eingebunden). Dann interessiert sich die bzw. der Eigentümer*in nur für den Gebrauchswert des Gebäudes, für dessen ›Nützlichkeit‹ (Marx [1867] 1971: 50), die sich, wie bei allen Waren, »nur im Gebrauch oder der Konsumtion [verwirklicht]« (ebd.) – also dafür, dass mensch in dem Gebäude wohnen kann. Der Wert der Ware Wohngebäude wird dann irrelevant. Fallen Reparaturen oder dergleichen an, wird ihm zwar neuer Wert hinzugefügt, dies erfolgt aber erneut nur, um den entstehenden Gebrauchswert zu nutzen.

Fall α tritt auch ein, wenn ein/e Käufer*in Gebäude und Grundstück nicht nutzt und dauerhaft sich selbst bzw. dem Verfall überlässt, z.B. wenn eigentlich Weiterverkauf oder Vermietung geplant waren, sich dies aber nicht realisieren lässt. Üblicherweise endet Fall α irgendwann, etwa nach Ableben, wg. Umzugs oder aufgrund anderer Ereignisse, die Fall β oder γ eintreten lassen.

Weiterverkauf: Spekulation

Im Fall β verkauft Eigentümer*in I Gebäude und Grundstück weiter. Hat Käufer*in N ebenfalls vor weiterzuverkaufen, dann handelt es sich um Spekulation i.e.S. Der dabei (im Erfolgsfall) anfallende Gewinn konstituiert, wie schon bei Ver-/Kauf I, keinen Kreislauf. Theoretisch mag bei jedem weiteren Ver-/Kauf N ein neuer Gewinn anfallen können. In der Praxis geht das nur so lange, wie sich ein ›Bigger Fool‹ findet (Holm 2014: 86) – also jemanden, die/der einen höheren Preis zu zahlen bereit ist, weil sie/er auf erneut lohnenden Weiterverkauf hofft.

Dabei sieht Käufer*in N vom tatsächlichen Wert des Gebäudes aus Kreislauf I und dem einigermaßen begründeten Preis des Bodens aus Ver-/Kauf I ab. Stattdessen wird der Kaufpreis nur noch auf Basis des erwarteten Kaufwillens Dritter kalkuliert. Letzterer ist in der Spekulationslogik von Fall β seinerseits nichts Anderes als der erwartete Kaufwillen *anderer* Dritter, womit er tendenziell mit der allgemeinen Einschätzung der Marktlage (immer im Vergleich unterschiedlicher Investitionssphären) identisch wird. So kann die reine Überzeugung bzw. der reine Glaube, dass Hauspreise (inkl. der Grundstücke) immer weiter steigen (wie er in den USA, Großbritannien, Australien oder Israel weit verbreitet ist) oder dass hierzulande in Krisen- oder Niedrigzinszeiten wie diesen Immobilienkäufe die beste Option sind, dazu führen, dass viele ›Fools‹ Gebäude und Grundstücke kaufen, weil sie sich sicher sind, immer noch ›Bigger Fools‹ zu finden, die sie ihnen zu einem höheren Preis wieder abkaufen. Keynes ([1936] 2009: 133) beschrieb dieses Denken (in Bezug auf die Börsenspekulation, die sich in dieser Hinsicht von der Immobilien- und Bodenspekulation nicht unterscheidet) folgendermaßen:

»Wir haben den dritten Grad erreicht, wo wir unsere Intelligenz der Vorwegnahme dessen widmen, was die durchschnittliche Meinung als das Ergebnis der durchschnittlichen Meinung erwartet. Und ich glaube, daß es sogar einige gibt, welche den vierten, fünften und noch höhere Grade ausüben.«

Die Spekulation bezieht sich dabei primär auf Grund und Boden. Dass dessen Preis grundsätzlich davon abhängt, was zukünftig mit ihm an Geld erwirtschaftet werden kann, und weil sich letzteres durch allgemeine politische und ökonomische Entwicklungen ohne Zutun des Eigentümers/der Eigentümerin wie von selbst ändern kann, macht ihn von vorneherein zu einem Spekulationsobjekt *par excellence*. Mitunter müssen Grundeigentümer*innen nur warten, um mit Gewinn verkaufen zu können. Wer darüber hinaus über exklusive Informationen bzgl. zukünftiger Nutzungsmöglichkeiten verfügt, etwa zu anstehenden Stadtplanungsentscheidungen, oder diese Entscheidungen sogar zu eigenen Gunsten zu beeinflussen in der Lage ist (etwa durch ›Kontakte‹), kann diesen Prozess deutlich beschleunigen. Doch auch ohne – in diesem Bereich nie auszuschließende – illegale Aktivitäten ist in Zeiten wie diesen und an Orten wie den Zentren der Groß- und Universitätsstädte hierzulande das reine Warten ein Geschäftsmodell, und sei es nur für ein bis zwei Jahre nach der Baugenehmigung, um den Grund nach dieser Zeit weiterzuverkaufen.

Insgesamt lässt das Vorgehen in Fall β Spekulationsblasen entstehen, also Situationen, in denen mehr Geld in Immobilien investiert wurde als mit ihnen einzunehmen ist. Bei ihrem Platzen stehen die jeweils ›Biggest Fools‹ mit Verlust da; im Stadtbild schlägt sich dies oft sichtbar in Bauruinen oder unbebauten Grundstücken in guter Lage nieder.

Vermietung: Kreislauf II

Fall γ, wenn also die/der Eigentümer*in das Wohngebäude samt Grundstück vermietet, konstituiert Kreislauf II in Abb. 1. Die Miete ist der Zins, den die/der Vermieter*in für das Verleihen der Ware Wohnung erhält. »Für ihn [bzw. sie; B.B.] ist die Wohnung Warenkapital, das er [bzw. sie; B.B.] verleiht.« (Brede/Kohaupt/Kujath 1975: 24) Der Wohnraum fungiert dann als zinstragendes Kapital, d.h. als Kapital in der Form der Ware Wohnung, das gegen Zins in Form der Miete verliehen wird. Insofern konstituiert Vermieten einen Kreislauf wie jenen des Geldverleihens, bei dem das verliehene Geld zuzüglich Zins zurückfließt (G–G'). Marx ([1858] 1983: 619; Herv. i.O.) schreibt dazu in den *Grundrissen*:

>»Aber wird das Kapital als Geld, Grund und Boden, Haus etc. ausgeliehen, so wird es *als Kapital* zur Ware, oder so ist die Ware, die in Zirkulation gesetzt wird, *das Kapital als Kapital*.«

Allerdings gibt es einen wichtigen Unterschied zwischen dem Verleihen von Geld und jenem von Wohngebäude und Grundstück. Der Kauf letzterer fixiert eine große Menge an Geld an einer bestimmten Stelle im Raum. Da die Miete nur einen Bruchteil des Kaufpreises ausmacht, dauert es sehr lange, bis das Verleihen von Wohnhaus und Grundstück Gewinn abwirft – insbesondere, wenn sich die/der Käufer*in für den Kauf selbst Geld geliehen hat, das sie/er mit Zinsen zurückzahlen muss (Kreislauf IV). Erst wenn dieser Kredit zurückgezahlt ist, fließt die Miete vollständig an den/die Eigentümer*in. Die Kombination aus Langfristigkeit und räumlicher Fixierung der Investition erhöhen das Risiko des Mietausfalls. In den Kauf von Wohnraum zum Zweck der Vermietung wird deshalb nur investiert, wenn unter Berücksichtigung dieser Besonderheiten die zu erzielenden Mieten mit den Zinsen in anderen Sphären konkurrieren können. Wenn etwa das Verleihen von Geld genauso viel einbringt wie das Vermieten, werden Akteure, die auf Gewinn abzielen, das weniger riskante Geldverleihen wählen und nicht in Mietwohnungen investieren. Aktuell ist es gerade andersherum: die Zinsen sind niedrig, die Gewinnerwartungen in anderen Sphären ebenfalls, Vermieten erscheint als interessante Option.

Kreislauf II bildet für die/den Vermieter*in eine Einnahmequelle, solange es Mieter*innen gibt, die dafür Miete zu entrichten bereit und in der Lage sind. Weil Miete meist aus Lohn bestritten wird, lauern hier Gründe für Stockungen: sinkende Reallöhne schmälern das für Mietzahlungen zur Verfügung stehende Geld, Massenentlassungen stürzen neben dem Arbeits- auch den regionalen Mietwohnungsmarkt in die Krise. Während zu Zeiten und an Orten des Mangels an bezahlbarem Wohnraum auch noch »die infamsten Höhlen und Löcher« (Engels [1872/73] 1976: 263) Mieter*innen finden, kann es heute und hierzulande in strukturschwachen ländlichen Gegenden hingegen schwer sein, Wohnraum zu vermieten.

Durch Reparaturen etc., die der zu verleihenden Ware neuen Wert hinzufügen, kann die Vermietbarkeitsdauer des Wohngebäudes meist weit über den Zeitraum ausgedehnt werden, währenddessen die/der Vermieter*in noch den Kredit für den Kauf von Gebäude und Grundstück aus Kreislauf IV zurückzahlen muss. Weil die/der Vermieter*in ab dem endgültigen Tilgungszeitpunkt keine Ausgaben jenseits jener (geringen) für Reparaturen zur Aufrechterhaltung der Vermietbarkeit hat, sind abbezahlte Wohngebäude die einzigen, die bei nicht allzu angespannter Marktlage auch auf Gewinn orientierte Vermieter*innen zu einer bezahlbaren Miete vermieten (dies macht sie gerade auch für nicht auf Gewinn abzielende Vermieter*innen wie Genossenschaften interessant). Anders liegt der Fall bei hohen Investitionen für Luxussanierungen (Aufzug, Fußbodenheizung, Wintergärten), die dem Gebäude viel neuen Wert hinzufügen und die Miete in für untere und oft auch mittlere Schichten unbezahlbare Höhen schnellen lassen. Häufig werden solche Sanierungen auch nur vorgenommen, um ›Altmieter*innen‹ zu vergraulen und bei der Neuvermietung Mietsteigerungen jenseits des Wertzuwachses zu erzielen, mithin die Grundrente zu steigern.

DIE DRITTE RUNDE: FINANZIALISIERUNG

Weitere, hier nur anzureißende Kreisläufe werden konstituiert, weil die gebaute Umwelt inkl. der Wohngebäude »weder produziert noch betrieben werden könnte ohne Zuflucht ins Kreditsystem zu nehmen« (Harvey 1982: 225). Dem ist so, weil die Produzent*innen oder Käufer*innen nicht ausreichend Geld ›auf Tasche‹ haben, oder – in der Praxis großer Investor*innen wichtiger – weil durch die Aufnahme von Krediten die Umschlagszeit des Kapitals und damit der Profit erhöht werden kann (vgl. Marx [1885] 1975). Kreditgeber*innen verleihen Geld nur, wenn die Aussichten auf pünktlichen und vollständigen Rückfluss plus Zins gut sind. Wegen der Langfristigkeit und der räumlichen Fixierung der Investitionen in Gebäude können hier stets Probleme und Stockungen der Zirkulation auftreten:

Kreislauf III zwischen Produzent*in und Kreditgeber*in funktioniert nur, solange und sofern aus Sicht der Bauwirtschaft W'–G' gelingt und die Zinsen aus dem realisierten Mehrwert aus G' zurückgezahlt werden können.

Kreislauf IV zwischen Käufer*in I bis N und Kreditgeber*in läuft nur, solange und sofern Vermietung oder Weiterverkauf in den Fällen β respektive γ erfolgreich verlaufen; oder die/der Käufer*in im Fall α Geld aus anderen Quellen beischaffen kann (im Normalfall das Lohneinkommen).

Bei Kreislauf V kann sich der/die Eigentümer*in Geld bei der/beim Kreditgeber*in leihen, die/der Gebäude und Grundstück als Sicherheit akzeptiert. Die Erwartung auf stabile oder steigende Immobilienpreise vorausgesetzt, funktionieren Gebäude und Grund wie ein »privater Bankautomat« (Harvey 2014: 20). Das geht solange gut, wie der Kredit bedient werden kann – sonst geht das Gebäude an die/den Kreditgeber*in.

Die Kreisläufe VI und VII schließlich sind jene der eigentlichen Finanzialisierung. Sie bezeichnen den Moment, in dem aus zinstragendem Kapital fiktives Kapital wird (und die ganze Sache Außenstehenden häufig irrational erscheint). Während ersteres Geld ist, das verliehen wird und mit Zins zurückfließt, stellt letzteres, von ersterem abgeleitet, »nichts vor als akkumulierte Ansprüche, Rechtstitel, auf künftige Produktion« (Marx [1894] 1988: 487). In Kreislauf VI betrachtet die/der Kreditgeber*in die kompletten noch ausstehenden Rückflüsse von Tilgung und Zins aus den Kreisläufen III, IV und V als sicher und ›kapitalisiert‹ sie im hier und jetzt. Dabei wird hochgerechnet, wieviel Kapital es bräuchte, um aktuell diesen Zinsfluss zu generieren, und anschließend wird so getan, als existierte diese Kapitalmenge schon: sie wird weiterverliehen bzw. in Form von Verbriefungen weiterverkauft. So werden die »Eigentumstitel [...] zu Waren, deren Preis eine eigentümliche Bewegung und Festsetzung hat« (ebd.: 485). Zu den von Marx (ebd.: 487) erwähnten Varianten von fiktivem Kapital, die den »größte[n] Teil des Bankierkapitals« ausmachen, nämlich Schuldforderungen, Staatspapiere und Aktien, kommen seit einigen Jahrzenten ganz zentral zukünftige Einnahmen aus Immobilienkrediten aller Art. Weil Kredite, mit denen Gebäude und Grundstücke gekauft werden, auf diese Weise selbst zu Waren werden, und weil der Handel mit diesen die Renditeerwartungen an und damit den Preis von Grund und Boden bestimmt, und weil dieser Renditeerwartungen wiederum immer auf Basis aktuell anderswo zu erzielender Profite errechnet werden, hat, so David Harvey (1982: 347), damit das »Eigentum an Grund und Boden seine wahrhaft kapitalistische Form erreicht«.

Kreislauf VII schließlich funktioniert eben so, nur dass hier nicht eine Bank oder ein anderes Finanzinstitut mit fiktivem Kapital auf Basis zukünftiger Zinszahlungen agiert, sondern ein vermietendes Wohnungsunternehmen bei Anteilseigner*innen Geld auf Basis seiner zukünftigen Einnahmen aus dem Kreislauf II einsammelt, also aus der Wohnungsmiete. Dies geschieht etwa, wie in Abb. 1 der

Einfachheit halber angenommen, bei Aktiengesellschaften (›AG‹) wie der eingangs erwähnten Vonovia (vgl. ausführlicher zu diesem Geschäftsmodell und seinen katastrophalen Folgen für Mieter*innen: Unger 2016).

Dass die Akkumulation fiktiven Kapitals die Blasen produzierte, die ab 2007 zur ›Subprime Krise‹ führten, ist allgemein bekannt. Dies hindert die Verwalter*innen der ›Wall of Money‹, diesem »globalen Pool aus flüssigem Kapital, das nach Anlagemöglichkeiten sucht« (Aalbers 2016: 84), nicht daran, mittels derselben Strategien – angepasst ans regulatorische Umfeld – jetzt an Orten und in Bereichen in Immobilien und Grund und Boden zu investieren, bei denen eben dieses Kartenhaus in Folge der Krise 2007ff. noch nicht zusammengefallen ist – etwa in (Luxus-)Wohnen in Deutschland. Weil viele der Kredite, auf Basis derer das fiktive Kapital abgeleitet wird, von Privathaushalten aufgenommen wurden und werden, die in Folge steuerlicher Anreize, Ideologie und Marketing oder aus Mangel an Alternativen zu verschuldeten Hauseigentümer*innen werden, gilt damit: »Das Resultat ist, dass Haushalte systematisch Risiken von globalen Märkten absorbieren« (Bryan/Rafferty 2014: 408).

SCHLUSS

Um die Lage der Wohnungsmärkte in deutschen Groß- und Universitätsstädten zu verstehen, ist es essentiell deren Zusammenhang mit globalen Prozessen der Kapitalzirkulation in den Blick zu nehmen. Gezeigt wurde, dass diese zu einem großen Teil aus Transaktionen des Typs G–G' oder aus Spekulation bestehen. Beide Typen weisen ein großes Potential für Stockung und Krise der Zirkulation auf. Das verweist auf die weit über den Wohnungsmarkt hinausreichenden Gefahren, die in dieser kapitalistischen Art und Weise der Organisation der Wohnungsversorgung stecken, und die für Mieter*innen regelmäßig mit Verteuerung, Verknappung oder Verlust ihres Wohnraums, mithin mit konkreten Alltagskatastrophen einhergeht.

LITERATUR

Aalbers, Manuel B. (2016): The Financialization of Housing, London/New York: Routledge.
Berry, Mike (2014): »Housing Provision and Class Relations Under Capitalism«, in: Housing, Theory and Society 31(4), S. 395-403.

Brede, Helmut/Kohaupt, Bernhard/Kujath, Hans-Joachim (1975): Ökonomische und politische Determinanten der Wohnungsversorgung, Frankfurt a.M.: Suhrkamp.

Bryan, Dick/Rafferty, Mike (2014): »Political Economy and Housing in the Twenty-first Century – From Mobile Homes to Liquid Housing?«, in: Housing, Theory and Society 31(4), S. 404-412.

Engels, Friedrich ([1872/73] 1976): »Zur Wohnungsfrage«, in: MEW 18, Berlin: Dietz, S. 209-287.

Harvey, David (2014): Seventeen Contradictions and the End of Capitalism, London: Profile Books.

Harvey, David (1982): The Limits to Capital, Oxford: Blackwell.

Holm, Andrej (2014): Mietenwahnsinn. Warum Wohnen immer teurer wird und wer davon profitiert, München: Knaur.

Keynes, John Maynard ([1936] 2009): Allgemeine Theorie der Beschäftigung, des Zinses und des Geldes, 11. Aufl. Berlin: Duncker & Humblot.

Lehrer, Ute/Wieditz, Thorben (2009): »Condominium Development and Gentrification: The Relationship Between Policies, Building Activities and Socio-economic Development in Toronto«, in: Canadian Journal of Urban Research 18(1), S. 82-103.

Marx, Karl ([1867] 1971): Das Kapital. 1. Band. MEW 23, Berlin.

Marx, Karl ([1885] 1975): Das Kapital. 2. Band. MEW 24, Berlin.

Marx, Karl ([1868] 1976): »Über die Nationalisierung des Grund und Bodens«, in: MEW 18, Berlin: Dietz, S. 59-62.

Marx, Karl ([1858] 1983): Grundrisse der Kritik der politischen Ökonomie. MEW 42, Berlin: Dietz.

Marx, Karl ([1894] 1988): Das Kapital. 3. Band. MEW 25, Berlin.

Projektgruppe Branchenanalyse (1972): »Industrialisierung des Bauens unter Bedingungen des westdeutschen Kapitalismus«, in: Kursbuch H. 27, S. 99-136.

Statista (2016): Bestand an eigenen Wohnungen der Wohnungsgesellschaft Vonovia in den Jahren 2014 und 2015. https://de.statista.com/statistik/daten/studie/519259/umfrage/wohnungs-bestand-der-wohnungsgesellschaft-vonovia

Unger, Knut (2016): »Financialization of Rental Mass Housing. Understanding the Transaction Cycles in the Mass rental Housing Sector 1999-2015«, in: Barbara Schönig/Sebastian Schipper (Hg.), Urban Austerity. Impacts of the Global Financial Crisis on Cities in Europe, Berlin: Theater der Zeit, S. 176-190.

Finanzialisierung und Responsibilisierung – Zur Vermarktlichung der Stadtentwicklung

SUSANNE HEEG

Seit einigen Jahren wird der massive Anstieg von Mieten und Wohneigentumspreisen in deutschen Städten von – je nach politischen und wirtschaftlichen Interessen der Sprechenden – mahnenden bis begeisterten Stimmen begleitet. So berichtet die Zeitung ›Die Welt‹ am 25. September 2012, dass Wohnen in deutschen Städten immer teurer wird, die Immobilien Zeitung am 12. September 2012 von zunehmenden Engpässen auf dem Eigentumswohnungsmarkt und am 7. Mai 2013 titelt die Frankfurter Rundschau »Neue Heimat für Manager: Die Wohnungen auf dem Degussa-Areal verkaufen sich rasch – trotz Preisen bis zu 11.000 Euro pro Quadratmeter«. Im Handelsblatt vom 20. Juni 2014 wird bereits zur Vorsicht gemahnt: »Boom oder Blase? Die Geldschwemme der EZB hat für Deutschland unschöne Nebenwirkungen. Die Bundesbank und der Finanzminister warnen vor einer Immobilienblase«. Aktuell, d.h. im Sommer 2016, ist noch immer kein Ende des Preisanstiegs in Sicht. So berichtet Nikolas Katzung (2016) auf Basis des Empirica Wohnpreisindexes, dass Kaufpreise für Eigentumswohnungen und Mieten in den Großstädten immer weiter auseinanderlaufen. Die Kauf-Angebotspreise legten demnach seit Beginn 2015 durchschnittlich um 13 Prozent zu; die Mieten erlebten im Vergleich dazu nur noch einen ›mageren‹ Anstieg um 2 Prozent (Katzung 2016). Bei den Städten mit den höchsten Angebotsmieten sieht empirica unverändert München, Frankfurt und Stuttgart an der Spitze. Im Verlauf der letzten Jahre kamen neben Berlin auch eine Vielzahl von kleineren Universitätsstädten wie Freiburg, Mainz und Darmstadt in die zweifelhafte Gunst, zu den Städten mit den höchsten Wohnkosten zu gehören.

Diese Entwicklung ist nicht verwunderlich, da Deutschland bislang aufgrund von staatlichen Rettungsmaßnahmen wie dem Finanzmarktstabilisierungsfonds relativ unbeschadet aus der globalen Finanz- und europäischen Schuldenkrise herausgekommen ist. Seit 2010 erlebt Deutschland als Land mit stabilen ökonomischen Zukunftsaussichten einen Investitions- und Bauboom, der ein Ergebnis der hohen Nachfrage von Investoren, Anlegern und individuellen Käufer/-innen ist. Aber trotz der seit 2013 an Fahrt gewinnenden Bauproduktion hat sich die Situation nicht entspannt: insbesondere in den metropolitanen Regionen wirkt sich der verstärkte Wohnungsbau nicht preisdämpfend aus, sondern die Kauf- und Mietpreise steigen 2016 weiterhin an (Göpfert 2016 für Frankfurt). Deutschlandweit sollen nach einem Bericht der Ratingagentur Standard & Poor's die Immobilienpreise seit 2009 durchschnittlich um 20 Prozent und in den sieben größten Städten sogar um 46 Prozent gestiegen sein (Tahiri 2016).

Wenn man dem Gleichklang der Stimmen in den Medien Glauben schenkt, dann sind die historisch niedrigen Zinsen der Grund dafür, warum sich so viele Akteure im Wohnungsmarkt tummeln und Privathaushalte den Erwerb eines Hauses bzw. einer Wohnung in Betracht ziehen. Das hier verfolgte Argument ist demgegenüber, dass die niedrigen Zinsen den Run auf Eigentum sowie den Mietpreisanstieg nicht alleine erklären. Vielmehr muss zusätzlich zu weltwirtschaftlichen Kontexten (niedrige Zinsen, Deutschland als Wirtschaftsmacht und Exportweltmeister) eine Vermarktlichung und Ökonomisierung von Wohnungen (›Finanzialisierung‹) sowie ein politisch gewollter Abbau des Wohlfahrtsstaates (›Responsibilisierung‹) als verursachende Faktoren in Betracht gezogen werden. Beide Entwicklungen erklären, warum Wohnungen sowohl für institutionelle Investoren als auch für Privathaushalte zu einer aussichtsreichen Anlage, d.h. zu einem finanziellen Vermögensbestand geworden sind. Die Analyse soll deutlich machen, dass keine einzelne Gruppe von Akteuren für diese Entwicklungen alleine verantwortlich zeichnet, sondern vielmehr grundlegende Veränderungen gesellschaftlicher Verhältnisse ausschlaggebend sind. Insofern ist es notwendig, über die Veränderungen, ihre gesellschaftlichen Konsequenzen und damit die Gewinner/-innen und Verlierer/-innen dieser Entwicklungen zu reflektieren.

Im Folgenden werden zunächst die Begriffe Finanzialisierung und Responsibilisierung mit dem Ziel ausgeführt, die Wirkungen auf den Wohnungsmarkt zu verdeutlichen. Diese Wirkungen bestehen vor allem in einer Dynamisierung des Verkaufsgeschehens, in einer Reduzierung des preisgebundenen Mietwohnungsbestandes sowie in einer zunehmenden Reflexion von Wohnen im Zusammenhang mit Vermögensaufbau, Investmentstrategien, Altersvorsorge und sozialer Absicherung. Im Anschluss daran werden die städtischen Konsequenzen dieser Entwicklungen beleuchtet. Diese bestehen vor allem in einer Verknappung des

Angebots außerhalb marktlicher Verwertungen und damit einhergehend zunehmenden Tendenzen des Ausschlusses aus der Stadt von denjenigen, die die Preisentwicklungen nicht mitmachen können.

FINANZIALISIERUNG UND RESPONSIBILISIERUNG

In den vergangenen 20 bis 30 Jahren erfolgten in einer Vielzahl von Ländern Finanzmarktliberalisierungen. So haben verschiedene Finanzmarktförderungsgesetze in Deutschland dazu beigetragen, dass Ländergrenzen in Hinblick auf Immobilieninvestitionen weitgehend geschliffen wurden. Deutsche Akteure können inzwischen weltweit investieren, aber auch globale Akteure in Deutschland. Zudem wurde durch die Zulassung und/oder Förderung von verschiedenen Produkten und Instrumenten wie Immobilienfonds, Verbriefungen, Real Estate Private Equity Fonds etc. die Bandbreite von Akteuren ausgedehnt. Deren Immobilien-Investmentstrategien und Marktausrichtung wurde mit den unterschiedlichen Labels ›core, core-plus, value added und opportunistic‹[1] qualifiziert, um kunden- und präferenzangepasste Auswahlmöglichkeiten zu suggerieren. Dies steigerte das verfügbare Kapital für Immobilieninvestitionen und erhöhte die Konkurrenz unter den verschiedenen Anlageformen.

Weiterhin sind geschützte Sphären wie öffentliche, betriebliche und andere Wohnungsbestände für Finanzmarktakteure geöffnet worden. Zwar gab es Übergangsregelungen und im Falle des Verkaufs von öffentlichen Wohnungen häufig noch einen für gewisse Zeit geltenden Schutz vor Verkauf und Mietpreiserhöhungen, aber mit dem Auslaufen sind diese Bestände einer Marktverwertung unterworfen. Auch Unternehmensimmobilien werden zunehmend finanzmarktkonform verwertet. Im Zuge der Konzentration auf Kernkompetenzen verstanden

---

[1] Im Universum der Investmentstrategien von core bis opportunistic erfolgt eine Bewertung der Immobilien nach ihren Ertrags- und Risikoaussichten. Dabei wird davon ausgegangen, dass jede Immobilie ein spezifisches Risiko/Rendite-Profil aufweist: sicherere Immobilien bedeuten demnach geringere Renditen und eine geringere Ausfallwahrscheinlichkeit; eine riskantere Immobilie wird mit potenziell höheren Renditen, aber auch einer höheren Ausfallwahrscheinlichkeit verbunden. Diese Strategien sind mit Praktiken verbunden wie dem Kauf von Objekten in bevorzugten Innenstadtlagen (core) oder der baulichen Aufwertung, Mieterwechsel oder Imageaufbesserung (value added) bis hin zu fundamentalen Revitalisierungen oder Umnutzungen bestehender Gebäude oder Grundstücksareale und Projektentwicklung (opportunistic). Um die Auslegung der Strategien gibt es viel Diskussion (Anson et al. 2010: 285ff).

viele Unternehmen ihre Immobilien als totes Kapital, das es jedoch galt zu aktivieren, um es in Kernfeldern zu investieren. Inzwischen sitzen vor allem Aktienunternehmen nicht mehr in den eigenen Immobilien, sondern sie mieten Immobilien, was sich in der Rechnungslegung und bei den Steuern vorteilhafter abbilden lässt. All dies trug dazu bei, dass immobilienbezogene Verwertungsmöglichkeiten ausgedehnt wurden.

Ein Beispiel hierfür sind Immobilien-Spezialfonds. Diese Fonds werden überwiegend für große Anleger, d.h. Versicherungen, Pensionskassen, Versorgungswerke, Stiftungen etc. aufgelegt. Immobilien-Spezialfonds werden durch Kapitalverwaltungsgesellschaften auf Rechnung der Kapitalgeber aufgelegt und verwaltet. Die Liberalisierung des deutschen Investmentrechts Ende der 1990er Jahre und Anfang 2008 hat Anlagebeschränkungen der Spezialfonds gelockert und sie so wettbewerbsfähiger gegenüber luxemburgische Investmentanlageformen gemacht (Thömmes 2009). In Deutschland gelistete Immobilienfonds können dabei weltweit investieren. Dies begünstigte die Anlage von Kapital in diesen Fonds (vgl. Abb. 1). Ganz überwiegend sind Fonds in Städten bzw. Stadtregionen investiert, da es dort genügend solvente Mieter/-innen gibt, was das Ausfallrisiko minimiert.

Abbildung 1: Entwicklung des Vermögens
deutscher Spezialimmobilienfonds 1993-2015

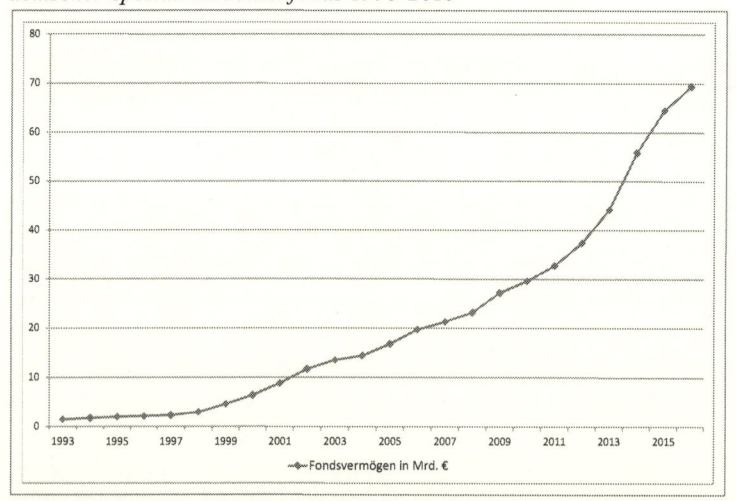

Quelle: Kapitalmarktstatistiken der Deutschen Bundesbank von 1995 bis 2016

Im Verlauf der Liberalisierungen hat sich die Verwaltung des Vermögens aller Arten von (Immobilien-)Fonds professionalisiert und spezialisiert. Fonds werden nicht mehr von Generalist/-innen aufgelegt, sondern von spezialisierten Assetmanager/-innen, die sich auf bestimmte Marktsegmente und Nutzungsarten konzentrieren. Dies geht damit einher, dass auch hier – ähnlich wie bei anderen Finanzmarktinstrumenten – Entwicklungsindikatoren angewendet und produziert werden, um die Erfolgsaussichten quantitativ darstellen und mit anderen Finanzmarktprodukten vergleichen zu können (Bläser 2016).

Zusammengenommen stellen Immobilien gegenwärtig ein Finanzprodukt dar, bei dem ähnlich wie bei anderen gilt, dass es auf die Rendite ankommt. Nicht umsonst sind die wichtigsten Akteure im Feld von Wohninvestments gegenwärtig Finanzmarktakteure. So dominierten nach einer Analyse von Lübke & Kelber allein im ersten Halbjahr 2013 finanzmarktaffine Investoren wie Offene Immobilien-/Spezialfonds, Immobilien AG's/REITs und Versicherungen/Pensionskassen zu 75 Prozent die Abschlüsse im Bereich von Wohninvestitionen in Deutschland (Lübke & Kelber 2013). Damit unterliegen Immobilien ähnlich wie Unternehmen und andere Objekte bzw. Umstände einer Finanzialisierung, d.h. dem zunehmenden Einfluss und der Bedeutung von Kredit- und Kapitalmärkten. Jenseits des Finanzsystems erstrecken sich inzwischen die Logiken des Finanzmarktes, die Normierung, Quantifizierung, Standardisierung und Benchmarking umfassen, auch auf Immobilien. Die von Greta Krippner (2011: 27) unter dem Begriff ›Finanzialisierung‹ gefassten Prozesse in der Form einer zunehmenden Bedeutung finanzieller Motive, kapitalmarktgenerierter Steuerungsgrößen, von Finanzmärkten und Finanzinstitutionen sowie deren Akteure gilt auch für Wohn-, Büro- und sonstige Immobilien, die eine hohe Bedeutung im alltäglichen Leben, d.h. für Wohnen, Arbeiten, Freizeit und Erholung haben.

Aber Prozesse, die in Richtung einer Durchsetzung von Finanzmarktlogiken wirken, gelten nicht nur für die Gesellschaft im Großen – bezogen auf makroökonomische Prozesse –, sondern auch für die Reproduktion der Gesellschaft im Kleinen, d.h. für die Individuen. Mehr und mehr soll sich die soziale Ordnung entsprechend der Mechanismen der Kapitalverwertung konstituieren; es soll zu einer Synchronisierung ökonomischer und sozialer Reproduktionen kommen (Vogl 2011). In diesem Zusammenhang erfolgt eine Transformation von einem Vorsorgeverhalten, welches auf Sparguthaben und staatlichen Sicherungsleistungen aufbaut, hin zu einem Verhalten, das die Vorsorge und Risikominimierung zur Angelegenheit von Individuen macht. Individuen werden dabei aufgerufen, Finanzmarktlogiken zu internalisieren und Investmentstrategien zu entwickeln (Blank/Ewert/Köppe 2012; Legnaro/Birenheide/Fischer 2005). Frei von ›staatlicher Willkür‹ und einem ›Zwangskorsett‹ aus staatlichen Versicherungssystemen sollen sich Individuen nun selbstverantwortlich für Lebensweisen zwischen und in Arbeit, Familie und Freizeit entscheiden. Nach Aihwa Ong beinhaltet dies Regierungsrationalitäten, die einem »governing through freedom« sowie einem »governing through calculation« entsprechen (Ong 2007: 4).

In Bezug auf das Wohnen bedeutet dies, dass Individuen mehr und mehr dazu aufgerufen werden, Eigentum zu erwerben, um sich gegen Risiken des Alters abzusichern. Nicht mehr der Staat ist zuständig, mit öffentlichen Wohnungen und sozialem Wohnungsbau günstigen Wohnraum zur Verfügung zu stellen, sondern die Individuen müssen sich selbstverantwortlich um die Wohnungsversorgung kümmern. Gerade in den gegenwärtigen Niedrigzinszeiten – so heißt es – solle man zugunsten des individuellen Vermögensaufbaus einen Kredit für den Erwerb einer selbstgenutzten Immobilie aufnehmen (Thies 2016). Nach einer Studie der Landesbausparkassen (LBS) betrachten 78 Prozent der Deutschen das eigene Zuhause als eine sichere Altersvorsorge. Zum einen würde das Geld, das Mieter jeden Monat auf Konten von Vermietern einzuzahlen haben, nicht mehr in fremde Taschen, sondern in die eigenen Wände investiert werden. Zum anderen würde sich dieses Investment im Alter auszahlen, wenn eine abbezahlte Immobilie finanzielle Vorteile für Rentner bringt, bei denen die Einkünfte mit Renteneintritt üblicherweise niedriger werden. Kurz vor dem Ruhestand im Alter von 50 bis 59 Jahren verfügen Wohneigentümer demnach

»nicht nur über den Wert ihrer Immobilie von durchschnittlich 152.000 Euro (bzw. 121.000 Euro nach Abzug noch nicht getilgter Baukredite), sondern zusätzlich über ein Nettogeldvermögen von 45.000 Euro (nach Abzug von Konsumentenkrediten). Mieterhaushalte derselben Einkommensgruppe hingegen kommen nur auf ein Nettogeldvermögen von durchschnittlich 24.000 Euro. Hinzu kommen 6.000 Euro an Immobilienvermögen, dabei handelt es sich um den Wert vermieteter Objekte. Der geringe Durchschnittswert erklärt sich dadurch, dass nur ein geringer Teil von Mieterhaushalten Immobilien als Kapitalanlage besitzt. In der Gesamtschau bauen Wohneigentümer bis zum 60. Lebensjahr fast sechsmal so viel Vermögen auf wie vergleichbare Mieter« (LBS Research 2015: o.S.).

An Wohneigentum interessierte Individuen sollen also zu strategisch kalkulierenden und abwägenden Investor/-innen werden. Bei dieser Rechnung wird jedoch häufig vergessen, dass viele Erwerber/-innen von Wohneigentum anstelle von Mietzahlungen nun Bankkredite tilgen. Es werden also für lange Zeit Vermieter/-innen durch die kreditgebende Bank ausgetauscht. Für beide Instanzen gilt, dass Nicht-Zahlen keine Option ist. Für Eigentümer/-innen im Vergleich zu Mieter/-innen gilt aber, dass Arbeitslosigkeit und eine erzwungene Mobilität eine größere

Herausforderung ist. Hinzu kommt, dass nicht alle Haushalte die Möglichkeit haben, Immobilieneigentum zu erwerben. Banken verhalten sich reserviert gegenüber Haushalten mit geringem Einkommen, keinem bzw. geringem Eigenkapital, niedriger Qualifikation und unsicheren, prekären Beschäftigungsverhältnissen. Bei einer Kombination dieser Umstände zögern Banken mit einer Kreditvergabe, um ein mögliches Ausfallrisiko zu minimieren.

Bedenklich stimmt aber auch, dass nach einer Untersuchung der Deutschen Leibrenten AG im Zusammenarbeit mit dem Institut für Versicherungswissenschaft an der Universität Köln, jede/jeder vierte Immobilieneigentümer/-in über 69 Jahre Haus oder Eigentumswohnung noch nicht voll abbezahlt hat (Fabricius 2016). Demnach liegt der Anteil der Immobilienschuldner bei den 69-79jährigen bei 22 Prozent. Bei den 80- bis 92jährigen steigt er auf 24 Prozent. Dies hängt damit zusammen, dass einige Haushalte ihr Eigenheim aus verschiedenen Gründen (Krankheit, niedrige Rente etc.) erneut mit einer Hypothek belasten.

Insgesamt stieg in Deutschland die Eigentümerquote als der Anteil der Wohnungen und Eigenheime, die von Eigentümer/-innen bewohnt werden, seit Mitte der 1990er Jahre an, d.h. jener Jahre, in denen die Privatisierung der Altersvorsorge an Fahrt gewann. Von 1950 über 1987 bis 1993 nahm diese Quote in Westdeutschland nur gering von 39,1 Prozent auf 39,3 Prozent und auf 41,7 Prozent zu. Ein richtiger Sprung ist aber ab dem Ende des letzten Jahrhunderts zu erkennen. Während 1998 43,1 Prozent im Eigentum wohnten, so waren es bereits 48,8 Prozent im Jahr 2010[2]. Der Anstieg der Eigentümerquote erklärt sich aber nicht alleine aus dem Aufruf heraus, Wohneigentum zu erwerben und Subjekte zu ›ertüchtigen‹; vielmehr muss auch beachtet werden, dass öffentliche Wohnungen in Deutschland privatisiert wurden, die Förderung im Sozialen Wohnungsbau weitgehend eingestellt wurde, Miet- in Eigentumswohnungen umgewandelt werden und im Zuge dessen die Mietpreise gestiegen sind und zum Teil die Mietqualität abgenommen hat (Müller 2012; Holm 2011, 2010). Eigentum scheint vor diesem Hintergrund eine Möglichkeit zu sein, die eigene Wohnqualität bestimmen und sich vor Mieterhöhungen und Eigenbedarfskündigungen schützen zu können.

Mit diesen fundamentalen Veränderungen in der Wohnungspolitik steht Deutschland aber nicht alleine da; in vielen europäischen Ländern erfolgte eine Deregulierung des Wohnungsmarktes bereits deutlich früher, so z.B. für die Niederlande (Aalbers 2004), Schweden (Hedin et al. 2012) und weiteren Ländern (Doling/Elsinga 2005; Doling/Ronald 2010; Ronald 2012).

---

2 Ich möchte hier dem Statistischen Bundesamt in Wiesbaden danken, das mir die Daten zur Verfügung gestellt hat.

STÄDTISCHE FOLGEN UND AKTEURSKONSTELLATIONEN

»If during 2008-2011, the housing sector was the most robust element of household consumption, it is because Europeans paid out more money in their rental and energy bills, and in particular due to the increased spending of home owners, for living in their own dwelling.« (Parlasca 2012: o.S.)

Ähnliche wie in anderen europäischen Ländern sind auch in Deutschland die Wohnkosten in den vergangenen Jahren stark angestiegen. In einer Analyse der Veränderung von Eigentums- und Mietpreisen von 2007 bis 2012 belegen Konstantin Kholodilin und Andreas Mense (2012: 5), dass die Eigentumspreise in Deutschland ab 2010 eine sehr dynamische Entwicklung erfuhren. Im Vergleich dazu sei die Entwicklung der Mietpreise vergleichsweise moderat verlaufen. Auch die Deutsche Bundesbank weist darauf hin, dass sich Eigentumswohnungen im Geschosswohnungsbau im Durchschnitt von sieben deutschen Großstädten[3] seit 2010 insgesamt um mehr als ein Viertel verteuert haben. Da der Preisanstieg höher sei als es die ökonomische und demografische Entwicklung nahelegt, könne man die Preise als überbewertet bezeichnen. In 93 weiteren Städten betrug der Preisanstieg durchschnittlich 10 bis 20 Prozent (Deutsche Bundesbank 2015: 60).

Diese Entwicklungen bestätigen die Aussagen in den obigen Zitaten und erweitern sie um einen Fokus auf Städte. Wohnen in Städten – unabhängig davon ob es sich um Miete oder um Eigentum handelt – ist zunehmend teurer geworden. Wohnungen vor allem in den wachsenden Großstädten sind für viele Akteure eine sehr gefragte Anlage, wobei die starke Nachfrage zu Preissteigerungen führt. Die Nachfrage konzentriert sich auf wenige Raumausschnitte, nämlich vor allem die Innenstädte, die nur über ein endliches Angebot verfügen. Bei den nachfragenden Akteuren handelt es sich um keine homogene Gruppe, auch wenn sie sich in ihrem jeweiligen Bereich in ähnlicher Weise preislich nach oben schaukeln. Individuelle Käufer/-innen stehen privaten sowie institutionellen Investoren gegenüber. Individuelle Käufer/-innen versuchen in der Regel eine Wohnung für den persönlichen Bedarf zu erstehen. Private Investor/-innen sind vermögende Individuen, die meist mehrere Wohnungen zur Kapitalanlage erwerben. Institutionelle Investoren lassen sich in direkte und indirekte Investoren unterteilen, wobei für beide Akteure Wohnungen eine Kapitalanlage darstellen. Direkte Investoren erwerben häufig Immobilien direkt, während indirekte Investoren dritte Akteure beauftragen, dies

---

3   Dabei handelt es sich um Berlin, Düsseldorf, Frankfurt am Main, Hamburg, Köln, München und Stuttgart.

in ihrem Namen zu tun. Dies ist der Fall bei Versicherungen, Stiftungen oder Pensionskassen, die Kapitalverwaltungsgesellschaften beauftragen, in ihrem Namen und gemäß ihren Interessen Immobilien zu erwerben und zu bewirtschaften. Indirekte Investoren versuchen damit das Know-how von direkten Investoren zu nutzen, um nicht eigene Ressourcen einsetzen zu müssen. Ähnliches gilt auch hinsichtlich des Erwerbs von Aktien von gelisteten Wohnungsunternehmen. Grundsätzlich gilt, dass die Akteure sich in Bezug auf ihre Risikoneigung und die Lang-/Kurzfristigkeit ihrer Investments unterscheiden. In der Regel sind – häufig indirekte – Akteure wie Pensionskassen oder Versicherungen daran interessiert, Anlagen länger zu halten. Sie sind dabei unter Umständen bereit, höhere Einstiegspreise zu zahlen, da es ihnen vor allem darum geht, sichere und stabile Erträge in der Zukunft zu erzielen. Um die zur Auszahlungen anfallenden Verträge bedienen zu können, wird bevorzugt in jene Immobilien und Lagen investiert, die selbst bei wechselnder Konjunktur stetige Erträge versprechen. Dies sind vor allem innerstädtische Wohnungsbestände. Demgegenüber sind viele Opportunity Funds risikobereite Akteure, die in die Projektentwicklung gehen oder versuchen, ›under- oder non-performing property‹ schnell wieder ›marktfähig‹ zu machen, um mit geringem Aufwand und innerhalb eines begrenzten Zeitfensters die Immobilie mit hohem Gewinn verkaufen zu können.[4] Häufig öffnen Städte solchen Projekten Tor und Tür, da damit die Aufwertung von benachteiligten und vernachlässigten Stadtvierteln verbunden wird. So äußert sich der Frankfurter Oberbürgermeister Peter Feldmann in einer Frankfurter Standortwerbung:

»Frankfurts Strahlkraft wächst mit jedem Bauprojekt und mit jedem Einwohner. Wir befinden uns in einem regelrechten Boom. Die Investoren reißen uns die Projekte aus den Händen. Wir wissen natürlich auch, weshalb. Frankfurt ist eine sichere Bank und gerade in Zeiten wie diesen bieten wir hier sichere Investitionsobjekte« (Frankfurts Oberbürgermeister Feldmann, zit. in FRM 2016).

---

4 Vergleiche dazu die Beschreibung von Craig Karmin von Opportunity Funds im Wall Street Journal vom 07.05.2013: »These private-equity funds invest in riskier real estate, such as half-empty office buildings, distressed properties weighed down with debt, or pricey new construction that must find well-heeled buyers to profit. The Baccarat [ein Bauprojekt in NYC, das aus einem Hotel und Eigentumswohnungen besteht, S.H.], which is being developed by Starwood and Tribeca Associates for $400 million, is counting on selling condos for as much as $60 million each. [...] These funds project up annual returns as much as 20%.«

In den vergangenen Jahren ermöglichte die Stadt Frankfurt – ähnlich wie andere Städte – Projekte von Investoren auf öffentlichen Liegenschaften (Silomon-Pflug et al. 2013). Die Gewinner/-innen dieser Projekte und dieser Entwicklung dürften klar sein: es sind vor allem die vermögenden Mittelschichten oder wie sie häufig genannt werden: die Leistungsträger/-innen städtischer Gesellschaften. Demgegenüber verlieren Bewohner/-innen und Haushalt mit einem geringen Einkommen, prekären Beschäftigungsverhältnissen, instabilen sozialen bzw. psychischen Situationen und ungeklärten Aufenthaltstiteln. Es erfolgt eine Gentrification in größeren Bereichen der Städte, die zur Verdrängung von Bewohner/-innen in Randlagen bzw. in das Umland führt. Städte befinden sich diesbezüglich in einem Zwiespalt: sie benötigen die gehobene Mittelschicht als Steuerzahler/-innen und aktive Stadtbürger/-innen; zugleich bedeutet eine Verdrängung und Vertreibung von sozial benachteiligten Bewohner/-innen vermehrt Wohnungsnotfälle, die von Städten aufgefangen werden müssen, da Wohnungsnotfälle versorgt werden müssen, indem Unterkünfte geboten werden. Aber auch hier profitieren nicht selten institutionelle Investoren. An der Börse gelistete Wohnungsunternehmen, die aus Private Equity Funds hervorgegangen sind, sind in manchen Städten in den Verruf geraten, das Vermieten an Harz IV-Bezieher/-innen, deren Mieten von der öffentlichen Hand bzw. häufig den Städten bezahlt werden, zum Geschäftsmodell zu machen. Dies bedeutet, dass diese Unternehmen nicht bzw. wenig in die Wohnsubstanz investieren und gleichzeitig Mieterhöhungsspielräume ausreizen. Parallel dazu werden die Kosten gesenkt, indem Leerstand reduziert und Scale-Effekte in der Bewirtschaftung erzielt werden. Für die Bewohner/-innen bedeutet dies schlechte Wohnverhältnisse, aber für die Wohnungsunternehmen eine sichere Rendite, die von der öffentlichen Hand garantiert wird (Diamantis 2013; Müller 2012; Holm 2010; Kofner 2013).

Abschließend ist festzuhalten, dass diese Entwicklungen – auch wenn sie bisher überwiegend für Großstädte diskutiert werden – nicht nur diese betreffen. Seitdem in Großstädten schlicht die käuflich erwerbbaren Wohnungen knapp wurden, weichen die Akteure auf andere Städte aus. Insbesondere große bzw. kapitalstarke Akteure, die keine kleinteiligen Investitionen in einzelnen Wohnungen vornehmen, sondern größerer Bestände ankaufen, waren gezwungen, in B- und C-Standorte zu investieren, d.h. in mittleren und kleineren Städte wie Leipzig, Dresden, Hannover, Bremen, Münster, Tübingen, Gießen etc., um überhaupt noch an ausreichend große, preislich akzeptable und Rendite versprechende Bestände zu kommen. Damit tragen sie aber in diesen Städten in ähnlicher Weise zu einem Anstieg des Preisgefüges bei wie in größeren Städten. Kurzfristig stellt sich die Frage, wohin ärmere Haushalte ausweichen, und langfristig, wie den zunehmenden Segregationstendenzen begegnet wird.

LITERATUR

Aalbers, Manuel (2004): »Promoting home ownership in a social-rented city: Policies, practices and pitfalls«, in: Housing Studies 19 (3), S. 483-95.

Anson, Mark/Fabozzi, Frank/Jones, Frank (2010): The Handbook of Traditional and Alternative Investment Vehicles: Investment Characteristics and Strategies, Hoboken: Wiley & Sons.

Blank, Florian/Ewert, Benjamin/Köppe, Stephan (2012): »Leistungsempfänger, Bürger oder Konsumenten? Nutzer in der Sozialpolitik«, in: WSI Mitteilungen 65 (3), S. 168.

Bläser, Kerstin (2016): Ermessensraum: Zur kalkulativen Hervorbringung von Investitionsobjekten im Immobilieninvestmentgeschäft. Unveröffentlichte Dissertationsschrift, Institut für Humangeographie der Goethe Universität Frankfurt am Main.

Deutsche Bundesbank (2015): Monatsbericht Februar 2015. https://www.bundesbank.de/Redaktion/DE/Downloads/Veroeffentlichungen/Monatsberichte/-2015/2015_02_monatsbericht.pdf?__blob=publicationFile

Diamantis, Claudia (2013): Abschlussbericht der Enquetekommission »Wohnungswirtschaftlicher Wandel und neue Finanzinvestoren auf den Wohnungsmärkten in NRW« (Enquetekommission I). Drucksache 16/2299. https://www.landtag.nrw.de/portal/WWW/dokumentenarchiv/Dokument/-MMD16-2299.pdf

Doling, John/Elsinga, Marja (2005): Home ownership: Getting in, getting from, getting out. Delft: DUP Science.

Doling, John/Ronald, Richard (2010): »Property-based welfare and European homeowners: how would housing perform as a pension?«, in: The Journal of Housing and the Built Environment 25 (2), S. 227-41.

Fabricius, Michael (2016): »Viele Rentner stottern noch ihre Hypothek ab«, in: Die Welt vom 23.02.2016. www.welt.de/finanzen/immobilien/article152534234/Viele-Rentner-stottern-noch-ihre-Hypothek-ab.html

FRM – Das Magazin über die Metropolregion Frankfurt RheinMain (2016): Places to go. Die angesagtesten Locations in FrankfurtRheinMain, Ausgabe 2016, Frankfurt: Frankfurter Societäts-Medien.

Göpfert, Claus-Jürgen (2016): »Leblos schick. Das Maintorgelände wird präsentiert. Dabei fällt auf: Es gibt wenig Menschen und die sind wohlhabend. So ist es gewünscht«, in: Frankfurter Rundschau vom 28./29. Mai 2016, 72. Jg., Nr. 122, F8-F9.

Hedin, Karin/Clark, Eric/Lundholm, Emma/Malmberg, Gunnar (2012): »Neoliberalization of Housing in Sweden: Gentrification, Filtering, and Social Polarization«, in: Annals of the Association of American Geographers 102 (2), S. 443-63.

Holm, Andrej (2011): »Politiken und Effekte der Wohnungsprivatisierungen in Europa«, in: Bernd Belina/Norbert Gestring/Wolfgang Müller (Hg.): Urbane Differenzen. Disparitäten innerhalb und zwischen Städten, Münster: Westfälisches Dampfboot, S. 207-30.

Holm, Andrej (2010): »Institutionelle Anbieter auf deutschen Wohnungsmärkten – neue Strategien der Wohnungsbewirtschaftung«, in: Informationen zur Raumentwicklung (5/6), S. 391-402.

Katzung, Nikolas (2016): »Der unheimliche Aufschwung«, in: Immobilien Zeitung, Nr. 8, 25.03.2016. http://www.immobilien-zeitung.de/135200/unheimliche-aufschwung

Karmin, Craig (2013): »Funds See Opportunity in Real Estate«, in: Wall Street Journal, 7. Mai 2013. http://www.wsj.com/articles/SB10001424127887323687604578469173757375686

Kholodilin, Konstantin/Mense, Andreas (2012): »Wohnungspreise und Mieten steigen 2013 in vielen deutschen Großstädten«, in: DIW-Wochenberichte 45. https://www.diw.de/documents/publikationen/73/diw_01.c.411126.de/12-45-1.pdf

Kofner, Stefan (2013): »Internationale Finanzinvestoren und kommunale Wohnungsmärkte«, in: Geographische Revue 15 (2), S. 5-25.

Krippner, Greta R (2011): Capitalizing on Crisis. The Political Origins of the Rise of Finance, Cambridge, Massachusetts: Harvard University Press.

LBS Research (2015): Wohneigentümer bauen sechsmal so viel Vermögen auf wie Mieter. Infodienst Wohnungsmarkt vom 2.09.2015. www.lbs.de/presse/p/infodienst_wohnungsmarkt/details_4302724.jsp

Legnaro, Aldo/Birenheide, Almut/Fischer, Michael (2005): Kapitalismus für alle. Aktien, Freiheit und Kontrolle, Münster: Westfälisches Dampfboot.

Lübke & Kelber (2013): »Transaktionsanalyse H1 2013: Wohninvestments in Deutschland.« www.drluebkekelber.de

Müller, Sebastian (2012): Wie Wohnen prekär wird: Finanzinvestoren, Schrottimmobilien und Hartz IV. Beiträge aus der Forschung Nr. 181, Dortmund: Technische Universität Dortmund.

Ong, Aihwa (2007): »Neoliberalism as a mobile technology«, in: Transactions of the Institute of British Geographers 32 (3), S. 3-8.

Parlasca, Peter (2012): »House Price Developments in Europe«, Presentation given at the 19th European Real Estate Society Conference in Edinburgh, 13.-16. Juni 2012.

Ronald, Richard (2012): How Housing Markets Changed the World: Family Property Wealth and the New Welfare State, Amsterdam: University of Amsterdam.

Silomon-Pflug, Felix/Stein, Christian/Heeg, Susanne/Pütz, Robert (2013): »Die unternehmerische Stadt als Gegenstand von Urban-Policy-Mobilities-Forschung: Kontextualisierung global verfügbarer Politikmodelle am Beispiel BID und PPP in Frankfurt am Main«, in: Geographische Zeitschrift 101 (3+4), S. 201-217.

Tahiri, Sophie (2015): »Der Immobilienmarkt in Deutschland – keine Blase aber regionale Ungleichheiten«, in: www.finanzen.net/nachricht/private-finanzen/S-P-Fokus-Finanzmarkt-Der-Immobilienmarkt-in-Deutschland-keine-Blase-aber-regionale-Ungleichheiten-4498451

Thies, Volker (2016): »Besser kaufen als mieten - aber nicht überall«, in: Immobilien Zeitung vom 06.06.2016. http://www.immobilien-zeitung.de/1000033420/besser-kaufen-als-mieten-aber-nicht-ueberall/

Thömmes, Timo (2009): »Spezialfonds mit dem Anlageschwerpunkt Immobilien in Deutschland und Luxemburg«, in: Zeitschrift für Immobilienrecht, Nr. 578, S. 550-560.

Vogl, Joseph (2011): Das Gespenst des Kapitals, Zürich: Diaphanes.

Social housing in Europe: Affordable 'housing for all'?

KATHLEEN SCANLON

Housing affordability is high on the political agenda at the moment – according to the Labour Party manifesto for the May 2016 London mayoral election, 'Tackling the housing crisis is Labour's number one priority in London'. This is perhaps unsurprising; London has some of the most expensive real estate in the world and its population is growing very quickly. But affordable housing is an issue not only in London; in 2016 there is discussion of housing crisis in Madrid, in Stockholm, in Munich, in Hamburg – indeed across the continent.

The term 'housing crisis' usually refers to a shortage of appropriate housing at prices that people can afford. But which people are we talking about? Depending on the context, they might include people with very low incomes, key workers (public-service employees like teachers, nurses and bus drivers) or young professionals starting out in their careers. In the London case *all* of those types of households face difficulties finding good affordable homes.

This chapter looks at the role played by social housing in major European countries, and asks what contribution it can make to solving affordability problems. It draws heavily on *Social Housing in Europe* (Scanlon et al. 2014). It starts with an important caveat: that international comparisons always gloss over important distinctions. This is especially the case in the field of housing because it is architecturally, legally and culturally specific to each country. This chapter makes a number of generalisations (recognizing that none will be entirely accurate across all of Europe), and draws some distinctions between different groups of countries. Although they are both part of the UK, Scotland and England are treated separately: they have rather different housing trajectories, and their housing policies increasingly diverge.

The first *generalisation* is that the role of social housing has changed over the last century. Historically, social housing was originally intended for low-income *working* households. This was the case for homes built in the 19th Century by charitable organisations as well as postwar construction by city and national governments. Now, however, it is more often targeted at the households who are in most need. Many of these households have very low incomes as they have only low-paid work – or indeed have no members in work at all. Providing affordable housing for this market requires deep subsidy.

The first *distinction* is that the size of the sector varies enormously across Europe. Table 1 gives the size of the social housing sector in various countries. The first three countries (Netherlands, Scotland and Austria) have *large* sectors, with a quarter or more of the housing stock in social rental. The Netherlands, where about a third of dwellings are social housing, has the biggest sector by far. In the middle group of countries — Denmark, Sweden, England and France — social housing makes up a bit less than a fifth of dwellings. At the bottom of the table are the countries where social housing accounts for less than a tenth of the stock. This includes Germany, Ireland, the Eastern European countries of Czech Republic and Hungary, and Spain. Most of the other southern European countries (including Italy, Portugal and Greece) would also be in this category. So the proportion of the social rented housing stock varies across countries by a factor of six, from under 5 percent in Spain and Hungary to more than 30 percent in the Netherlands.

The final column shows how the size of the stock has changed in the last decade. In seven of the twelve countries the proportion has been roughly stable, at plus or minus 1 percent, for the past ten years; in the others it has been shrinking. In no country is social housing growing fast as a proportion of the housing stock.

Table 1: Social housing in percentage of housing stock in European countries (around 2010)

Country	Social rented housing in percentage of housing stock	Change in last decade
Netherlands	32	-4
Scotland	24	-6
Austria	24	+1
Denmark	19	+1
Sweden	18	-3
England	18	-2
France	16	-1
Ireland	9	+1
Czech Republic	8	-0
Germany	5	-3
Hungary	3	-1
Spain	2	+1

Source: Derived from *Social Housing in Europe* Table 1.1

ACCESS TO SOCIAL HOUSING

To understand the role that social housing plays we need to know not only how much there is, but also who can live in it. Table 2 summarises the access rules in terms of income. Half of the countries apply formal income ceilings, but in the other half there is no rigid income regulation and in principle anyone is eligible for a social home.

In practice, however, in *all* countries low-income households are more likely to enter social housing – a pattern that has been reinforced in recent years by European Court of Justice rulings (see Czischke chapter in this book). The demographics of the sector are broadly similar in most countries: social tenants have lower than average incomes – in the countries we studied the median incomes of social tenants range from 50-70 percent of overall national median incomes. Social tenants are more likely to be from ethnic minorities, to be unemployed and/or to be single parents.

Table 2: Access to social housing: income limits

	Country	Percentage of population eligible
Formal income limits	Austria	80-90
	Spain	Over 80
	France	33 (non-owners only)
	Hungary	15-40
	Germany	20
	Ireland	Very few
No formal income limits	Denmark	100
	Sweden	100
	England	100*
	Scotland	100*
	Netherlands	40
Varies	Czech	Varies by municipality

*But access is generally limited to households legally defined as in 'housing need'

Source: Social Housing in Europe Table 1.3

SOCIAL HOUSING AND AFFORDABILITY

The central concern of this book is housing affordability. The generally accepted rule of thumb is that the cost of housing should not make up more than about 30-35 percent of household income. The cost of housing can be calculated in different ways; in England for example we generally look only at rent, but in some countries

– particularly in Eastern Europe – the cost of housing also includes the cost of heating, which can be much higher than the cost of the rent itself.

One way to guarantee that social housing is affordable for low-income households would be to link rents to incomes – that is, to require each tenant household to pay a set (and affordable) percentage of their income as rent. However, while this might be a good solution for tenants, it probably would not provide social landlords with enough income to operate and maintain their estates or to invest for the future. It is possibly for this reason that only one country among those we studied – Ireland – explicitly links rents to tenant incomes. In many countries rents are related to the historic cost of constructing the dwelling (Table 3). This can lead to real distortions: for example the rents for characterful old social dwellings in the middle of Copenhagen are well below rents on less attractive, less accessible suburban estates. This is completely the reverse of market outcomes, and has come about because the old stock was built in the 1920s or 30s and the costs have been repaid, while the newer housing was more expensive.

Do these rent-setting systems produce genuine affordability? They do generally result in rents that are below rents in the private sector. In some countries (the bottom group in Table 3) social rents are less than half the level of private rents. Then there is a fairly big group of countries where social rents are half to 2/3 the level of private rents, while in Scandinavia and Germany social rents and private rents are not very far apart.

It should be noted that Table 3 indicates the comparison between social and private rents – *not* market rents. Most countries in continental Europe regulate private rents to some degree, so private rents may diverge markedly from notional free-market rents (Whitehead et al. 2012). For example in Denmark and Sweden social and private rents are close to each other. This is because private rents are relatively low (as a result of regulation), not because social rents are high. In addition, some countries (e.g. the Netherlands) apply the same regulations to both private and social rents. Thus, the countries in the top group – where social and private rents are close to each other – may not necessarily have particularly expensive social rents, but may have low rents in both rental sectors because of rent controls.

Table 3: Social versus private rents and social rent determination

Social vs. private rents	Country	How social rents are set
Social rents close to private	Austria	Cost-based
	Denmark	Cost-based at estate level
	Germany	Varies with building period and funding
	Sweden	Set by negotiation
Social rents 50-66% of private rents	France	Central government sets – cost-related
	Netherlands	Points system – 'utility value'
	Scotland	Historic cost-based
	England	Were based on local incomes and dwelling price; for new lets now up to 80 percent of market
Social rents less than 50% of private rents	Czech Republic	Cost-based
	Hungary	Set by municipalities; very low
	Ireland	A percentage of tenant incomes
	Spain	Cost-based

Source: Social Housing in Europe

Social tenants are more likely to have low incomes, but in most countries social rents are related to the landlords' costs rather than tenant incomes. How, then, can low-income households afford social rents? The answer is that all countries provide some kind of rent subsidy for those who could not afford to pay their housing costs otherwise. In some countries these subsidies are tenure-blind; in some only tenants (private or social) are eligible; and in a few they are only available to owner-occupiers (especially if they are retired). They may cover all of the rent, but in many places the recipients must pay a proportion of their own housing costs.

There is usually a rent ceiling, and often a maximum dwelling size that depends on the makeup of the household.

The most widely-used definition of affordable housing relates the cost of housing to residents' income. However that is not the only definition; a second, more controversial definition uses market rents as a benchmark. Using this definition, 'affordable' homes are those that rent for a defined proportion of market rents for similar units. In Italy, for example, a system of public-private partnerships produces housing that rents for 80 percent of market levels. Similarly, in England so-called 'affordable rents' can be up to 80 percent of market rents. These homes, which are often owned and managed by social landlords, are targeted at the intermediate market – that is, households in work who do not earn enough to pay the market price of housing but are ineligible for social housing. The use of this term is somewhat contentious; in many parts of the country, especially in inner and central London, 80 percent of the market rent is still an extremely large amount. To pay 80 percent of the market rent in the center of London might require a household income of over 100.000 €/year, which few would consider genuinely affordable.

Landlords

Across Europe there are two main types of social landlords: local authorities and housing associations, which are non-profit organisations or charities whose purpose is to provide housing. The importance of each type of landlord varies across countries: in the Netherlands all social housing is provided by housing associations, in the Czech Republic it is all provided by local governments, and in England they both have a role.

There are other models. In Spain for example most social housing is not rented but rather takes the form of low-cost dwellings for purchase. There are very generous income ceilings and no restrictions on re-sale, so purchasers can buy homes at a discount and sell them on the open market after a few years, allowing subsidy to leak away. In Germany, private developers receive subsidies for new housing construction in return for renting the dwellings at a low rent for a certain period (now 20 years at most); after that they are free to sell or rent them on the market.

Many countries have seen moves to privatize and/or liberalise social housing, either by transferring social homes to individual occupiers (England, much of eastern Europe) or by transferring the landlord function out of the public sector. Generally, though, there is little involvement of for-profit businesses. Most social housing providers, whether public or private, are non-profit organisations (although some may have profit-making subsidiaries).

FINANCING OF NEW SOCIAL HOMES

The overall proportion of social housing is not expanding massively anywhere in Europe. The many countries that carried out major postwar programs of social homebuilding now have the legacy of a large stock, but none are able or willing to build on that scale now. Even so, new social housing is being built in order to replace obsolete homes, cater for changing needs and rebalance housing tenure and income mix in particular communities.

In principle, there are three ways that social landlords can finance new construction. Each of these, individually or in combination, can be found somewhere in Europe. The first possibility is for social landlords to use rental income from current tenants. Clearly this requires that there be a surplus over and above what is required to maintain and operate the existing stock, which is not often the case. Second, social providers can borrow funds, either from commercial lenders (as in England) or from a specialist housing-finance organisation (as in France), repaying them from rental income. The third possibility is to use payments from others including government or the owners of land. In England, for example, the planning system is used to extract value from landowners to build social housing; France imposes a special tax on large employers that go towards construction of new social housing. The specific features in each country depend on the legal framework, the structure of rents and on the political commitment to new social housing.

Social housing systems have been affected by the global financial crisis and its consequences, which both increased the demand for affordable housing and squeezed the budgets of providers. Looking ahead, both these trends seem set to continue. The global financial crisis may now be almost a decade behind us, but austerity continues, especially across southern Europe, and recent flows of refugees have highlighted the urgent need for accessible low-cost homes.

Table 4 provides an overview of some general trends across the sector. In many countries the moves towards privatisation and liberalisation will continue. In terms of financing new construction, government subsidy – where it still exists – is expected to further decline in many countries, meaning landlords that want to develop will have to look elsewhere. In some countries, especially the Netherlands and the UK, financing for new construction already comes largely from the private sector on market terms. One alternative to direct financial subsidy is that governments can supply cheap or free land to social housing providers. This is often attractive because it may not show up on the government's accounts as a financial expenditure.

There are some places where social landlords can use the legacy of assets built up in the 1950s and 1960s. In the Netherlands and Denmark, for example, the social housing sectors do not need much in the way of outside resources, as they have big financial reserves and can recycle previous subsidy.

Finally, there is an interest in seeing if there is a role for institutional investors such as pension funds and insurance companies in investing in rented housing – both private and social. Social housing could be attractive to certain investors, especially in the current low-interest-rate environment, as it can provide positive yields at a relatively low risk.

The final two columns of Table 4 suggest the outlook for the sector. The rate of new construction is unlikely ever again to reach the levels seen in the 1950s and 1960s, so in most countries the proportion of social housing is likely to remain stable or decline. At the same time, demand continues to grow, some from traditional sources and some from new and unanticipated developments (cf. recent inflows of refugees). There will be an understandable emphasis on using social homes, which typically benefited from historic government subsidy, to house those most in need. This will lead to increased residualisation within the social sector.

This will highlight the problems of the intermediate market – 'key workers' such as nurses, teachers or police officers; young urban professionals; workers in creative and non-profit industries. Indeed, political discussions about the affordability crisis often centre not on the very lowest-income people but rather on the problems of young professionals and families with middle incomes.

The challenge will be to provide affordable housing for these households. Traditional social housing may increasingly be reserved for those most in need, but social landlords in many countries are becoming increasingly entrepreneurial (within the limits of their non-profit status) and have started to develop products designed specifically for this intermediate market. The need for this type of housing is the greatest in high cost-areas, where it costs most to provide, so it will still require some degree of subsidy – though less than traditional social homes.

Table 4: Looking forward: general trends

	Move towards privatisation/liberalisation	Reduction in subsidies for new social supply	Move towards demand-side subsidies	Greater residualisation	Increasing unmet demand	Future role of social housing
Austria	Yes	Potentially	Potentially	Yes	Yes	Will continue to be significant.
Czech Republic	Yes	Few or nonexistent already	Yes	Yes	Yes	Increase from low level.
Denmark	Very limited	Potentially increasing	No	Yes	Yes	Strong. Possible stimulus packages.
England	Yes	Yes	Yes	Unclear	Yes	Stable or slow decline.
France	No	No	No	No	Yes	May undergo rapid change in near future.
Germany	Already highly privatised	Yes - but varies by region. Federal subsidies recently doubled	Already very important	Yes	Yes	Furthest down line of privatisation; some local/regional variation.
Hungary	Already privatised	Already very limited	No	Already highly residualised	Yes	Rescue scheme for low-income mortgagors in some areas, but generally very limited.
Ireland	Yes	Yes	Rents determined by income	Yes	Yes	Financial crisis - increasing role of private rented sector with income supplements.
Netherlands	Yes	Already self-sufficient	Already very important	Yes	Yes	Still central to overall system - but government introducing higher taxes
Scotland	Yes	Yes	Yes	Yes	Yes	Declining.
Spain	Emphasis almost wholly on owner-occupation	Increased in 2006 but now reversed	Reduced	No	Yes	Continuing subsidised home ownership.
Sweden	Yes	Already self-sufficient	Already	Yes	Yes	Very little new supply.
Other post-socialist Countries (on average)	Already	Yes	Limited availability	Yes	Yes	Varying political responses.

Source: Adapted from *Social Housing in Europe* Table 24.

CONCLUSION

Social housing does provide affordable and stable housing for many households but it is not the answer to all affordability problems. The scale of need is too great to be met by the existing stock and few countries are building new social homes on a large scale. New social housing is not cheap; expensive cities, where the need is the greatest, have expensive land that drives up the cost of new buildings.

Clearly, households that cannot buy their own homes or get into social housing must live in the private rented sector. Given that the social sector is not able to meet the overall requirements for affordable housing, it is vital to ensure that the private rented sector can provide good-quality, affordable, and secure housing. Demand-side subsidies in the form of rent allowances can certainly help and in many countries there is increased use of such subsidies, but across Europe there are also strong political movements advocating the introduction or strengthening of rent regulation. The private rented sector, not the social sector, will be the tenure where affordability problems play out in the coming decades.

REFERENCES

Scanlon, Kathleen/Whitehead, Christine/Fernandez-Arrigoitia, Melissa (2014): Social Housing in Europe, Oxford: Wiley.
Whitehead, Christine/Monk, Sarah/Markkanen, Sanna/Scanlon, Kathleen (2012): The Private Rented Sector in the New Century: A Comparative Approach, Copenhagen: Realdania.

Social housing
and European Community competition law

DARINKA CZISCHKE

Housing is not a competence of the European Union – none of the EU treaties make reference to it. However, in recent years there has been debate about the extent to which government support for social housing is compatible with EU competition law. One of the most important fields of competition policy in this regard is state aid for 'services of general economic interest' (commonly known as SGEI), a legal category that provides an exception to competition rules for the proportionate pursuit by private actors of legitimate public-interest goals. As Meyer (2011: 3) explains, "unlike other social SGEIs, social housing is deeply embedded in the economic fabric and, as a result, is often in competition, if not conflict, with the interests of the private real estate sector". The application of this aspect of EU law can have significant financial implications for social housing providers and also may require important changes to the role and size of the sector.[1]

From 2005 a number of developments begun to sketch the outlines of a new framework for social housing at EU level, under which the sector would be classified as a SGEI and therefore subject to EU competition law. The conception of social housing implied in this new framework, however, seems to be in contradiction with certain existing national models of social housing provision. This article briefly classifies the different approaches to social housing. It then discusses the

---

1 This chapter is based on: Czischke, D. (2014). Social housing and European Community competition law. Social Housing in Europe, 333-346. I would like to thank Virginie Toussain, legal expert at Union Sociale pour l'Habitat for her useful comments.

development of the concept of 'services of general economic interest' and its relevance for state aid and social housing, illustrated by an account of the two most emblematic cases in which national conceptions of social housing were challenged under EU law. The concluding section reflects on the possible implications of these decisions for social housing sectors in other EU member states.

A TYPOLOGY OF APPROACHES TO SOCIAL HOUSING PROVISION IN THE EUROPEAN UNION

A classification developed by Czischke (2009, 2014) illustrates the main commonalities and differences between approaches to social housing in EU member states (see Figure 1). It employs two axes, which are central to discussions about EU competition law: size of the social housing stock and allocation criteria. The size[2] of the social rental stock gives an indication of the relative weight of the sector in the country's housing markets and policies; it is evident that proportion of social rental housing in EU member states varies greatly.

In terms of allocation criteria there are two main approaches, generally known as universalistic and targeted[3]. The universalistic model (also called 'housing of public utility') stems from a particular conception of social welfare and aims to provide the whole population with housing of decent quality at an affordable price. Housing is considered a public responsibility and is delivered either through municipal housing companies (e.g. Sweden) or non-profit organisations (the Netherlands, Denmark). Social housing also may serve a market-regulating function, influencing rents in the private sector. Countries that fall into this category generally have more rented housing than those with a targeted approach, and thus a considerably smaller proportion of home-ownership.

In countries with universalistic systems, social housing is allocated through waiting lists (with or without priority criteria) and local authorities reserve a number of vacancies for households in urgent housing need. Rents are cost-based;

---

2   This classification is based on data available on the size of the social rental housing stock in each member state (Dol et al. 2010). The choice of the social rental tenure as a proxy for social housing corresponds mainly to the availability of statistics on this indicator, which allow cross-national comparison (unlike, for example, statistics on social ownership or other types of social tenures, for which definitions and data collection differ widely between countries).

3   Similar in many respects to Kemeny's (1995) categories of 'unitary' and 'dualist' rental systems.

there is a rent guarantee for disadvantaged households and housing allowances are provided. One of the key objectives of universalistic systems is to ensure social mix, i.e., to avoid the formation of ghettoes of lower-income groups or ethnic minorities, prevent spatial segregation and foster social cohesion. Even so, most large-scale social housing neighbourhoods built in the 1960s and 70s today show similar patterns of socio-spatial segregation, regardless of whether the initial approach was universalistic or targeted.

Figure 1: A classification of social rental housing approaches in EU member states (selected countries of northwest Europe)

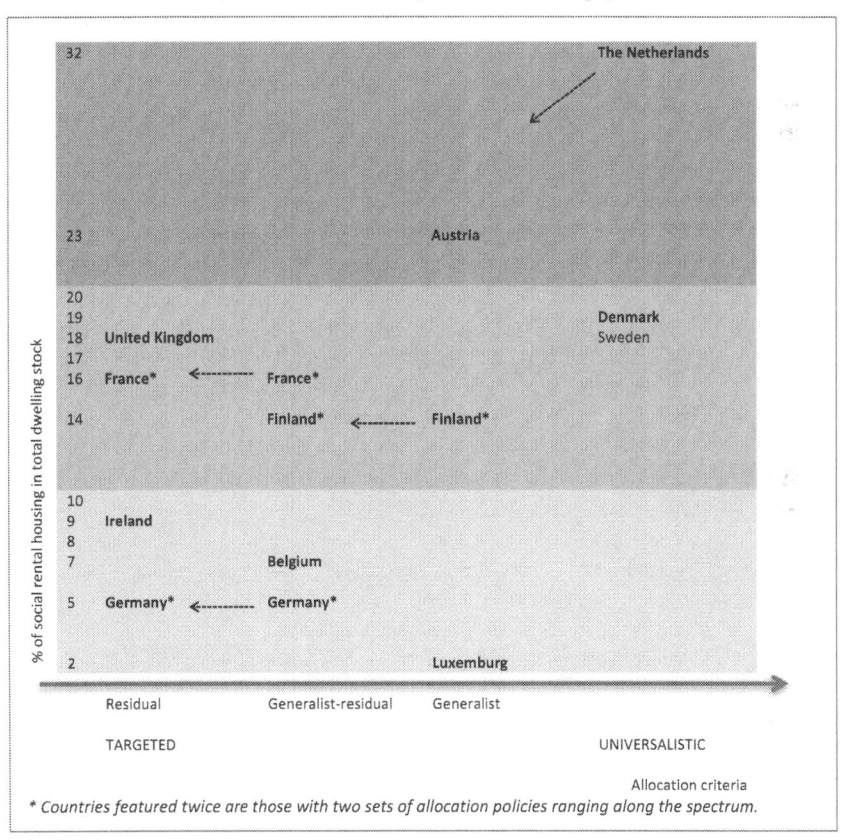

% of social rental housing in total dwelling stock	Residual (TARGETED)	Generalist-residual	Generalist	(UNIVERSALISTIC)
32				The Netherlands
23				Austria
20				
19				Denmark
18	United Kingdom			Sweden
17				
16	France*	← France*		
14		Finland*	← Finland*	
10				
9	Ireland			
8				
7		Belgium		
5	Germany*	← Germany*		
2			Luxemburg	

Allocation criteria
* Countries featured twice are those with two sets of allocation policies ranging along the spectrum.

Source: Author's elaboration on the basis of Czischke, D. (2009, 2014).

The targeted approach, on the other hand, is based on the assumption that housing needs will be met predominantly by the market and that only households for whom the market is unable to deliver housing of decent quality at an affordable price should benefit from social housing. Within this approach, there is wide variation in terms of the type and size of the social housing sector, as well as in allocation criteria. In some countries housing is allocated to households with incomes below a certain ceiling; in others, housing is provided for the most vulnerable. Following Ghekière (2007), we call these two sub-types 'generalist' and 'residual', respectively. Generalist systems follow the original tradition of social housing in Western Europe (i.e. housing for workers or middle-income groups, possibly provided with the help of contributions from their employers), while residual systems have much more restricted categories of beneficiary, usually very vulnerable households who are heavily dependent on state benefits (e.g. the unemployed, disabled, elderly, single parents, etc.).

Countries with targeted systems – both generalist and residual – have higher rates of home ownership than countries with universalistic systems. Except in Eastern Europe, countries with generalist systems have small private rental sectors, while those with residual systems have larger private than social rental sectors. In residual systems housing is usually allocated directly by the local authorities on the basis of need, whilst generalist social housing is allocated by providers according to certain rules and procedures, and income-based priority criteria. In residual systems, social rents are either cost-based or related to household income, while in generalist systems either social rents are capped or income-based housing allowances cover part of the rent.

SERVICES OF GENERAL INTEREST, STATE AID AND SOCIAL HOUSING

The EU internal market and state aid

The Treaty on European Union (or 'Maastricht Treaty') came into force in 1993 and fulfilled one of the European Union's original goals of creating a single internal market in which the free movement of goods, services, capital and persons is ensured. While housing is not a direct competence of the EU, national housing policies do have to be compatible with the general principles of the treaty. The basic principles of the single internal market have led to regulations that have a significant impact on housing, including fiscal, competition and state aid rules. Social housing is particularly affected, as this part of the housing sector receives state aids, which are a priori forbidden by the Treaty. State aid refers to any form of assistance from a public or publicly-funded body to selected undertakings (entities that supply goods or services in a given market), which has the potential to distort competition and affect trade between EU member states.

There are three related legal concepts that are key to understanding the EU debate: Services of General Interest (SGI); Social Services of General Interest; and Services of General Economic Interest (Figure 2).[4]

Figure 2: Services of General Interest and related concepts

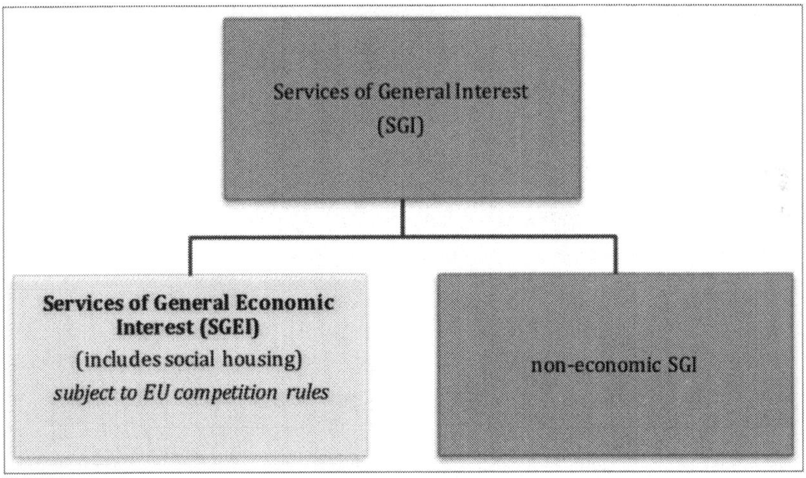

```
                    Services of General Interest
                              (SGI)
                    ┌───────────────┴───────────────┐
        Services of General Economic
              Interest (SGEI)
           (includes social housing)          non-economic SGI
         subject to EU competition rules
```

Source: Author

SGI can be economic or non-economic in nature. If they are not economic, they are not subject to EU rules. SGI that consist of economic activity are known as 'services of general economic interest' (SGEI). Provision of goods and/or services

---

[4] The notion of Services of General Interest (SGI) is a relatively new one (Huber et al. 2009). In 2003 the Green Paper on services of general interest was published (EC 2003), followed by a White Paper in 2004 (EC 2004). Public authorities may classify certain services as being of 'general interest' and thus may impose 'public service obligations' (PSO) – that is, specific requirements on the service provider to ensure that certain public-interest objectives are met. In 2006 the Communication on Social Services of General Interest (SSGI) was published (EC 2006), followed by further official texts later in 2006 and in 2007. These define SSGI as legal or complementary social protection regimes plus services considered essential to fostering and maintaining social cohesion (Petitjean 2011).

in a given market is an economic activity; the fact that the activity may be considered 'social' is not relevant.

Article 86(2) of the Treaty exempts certain services from EU law, and in particular from competition rules, if they are recognised by public authorities as fulfilling a task or mission of 'general interest' (Huber et al. 2009: 26). As explained above, providers of services of a general interest must fulfil public-service obligations. In the case of the general-interest mission of provision of social housing, the public service obligations involve the affordability of housing, rules and allocation procedures in terms of priority of access and security of tenure (Polacek 2011).

Social housing as a service of general economic interest

In order to perform their mission of general interest, social housing providers focus on housing for disadvantaged households. They have obligations in terms of charging social prices (rent ceiling) and allocating housing units following specific arrangements in each member state. These obligations entail costs (lower revenues and management costs related to unpaid bills, for example). Public aid compensates for these public service obligations and specific costs. The aid may take a variety of forms, such as reductions on the price of public land, fiscal exemptions, guarantees, subsidies, etc. (Mosca 2011).

State aid gives an economic advantage to the beneficiary and thus generally contradicts the principle of 'undistorted competition' in the single market. Normally member states must notify the Commission about any state aids they provide, but the EU legislative framework exempts players in the social housing sector from this requirement, as access to housing is enshrined in the Charter of Fundamental Rights, and social housing therefore belongs to the category of SGEI.

However, state aids might be judged compatible with EU law if they are necessary and proportionate to the accomplishment of the general-interest mission of social housing. A set of legal texts elaborated in 2005 and known as the 'Monti-Kroes' or 'Altmark' package (after the Court of Justice Altmark ruling [Case C-280/00]) set out the conditions under which state aids to public-service providers can be considered compatible and do not have to be reported (or 'notified') to the Commission. Because social-housing providers operate in defined territories and reinvest profits from rents and sales in new housing, the risk that state aids will distort competition is limited. The Monti-Kroes package therefore relieves them from the notification obligation as long as they are providing housing for disadvantaged groups, which due to income constraints are unable to obtain market housing.

Table 1: Timeline: Social Services of General Interest and complaints involving social housing in Sweden and the Netherlands

Year	EU ruling/ publication on SSGI	Country — Sweden	Country — The Netherlands
2002		EPF lodges complaint	
2003	Green paper on SGI		
2004	White paper on SGI		
2005	EC SGEI decision		
2006	Communication on SSGI		
2007	SPC enquiry into SSGI	Swedish government abolishes public service compensation for MHCs	IVBN lodges complaint
2009			EC decides revised system in line with state aid rules
2011		01/01: law enters into force to liberalize public housing sector	01/01: new income ceiling comes into force
2012	EC proposal revises state aid rules on SSGI		
2014			Autumn: parliamentary Enquiry into the structure and the functioning of the housing association sector
2015			01/07: new Housing Act comes into force

Acronyms:
EPF European Property Federation,
SPC Social Protection Committee,
MHCs Municipal Housing Companies,
IVBN Vereniging van Institutionele Beleggers in Vastgoed [Association of Institutional Property Investors]

Source: Author

The restrictive definition of social housing adopted by the European Commission does not correspond to that used in countries with universalistic approaches to social housing provision. Using this narrow conception of social housing, the Commission sees a 'manifest error' in giving SGEI status to social housing in countries where it has no direct link with disadvantaged groups.

EU practice in this area is still evolving. In the draft decision on notification of SGEI, Competition Commissioner Almunia abandoned the restrictive 2005 definition of social housing and integrated it in a broader category of services that satisfy "essential social needs" (Mosca 2011).

In the next section we focus on the two emblematic cases that have contributed to set a precedent on this issue: the Swedish and the Dutch. Table 1 lists key milestones in the development of SGI and state aid legislation at EU level and in three countries where the Commission has been asked to monitor the compliance of national social housing sectors with internal market regulations.

The Swedish case

There is no special subsidized housing stock in Sweden today. The country follows a universalistic approach to housing provision, and some 22 percent of dwellings are 'public utility' housing or 'for the benefit of all' (*allmännyttan* in Swedish). This housing is provided by local-authority owned municipal housing companies, whose goal is to provide housing for all regardless of gender, age, origin or income. Dwellings are usually allocated on the basis of a waiting list. Tenants have to pay for their rent, often with the help of housing allowance. In order to avoid the stigmatisation of the sector there is no income ceiling, but in practice, well-off people do not choose to live in these dwellings. Nonetheless many middle-income households do live in public housing. As Kurt Eliasson of the Swedish Association of Public Housing Companies points out: "For the Swedish population, there is no strongly pronounced separation between private and public rental housing, all the more so since rents do not differ a lot. This is because dwellings of equal 'utility value' should have about the same rent, according to the 'utility value' principle" (Eliasson, quoted in Martin 2011a: 23).

In July 2002 the European Property Federation (EPF) lodged a complaint with the European Commission, objecting to the Swedish practice of allocating state aid to house well-off people. After a state inquiry and much debate, the Swedish parliament in 2007 abolished public service compensation for municipal housing companies in order to maintain the principle of universal access (although the phasing out of state subsidies for housing construction had begun in the early 1990s [Martin 2011a]).

The Municipal Housing Companies Act, which entered into force on 1 January 2011, liberalised the sector and set out the objectives and ground rules for public housing companies. Their aim is to promote public benefit and the supply of housing for all kinds of people, and they must operate under 'business-like principles'. As Eliasson points out, this is a new concept in Swedish law, and its exact meaning is still under debate (Eliasson, quoted in Martin 2011a). It seems to imply that there will be no state aid (in the form of favourable loans, tax advantages, etc.) to municipal housing companies from either central or local government. Under the new legal framework, public companies should no longer apply the cost-rent principle but instead should charge market rents, including a certain profit margin. Furthermore, municipalities should require a market rate of return on investment, reflecting industry practice and level of risk. However, the law does not require public housing companies to maximise profits. While no immediate effect on rents is expected, they will gradually become more differentiated. They might increase more rapidly in attractive residential areas and little, if at all, in less attractive areas – which could increase socio-spatial segregation.

Furthermore, affordability might be affected, as the rent-setting system has also been modified so as to be compatible with EU rules. In Sweden, rents are set through negotiations between the landlord and the Tenants' Union. This negotiation system has been maintained, but with a major change: rents charged by public housing companies will cease to have a dampening effect on rents in the private sector for countries with unitary rental markets, as explained by Kemeny (1995). In the new system, however, rents are to be based on negotiated rents in other comparable units in any ownership, private or public. One might therefore expect rents to rise, but in practice outcomes will depend on the relative strength of the Tenants' Union and the landlords.

The Dutch case

A political debate has been underway in the Netherlands for about a decade concerning social housing. This debate has been influenced on the one hand by national concerns (Elsinga et al. 2008), and on the other by European Union regulations. One of the issues is how to distinguish between housing associations' core social activities and their commercial activities for tax purposes.

In 2007, the European Commission received a complaint from the association of Dutch institutional real estate investors (*Vereniging van Institutionele Beleggers in Vastgoed*, or IVBN) that housing associations were using state aid to expand their commercial activities rather than to provide social housing. State support for Dutch social housing associations mainly takes the form of loan guarantees. The complaint alleged that housing associations had built too many homes with state aid (2,3 million, while only 1,2 million households were entitled to housing allowance), creating an uneven playing field and contravening the basic principles of the European internal market. Furthermore, private landlords argued that state aid allowed housing associations to participate in the private rental market.

Following a European Commission investigation into these claims, the Dutch authorities undertook to make the social housing system more transparent and ensure that it targeted a clearly defined group of socially less advantaged persons. Commercial activities could no longer benefit from state aid; social housing companies would have to operate under the same conditions as their private competitors. To ensure that supported housing was allocated only to those in need of it, the Dutch authorities adopted a new, transparent allocation procedure. In 2009 the Commission found that the system was in line with state aid rules, and in particular with the Commission's 2005 SGEI Decision.

The Dutch government made two key changes. First, it imposed a new income ceiling: as of 1 January 2011, at least 90 percent of new leases on social dwellings renting for under 652,52 €/month must go to households earning below 33.614 € per year (In 2016, these figures were, respectively, 710 €/month, and 38.950 € per year). The remaining 10 percent can be rented to households earning more, or to those in urgent need of a social dwelling. Each housing association must state formally how it will allocate this 10 percent.

Secondly, state guarantees are now restricted to Services of General Economic Interest (SGEI). Previously, the government guaranteed all housing association borrowing, which allowed them to access cheaper loans. Partly as a result of a long-term discussion about the activities and financing of housing associations in the Netherlands, and partly as a result of the European Commission investigation, the Dutch government has delineated the activities for which housing associations may receive state aid and those for which it may not. The former includes dwellings renting for below 710 €/month (in 2016) and some types of public real estate. The government no longer guarantees housing association borrowing for dwellings with higher rents, for which they must now pay higher interest rates.

In its 2009 decision, the Commission asked the Netherlands to 'right-size' its social housing around its new SGEI scope. As Ghekière (2011: 140) explains:

"introducing the income ceilings, the Commission says, would lead to an 'overabundance of social housing', and adjustments are therefore in order. Simply put, this means selling off surplus rented housing, i.e. feeding it onto the competitive market at market rates".

However, the expected market for these homes was assumed to be households earning between 33.000 € and 43.000 € a year – the middle classes who cannot afford to buy. In addition, evidence (Czischke et al. 2016; Czischke 2014; Martin 2011b) shows that commercial landlords are not yet entering this market despite the new regulations, which favour their claim. It may be that the market is not profitable enough, or that these investors see their core business as relatively short-term investment with high returns (i.e. buy and sell, or high-end renting) rather than long-term management of rental housing. In any event, the housing needs of middle-income households who cannot afford to buy homes under current market conditions but are ineligible for social housing are not being met in large parts of the Netherlands.

There was much criticism of the reforms. Experts said they could increase socio-spatial segregation, in particular in areas with tight housing markets, by concentrating low-income households in social rental housing (Czischke 2014; Priemus et al. 2011). As Freek Ossel, Amsterdam alderman for housing explained, the construction of developments offering a mix of cheap and medium-priced rental properties was hampered by the Commission decision: "[Housing associations] are forced to split the cheap section and the medium-priced section and hence secure a more expensive loan. This means that hardly any properties are being built in the middle segment, neither by other market parties" (Martin 2011b). But regional differences may shape the actual and perceived effects of the ruling: in areas in decline, house prices are already low and hence the income limit will not be such a problem.

Following the Commission's 2009 decision, Priemus et al. (2011) said it put an end to a long period of uncertainty and helped create a level playing field on the Dutch housing market. However, they said, it also had drawbacks, in particular "for housing middle-income households and urban restructuring aimed at attracting middle- and higher income households" (2011: 102). Earlier, Elsinga et al. (2008: 21) had identified the threats posed by EU competition policy to the unitary rental sector in the Netherlands, whose advantages included "providing affordable housing to those who need it, without the sector being marginalized and stigmatized"; they also expressed concern that the government might take surplus capital from housing associations and decide how to invest it. Others regret the loss of the regulating and moderating effect that a unitary or universalistic approach to social housing has on market prices (Ghekière 2011). On the other hand, some say the changes will mean more competition and a fairer allocation of resources (Czischke 2014).

Beyond the discussion about the appropriate role and size of the social rental sector, there is relative consensus in the Netherlands that the Dutch housing market has a deeper problem. This is rooted in the distortion generated by years of heavy subsidization of home ownership, and particularly debt financing, which pushes prices up (Czischke 2014; Haffner 2011; Martin 2011c).

Gruis et al. (2008) considered whether the factors that prompted the European Commission to intervene in the Dutch social housing sector also exist in other EU member states. They concluded that:

"the intervention of the European Commission in the Netherlands could become a precedent for other European countries, particularly for those countries that opt against a residualised social rented sector and for a competitive role of social housing providers on the housing market" (Gruis et al. 2008: 485).

Conclusion

The restrictive notion of social rental housing underlying EU rulings does not conflict with social housing systems in countries that target the least advantaged; in Ireland, for example, social rental housing is indeed reserved to the neediest. However, it does clash with universalistic or unitary systems, and governments in the member states concerned have had to adapt. The two cases discussed in this article illustrate very different approaches: Sweden chose to completely liberalise its public housing, removing social housing from the category of SGEI. The Netherlands, on the other hand, chose to impose income ceilings and a strict separation between the funding arrangements (and hence state support) for social (SGEI) and commercial (non-SGEI) activities of housing associations.

While the longer term consequences of these cases have yet to fully unfold, the decisions have had some positive outcomes, in particular in the Netherlands. These include greater transparency and a fairer allocation of resources. However, evidence so far indicates that problems of housing affordability continue – in particular for middle-income groups – as investors in the Netherlands prefer to finance home-ownership instead of affordable rental housing, following the gradual recovery of the housing market after the recession (Czischke et al. 2016). Furthermore, critics ranging from politicians to policy-makers and scholars have pointed out the risks of increased concentrations of low-income and vulnerable households in social rental housing.

The ultimate underlying issue is the distortion of housing markets. To deal with this we need a better understanding of the relationships between the various segments of housing markets and the effects of different policies on housing outcomes – and in the current atmosphere of economic crisis, the links between social housing, the rest of the housing market and the wider economy are clearer than ever.

Finally, the question on whether and if so, how, the European Commission is to rule on the role and scope of national social housing sectors remains unresolved. Commercial developers' repeated use of EU competition law to challenge national practice shows that it can be used as an instrument to influence national (social) housing policies.

REFERENCES

Czischke, Darinka (2009): »Managing Social Rental Housing in the EU: A Comparative Study«, in: International Journal of Housing Policy, 9, 2, S. 121-151.

Czischke, Darinka (2014): Social housing organisations in England and the Netherlands: Between the State, Market and Society, PhD thesis, Delft University of Technology.

Czischke, Darinka/van Bortel, Gerard (2016): »What we talk about when we talk about affordable housing: An exploration of 'affordable housing' concepts and policies in England, Italy, Poland and the Netherlands«, paper presented at the ENHR Working group on comparative housing »New approaches to affordable housing«, TU Delft, 11 November 2016.

Dol, Kees/Haffner, Marietta (Hg.) (2010): Housing Statistics in the European Union, The Hague: Ministry of the Interior and Kingdom Relations.

Elsinga, Maria/Haffner, Marietta/Van Der Heijden, Harry (2008): »Threats to the Dutch Unitary Rental Market«, in: European Journal of Housing Policy, 8 (1), S. 21-37.

European Commission (2006): Communication from the Commission – Implementing the Community Lisbon programme – Social services of general interest in the European Union [COM/2006/0177 final].

European Commission (2004): Communication from the Commission to the European Parliament, the Council, the European Economic and Social Committee and the Committee of the Regions – White Paper on services of general interest. [COM/2004/0374 final].

European Commission (2003): Commission Green Paper of 21 May 2003 on services of general interest [COM(2003) 270 final – Journal C 76 of 25.03.2004].

Ghekière, Laurent (2011): »How social housing has shifted its purpose, weathered the crisis and accommodated European Community competition law«, in:

Houard N (Hg.), Social Housing across Europe, La Documentation Française, Paris: MEDDTL-DiHAL.

Ghekière, Laurent (2007): Le développement du logement social dans l'Union européenne. Quand l'intérêt général rencontre l'intérêt communautaire. Paris: Dexia Editions, Collège d'Europe.

Gruis, Vincent/Priemus, Hugo (2008): »European Competition Policy and National Housing Policies: International Implications of the Dutch Case«, in: Housing Studies, 23 (3), S. 485-505.

Haffner, Marietta (2011): »The private rented sector in the Netherlands«, in Kath Scanlon/Ben Kochan (Hg.), Towards a sustainable private rented sector: The lessons from other countries, London: LSE London, S. 61-76.

Huber, Manfred/Maucher, Mathias/Sak, Barbara (2009): Study on Social and Health Services of General Interest in the European Union Final Synthesis Report. Prepared for DG Employment, Social Affairs and Equal Opportunities. DG EMPL/E/4 VC/2006/0131.

Kemeny, Jim (1995): From Public Housing to the Social Market; Rental Policy Strategies in Comparative Perspective, London: Routledge.

Martin, Florence (2011a): Sweden: Social housing under 'businesslike principle'. Interview with Kurt Eliasson, CEO of Swedish Association of Public Housing Companies (SABO). Europolitics, No. 4328. Brussels: European Information Service.

Martin, Florence (2011b): Commission's decision hinders social mix. Interview with Freek Ossel, Amsterdam Alderman for Housing, in: Europolitics, 4328, Brussels: European Information Service.

Martin, Florence (2011c): »Three Questions to MEP Sophie Veld T Blaming the Commission is pure Brussels bashing«, SABO, in: Europolitics, 4328, Brussels: European Information Service.

Meyer, Marc (2011): Editorial: EU gradually recognizes key role of social housing, in: Europolitics, 4328, Brussels: European Information Service.

Mosca, Sophie (2011): Introduction: Problems divided and rules relaxed, in: Europolitics, 4328. Brussels: European Information Service.

Petitjean, Sophie (2011): Social Services of General Interest: SSGI talks making headway, in: Europolitics, 4325, Brussels: European Information Service.

Polacek, Richard (2011): Study on Social Services of General Interest. Commissioned by the Directorate General for Employment, Social Affairs and Inclusion, European Commission.

Priemus, Hugo/Vincent, Gruis (2011): »Social Housing and Illegal State Aid: The Agreement between European Commission and Dutch Government«, in: International Journal of Housing Policy 11, S. 89-104.

Gentrifizierung und neue Mittelschichten: Drei Phasen eines wechselhaften Verhältnisses

SUSANNE FRANK

Die mir für diesen (Tagungs-)Beitrag gestellte Aufgabe lautete, die innerstädtischen Aufwertungsprozesse aus der Perspektive der Nachfrager/-innen zu diskutieren.[1] Ich nehme im Folgenden also diejenigen in den Blick, die die wichtigsten Träger- und Zielgruppen von Gentrifizierungsprozessen und -strategien sind: Die so genannten neuen Mittelschichten.

Zunächst und nur kurz möchte ich meine grundlegende These darlegen, dass Gentrifizierung und neue Mittelschichten in einer engen Wechselbeziehung zueinander stehen: Die neuen Mittelschichten bringen Gentrifizierungsprozesse (mit) hervor; zugleich bringen Gentrifizierungsprozesse die neuen Mittelschichten (mit) hervor.

Vor diesem Hintergrund möchte ich – in internationaler Perspektive – dann aber vor allem argumentieren, dass in der Art und Weise, wie sich Gentrifizierung und neue Mittelschichten zueinander verhalten, in den fünfzig Jahren, die wir über sie diskutieren, unterschiedliche Phasen zu erkennen sind. Die Entstehung und Verbreitung sowohl von Gentrifizierung als auch der neuen Mittelschichten ist in

---

1 Die in diesem Artikel präsentierten Gedanken und Argumentationen sind keineswegs abgeschlossen, sondern noch sehr skizzenhaft und gegen Ende hin (dritte Phase) auch nicht vollständig abgesichert. Vorträge sind wunderbare Gelegenheiten, noch unfertige und auch gewagte Überlegungen zur Diskussion zu stellen und Feedback einzuholen. Dafür, dass sie mir dazu Gelegenheit gegeben haben, danke ich den Organisator/-innen der Weimarer Konferenz ›Wohnen für alle?! Wissenschaftliche Perspektiven auf Architektur, Planung und Politik‹ sehr herzlich. Die hier veröffentlichte schriftliche Fassung meines Vortrags möchte ich in diesem Sinne als Zwischenstand in einem offenen Forschungsprozess bzw. als Ausdruck von ›Work in Progress‹ verstanden wissen.

engem Bezug zueinander wie auch im Kontext der (globalen) Restrukturierungsprozesse zu sehen, in deren Verlauf (nicht nur) die westlichen kapitalistischen Industrieländer, auf die ich mich in diesem Beitrag (aber) ausschließlich beziehe, grundlegende Transformationsprozesse durchlaufen. Letztere werden häufig als Übergang von fordistischen zu postfordistischen oder von industriellen zu postindustriellen Gesellschaften beschrieben. Im Zentrum der Aufmerksamkeit steht dabei nicht zufällig die neoliberale Epoche, die unsere Gesellschaften umfassend und tiefgreifend geprägt hat – und auch weiterhin prägt. Nichtsdestoweniger meine ich, dass es zu kurz greifen würde, wenn wir das in der Hochzeit des Neoliberalismus geprägte Bild des Verhältnisses von Gentrifizierung und neuen Mittelschichten umstandslos auf die vorherige und die nachfolgende Periode übertragen, weil wir dabei die besagten Wandlungsprozesse übersehen, denen es unterliegt. Zur Kenntnis zu nehmen, dass es diese gibt, sie zu beschreiben und zu reflektieren, halte ich aus analytischer wie auch aus politischer Perspektive für bedeutsam.

Zur Wechselbeziehung von Gentrifizierung und neuen Mittelschichten

Nachfrageorientierte Theorien der Gentrifizierung gehen davon aus, dass sich im Zuge des großen Transformationsprozesses von der Industrie- zur Dienstleistungsgesellschaft vor allem im so genannten quartären oder kreativen Sektor, also vor allem in den einflussreichen Bereichen Wissenschaft und Forschung, Information und Kommunikation, Kultur, Beratung und Verwaltung, aufstrebende Mittelschichtgruppen (*new middle classes*) herausbilden, die sich – ebenso wie die Unternehmen und Institutionen, in denen sie arbeiten – bevorzugt in den inneren Städten metropolitaner Agglomerationen konzentrieren.

Mit dem sozioökonomischen einher geht ein umfassender soziokultureller Wandel, der hier nur ebenso kurz mit den Stichwörtern Säkularisierung und Liberalisierung, Individualisierung und Pluralisierung der Lebensformen, Enttraditionalisierung der Geschlechterbeziehungen und Familienarrangements, neue Haushaltsformen sowie Entgrenzung von Arbeit und Freizeit umrissen sei. Vor dem Hintergrund dieser Entwicklungen differenzieren sich die neuen Mittelschichten entlang von normativen Orientierungen, Milieuzugehörigkeiten und Lebensstilen. Im Zusammenspiel dieser Entwicklungen wird Gentrifizierung einerseits als Ausdruck und Resultat der Handlungsorientierungen der (unterschiedlichen Fraktionen) der *new middle classes* interpretiert, die charakteristische soziokulturelle Werthaltungen und Muster der Lebensgestaltung an den Tag legen, die vor allem auf die inneren Städte gerichtet sind. Dabei steht vor allem das oft demonstrative Konsumverhalten im Fokus.[2]

Andererseits und zugleich kann man die fortschreitende Inbesitznahme der inneren Städte durch die ›kreative Klasse‹, die ›neue Dienstleistungsklasse‹ oder einfach die ›neuen Mittelschichten‹ als räumliche Dimension und damit wesentlicher Bestandteil jenes anhaltenden Prozesses betrachten, in dem die in der kultur- und wissensbasierten Dienstleistungsökonomie führende, um nicht zu sagen ›herrschende‹ Klasse sich erst formiert und dann behauptet. Die großzügige Stadtwohnung hat die Villa im Grünen als Statussymbol abgelöst; sie unterstreicht die soziale Stellung ihrer Bewohner/-innen und befriedigt das Bedürfnis nach Distinktion. Internationale Studien zum Mittelschichtwohnen zeigen, dass Wohnung und Wohnort immer stärker als Ausdruck und Ausweis der eigenen Identität wahrgenommen werden: »One's residence is a crucial, possibly the crucial identifyer who you are« (Savage et al. 2005: 207). Das Wohnen in gentrifizierten Nachbarschaften wird so zu einer Art Erkennungs- und Zugehörigkeitszeichen.

Vor dem Hintergrund dieser Konzeptionen verstehe ich Gentrifizierung im Folgenden also als Ausdruck, Resultat und Medium der Herausbildung und Etablierung der heute maßgeblichen Klasse der neuen Mittelschichten, mitsamt ihrer sehr unterschiedlichen Fraktionen und Milieus.

DREI PHASEN IM VERHÄLTNIS VON GENTRIFIZIERUNG UND NEUEN MITTELSCHICHTEN

Von dieser grundsätzlichen Bestimmung ausgehend, möchte ich nun zeigen, dass sich die Art und Weise, wie das Verhältnis von neuen Mittelschichten und Gentrifizierung wahrgenommen und gedeutet wird, mit veränderten gesellschaftlichen Rahmenbedingungen grundlegend gewandelt hat. Diesbezüglich unterscheide ich drei Phasen, die sehr grob und alles andere als trennscharf voneinander abgegrenzt werden können:

---

2   Seit langem bekannt sind die Yuppies (young urban professionals) und Dinks (double income no kids), zunehmende Beachtung erfahren die Yupps (young urban professional parents) und Diwiks (double income with kids). Hinzugekommen sind aber auch Gruppen wie die stadtbasierten Lohas (Lifestyle of Health and Sustainability) mit ihrem Lebensstil zwischen Luxus und Nachhaltigkeit. Siehe Abschnitt 2, zweite Phase.

- Das Aufkommen von Gentrifizierungsprozessen in den 1970er und 1980er Jahren (Emanzipationsbewegungen, Abwendung von *suburbanism as a way of life*, soziale Offenheit)
- Mainstreaming von Gentrifizierungsprozessen: 1980er bis Nullerjahre (Hochphase der neoliberalen Stadtentwicklung, Coping, soziale Schließung)
- Kritik an Gentrifizierungsprozessen: Die heutige Zeit, vor allem nach der Wirtschafts- und Finanzkrise (Abwendung von *neoliberalism as a way of life*, Unbehagen an der Stadt- und Gesellschaftsentwicklung, Gentrifizierung als internationales Symbol und politischer Kampfbegriff)

Erste Phase: Gentrifizierung als Emanzipationsstrategie

Die Anfänge der Gentrifizierung stehen in deutlichem Zusammenhang mit den großen internationalen sozialen Bewegungen im letzten Drittel des 20. Jahrhunderts. Deren zentrale Themenfelder sind Menschen- und Bürgerrechte, die Emanzipation von Frauen, Schwulen und Lesben, Ökologie und Anti-Atomkraft, Frieden und Abrüstung, Ausbeutung und Hunger (in) der Dritten Welt. Bei allen Unterschieden gibt es verbindende Forderungen und Ziele wie stärkere Selbstbestimmung, die Anerkennung von Vielfalt oder partizipatorische Demokratie.

Der ersehnte Aufbruch in eine offenere, liberalere, demokratischere Gesellschaft wird klar verbunden mit einer Abwendung von der Suburbanisierung bzw. von *suburbanism as way of life*. Denn in den 1960er und 1970er Jahren steht Suburbia – nicht nur im angloamerikanischen kollektiven Imaginären – für alles, was an der fordistischen Gesellschaft als erstickend und bedrückend wahrgenommen wird: Für eine von standardisiertem Konsum geprägte, durchregulierte, ethnisch und sozial segregierte, heteronormative Gesellschaft mit einer scharfen Trennung von Arbeit und Leben, einer klaren, nämlich der traditionellen geschlechtsspezifischen Arbeitsteilung und insgesamt festgefügten Rollenkonzepten und Lebensentwürfen, die den Einzelnen kaum Spielräume für Entfaltung lassen (Frank 2003).

Vor diesem Hintergrund wird die Stadt zum Sehnsuchts- und Zielort derjenigen, die gegen diese als normiert und konformistisch empfundene Gesellschaft aufbegehren. Viele von ihnen sind in Suburbia aufgewachsen; insofern rebelliert hier eine ganze Generation auch gegen ihre eigene soziale bzw. familiäre Herkunft und Sozialisation. Sich für urbanes Wohnen in innenstadtnahen Arbeiterquartieren zu entscheiden, ist ein Statement: ein bewusstes Bekenntnis zu Multikulturalismus und sozialer Mischung (Caulfield 1994; Ley 1996: 210) charakterisiert gentrifizierte Räume als ›oppositional spaces‹: »socially diverse, welcoming difference, tolerant, creative, valuing the old, the hand-crafted, the personalized, countering hierarchical lines of authority.« Für viele Eltern ist es selbstverständlich, dass die eigenen Kinder die Nachbarschaftsschule besuchen; soziale und kulturelle Diversität wird als Sozialisations- und Bildungsprozessen zuträglich betrachtet und ausdrücklich begrüßt (Allen 1984: 31f). Die Initiierung von Aufwertungsprozessen wird als Beitrag zur Verbesserung der lokalen Lebensqualität im Interesse aller Bewohner/-innen aus dem Quartier heraus verstanden (Clay 1979).

Feministinnen feiern Gentrifizierung als Ausdruck des Zusammenbruchs des patriarchalen Haushalts (Markusen 1980), aber auch nüchternere Stimmen stellen einen klaren Zusammenhang zwischen Gentrifizierung und der Emanzipation von Frauen her: Gentrifizierte Viertel sind Orte, an denen Frauen aus traditionellen Rollenerwartungen und auch aus heterosexuellen Geschlechterbeziehungen ausbrechen. Gut verdienende karriereorientierte Frauen mit und ohne Partner/-in, aber auch weniger wohlhabende alleinlebende Frauen, darunter auch Lesben, und alleinerziehende Mütter sind wesentliche Treiberinnen von Gentrifizierungsprozessen (Rose 1989; Rothenberg 1989; Bondi 1991a, 1991b; Warde 1991; McDowell 2001).

Die *gay gentrification* gilt als gezielte und bewusste Antwort einkommensstarker, überwiegend weißer Mittelklassemänner auf die Erfahrungen von alltäglicher Marginalisierung, sexueller Unterdrückung und aggressiver Homophobie: »Gentrification was just one of the ways in which gay identity was consolidated, gay space was asserted and sexuality could be performed ›out of the closet‹ without fear of opposition.« (Slater 2010: o.S.; Castells 1983: 161; Knopp 1997: 46). Ab den 1980er Jahren entstehen *gayborhoods* in vielen Städten. Sie werden als unverzichtbare Basis des *gay community building* und des *Gay and Lesbian Rights Movements* betrachtet. Aaron Betsky feiert die befreiende Wirkung solcher ›queer spaces‹: »Gay men and women are in the forefront of architectural innovation, reclaiming abandoned neighborhoods, redefining urban spaces, and creating liberating interiors out of hostile environments« (Betsky 1997: Klappentext).

Als so eng erscheint der Zusammenhang von Gentrifizierung und Emanzipationsbewegungen in dieser Zeit, dass Gentrifizierung bisweilen beinahe selber als eine soziale Bewegung erscheint, als ›critical urban practice‹ (Caulfield 1994) unterschiedlicher Mittelschichtsgruppen, die für grundlegende gesellschaftliche Reformen eintreten.

Die kollektive Begeisterung, so muss man an dieser Stelle auch festhalten, kann in dieser Phase allerdings auch blind machen: Sie verstellt den Blick auf die negativen sozialen Folgen von Gentrifizierung. Die durch den Zuzug und das Engagement der wohlmeinenden Gentrifier ausgelösten Verdrängungs- und Entfremdungsprozesse werden in dieser Phase noch kaum wahrgenommen und thematisiert.[3]

Zweite Phase: Gentrifizierung als Coping-Strategie

Das ändert sich dann in den 1990er Jahren, in denen der Übergang ins neoliberale Zeitalter auch in der Stadt- und Quartiersentwicklung voll durchschlägt. Markt und Wettbewerb werden international als die besten Instrumente zur Steuerung wirtschaftlicher und gesellschaftlicher Prozesse forciert, und ihre Logiken wirken rasch und tief bis in die kleinsten Verästelungen aller gesellschaftlichen Felder und die individuelle Lebensführung; sie prägen Alltagspraktiken und Selbsttechnologien (Bröckling 2007). Den ›normativen Kern‹ des Systems bilden »nicht Individuum und Freiheit, sondern *Produktivität, Innovation, Wachstum und Fortschritt*« (Nullmeier 2010: 15, Herv. i.O.). Wir werden zu ›allseitigen Marktpersönlichkeiten‹ (ebd.) (um)geformt, denen permanente Leistungsbereitschaft, Innovationswille, Selbstoptimierung und Konkurrenzorientierung abverlangt und antrainiert wird. Emanzipationsbewegungen verlieren ihr widerständiges Potential, noch jede subkulturelle Nische wird funktionalisiert.

Im Rahmen der globalen Städtekonkurrenz wird Stadtentwicklung immer stärker zugeschnitten auf die Bedürfnisse der umworbenen *upper middle classes*. Nach ihren Ansprüchen werden die Städte umgeformt, nach ihren Ansprüchen formen sie die Städte um (Frank 2013). Gentrifizierungsprozesse sind zentrales Element des akzelerierenden »class remake of the central urban landscape« (Smith 1996: 39). Getragen werden sie nun maßgeblich von den Generationen, die im neuen System (offenbar) funktionieren. Allen voran werden ab den 1980ern die *Yuppies* zu prägenden Sozialfiguren, zumal im Gentrifizierungsdiskurs: Gut ausgebildete, in hoch qualifizierten Berufen arbeitende und entsprechend gute Einkommen erzielende junge Leute, die einen stark konsumorientierten, hedonistischen Lebensstil pflegen und ihren materiellen Wohlstand zur Schau stellen. Exklusive Wohnungen in zentralen Lagen zählen zu den wichtigen Statussymbolen.

---

3   Wer Gentrifizierung in den Kontext von Emanzipationsprozessen stellt, handelt sich leicht den Vorwurf ein, das Feld der kritischen Analyse zu verlassen bzw. die Folgen von Gentrifizierung zu verharmlosen. Diesen Vorwurf kann ich nicht nachvollziehen. Es ist mir ein Rätsel, welches Interesse man daran haben könnte, diesen offenkundigen Zusammenhang zu übersehen oder zu verschweigen. Und ihn anzuerkennen und für das Verständnis von Gentrifizierung für bedeutsam zu halten, heißt ja keineswegs, die Folgen von Gentrifizierung zu ignorieren, zu leugnen oder zu beschönigen.

Yuppies gelten als dynamisch, erfolgreich, ichbezogen, rücksichtslos. Mit diesen Eigenschaften und Zuschreibungen stehen sie in klarem Gegensatz zu den gegenkulturell bewegten Gentrifiern der ersten Periode.[4]

Mit der Zeit treten auch andere Gruppen auf den Plan. Am auffälligsten sind die wohlsituierten stadtorientierten Mittelschichtfamilien. Diese werden zu wichtigen Adressaten und Motoren der Stadtentwicklung (Frank 2014).

In deutlichem Unterschied zu den Treibern der Gentrifizierung der ersten Phase beruht die Attraktivität innenstadtnaher Wohngebiete für die genannten Gruppen nun nicht mehr vor allem auf deren sozialer und kultureller Mischung. Das Begehren richtet sich jetzt zunehmend auf die Markenzeichen der Gentrifizierung selber: Renovierte Altbauten, gehobener Konsum und eine kritische Masse an anderen Mittelschichtbewohner/-innen.

Besonders deutlich wird dieser Wandel der Haltungen in der bekannten Studie ›London Calling‹ von Butler und Robson (2003) zu Gentrifizierungsprozessen in London. Wie die Autoren einführend berichten, steht, ganz im Sinne der bisherigen Forschung, am Anfang ihrer Arbeit die Erwartung – mindestens die Hoffnung –, Gentrifier zu finden, die sich im eigenen und im kollektiven Interesse für die Verbesserung der Lebensqualität im Viertel engagieren, z.B. für die lokalen Schulen, so dass London durch Gentrifizierung ein besserer, kohäsiverer Ort wird (ebd.: 1). Tatsächlich finden sie das Gegenteil. Die zugezogenen Mittelschichtgruppen bleiben tendenziell eher unter sich, bilden homogene Netzwerke. Eltern schicken ihre Kinder nicht auf die lokalen Schulen, und wenn doch, meiden sie den Kontakt mit Kindern aus sozial schwachen Familien, auch in der sonstigen Freizeitgestaltung. Soziale und ethnische Vielfalt werden vielfach nicht mehr als Vorteil und Bereicherung, sondern als Nachteil und Bedrohung empfunden. Diversität im Quartier wird nur noch nachgefragt als ›social wallpaper‹ (Butler/Robson 2003) bzw. als ›Hintergrundmusik‹ (Rauterberg 2005), eben als etwas zu Konsumierendes. Zahlreiche andere Studien haben diese Befunde seither voll bestätigt.

Wie ist diese Bedeutungsverschiebung zu erklären? Folgende auch schon von Butler entwickelte Argumentationslinie wird inzwischen breit geteilt: In der neoliberalen Epoche stehen die Angehörigen der neuen Mittelschichten zwar klar auf der Gewinnerseite – sie geraten aber auch unter starken Druck. Denn sie haben auch etwas zu verlieren (Schimank et al. 2014). Statuserhalt ist nicht mehr selbstverständlich, sondern bedarf der permanenten Anstrengung, der Statusarbeit.

---

4   Bis heute sind die Yuppies ein besonders beliebtes Feindbild von Gentrifizierungsgegnern; siehe z.B. http://gentrifizierung.org/yuppies/

Viele Studien zeigen, dass häufig gerade auch die Leistungsträger/-innen der Wissens-, Kreativ- und Dienstleistungsbranchen ihre soziale Situation selber als instabil und ungewiss erleben: Denn einerseits sind ihre Arbeitsplätze durchaus krisenanfällig. Und andererseits setzen extreme Leistungsanforderungen, der immer härter werdende Konkurrenzdruck sowie der Anspruch, zeitlich permanent verfügbar und sozial wie räumlich jederzeit mobil zu sein, viele Menschen im beruflichen Alltag chronisch unter Stress. Diese sehen sich deshalb als »relativ privilegiert, aber auch relativ vulnerabel«, um eine schöne Formulierung von Heinz Bude aufzugreifen (zit.n. Feddersen/Unfried 2011: o.S.; siehe auch Nachtwey 2016: 147ff.).

Vor diesem Hintergrund erscheint Gentrifizierung als eine räumliche Coping-Strategie der in der globalen Ökonomie zwar erfolgreichen, aber mit ihr dennoch tendenziell überforderten und verunsicherten Mittelschichtgruppen (Butler/Robson 2003). Je stärker Unsicherheit und Anpassungsdruck in der Berufswelt, desto größer der Wunsch nach einem ›sicheren Hafen‹: nach einem überschaubaren und weitgehend kontrollierbaren persönlichen bzw. Wohnumfeld, das – namentlich im Bildungsbereich – gute Infrastrukturen bereithält, Investitionssicherheit bietet und den sozialen Status unterstreichen und behaupten hilft. Butler und Robson (2001: 2146) nennen Gentrifizierung deshalb eine »strategy of self-protection and cultural reproduction in increasingly competitive circumstances«. In markantem Gegensatz zur ersten Phase ist Gentrifizierung dann auch weniger Ausdruck sozialer Offenheit als vielmehr von sozialer und kultureller Abgrenzung und Schließung; in einer bekannten Formulierung hat Rowland Atkinson von Prozessen der ›middle-class disaffiliation‹ (2006) gesprochen.

Diese Akzentverschiebungen manifestieren sich zunehmend auch städtebaulich und architektonisch; am deutlichsten im Bereich Neubau-Gentrifizierung in den neuen Siedlungen für das sogenannte urbane Familienwohnen, die in der Regel als sozial homogene, introvertierte, von ihrem Umfeld abgeschirmte Enklaven errichtet werden (Frank 2013).

Dritte Phase: Gentrifizierung als (internationales) Symbol des Unbehagens an der neoliberalen Stadt- und Gesellschaftsentwicklung(?)

Welche Beobachtungen rechtfertigen es, vom Eintritt in eine neue Phase im Verhältnis von Gentrifizierung und neuen Mittelschichten zu sprechen? An den Triebkräften der Gesellschaftsentwicklung hat sich ja kaum etwas verändert und Gentrifizierung ist nach wie vor, wahrscheinlich sogar stärker denn je, das zentrale

Merkmal städtischer Restrukturierungen. Was sich meines Erachtens aber eindeutig zu verändern beginnt, ist die gesellschaftliche Wahrnehmung und Bewertung von Gentrifizierungsprozessen: Gentrifizierung wird nicht mehr einfach hingenommen.

Uns alle hat die bemerkenswerte Öffentlichkeitskarriere fasziniert, die der soziologische Fachterminus in den letzten Jahren erlebt hat.»Gentrifi... was? Das Dingsbums geht nicht leicht über die Lippen.« – Es ist tatsächlich erst sechs Jahre her, dass Christoph Twickel (2010: 5) mit diesem Satz in seine Flugschrift eingeleitet hat. Heute verwendet selbst meine betagte Nachbarin das G-Wort ganz souverän.

Wenn ein akademischer Begriff derart schnell in den allgemeinen Wortschatz übergeht, so lässt dies darauf schließen, dass er Sachverhalte und Entwicklungen erfasst, die einer Gesellschaft unter den Nägeln brennen. Wir müssen fragen, welche das sind. Ich versuche mich in einer Antwort.

Zum einen geht es um Stadtentwicklung im engeren Sinne, also um das neue Gesicht und die veränderte soziale Zusammensetzung der Städte. Wenn die Städte immer mehr für die Konsumbedürfnisse der gehobenen Mittelschichten hergerichtet werden, zentrales Wohnen zum Privileg der Besserverdienenden wird und wachsende Teile der Bevölkerung von den städtischen Ressourcen und Dienstleistungen ausgeschlossen werden, so macht dies die eklatante Zunahme von sozialer Polarisierung und Ungleichheit für alle sichtbar und geht an die Substanz dessen, was hierzulande traditionell unter ›Stadt‹ verstanden wird. Solche Entwicklungen verletzen das Gerechtigkeitsempfinden auch großer Teile derjenigen, die von den aktuellen Trends der Stadt- und Gesellschaftsentwicklung profitieren. Vor diesem Hintergrund ist Gentrifizierung international zu einem ›politischer Kampfbegriff‹ geworden, den urbane soziale Bewegungen zur Mobilisierung gegen innerstädtische Aufwertungs- und Verdrängungsprozesse nutzen (Twickel 2010: 8) und dabei auch aus den Reihen der neuen Mittelschichten breite Unterstützung erfahren. Gentrifizierung scheint inzwischen auch in Deutschland ein ›dirty word‹ (Neil Smith) zu sein. Begriff und Konzept sind mittlerweile so stark sozialkritisch aufgeladen, dass sich auch Akteure aus Stadtpolitik, Stadtplanung und Immobilienwirtschaft nicht mehr offen positiv darauf beziehen mögen. Das war ja bis vor nicht allzu langer Zeit noch ganz anders.

An den Protestmobilisierungen fällt auf, dass sie sich zwar meist an einem konkreten Anlass (wie einem Bauprojekt o.ä.) entzünden, dieser dann aber zum Ausgangspunkt für eine oftmals grundlegende Kritik an den Paradigmen der unternehmerischen Stadt und der neoliberalen Gesellschaft erhoben wird. Auffällig viele dieser Bewegungen beziehen sich auf den Slogan ›Recht auf Stadt‹. Dessen kleinster gemeinsamer Nenner ist die Forderung nach »einem allgemeinen Anspruch auf Nichtausschluss von städtischen Ressourcen und Dienstleistungen«, verbunden mit »Visionen für eine andere, emanzipative und gerechte Stadtentwicklung« (Holm 2011: 96).

Daran anknüpfend scheint mir die Kritik an der Stadtentwicklung zum anderen auf das Engste mit einer Kritik an der allgemeinen Gesellschaftsentwicklung verbunden zu sein. Wie ich meine, erfährt Gentrifizierung auch deshalb so viel Aufmerksamkeit, weil das lange schon schwelende, diffuse Unbehagen, das die umfassende Neoliberalisierung aller Lebensbereiche bei weiten Teilen der Bevölkerung auslöst, in ihr einen konkreten Ankerpunkt findet. Denn Gentrifizierungsprozesse machen die Folgen einer gnadenlos durchökonomisierten Gesellschaft mit starken sozialen Spaltungstendenzen, in der alles/alle permanent gegeneinander gemessen, bewertet und hierarchisch sortiert wird/werden, anschaulich, greifbar und begreifbar – sozial und räumlich, materiell und symbolisch.

Erkennbar möchten wachsende Teile (nicht nur) der urbanen Mittelschichten nicht mehr ›copen‹. Nicht nur Marc Fisher (2013) beschreibt eine Welt der Erschöpfung, »in der wir als von neoliberalen Zwängen Gehetzte immer weiter rennen, obwohl wir ahnen, dass der Weg geradewegs in den Abgrund führt« (Rhensius 2013: o.S.). Vor allem in den aktuellen Diskussionen über Burnout, keineswegs vor allem ein Akademiker-Phänomen, artikuliert sich »ein subjektives Leiden an einer Sozialordnung, die von hypertrophen Wettbewerben und ökonomischen Wachstumszwängen geprägt ist« (Neckel/Wagner 2014: 536). Wie ich meine, mehren sich die Anzeichen dafür, dass diese Sozialordnung mitsamt der ihr zugrunde liegenden Werte insgesamt immer stärker mit Skepsis und Ablehnung betrachtet wird. Dem Neoliberalismus sind offenkundig die Enthusiasten abhandengekommen (Nachtwey 2016).

Enthusiasmus und Leidenschaften fließen eher in eine Vielzahl neuer, gerade auch von den neuen Mittelschichten getragener Strömungen und Initiativen, die auch den städtischen Raum neu prägen (sollen). Wenn man sich anschaut, wofür diese eintreten, erhält man ein gutes Bild dessen, was an der heutigen Gesellschaft abgelehnt wird: Es geht um Qualität statt Quantität, nicht-kommerzielle Freiräume, solidarisches Wirtschaften, die Wiederentdeckung des Miteinanders, die Anerkennung wechselseitiger Abhängigkeit, um das Tauschen und Teilen, Commonismus, die Renaissance des Selbermachens, um Achtsamkeit, gutes Leben,

Entschleunigung, Resonanz... – alles Begriffe und Konzepte, die das starke Bedürfnis nach einer gerechteren, solidarischeren, reziprokeren, nachhaltigeren Gesellschaft bzw. nach einer ›neuen sozialen Vernunft‹ (Heinz Bude) artikulieren.[5]

GEWAGTE SCHLUSSFOLGERUNG

Und so könnte Gentrifizierung heute möglicherweise wieder ein Schlüsselbegriff in einer gesellschaftskritischen, auf die Städte bezogenen sozialen Bewegung werden, die von einer kollektiven Sehnsucht nach einer anderen Gesellschaft angetrieben wird, sich selber dabei aber noch sucht. Diesmal fungierte Gentrifizierung dann allerdings als Negativfolie, als negativer gemeinsamer Bezugspunkt. Damit hätte Gentrifizierung im kollektiven Imaginären von heute eine ähnliche Funktion wie Suburbia in der ersten Phase, nämlich ein zentrales Sinnbild zu sein für das, was an der bestehenden Gesellschaftsformation und den damit verbundenen Anforderungen und Lebensstilen abgelehnt wird.

Mit alldem will ich nun aber keineswegs behaupten, dass die Gentrifizierung am Ende ist – im Gegenteil. Es würde ja auch niemand ernsthaft behaupten, die kollektive Abwendung von Suburbia in den 1970er Jahren habe zum Ende von Suburbanisierungsprozessen geführt. Sie war damals aber ein gemeinsamer Nenner, eine Klammer für unterschiedliche, in der Summe aber doch wirkmächtige Aufbrüche in eine andere Gesellschaft.

---

5 An dieser Stelle soll aber auch ausdrücklich darauf hingewiesen werden, dass die Abwendung vom neoliberalen Gesellschaftsmodell natürlich nicht notwendigerweise mit linken oder liberalen Perspektiven oder Werthaltungen einhergeht – ganz im Gegenteil. Dies zeigt der Aufstieg von (neu)rechten bzw. rechtspopulistischen Bewegungen und Organisationen wie Pegida, AfD & Co. nur zu deutlich. Die Gefühle von Überforderung, Angst, Entfremdung und Verbitterung artikulieren sich hier als nationalistische, fremdenfeindliche, rassistische Ressentiments. Dieser »böse Zwilling des demokratischen Aufbegehrens« (Nachtwey 2016: 233) stellt international eine ernsthafte politische Gefahr dar. Die Wahl von Donald Trump zum US-amerikanischen Präsidenten im November 2016 ist ein weiteres bestürzendes Zeichen dafür, dass und in welchem Maße autoritäre, antidemokratische Strömungen, die Axt an die Grundfesten der liberalen Gesellschaften legen, an Boden und politischer Gestaltungsmacht gewonnen haben.

Literatur

Allen, Irving (1984): »The Ideology of Neighborhood Redevelopment«, in: Bruce Palen/John Palen (Hg.), Gentrification, Displacement and Neighborhood Revitalization, Albany, NY: State University of New York Press, S. 27-40.

Atkinson, Rowland (2006): »Padding the Bunker: Strategies of Middle-class Disaffiliation and Colonisation in the City«, in: Urban Studies 43, S. 819-832.

Betsky, Aaron (1997): Queer Space. Architecture and Same-Sex Desire, New York: William Morrow.

Bondi, Liz (1991a): »Women, Gender Relations and the Inner City«, in: Michael Keith/Alisdair Rogers (Hg.) Hollow Promises? Rhetoric and Reality in the Inner City, London: Mansell, S. 110-126.

Bondi, Liz (1991b): »Gender Divisions and Gentrification: a Critique«, in: Transactions of the Institute of British Geographers 16, S. 190-198.

Bröckling, Ulrich (2007): Das unternehmerische Selbst: Soziologie einer Subjektivierungsform, Frankfurt a.M.: Suhrkamp.

Butler, Tim/Robson, Garry (2001): »Social Capital, Gentrification and Neighbourhood Change in London: A Comparison of Three South London Neighbourhoods«, in: Urban Studies 38, S. 2145-2162.

Butler, Tim/Robson, Garry (2003): London Calling – The Middle Class and the Re-making of Inner London, Oxford/New York: Berg.

Castells, Manuel (1983): The City and the Grassroots: A Cross-cultural Theory of Urban Social Movements, London: Arnold.

Caulfield, Jon (1994): City Form and Everyday Life: Toronto's Gentrification and Critical Social Practice, Toronto/Buffalo/London: University of Toronto Press.

Clay, Phillip L. (1979): Neighborhood renewal: middle-class resettlement and incumbent upgrading in American neighborhoods, Lexington, MA: D.C. Heath.

Feddersen, Jan/Unfried, Peter (2011): Gentrifizierung schädlich für Kinder – »Prenzlauer Berg ist Apartheid«, in: die tageszeitung vom 12.11.2011. http://www.taz.de/!5107751/

Fisher, Mark (2013): Kapitalistischer Realismus ohne Alternative? Eine Flugschrift, Hamburg: VSA.

Frank, Susanne (2003): Stadtplanung im Geschlechterkampf. Stadt und Geschlecht in der Großstadtentwicklung des 19. und 20. Jahrhunderts, Opladen: Leske & Budrich.

Frank, Susanne (2013): »Innere Suburbanisierung? Mittelschichteltern in den neuen innerstädtischen Familienenklaven«, in: Martin Kronauer/Walter Siebel

(Hg.) Polarisierte Städte. Soziale Ungleichheit als Herausforderung für die Stadtpolitik, Frankfurt a.M./New York: Campus, S. 69-89.

Frank, Susanne (2014): »Mittelschichtfamilien als Adressaten und Motoren der Stadt- und Quartiersentwicklung«, in: Informationen zur Raumentwicklung 40, S. 361-371.

Holm, Andrej (2011): »Das Recht auf die Stadt«, in: Blätter für deutsche und internationale Politik 8, S. 89-97.

Knopp, Lawrence (1997): »Gentrification and Gay Neighborhood Formation in New Orleans«, in: Amy Gluckman/Betsy Reed (Hg.) Homo Economics: Capitalism, Community, and Lesbian and Gay Life, New York: Routledge, S. 45-63.

Ley, David (1996): The New Middle Class and the Remaking of the Central City, Oxford: Oxford University Press.

Markusen, Ann R. (1980): »City Spatial Structure, Women's Household Work and National Urban Policy«, in: Women and the American City, Special Issue of Signs 5, 3, S. 23-44.

McDowell. Linda (2001): »Women, Men, Cities«, in: Ronan Paddison (Hg.) Handbook of Urban Studies, London et al.: Sage, S. 206-219.

Nachtwey, Oliver (2016): Die Abstiegsgesellschaft – Über das Aufbegehren in der regressiven Moderne. 3. Auflage. Frankfurt am Main: Suhrkamp.

Neckel, Sighard/Wagner, Greta (2014): »Burnout. Soziales Leiden an Wachstum und Wettbewerb«, in: WSI-Mitteilungen 67, S. 536-542.

Nullmeier, Frank (2010): Kritik neoliberaler Menschen- und Gesellschaftsbilder und Konsequenzen für ein neues Verständnis von „sozialer Gerechtigkeit". Expertise im Auftrag der Friedrich-Ebert-Stiftung. http://library.fes.de/pdf-files/wiso/07649.pdf vom 1.8.2016.

Rauterberg, Hanno (2005): Neue Heimat Stadt – Ein Epochenwechsel kündigt sich an. Die Deutschen entdecken das urbane Leben wieder, in: Die Zeit vom 06.09.2010, http://www.zeit.de/2005/34/StadtRenaissance vom 1.8.2016.

Rhensius, Philipp (2013): Krank in der Leistungsgesellschaft: Wie der Kapitalismus den Stress privatisiert, in: SPIEGEL-Online vom 16.10.2013. http://www.spiegel.de/kultur/gesellschaft/mark-fisher-kapitalistischer-realismus-ohne-alternative-a-928145.html vom 1.8.2016.

Rose, Damaris (1989): »A feminist perspective of employment restructuring and gentrification: the case of Montreal«, in Jennifer Wolch/Michael Dear (Hg.): The Power of Geography. How Territory Shapes Social Life. Boston: Unwin Hyman, 118-138.

Savage, Mike/Bagnall, Gaynor/Longhurst, Brian (2005): Globalization and Belonging, London: Sage.

Schimank, Uwe/Mau, Steffen/Groh-Samberg, Olaf (2014): Statusarbeit unter Druck? Zur Lebensführung der Mittelschichten, Weinheim/Basel: Beltz Juventa.

Slater, Tom (2010): What is gentrification? in: Ders., Gentrification Web. http://members.lycos.co.uk/gentrification/ vom 03.02.2010.

Smith, Neil (1996): The urban frontier: Gentrification and the Revanchist City, London, New York: Routledge.

Twickel, Christoph (2010): Gentrifidingsbums oder eine Stadt für alle, Hamburg: Edition Nautilus.

Warde, Alan (1991): »Gentrification as Consumption: Issues of Class and Gender«, in: Environment and Planning D: Society and Space 9, S. 223-232.

**Soziale Kämpfe für
bezahlbaren Wohnraum**

In vielen Städten treffen derzeit genau jene Entwicklungen vermehrt auf soziale Proteste, die in den letzten Jahrzehnten als Kernbestandteil der Neoliberalisierung des Städtischen im Allgemeinen und der Wohnraumversorgung im Besonderen galten: Deregulierung, Privatisierung, Wettbewerbsorientierung und der Umbau wohlfahrtsstaatlicher Sozialsysteme. Vor diesem Hintergrund analysieren die Autor/-innen im Abschnitt 2 dieses Buches, inwiefern und mit welcher Wirkmächtigkeit es sozialen Bewegungen gelingt, eine Verschiebung von regulatorischen Praktiken zu erzeugen und auf eine Dekommodifizierung der Wohnraumversorgung im Interesse von mittleren und niedrigen Einkommensschichten hinzuwirken. Anhand von vier städtischen Fallbeispielen wird diskutiert, welche Erfolge soziale Bewegungen in den letzten Jahren in wohnungspolitischen Kämpfen erringen konnten und was die Bedingungen für einen solchen Wandel waren. In umgekehrter Perspektive wird ebenso erörtert, welche Gründe bzw. machtvollen Gegenkräfte sich identifizieren lassen, die einer Transformation zu einer sozial gerechteren Wohnraumversorgung entgegenstehen.

Die Repolitisierung des Wohnens. Städtische soziale Bewegungen für ein Recht auf Wohnen und auf Stadt in Hamburg, Berlin, Jena und Leipzig

ANNE VOGELPOHL, LISA VOLLMER, ELODIE VITTU UND
NORMA BRECHT

Die Wohnungsfrage ist aktuell wie lange nicht mehr. Darauf haben in Deutschland die zahlreichen Initiativen in vielen Groß- und Mittelstädten verwiesen, die sich seit 2009 rund um Wohnraumfragen und das ›Recht auf Stadt‹ formiert haben. Denn es sind die Mieter/-innen und Marginalisierten, die die neoliberale Umstrukturierung unserer Städte am unmittelbarsten zu spüren bekommen. Wegen der Bedrohung ihrer alltäglichen Lebenswelt formulieren sie die soziale Frage als Wohnungsfrage und setzen sie wieder auf die politische Agenda.

In diesem Artikel werden die Proteste und Bewegungen in vier Städten[1] – Hamburg, Berlin, Jena und Leipzig – verglichen, um die Macht der Bewegungen und die Rolle der vielfältigen Auseinandersetzungen im urbanen Alltag für Kursänderungen in einer zunehmend neoliberalen Wohnungspolitik herauszustellen. Wir nutzen hier den Begriff ›soziale Bewegungen‹, um die unterschiedlichen Formen des Protests, der Auseinandersetzungen, der Kritik und der Gestaltung von Alternativen zusammenzufassen. Bewegungen nehmen praktisch sehr unterschiedliche Formen von informellen Kollektiven, formellen Initiativen, breiten Bündnissen und spezifischen Kampagnen, von Gruppen und Netzwerken usw. an. Gemeinsam ist den hier untersuchten Bewegungen jedoch, dass sie sich für einen

---

1 Die vier Autorinnen setzen sich jeweils mit den Protesten in einer der Städte auseinander und sind dort auch selbst in lokalen Initiativen aktiv.

emanzipatorischen sozialen und politischen Wandel im Sinne einer ›Stadt für alle‹ einsetzen (Raschke 1988; Rinn 2016).

Zunächst stellen wir als Grundlage jeweils die Wohn- und Protestsituation der einzelnen Städte vor (1.), um im anschließenden Vergleich Einfluss und Rolle der sozialen Bewegungen für alternative Wohnungspolitiken zu benennen. Dafür fragen wir zunächst, welche Erfolge die sozialen Bewegungen in wohnungspolitischen Kämpfen bereits erzielen konnten, auch um zu klären, inwiefern sie dazu beigetragen haben, die »neue Wohnungsfrage« (Schönig 2013) auf die politische Agenda zu setzen (2.). Anschließend diskutieren wir, welchen Herausforderungen und Gegenkräften die dargestellten Bewegungen gegenwärtig begegnen. Diese Gegenkräfte diskutieren wir als Handlungsfelder für künftige Auseinandersetzungen um Wohnen und stellen bereits existierende produktive Umgangsweisen mit Herausforderungen dar (3.). In unserem Verständnis entsteht Politik (und damit Geschichte) in der Praxis. Diese Praxis ist wesentlich durch soziale Kämpfe geformt, in die wir hier einen Einblick geben.

VIER STÄDTE FÜR DAS RECHT AUF WOHNEN UND AUF STADT

Die vier betrachteten Städte sind verschieden groß, haben unterschiedliche Verwaltungsstrukturen und ziehen einen jeweils anderen Grad an Aufmerksamkeit auf sich. Dennoch haben sie Gemeinsamkeiten: Sie erleben seit einigen Jahren ein wirtschaftliches und demographisches Wachstum. Dies wirkt sich auf die lokalen Wohnungsmärkte aus, auch weil die Städte von neoliberalen Wohnungspolitiken geprägt sind. In allen vier Städten zeigen sich Merkmale einer Wohnungskrise: hohe Mieten, drastische Mietensteigerungen, kaum Leerstand.

Während die hochangespannte Wohnsituation in Hamburg und Berlin mittlerweile wohlbekannt ist, ist die schwierige Lage in Jena und Leipzig in der bundesweiten Öffentlichkeit weniger präsent[2]. Ostdeutsche Städte wie Jena, Leipzig, Dresden oder Potsdam, lange nur im Hinblick auf die Auswirkungen des demographischen Wandels diskutiert, schrumpfen heute nicht mehr. Für Leipzig gilt dies schon seit 1999, für Jena seit 2003 – und weiteres Bevölkerungswachstum ist

---

2 Deshalb fällt die Darstellung der Wohnungsmarktsituation für Hamburg und Berlin deutlich kürzer aus als für Leipzig und Jena. Sowohl die Reihenfolge der analysierten Städte als auch die Nennung der Autorinnen dieses Artikels entspricht dem von uns beobachteten Grad der Angespanntheit der jeweiligen Wohnungsmärkte in abnehmender Intensität.

prognostiziert. Im Vergleich zu Hamburg und Berlin ist Wohnungspolitik in Leipzig und Jena allerdings ein neues Feld der Kommunalpolitik. Bisher wurde vor allem Stadtumbau, also Abriss hier und Sanierung da, betrieben. Für sozialen Wohnungsbau stehen in den neuen Bundesländern wenige (in Thüringen) bis keine Programme (in Sachsen) zur Verfügung.

In den vier Städten sind über die letzten Jahre neue städtische soziale Bewegungen entstanden. Sie sind Akteure des sozialen Wandels »that influence structural social change and transform the urban meanings« (Castells 1983: 305). Ob sie große gesellschaftliche Veränderungen bewirken oder nur einen Bruch im Alltag mit kleinen Regelverletzungen darstellen (Birke 2014: 85), soziale Bewegungen sind Zusammensetzungen unterschiedlicher Menschen, die im Widerstand zu einem Projekt oder zu einem Missstand nach Alternativen suchen (Mayer 2013).

Im Folgenden stellen wir Initiativen, Gruppen und Kollektive vor, die sich spezifisch mit der Produktion von Wohnraum auseinandersetzen, dem als gebaute Umwelt eine besondere Stellung in der Reproduktion des finanzmarktdominierten Kapitalismus zukommt (Harvey 2001). Die sozialen Bewegungen fordern demgegenüber ein Recht auf Stadt, womit Stadt nicht mehr als verwertbares Produkt konzipiert wird. Das ›Recht auf Wohnen‹ ist Teil des Rechts auf Stadt und bezieht sich nicht nur auf Wohnen im Sinne einer Unterkunft, sondern auch auf die Art und Weise wie dieses Wohnen politisch und sozial ermöglicht wird und zu einem kollektiv organisierten Stadtleben beiträgt (Lefebvre [1968] 2016).

Hamburg. Vernetzter Protest, praktische Alternativen

Der Hamburger Wohnungsmarkt gilt als außerordentlich angespannt: die Stadt gehört mit Berlin zu den zwei Städten in Deutschland, in denen die Mieten am schnellsten steigen – und das auf einem sehr hohen Niveau, denn Hamburg ist die teuerste Stadt hinsichtlich der Mietpreise nach München und zusammen mit Frankfurt am Main (Göddecke-Stellmann/Schürt 2014, zu Frankfurt siehe auch Metzger/Schipper in diesem Band). Die lokale Politik hat inzwischen reagiert, z.B. mit Versuchen, extreme Mietpreissteigerungen einzudämmen oder sozialen Wohnungsbau zu fördern. Diese Entwicklungen wären aber nicht ohne starke soziale Bewegungen aus den Stadtteilen heraus denkbar gewesen. Eine besondere Kraft haben diese vielfältigen Initiativen 2009 erlangt, als sie sich unter dem Begriff ›Recht auf Stadt‹ als Netzwerk zusammengeschlossen haben. Proteste und Widerstand gegen Ausgrenzung und Benachteiligung haben in Hamburg Tradition, ebenso Projekte für alternative Wohn- und Lebensmodelle (Bsp. Besetzungen an der Hafenstraße oder Solidarisierungen für die Bambule-Bauwagen; Birke

2014; Rinn 2016). Neu am *Recht-auf-Stadt-Netzwerk* ist daher vor allem der Zusammenschluss von sehr verschiedenen Initiativen »vom Kleingärtner bis zum Autonomen« (Probst 2009), die sich auf den gemeinsamen Nenner einer nichtprofitorientierten Stadt beziehen. Dieser ermöglicht zunächst, die Vielfalt von Problemen stadtpolitischer Entwicklungen zu verdeutlichen – von Verdrängungen über zugespitzte Polarisierungen zwischen den Stadtteilen bis hin zu ökologischen Fragen. Zudem ermöglicht das kollektive Agieren größere Aktionsformen, die eine hohe Aufmerksamkeit in Medien wie Wissenschaft[3] erzeugen und stadtpolitisch beantwortet werden müssen.

Allein zur Frage des Wohnens werden verschiedene *Themen* berührt, die sich unter dem Ziel ›nicht-marktförmiges Wohnen‹ versammeln lassen. Ganz konkrete Verdrängungserfahrungen und allgemeinere Aufwertungspläne für viele Stadtteile haben das Thema ›bezahlbare Mieten‹ an die erste Stelle der Recht-auf-Stadt-Agenda gesetzt. Im Bewusstsein über profitorientierte Kapitalkreisläufe als Rahmenbedingung wird das Thema ›Mieten‹ aber weniger als Frage des Mietrechts verhandelt, sondern als soziale Frage. Auf diese Weise werden auch Bereiche wie Leerstand und Immobilienspekulation politisiert, weil diese Praktiken Wohnen ebenfalls im Sinne eines profitablen Tauschwerts konzipieren. Ein zweites zentrales Thema ist die Frage von Partizipation und, weitergehend, Stadt-selber-machen. Am weitesten gekommen ist diese andere Art der Stadtproduktion durch die Initiative ›St.-Pauli-Selber-Machen‹, die über regelmäßige Stadtteilversammlungen, Broschüren und Aktionen nicht ihr *Mit*spracherecht, sondern ihr *Selbst*spracherecht auf allen Ebenen der Stadtproduktion durchsetzen. Darüber hinaus hat sich das Netzwerk seit dem verstärkten Zuzug von Geflüchteten mit dem Slogan ›Recht auf Stadt kennt keine Grenzen‹ dem Themenkomplex Bleiberecht und Wohnraum für Geflüchtete gewidmet. Dies wird insbesondere von der Gruppe ›Refugees Welcome – Karoviertel‹ (RW Karo) vorangetrieben.

Diese Themen werden über verschiedene *Aktionsformen* immer wieder politisiert. Jüngst, im Mai 2016, hat zum Thema Wohnraum für Geflüchtete z.B. die Demonstration ›Beyond Welcome: Eine andere Planung ist möglich!‹ stattgefunden. Nach außen hin sind Demonstrationen bzw. ›Paraden‹ (wie sie im Recht-auf-Stadt-Kontext genannt werden) sowie Publikationen von Stadtteilzeitungen bis zu Flugblättern am weitesten sichtbar. Zu allen oben genannten Themen wurden wichtige Paraden organisiert – z.B. die Gründungsparade ›Recht auf Stadt‹ 2009 oder ›Leerstand zu Wohnraum‹ 2010. Daneben gab es eine Zeit lang immer wieder

---

[3] Beispielsweise behandeln in dem Buch »Stadt und soziale Bewegungen« (Gestring et al., 2014) drei der fünf Fallbeispiele die Bewegungen in Hamburg.

dezentrale und teilweise spontane Aktionen, um den »Mietenwahnsinn«[4] zu stoppen. Dazu gehören die ›fette-Mieten-Partys‹ während Besichtigungen von überteuerten Wohnungen, aber auch Filme wie ›Buy Buy St. Pauli‹, die die Spekulation mit Wohnraum und deren Folgen dokumentieren. Elementar für den Austausch zwischen den Initiativen sind letztlich aber auch die kleinen, scheinbar unscheinbaren Aktivitäten in Form des monatlichen Recht-auf-Stadt-Treffens an wechselnden Orten sowie zwei Mailinglisten.

Der Protest und die Suche nach Alternativen haben nicht nur zu politischem Druck und einer veränderten Konzeption von Stadt geführt, sondern zeitigen immer wieder auch *Materialisierungen* einer alternativen Stadt. Drei kurze Beispiele für die oben genannten Schwerpunktthemen sollen hier genügen: Die Initiative ›Arbeitskreis Umstrukturierung Wilhelmsburg (AKU)‹ konnte einen solchen Druck aufbauen, dass die Internationale Bauausstellung (IBA) Wilhelmsburg sich 2013 grundsätzlich dem Motto ›Aufwertung ohne Verdrängung‹ verschrieb und u.a. 30 Jahre Belegungs- und Mietpreisbindung im geförderten Wohnraum durchgesetzt wurden. In St. Pauli konnte der Abriss der Esso-Häuser zwar nicht verhindert werden, aber wegen einer Kombination aus Kritik an Spekulation und alternativen Ideen wurde die Initiative ›Esso-Häuser‹ formal als Sachverwalterin des Beteiligungsprozesses in alle Verhandlungen eingebunden. So integriert sie nicht nur die Stimme des Stadtteils, sondern macht sie entscheidend (Hansen 2015). Die Frage ›Wohnraum für Geflüchtete‹ materialisiert sich bisher noch im Kleinen, indem Geflüchtete teilweise privat untergebracht werden. Mit der genannten Parade und der vorangegangen Erklärung ›Migration findet Stadt‹ setzt das Netzwerk aktuell wichtige Marker für eine offene Stadtpolitik, die sich nicht von Ängsten einer verunsicherten Mittelschicht treiben lässt[5]. Mit diesen und ähnlichen Beispielen ist letztlich das Ziel verbunden, eine alternative, nämliche offene Stadt für alle jetzt auf den Weg zu bringen.

Berlin. Von der unmittelbaren Betroffenheit zum kollektiven Akteur

Die Lage des Berliner Wohnungsmarktes ist mittlerweile be- und anerkannt. Hier reicht es, darauf zu verweisen, dass der Berliner Wohnungsmarkt durch Privatisierungen, Deregulierungen und das Austeritätsdiktat dem Ansturm des globalen

---

4   http://mietenwahnsinn.rechtaufstadt.net/ vom 23.06.2016.
5   Diese Personen haben sich bereits sehr breit in einem zuzugskritischen Dachverband mit dem euphemistischen Namen ›Initiativen für erfolgreiche Integration‹ (IfI) zusammengeschlossen.

Anlagedrangs seit der Finanzkrise 2008 umso schutzloser ausgeliefert war. Zweistellige Mietpreissteigerungen innerhalb eines Jahres – in Berlin sind davon potentiell 80 Prozent der Bewohner/-innen betroffen – sind mittlerweile nicht mehr nur in innerstädtischen Vierteln zu beobachten; Gentrifizierung ist zum Mainstream geworden (Holm 2013). In diesem Kontext konstituierte sich in Berlin seit Mitte der 2000er Jahre eine Mieter/-innenbewegung, die sich der Verdrängung auf viele verschiedene Arten entgegen stellt und sich angesichts der schlechten Erfahrungen, die Berliner Mieter/-innen unter allen Regierungskoalitionen seit 1990 machen mussten, als außerparlamentarische Bewegung konstituierte.

Zunächst entwickelten sich in drei parallelen Strängen sogenannte Kiezinitiativen, Proteste gegen Großprojekte und problembezogene Initiativen. In den Kiezinitiativen fanden sich Bewohner/-innen rund um den von ihnen beobachteten Wandel ihrer Nachbarschaften zusammen: Umwandlung in Eigentum, die zunehmende Zahl an Ferienwohnungen, die Stigmatisierung als Problemkiez und anschließende Aufwertung, die real beobachtete Verdrängung von Nachbar/-innen – all das wurde als Erfahrung geteilt und in verschiedenen Aktionen bearbeitet. Die lokalen Gruppen schlossen sich 2008 in der Kampagne ›Steigende Mieten Stoppen‹ zusammen.

Der Widerstand gegen Großprojekte ist ein weiterer Ausgangspunkt für die Mieter/-innenbewegung. Seit 2006 hatte sich eine breite Koalition zwischen Hausbesetzer/-innen und alternativen Stadtplaner/-innen und Architekt/-innen gebildet, die sich in der Kampagne ›Mediaspree versenken‹ gegen die Bebauung des Uferstreifens der Spree rund um die Oberbaumbrücke wehrte. Zahlreiche Demonstrationen und kreative Aktionen zu Wasser und zu Land lenkten die mediale Aufmerksamkeit auf die zunehmende Wohnraumproblematik. Ein Bürgerbegehren auf Bezirksebene 2008 war zwar erfolgreich, die Ergebnisse waren für den Senat aber nicht bindend und konnten so umgangen werden (Dohnke 2014).

Problembezogene Initiativen gründeten sich vielerorts wegen der eigenen Betroffenheit von einer spezifischen Problematik: Luxusmodernisierung, Umwandlung in Eigentum, energetische Modernisierung, Auslaufen der Förderung im sozialen Wohnungsbau, Zwangsräumungen. Der Zusammenschluss dieser Gruppen in der ›Mietenpolitischen Dossiergruppe‹ war für die Bewegung ein wichtiger Schritt, weil hier die Problematiken der sich wandelnden Nachbarschaften konkretisiert wurden und gleichzeitig eine breite Koalition über die lokale Verankerung hinaus entstand. Diese zeigte sich 2011 kurz vor den Wahlen zum Abgeordnetenhaus in der Demonstration ›Hopp Hopp Hopp, Mietenstopp‹, bei der um die 4.000 Teilnehmer/-innen quer zu klassischen soziologischen Kategorien wie Klasse, Alter, Herkunft und Religion durch Kreuzberg und Neukölln zogen. In den folgenden Jahren setzen sich viele Initiativen vertieft inhaltlich mit ihren jeweiligen Wohnungsproblemen auseinander, erarbeiteten Forderungen und konkrete Lösungsvorschläge. So diskutierte ›Kotti&Co‹ gemeinsam mit ›sozialmieter.de‹ und Unterstützer/-innen die Problematik der auslaufenden Förderungen im sozialen Wohnungsbau auf der Konferenz ›Nichts läuft hier richtig‹, zu der sie gemeinsam mit Wohnungspolitiker/-innen des Senats eingeladen hatten. Im Februar 2013 versuchte die Gruppe ›Zwangsräumung verhindern‹ die Räumung der Familie Gülbol aus ihrer Wohnung in Kreuzberg durch eine Blockade zu verhindern. Der massive Polizeieinsatz und die letztlich erfolgte Räumung wurden in der Presse stark kritisiert.

Medienwirksame Aktionen wie Demos, Konferenzen und Zwangsräumungsblockaden sollen aber nicht darüber hinwegtäuschen, dass die meiste Arbeit der Initiativen oft unsichtbar bleibt: Nachbar/-innen ansprechen, soziale Beziehungen aufbauen, ein gemeinsames Verständnis der eigenen Lage schaffen, sich Fachwissen aneignen, Organisationsstrukturen entwickeln. ›Kotti&Co‹ ist es mit ihrem ›Gecekondu‹ – einer Protesthütte, mit der sie ihren Vorplatz besetzt halten – gelungen, auch diese Prozesse öffentlich sichtbar zu machen. Das durch diese Kollektivierungsprozesse geschaffene Bewusstsein fand einen eindrucksvollen Ausdruck im Volksentscheid zur Bebauung des Tempelhofer Feldes. Entgegen den Erwartungen der Regierenden und weiter Teile der Presse sprach sich eine Mehrheit in allen Bezirken gegen die geplante Bebauung durch Privatinvestor/-innen aus. Ein weiterer Volksentscheid sah 2015 die Restrukturierung der städtischen Wohnungsbaugesellschaften und eine Verlängerung der Sozialbindungen im sozialen Wohnungsbau vor. Unter Androhung einer Klage gegen den Mietenvolksentscheid wegen unzulässiger Eingriffe in den Haushalt von Seiten der regierenden SPD ließ sich die Initiative schließlich auf einen Kompromiss ein, der bis heute in der Bewegung umstritten ist (für zwei Positionen vgl. Interventionistische Linke 2016 und Wir bleiben Alle 2016).

Wie dieser kurze Überblick zeigt (ausführlicher: Vollmer 2015), lässt sich die Berliner Mieter/-innenbewegung als postidentitäre und hybridautonome Bewegung (Vollmer/Scheller i.E.) charakterisieren: Jenseits von identitären Zuschreibungen vereint sie eine diverse Basis und hat sich von der sozialen Frage und nicht von bereits existierenden Gruppen ausgehend gebildet. In hybridautonomen Strategien möchte die Bewegung gleichzeitig selbstbewusst auf Parteien und Regierungen einwirken und eigene selbstverwaltete Modelle und Ideen entwickeln (Martínez López 2016). Der postidentitäre und hybridautonome Politikstil äußert sich auch in einem breiten Aktionsrepertoire: Es gelingt, Menschen für Demos, Volksentscheide oder Konferenzen zu mobilisieren, ebenso wie dafür, sich gegen die Zwangsräumung einer/-s Nachbar/-in auf die Straße zu setzen.

Jena: Etablierung eines Protestes

Dass auch Jena von Wohnraumknappheit betroffen ist, ist wenig bekannt. Seit 2003 steigt die Bevölkerungszahl bereits – mit zunehmender Tendenz, denn die Stadt bietet durch Unternehmen wie Zeiss, Schott bzw. Jenoptik, renommierte Forschungsinstitute (Frauenhofer- und Max-Plank-Institut) sowie die Hochschulen attraktive Ausbildungs- und Arbeitsmöglichkeiten. Beispielsweise sind 25 Prozent der 107.000 Einwohner/-innen Studierende. Auch floriert die städtische Wirtschaft, so dass Jena schon von Wirtschaftsberatungsunternehmen wie der Prognos AG als ›München des Ostens‹ bezeichnet wird. Jena gilt außerdem als Stadt der kurzen Wege mit hoher Lebensqualität. Dies sind wichtige Gründe für stark steigende Miet- und Kaufpreise.

Die Wohnungsknappheit zeigt sich entlang von vier Indikatoren: 1. hohe Mieten (8,60 €/m^2 gegenüber 5,70 €/m^2 in Thüringen und 8,30 €/m^2 in der Bundesrepublik); 2. drastische Mietssteigerungen (+ 18 Prozent zwischen 2008 und 2013) in allen Preissegmenten; 3. kaum Leerstand (2 Prozent) und 4. eine hohe Mietbelastung (durchschnittlich über 35 Prozent des Haushaltseinkommens, Stadt Jena 2015a, 2015b). Im Jahr 2012 hatte ein Viertel der Haushalte sogar eine Mietbelastungsquote von 50 Prozent und nur 6 Prozent der Wohnungen waren für Familien mit einem Durchschnittsverdienst sowie nur 1 Prozent für Einkommensarme bezahlbar[6].

Mit der Rückkehr der Wohnungsfrage sind die Wohnungsprobleme von den Oppositionsparteien zunehmend thematisiert worden. In Reaktion darauf wurde 2011 ein kommunales Wohnungskonzept auf den Weg gebracht und im Stadtrat beschlossen, wonach 50 Sozialwohnungen pro Jahr entstehen sollen. Neben den ratsinternen Kontroversen haben soziale Proteste auch außerhalb der parlamentarischen Politik eine langjährige Geschichte in Jena.

In dieser Tradition stehend etabliert sich seit 2010 in Jena eine soziale Bewegung, die mehr Partizipation in der Stadtentwicklung einfordert. Dies geht vor allem auf die Konflikte um den Eichplatz zurück, einer innerstädtischen, als Parkplatz genutzten Brachfläche, deren Neugestaltung zunächst ganz ohne Beteiligung geplant war. Aufgrund von Protesten wurden neue Wege der Bürger/-innenbeteiligung ausprobiert und Schritt für Schritt die Wohnraumknappheit in der Stadt thematisiert. Auch grundsätzlich sind seitdem die Interessen der Bürger/-innen vermehrt in die Diskussion um Wohnen eingeflossen. Allerdings kommen in die-

---

6 http://www.jena-fairwohnen.de/?Immobilien_in_Jena:Die_Bertelsmann-Studie [29.06.2016].

sen Diskussionen meistens die Stimmen zu Wort, die soziale Mischung, Schaffung von Bauland für privates Eigentum und Wohnmöglichkeiten für Familien fordern. Beteiligung und Protest beginnt sich also in der Jenaer Bevölkerung zu etablieren (z.b. zeigen das die jüngsten Demonstrationen gegen die AFD und Thügida). Dauerhafte Mobilisierungen wie die linken Montags-demonstrationen sind jedoch noch selten.

Seit etwa 2013 entwickeln sich auch vielfältige Initiativen für das Recht auf Stadt, die unterschiedliche Themen und Aktionsformen bearbeiten. In zahlreichen Momenten wurden ziviler Ungehorsam und Protest besonders sichtbar: Eines dieser Einzelereignisse war die Demonstration im November 2013, auf der mehrere hundert Menschen im Stadtrat versuchten, die Abstimmung über die Bebauungsplanung des Inselplatzes zu verhindern. Hier soll der Campus erweitert werden, obwohl dort ein Hausprojekt mit Volksküche, Tauschbörse etc. existiert. Weitere jüngere Protestformen zum Thema Mieten organisieren u.a. die Linksjugend >'solid‹, die Unterschriften gegen überhöhte Mieten sammelte, oder das Kollektiv ›Wolja‹, das Hausbesetzung organisiert, wie z.B. die Besetzung eines Gebäudes der Universität in der Carl-Zeiss-Str. im Juli 2014 im Rahmen eines Recht-auf-Stadt-Aktionstags. Darüber hinaus gibt es die Kampagne ›überbelegt‹ der studentischen Vertretung (StuRa). Sie problematisieren seit 2010 den Wohnraummangel am Anfang jedes Wintersemesters, indem der Stadtrat mit Schlafsäcken besetzt wird.

Explizit unter dem gemeinsamen Nenner ›Recht auf Stadt‹ finden in Jena inzwischen zwei Strömungen zusammen: Initiativen und Gruppierungen, die für bezahlbare Wohnungen sowie für soziale und partizipative Stadtentwicklung eintreten und Initiativen, die mehr Freiräume für Subkulturen fordern. Ein Beispiel für die erste Strömung ist der Gesprächskreis ›STATT Probleme, wohnen und mieten in Jena‹, in dem Wohnungsprobleme gemeinsam, unabhängig und solidarisch besprochen werden. Die zweite Strömung mit dem Hauptthema ›Freiraum‹ wird u.a. durch den gleichnamigen Verein vertreten, der nach Zukunftsmodellen für ein ökosoziales Kulturzentrum sucht. Aber auch die Initiative ›Kulturwache‹ setzt sich für Freiräume ein, da Räume für nicht-kommerzielle Projekte in Jena selten sind. Diese Gruppen weisen bereits eine gewisse Stabilität auf, während andere Initiativen schon wieder eingeschlafen sind.

Zusammengenommen sind die Forderungen hinsichtlich der Stadtentwicklung und Wohnungsfrage unterschiedlich: ökologisch, sozial, unkommerziell, alternativ, kulturell. Den meisten Aktivist/-innen geht es um Alternativen zur kapitalistischen Stadt. Dem Neoliberalismus entgegentreten und die ›Stadt für alle‹ schaffen, sind zentrale Motive. Der Anspruch, aus all diesen Initiativen ein zentrales

Bündnis zu gründen, wurde schon mehrmals diskutiert, aber bisher nicht weitergeführt. Die Gruppen sind also aktiv und zunehmend etabliert, bilden aber im engeren Sinne noch keine Mieter/-innenbewegung.

Leipzig. Der Anfang eines Protests

Auch Leipzig gilt mittlerweile als wachsende Stadt in einer schrumpfenden Region mit zunehmendem Druck auf dem Wohnungsmarkt. Denn auch hier steigen die Mieten und die Leerstandsquote sinkt – sie liegt nur noch bei etwa 2,6 Prozent. Während man von städtischer Seite fast ein aufatmendes ›Endlich‹ zu vernehmen vermag, tun sich Menschen in verschiedenen Gruppen und Initiativen zusammen, um Widerstand zu organisieren. Seit etwa 2010 formieren sich unterschiedliche Gruppen und Initiativen, die zwar ohne gemeinsame Struktur, aber in ihrer Gesamtheit die Kämpfe um das Recht auf Stadt abbilden.

Die potentielle Betroffenheit der Leipziger/-innen von der Dynamik auf dem Wohnungsmarkt macht steigende Mieten zur wichtigen strukturellen und sozialen Frage. Denn erstens wohnen 87 Prozent der Leipziger/-innen zur Miete und zweitens treffen selbst relativ moderate Mietsteigerungen hier besonders viele arme und marginalisierte Haushalte. Knapp ein Viertel der Leipziger Haushalte lebt von einem Einkommen von unter 1.100 €, wovon 45 Prozent allein für die Miete ausgegeben wird. Bei einem durchschnittlichen Haushaltseinkommen von 1.600 € liegt die Mietbelastungsquote der letzten Jahre bei 32-35 Prozent (Stadt Leipzig 2016).

Nach der Wende war es das übergeordnete Ziel der Leipziger Wohnungspolitik, einen funktionierenden und attraktiven Wohnungsmarkt zu etablieren. Dieses Paradigma wurde über Privatisierung und Abriss realisiert und prägt bis heute den Transformationsprozess der postsozialistischen Stadt (vgl. u.a. Rink 2015; Brecht 2015). Seit Mitte der 2010er Jahre gilt Leipzig als wachsende Stadt. Lange brachliegende Flächen wie z.B. am Bayerischen Bahnhof werden nun hochpreisig entwickelt und mit Sickereffekten gerechtfertigt. Hohe und kontinuierlich steigende Transaktions- und Umsatzzahlen zeigen, dass spätestens 2015 Spekulation mit Wohnraum in Leipzig rentabel wurde. Da es in Sachsen keine Förderung für Wohnungsneubau mehr gibt, sind die Mieten entsprechend hoch mit Neuvermietungsmieten von bis zu 8,50 €/m^2 – im Neubau deutlich höher (Aengevelt Report 2016: 61f.).

Dennoch kann noch nicht von einer vernetzten Mieter/-innenbewegung gesprochen werden. Es gibt aber zahlreiche Akteure, die der Stadtpolitik widersprechen und die die Themen Mieten, Wohnen und Recht auf Stadt bearbeiten. Die

Debatte wird vor allem von Mieter/-innengemeinschaften, sozialkritischen Quartiersinitiativen, von Teilen der Wohnprojekteszene und bestehenden linken Gruppen geführt und politisiert, die sich nun alle dem Recht auf Stadt widmen. Sie können vier Schwerpunkten zugeordnet werden:

Erstens machen Mieter/-innengemeinschaften ihre Entmietung und ihren Protest dagegen öffentlich. Neue und bestehende Quartiersinitiativen (z.B. ›Für das Politische‹ in Connewitz) bearbeiten seit einigen Jahren vermehrt die Themen Mieten und Wohnen und unterstützen Mieter/-innen bei ihrem Protest. Sie markieren Verdrängung und Aufwertung vor Ort und werden mit Mietsprechstunden zum Anlaufpunkt für Mieter/-innen. Der 2011 als erster auch medial debattierte Entmietungsfall von Mieter/-innen der Windmühlenstraße wurde zu einem Auslöser neuer Initiativen. Da der Wohnblock der Interessensgemeinschaft Windmühlenstraße vom öffentlichen Wohnungsunternehmen veräußert worden ist, standen die Mieter/-innen symbolisch für Betroffene von Privatisierung in der Stadt. Der Protest fand aber nicht nur außerparlamentarisch statt, auch Stadtratsinitiativen kritisieren die Privatisierung kommunaler Bestände. Wie aktuell das Thema Entmietung trotzdem noch ist, zeigte die Demo ›Entmietung stoppen‹ im Frühjahr 2016, die weitere Mieter/-innengemeinschaften veranlasste, ihre Fälle öffentlich zu machen.

Zweitens erheben neue Akteure ihre Stimme und wollen Einfluss auf die kommunale Wohnungspolitik nehmen. ›Leipzig – Stadt für alle‹ (SfA) ist als Gruppe durch Stellungnahmen, Positionspapiere und als Gesprächspartnerin z.B. auf Podien und auch in der Wissenschaft sichtbar geworden. Sie ist zur Ansprechpartnerin für Mieter/-innen, Presse, Parteien und die Stadtverwaltung geworden, vertritt dabei Mieter/-innenpositionen und zielt auf eine alternative Wohnungspolitik ab. Z.B. versuchte SfA in Expert/-innenrunden zum neuen Wohnungspolitischen Konzept 2015 (Stadt Leipzig 2015), Themen für die Neuformulierung der Leipziger Wohnungspolitik zu setzen.

Drittens hatte der frühere Leerstand vielfältige Wohnprojekte ermöglicht. Diese prägen Stadtteile und Nachbarschaften nach wie vor und versuchen weiterhin, Häuser dem spekulativen Markt zu entziehen und so bezahlbaren und nichtprofitorientierten Wohnraum langfristig zu sichern. So macht der ›Haus- und WagenRat‹ beratungs- und politische Arbeit für selbstverwaltete und kollektive Wohnformen. Projekte des Mietshäusersyndikats sind wohl die bekanntesten Beispiele. Die Gruppe ist ebenfalls von städtischer Seite als Ansprechpartnerin für kooperative Wohnformen etabliert.

Schließlich fordern viertens Ladenprojekte und Quartiersinitiativen das Recht auf Stadt. Das Ladenprojekt ›2eck‹ bietet z.B. Raum für Stadtteilvernetzung in Anger-Crottendorf, verbindet Arbeiter/-innenkämpfe mit Mieter/-innenprotesten und mischt sich in Stadtteilumbaumaßnahmen ein. Diese Quartiersinitiativen und -läden formulieren Kritik in städtischen Beteiligungsverfahren, fordern gemeinsam ein ›Social Center for all‹ oder überführen mit kreativen Aktionen Repression im Stadtteil ins Absurde (z.b. protestierte die ›CDU – Connewitzer Dorf Union‹ mit Mistgabeln gegen Polizeiposten im Stadtteil).

Diese Praktiken bilden einen Moment der Bewegung ab, die mehr einfordert als bezahlbaren Wohnraum. Es geht um die politische Gestaltung städtischen Lebens. Zwar kann noch nicht von einer Bewegung gesprochen werden, die verschiedene Gruppen oder Milieus verbindet – wie bspw. beim Protest gegen Legida. Die stattfindenden Vernetzungen betroffener Mieter/-innen und die zunehmende nachbarschaftliche Solidarisierung sprechen aber für eine stadtpolitische Bewegung, die am Anfang steht.

ERFOLGE. EINE ANDERE STADT IST MÖGLICH

Die Darstellung der Entstehung und Entwicklung der jeweiligen Bewegungslandschaft in den vier Städten verweist bereits auf einige Erfolge, die die Bewegungen lokal und teilweise auch überlokal erzielen konnten: nicht wenige Ziele konnten erreicht, einige Forderungen durchgesetzt werden. ›Erfolg‹ ist allerdings ein ambivalenter Begriff. Einerseits kann die Anerkennung von Erfolgen bisherige Aktivitäten wertschätzen und zu weiteren mobilisieren; andererseits rühmen sich Stadtregierungen und Stadtmarketingagenturen selbst gerne mit ›erfolgreichen‹ Projekten, die aber nur für wenige Menschen gewinnbringend sind und andere möglicherweise ausgrenzen und benachteiligen. Der Begriff ›Erfolg‹ hat deshalb einen bitteren Beigeschmack der Best Practice-Rhetorik. Der Anspruch sozialer Bewegungen ist es aber gerade, nicht bei Leuchtturmprojekten stehen zu bleiben, sondern Alternativen zu leben und gesellschaftliche Veränderungen zu entfalten.

Wir möchten hier trotzdem über ›Erfolg‹ der jüngeren sozialen Bewegungen in den vier deutschen Städten sprechen, um die aktuellen Tendenzen hin zu einer sozialeren Wohnungspolitik klar als Reaktion auf die vielfältigen lokalen Mobilisierungen in Städten bundesweit anzuerkennen. Dabei verstehen wir das Erreichte nicht als vorläufiges Endstadium im grundsätzlichen Wandel von Stadtpolitiken: eine tiefgreifende Veränderung der Prämissen, unter denen Stadt- und Wohnungspolitik stattfindet (Eigentumsverhältnisse, Beteiligungsstrukturen, Priorisierung ökonomischer Ziele etc.) ist noch nicht in Sicht. Da aber das Denken von alternativen (Stadt-)Zukünften charakteristisch für städtische Bewegungen von unten ist und Erfolgsorientierung erstmal nur »vom Ende her Denken« (Raschke/Tils 2007:

128) bedeuten kann, lässt sich der Erfolgsbegriff auch alternativ besetzen: es geht um das Erreichen einer ›anderen Stadt‹, die offen und zugänglich für alle ist.

Ein vergleichender Blick quer über die vier Städte Hamburg, Berlin, Jena und Leipzig lässt mehrere Erfolgsdimensionen erkennen, die – wenn auch in unterschiedlicher Intensität und Form – überall erzielt werden konnten. Erfolg beginnt für eine soziale Bewegung schon bei der Mobilisierung von vielen Menschen und der damit erfolgenden Artikulierbarkeit eines zuvor depolitisierten Themas. So konnten in allen vier Städten Menschen für ganz unterschiedliche Aktionsformen mobilisiert werden: für Demos, Sit-Ins, Besetzungen, Volksentscheide, Aktionstage oder den Aufbau alternativer Wohnformen. Die Bewegungen haben sich dabei, erstens, erfolgreich *als stadtpolitischer Akteur etabliert*. Damit ist nicht nur gemeint, dass sich Initiativen und Gruppen gegründet haben, sondern vor allem auch, dass diese in der städtischen Öffentlichkeit einzeln und als Kollektiv wahrgenommen und – noch wichtiger – gehört werden. Die Ursachen für eine erfolgreiche Etablierung als Akteur unterscheiden sich in den vier Städten: In Berlin war insbesondere die Vielfältigkeit der Initiativen und involvierten Personengruppen entscheidend, um über die offensichtlich heterogene Betroffenheit Aufmerksamkeit zu erlangen, Druck zu erzeugen und eine breite, legitime Sprecher/-innenposition einzunehmen. Auch in Hamburg ist die Bewegungslandschaft relativ vielfältig, vor allem thematisch – hier war die Vernetzung als Recht-auf-Stadt-Netzwerk zentral, um als starker Akteur aufzutreten und über zentrale Aktionen die Stimme zu erheben. In Leipzig wiederum stand das Thema ›steigende Mieten‹ an erster Stelle und einzelne Fälle von Verdrängung führten zu einer Solidarisierung unter Mieter/-innen, die die strukturelle Verfasstheit kapitalistisch organisierter Wohnungsmärkte herausstellen konnte. In Jena beginnt sich gerade eine Recht-auf-Stadt-Bewegung zu etablieren, um Schritt für Schritt die Wohnungsknappheit in der Stadt zu thematisieren. Mit ›Recht auf Stadt Jena‹ hat sich ein außerparlamentarisches und unkonventionelles Kollektiv gegründet, das wohnungs- und stadtpolitische Forderungen formuliert.

Zweitens ist die *Vernetzungsarbeit* zwischen einzelnen Gruppen ein zentraler Erfolg der Bewegungen, die in allen vier Städten trotz unterschiedlicher Problemdefinitionen und politischer Strategien und trotz der kleinteiligen und unterschiedlichen involvierten Milieus gelang. Die geschilderte Einflussnahme auf die wohnungs- und stadtpolitischen Diskurse in den vier Städten funktionierte deshalb, weil sie – in unterschiedlichem Ausmaß – als kollektive Akteure wahrgenommen werden. Diese Kollektivierung als Bewegung gelang dort, wo lokale Gruppen von ihrer unmittelbaren Betroffenheit und spezifischen Wohnraumproblematik abstrahierten und sich mit anderen Gruppen zusammen schlossen. Auch wenn sich weiterhin ein Nebeneinander verschiedener Gruppen und Initiativen zeigt, beziehen sich die Initiativen in allen vier Städten aufeinander, organisieren gemeinsam Demonstrationen oder Veranstaltungen und verstärken so ihre öffentliche Wirksamkeit. Grundsätzlich scheint auch die Präsenz von bewegungsnahen institutionalisierten Akteuren eine gute Voraussetzung für erfolgreiche Mieter/-innenbewegungen zu sein, wie z.b. alternative Mietervereine, die es allerdings nur in wenigen Städte Deutschlands gibt (Vittu 2008).

Diese neue, kollektive Stimme in den Städten hat, drittens, *Wohnungspolitik zu einem entscheidenden städtischen Politikfeld* gemacht. Gentrifizierung, Verdrängung, aber auch alternative Wohnungspolitiken sind nun in der öffentlichen Debatte präsent und sind Teil der stadtpolitischen Agenda geworden. Stadtregierungen müssen sich ebenso wie die Opposition zu der Frage, wie Wohnraumversorgung in der Stadt organisiert werden soll, verhalten. In Hamburg konnte die SPD ihre Macht nach einer kurzen Phase konservativer Regierungen zurückerlangen, indem sie im Wahlkampf 2011 auf Wohnungspolitik setzte. Um dem auch gerecht zu werden, wurden verschiedene Schritte unternommen, u.a. reagierten prominente Projekte der Stadtentwicklung stärker auf Kritiken aus der Recht-auf-Stadt-Bewegung (z.B. hat sich die IBA dem Motto ›Aufwertung ohne Verdrängung‹ verschrieben). Projekte mit stadtweiter Bedeutung wurden auch in Berlin durch den neuen öffentlichen Diskurs beeinflusst, wie die Bewahrung des Tempelhofer Feldes oder die Umstrukturierung der städtischen Wohnungsbaugesellschaften. In Jena konnten Bürger/-innen im Zuge des Wandels des öffentlichen Diskurses erreichen, dass die aktuelle Wohnraumsituation als größtes Problem der Stadt definiert und ›Wohnraum‹ zum wichtigsten Handlungsfeld des neuen Stadtentwicklungskonzeptes 2030 ernannt worden ist. Und schließlich wird in Leipzig, wo der angespannte Wohnungsmarkt lange Zeit nicht anerkannt wurde, Wohnen wieder als drängendes politisches Thema verhandelt und inzwischen auch eingestanden, dass es eigentlich kaum mehr eine geeignete Leerstandsreserve gibt.

Da die Bewegungen die Wohnungsfrage wieder zu einem drängenden Thema gemacht haben, musste, viertens, auch praktisch gehandelt werden. Eine Variante neuer wohnungspolitischer Praxis ist der Aufbau bzw. die Akzeptanz *neuer Akteurskonstellationen*. Eine zentrale Gemeinsamkeit in allen vier Städten ist, dass in Planungen mehr und intensiver Personen und Gruppen von unten eingebunden werden. Das gilt sowohl für die Stadtteilebene und konkrete Bauvorhaben als auch für die Ebene der Gesamtstadt, auf der neue formale Partnerschaften zwischen Akteuren der Stadt, des Immobilienmarktes und der Zivilgesellschaft entstehen. In Jena haben die Konflikte um den Eichplatz (s.o.) vermehrt zu Bürger/-innenbeteiligung in der gesamten Stadt geführt. Partizipation wird nach und nach in der kommunalen Planungspraxis intensiviert, ein Mitspracherecht der Beteiligten über Workshops und moderierte Verfahren eingeführt. In Berlin allerdings zeichnet sich nach einer Phase, in der Bürgerbeteiligung zunehmend zur Einhegung der Konflikte betrieben wurde, nun bereits eine Abkehr von bestimmten Partizipationsinstrumenten ab. Der Widerstand vieler Initiativen auch innerhalb von Beteiligungsverfahren hat die SPD-geführte Regierung umdenken lassen: zum Beispiel werden Planungsverfahren vermehrt von der Bezirks- auf die Landesebene gezogen, um vorgesehene Beteiligung oder Bürgerbegehren umgehen zu können. In Leipzig ist demgegenüber bemerkenswert, dass es nicht nur um Bürger/-innenbeteiligung geht, sondern auch um Freiräume, an deren Entwicklung Bewohner/-innen nicht nur beteiligt werden, sondern die vollständig selbstverwaltet werden. Freiräume und kollektive Wohnformen haben sogar einen hohen Stellenwert im Wohnungspolitischen Konzept 2015 erlangt. Ein ähnlicher Ansatz wird mit dem Motto ›Planung von unten‹ des Hamburger Recht-auf-Stadt-Netzwerkes verfolgt, nach dem eine Vielzahl von Bewohner/-innen, Architekt/-innen, Künstler/-innen etc. alle Planungsschritte gestalten (z.B. in der *PlanBude*).

Ein Querschnittthema, und der fünfte Erfolg der Mieter/-innenbewegungen, ist die Anerkennung der Notwendigkeit zur *Stärkung bezahlbaren Wohnraums*. Dies kann von der Akzeptanz oder sogar Unterstützung von alternativen Eigentumsmodellen (siehe auch Horlitz und Balmer/Bernet in diesem Band) bis hin zur besseren Finanzierung des klassischen geförderten Wohnraums und dem Einsatz von stadtplanerischen Steuerungsinstrumenten reichen. Ein wichtiger Schritt dazu ist in den drei Städten Leipzig, Hamburg und Berlin die Umstellung der Grundstücksvergabe. In Hamburg und Berlin wurde bei der öffentlichen Liegenschaftspolitik vom Höchstgebotsverfahren, das mit einer maximalen Profitorientierung einhergeht, auf das Instrument der Konzeptausschreibung bzw. Konzeptvergabe umgestellt, bei dem auch soziale und städtebauliche Kriterien eine Rolle spielen. Genau dieser Schritt wird aktuell auch für Leipzig diskutiert. Spekulation, zumindest mit öffentlichen Flächen, ist damit ein Riegel vorgeschoben. Allerdings fehlen in den Städten weiterhin ein verbindlicher Kriterienkatalog und eine klare Fokussierung auf niedrigpreisigen Wohnungsbau bei der Flächenvergabe.

Ein eher schwach formalisiertes Instrument im Kontext ›bezahlbares Wohnen‹ ist in Hamburg und Berlin der sogenannte »Drittelmix« für alle Neubauvorhaben, der vorsieht, dass neben Eigentums- und Mietwohnungen zu Marktpreisen ein Drittel aller neuen Wohnungen Sozialwohnungen sind (siehe auch Metzger/Schipper in diesem Band). Die Förderung des sozialen Wohnungsbaus ist in Hamburg, Berlin und teilweise Leipzig also wieder Thema, während aktuell in Jena erst auf Druck der Landesregierung die Förderprogramme des sozialen Wohnungsbaus neuausgerichtet und die Mietpreisbremse eingeführt worden sind. Allerdings werden vermehrt rechtliche Verordnungen durch die lokalen Regierungen eingesetzt, um Verdrängung und rasante Mietsteigerungen einzugrenzen. Zum Beispiel soll die Zweckentfremdungsverbotsverordnung in Berlin seit 2014 die Umnutzung von Wohnraum zu Ferienapartments verhindern. In Hamburg ist zwischen 2012 und 2016 für sieben innenstadtnahe Gebiete eine Soziale Erhaltungsverordnung erlassen worden, die auf die Eindämmung steigender Mieten über Modernisierungs- und Umnutzungseinschränkungen zielt (Vogelpohl 2017). Auch in Berlin wird verstärkt auf Soziale Erhaltungsverordnungen zurückgegriffen.

Die vielen *Einzelerfolge* (verhinderte Zwangsräumungen und Entmietungen, erfolgreiche Besetzungen, gewonnene Volksentscheide, mehr Mitbestimmung und vieles mehr) konnten wir in dieser vergleichenden Perspektive nicht würdigen. Sie sind jedoch außerordentlich motivierend und halten die Bewegungen aufrecht. Sie sind wichtig, um den Teilnehmer/-innen an Protesten und einer breiten Öffentlichkeit zu vermitteln: Es lohnt sich, zu kämpfen – there *is* an alternative. Dies ist wichtig in einem Kontext, in dem Forderungen von unten regelmäßig in neoliberale Stadtpolitiken eingehegt werden und alternative Projekte schnell in Vorzeigeprojekte einer ›kreativen‹ Stadt verwandelt werden können (Mayer 2007). Der Umgang mit diesem Problem und anderen Herausforderungen in den Auseinandersetzungen um ein ›anderes Wohnen‹ in der Stadt steht im Mittelpunkt des nächsten Abschnittes.

GEGENKRÄFTE UND HERAUSFORDERUNGEN. HANDLUNGSFELDER FÜR DIE ZUKUNFT

Die beschriebenen Erfolge konnten nur gegen Widerstände durchgesetzt werden. Im folgenden Abschnitt soll es um diese Gegenkräfte als Herausforderungen für die Bewegungen gehen – für ihre Organisations- und Aktionsformen, für ihre Argumente und Diskurse. Auch wenn die Bewegungen grundsätzlich in polit-ökonomische Strukturen eingebettet sind, konzentrieren wir uns in der Analyse auf konkrete Handlungsfelder in der täglichen Protestpraxis.

Die meisten der beschriebenen Proteste richten ihre Forderungen direkt oder indirekt an den Staat und die Kommune. Dies gilt auch, wenn die entscheidenden Akteure nicht im (lokalen) Staat zu verorten sind. Zwar können wir die kapitalistisch organisierte Wohnraumproduktion und deren Widersprüche als Grundhindernis für die Umsetzung eines ›Wohnens für Alle‹ hier nicht in aller Tiefe entfalten (vgl. dazu Belina in diesem Band), allerdings erscheint es uns wichtig zu betonen, dass die Mehrzahl der Mieter/-innen bei privaten Eigentümer/-innen wohnt, die ganz unterschiedlich organisiert sein können. In allen vier Städten wurden Bestände des kommunalen Wohnungsbaus privatisiert (in den Städten der ehemaligen DDR umso massiver), was Möglichkeiten für einen neuen gegnerischen Akteur der Mieter/-innenbewegungen eröffnete: *Finanzunternehmen*, die auf dem Wohnungsmarkt agieren (vgl. Heeg in diesem Band). Im finanzmarktdominierten Kapitalismus ist das Wohnen zu einem wichtigen ›Asset‹ global agierender Anlageunternehmen wie Pensionsfonds oder Hedgefonds geworden. In Zeiten niedriger Zinsen und vorbereitet durch Liberalisierungen des Finanzmarkts und Deregulierungen des Wohnungsmarktes strömt vermehrt Kapital in deutsche Immobilienmärkte mit vermeintlich sicherer Rendite. Besonders institutionelle Anleger stellen dabei eine Herausforderung für die Mieter/-innen dar: Wie ist damit umzugehen, wenn eine Fondsgesellschaft zum Beispiel die Interessen norwegischer Rentner/-innen gegen die Interessen der Mieter/-innen in deutschen Städten vertritt? »Kotti&Co« haben dazu in Berlin eine eigene Praxis entwickelt: In einer Mischung aus affirmativer und konfrontativer Strategie versuchen sie als kritische Aktionär/-innen auf den Versammlungen der ›Deutsche Wohnen‹ (ehemals GSW) an die Anleger/-innen zu appellieren, die unlautere (fiktive) Vermögensbemessung des Unternehmens nicht abzusegnen und gleichzeitig der Deutsche Wohnen durch koordinierte Nebenkostenminderungskampagnen auf materieller Ebene zu schaden (Kotti& Co/Dyck 2015). Diesbezüglich wurde zwischen ›Kotti&Co‹ und der ›Hamburg-Wilhelmsburger AG Mieten‹ ein enger Austausch gepflegt. Die ›AG Mieten‹ hatte zuvor immer wieder die GAGFAH (heute Vonovia) ins Zentrum ihres Protests gestellt. Beispielsweise wurden über Demonstrationen und die Berufung auf bestehendes Mietrecht erste Erfolge erzielt. 2012 wurde darüber hinaus eine in den Medien stark diskutierte Protestfahrt zum Hauptsitz der GAGFAH organisiert, die das Unternehmen zunehmend unter Druck setzte.

Die Regierungen aller vier Städte setzen in Zeiten der Austeritätspolitik vermehrt auf die Kooperation mit privaten Akteuren zur Schaffung neuen Wohnraums. Dass dabei vor allem hochpreisiger Wohnraum entsteht, entspricht der Logik profitorientierter Unternehmen. Dies kann angesichts des Mangels an explizit gemeinnützig ausgerichteten Wohnungsbauträgern nicht verwundern (vgl. die Debatte zur Neuen Gemeinnützigkeit in diesem Band). Ein soziales Gewissen oder ein gesellschaftlicher Legitimierungszwang wird in Zeiten der neoliberalen Hegemonie von Privaten schlicht nicht mehr erwartet. Aber auch durch neue hochpreisige Wohnungen würde sich der Wohnungsmarkt entspannen, so das Argument der Stadtregierungen, da in einem *Sickereffekt* durch Umzugsketten günstiger Wohnraum frei werde. Diese Argumentation missachtet aber die Effekte des deutschen Mietrechts, das bei Mieterwechsel die höchsten Mietsteigerungen erlaubt. Neubau im höheren Preissegment führt also im Gegenteil zu einer zweifachen Mietsteigerung: Einerseits durch eine Anhebung des Mietniveaus und andererseits durch Neuvermietung im freiwerdenden Bestand (vgl. Metzger/Schipper in diesem Band).

Dieser Diskursverschiebung zu begegnen, die *Neubau* als Lösung für Probleme propagiert und in allen vier Städten dominant ist, ist eine wichtige und zugleich schwierige Herausforderung für die Bewegungen. Berlin und Hamburg versuchen mit mäßigem Erfolg, privaten Entwickler/-innen bei Neubauprojekten 33 Prozent bezahlbaren Wohnraum abzutrotzen (»Drittelmix«, s.o.). Jena und Leipzig haben noch keine Quote, fangen aber an, mit solchen Gedanken zu spielen. Angesichts der meist extrem hochpreisigen Neubauprojekte erstaunt es umso mehr, dass auch die städtischen Wohnungsbaugesellschaften angehalten sind, in ihren Neubauten nur ein Drittel geförderten Wohnraum zu integrieren. Außerdem ist an dem Drittelmix problematisch, dass ein Drittel Eigentum weit über den bisher üblichen Eigentumsquoten am gesamten Wohnungsmarkt liegt. In Leipzig geht das kommunale Wohnungsunternehmen Leipzigs, die ›LWB‹, demgegenüber den Weg, in Neubau- und Sanierungsprojekten Mieten weit über dem KdU-Satz und der Leipziger Durchschnittsmiete zu verlangen (LWB 2015: 5f). Diese Praxis sei nötig, um über Quersubventionierung überhaupt preiswertes Wohnen zu ermöglichen.

Legitimiert werden diese Politiken durch den Euphemismus ›*soziale Mischung*‹. Für die Mieter/-innenbewegungen stellt dieser Diskurs eine Herausforderung dar, weil er von den meisten Menschen positiv konnotiert ist, in der Realität aber oft zur Verdrängung von Ärmeren eingesetzt wird (Holm 2009). Dass Neubau nicht (nur) eine Entlastung des Wohnungsmarktes, sondern auch eine Herausforderung für soziales Wohnen ist, wird in Projekten deutlich, in denen aufgrund von Investorenanwerbung (z.B. Mauerpark in Berlin) oder vermeintlicher Dringlichkeit (z.B. Bergspitze Altona in Hamburg) Zugeständnisse an die Projektentwickler auf Kosten des geförderten Wohnraums gemacht werden. Während allerdings die Berliner/-innen der Regierung das Vertrauen durch einen Volksentscheid gegen die Bebauung des Tempelhofer Feldes entziehen konnten (THF 100% 2013), umfasst der Bau an der Bergspitze Altona nun keine einzige Sozialwohnung (annaelbe 2014).

›Kotti&Co‹ oder ›Bizim Kiez‹ in Berlin, die ›Initiative Schanzenhof‹ in Hamburg, ›Freiraum im Kulturbahnhof‹ oder Hausgemeinschaften am Leipziger Karl-Heine-Kanal (Menzel 2014) legitimieren ihr Recht zu bleiben damit, ihre Nachbarschaft erst zu nun begehrten Orten gemacht zu haben. Damit argumentieren sie ebenso gegen ein diskriminierendes und rassistisches Verständnis von sozialer Mischung, das migrantisch geprägte, ärmere Stadtteile und ›Problemviertel‹ herabsetzt. Auch in ehemaligen sozialschwachen Stadtteilen wie dem Jenaer Saalbahnhofviertel werden durch Aufwertung alternative Kulturschaffende, ärmere Schichten und marginalisierte Bevölkerungsgruppen vertrieben.

Die Legitimität der Gruppen wird in Frage gestellt: Regierende und Teile der Presse versuchen, Proteste zu schwächen, indem sie diesen vorwerfen, nur eigennützig ihre *Partikularinteressen* zu vertreten – im übertragenen Sinne also ihren eigenen Hinterhof schützen (NIMBY – not in my backyard). In Jena trifft dieser Vorwurf zum Beispiel private Eigentümer/-innen, die ihre Flächen nicht verkaufen wollen oder Kleingärtner/-innen vom *Jenzig*, die sich gegen Bebauung wehren. In Leipzig scheint es gerade so, als ob die Stadtverwaltung den Protest als pubertierende Phase innerhalb eines Normalisierungsprozesses versteht. Die Leipziger/-innen müssten sich an die Entwicklung gewöhnen und seien zu lang verwöhnt gewesen, denn steigende Mieten seien normal und notwendig (Heinig zitiert in Dietrich 2013: 6). Protestierende, so wird es in allen der vier Städte oft dargestellt, seien Veränderungsverweigerer, die sich gegen den ›Fortschritt‹ stellen.

Dieser NIMBY-Vorwurf kann einem näheren Blick auf die Forderungen der Proteste nicht standhalten: es wird stets strukturelle Kritik geübt, also zum Beispiel an der Miethöhe eines Neubauprojekts und seinen Effekten für die Nachbarschaft und nicht am Neubau selbst. In Hamburg stand dieses Selbstverständnis der Bewegung mit dem Manifest ›Not in Our Name – Marke Hamburg‹ schon am Anfang der Gründung des Recht-auf-Stadt-Netzwerks. Auch wenn die Akteure und Initiativen sich seither gewandelt haben, steht bei allen Aktionen fest, dass es um eine fundamental andere, nämlich soziale Stadtentwicklung geht, die gerade auch die oftmals an den Rand Gedrängten einschließt: »Es geht darum, Orte zu erobern und zu verteidigen, die das Leben in dieser Stadt auch für die lebenswert machen, die nicht zur Zielgruppe der ›Wachsenden Stadt‹ gehören. Wir nehmen uns das Recht auf Stadt – mit all den Bewohnerinnen und Bewohnern Hamburgs, die sich weigern, Standortfaktor zu sein.« (NION HH 2009). Und wiederum der Volksentscheid zum Tempelhofer Feld in Berlin zeigt, dass es kaum um den eigenen Hinterhof gehen kann, wenn alle, auch weit entfernte Bezirke, gegen die Bebauungspläne des Senats stimmen. In solchen Auseinandersetzungen ringen Protestinitiativen und Regierende darum, wer definieren darf und kann, was als Gemeinwohl gilt. In Jena werden tendenziell frühere Proteste (gegen die DDR oder die sozialistische Planung) als für das Gemeinwohl sprechend anerkannt, während der aktuelle Protest als dem Allgemeininteresse entgegengesetzt diffamiert wird.

Eng mit diesem Spannungsverhältnis zwischen (vermeintlichem) Eigennutz und Gemeinwohl verbunden, ist die Problematik der offiziellen *Beteiligungspraktiken*. Unter dem Paradigma der kommunikativen Planungstheorie wird davon ausgegangen, dass sich im Beteiligungsverfahren Einzelinteressen argumentativ zu einem Konsens vereinen (Sinning 2013). Mit der Vertretung kollektiver Positionen, wie Protestinitiativen sie einnehmen, können solche Verfahren gar nicht umgehen. Die Konsensorientierung depolitisiert somit von vorneherein existierende Konflikte (Purcell 2009). Bei partizipativen Stadtplanungsprozessen kann es Protestinitiativen daher kaum gelingen, Positionen zu vertreten, die offensiv das Interesse einer bestimmten (marginalisierten) Gruppe vertreten, wie das zum Beispiel ›Stadt von Unten‹ mit ihren Forderungen nach 100 Prozent wirklich bezahlbarem Neubau auch in der Innenstadt tun. Im Verfahren zum Eichplatz werden die zugestandenen »preisgünstigen Wohnungen« explizit als Beitrag »zu einer besseren Akzeptanz des Vorhabens« (Grundsätze/Eichplatzareal Jena: 7) benannt, womit deutlich gemacht wird, worauf Partizipationsverfahren oft hinauslaufen. Ein Beispiel aus Leipzig illustriert die Dilemmata der Beteiligung, in denen sich Bewegungen befinden können: Im Prozess um das Neue Wohnungspolitische Konzept 2015 wurden alle Beteiligten des Leipziger Wohnungsmarktes von Mieter/-innenvertretungen über Wohnungsunternehmen, Politiker/-innen etc. zu verschiedenen Workshops eingeladen. Neben dem Mieterverein nahm »Leipzig – Stadt für alle« nach einer Selbsteinladung teil und die Rolle einer Vertretung für Mieter/-innen ein. Das erweckte zum einen von städtischer Seite den Eindruck, dass die Belange der Mieter/-innen ausreichend vertreten und gehört werden und dann auch entsprechend ins Dokument einfließen. Das Verabschieden und Formulieren eines Konzepts erweckte zum anderen den Anschein eines Konsenses über die Gestaltung zukünftiger Wohnungspolitik aller Akteure des Leipziger Wohnungsmarktes.

Aufgrund dieser *Widersprüche* wird es bei Partizipationsveranstaltungen oft laut, was wiederum den Anlass bietet, die Protestierenden als ›Wutbürger/-innen‹ zu diffamieren. Inwieweit sich Protestinitiativen auf Beteiligungsverfahren einlassen, wird ständig neu ausgehandelt, da ständig die Gefahr droht, eingehegt zu werden. Trotz aller Versuche ist es den regierenden Parteien in allen Städten bisher jedoch nicht gelungen, den Bewegungen die *legitime Sprecher/-innenposition* abzusprechen. Dies liegt sicherlich nicht zuletzt an der Zusammensetzung der Bewegung: Als breite Koalitionen aus unterschiedlichen Schichten gelingt es ihnen, eine ganze Bandbreite von Problemen zu artikulieren. Mit dieser Zusammensetzung stoßen sie gleichzeitig in ein politisches Vakuum, da diese Schichten sich von keiner der Parteien mehr repräsentiert fühlen. Um die Bewegung zu spalten und damit zu schwächen, versuchen sich die Parteien in einer *Mittelschichtsbefriedungsstrategie.* So fokussieren einige Politiken darauf, das Mietsegment im mittleren Bereich zu stabilisieren. In Hamburg und Berlin wurden vor einigen Jahren private Baugruppen noch als Lösung der Wohnraumproblematik propagiert, in Leipzig und Jena ist das immer noch der Fall und Baugruppen werden aktiv gefördert. Auch diese ›Lösung‹ zielt auf eine Befriedung der Mittelschicht. In den Großstädten hat die Bodenpreisentwicklung aber selbst diese Lösung überholt. Daneben ist es auch eine Strategie, Zielgruppen in Konkurrenzverhältnisse zu setzen, wie zum Beispiel in Jena Familien und Studierende.

Wie dieser – unvollständige – Überblick über einige Gegenkräfte und -spieler/-innen verdeutlicht, bewegen sich die stadtpolitischen Gruppen in einem hoch umkämpften Feld, in dem sie verschiedenen Akteurskoalitionen begegnen und mit diesen umgehen müssen. Privatwirtschaftliche Akteure sind keinesfalls der einzige Gegenpart zu den Mieter/-innen. Auch mit den und gegen die regierenden Parteien und gesellschaftlich hegemonialen Diskurse müssen die Proteste um Deutungsmacht und Einfluss ringen.

FAZIT: VON DER REPOLITISIERUNG IN DIE PRAXIS

Der Vergleich der vier Bewegungen zeigt, dass soziale Kämpfe die Diskussion und die Praxis neuer Wohnungspolitiken anregen. Schließlich waren und sind es diese Akteure der außerparlamentarischen Bewegungen, die Alternativen zur bisherigen Stadtpolitik wachsender Städte einfordern, formulieren und in der Praxis erproben. Ihre politische Unabhängigkeit lässt diverse Aktionsformen ohne parteiliches Vereinnahmungsrisiko zu. Die städtischen sozialen Bewegungen haben sich zwar unterschiedlich etabliert, finden aber alle ihren Ursprung in konkreten Kämpfen und lokalen Ereignissen. Der politische Anspruch dieser Gruppen wurde schnell, Wohnprobleme nicht als individuelles Scheitern, sondern als eine strukturelle Fehlentwicklung des Wohnungsmarkts in wachsenden Städten wahrzunehmen und dagegen gemeinsam kollektiv zu handeln, um Lösungen zu finden. Die Gruppen entstehen aus den Stadtteilen heraus – sei es aus Kiez- und Stadtteilinitiativen, im Zusammenhang mit einzelnen Entmietungs- und Verdrängungsfällen oder in Bezug auf spezifische Stadtentwicklungsprojekte ›von oben‹. Unterschiedlich ist jedoch die Akteurskonstellation und -zusammensetzung – wer also den Protest macht und *für wen* gesprochen wird.

Die soziale Bewegung in Hamburg hat im Vergleich zu den anderen Städten wohl den stärksten Netzwerkcharakter. Denn das Recht-auf-Stadt-Netzwerk bündelt verschiedene Initiativen und Gruppen und tritt am deutlichsten als kollektiv wahrgenommener Akteur auf. So können gemeinsam die Themen bezahlbare Mieten, Partizipation, Bleiberecht und Wohnraum für Geflüchtete öffentlich proklamiert sowie in der Praxis probiert werden. Die Berliner Bewegung kollektiviert sich um das Selbstverständnis als Mieter/-innen. Aufgrund der diversen Basis und deren unmittelbaren Betroffenheit wird Miete hier als soziale Frage von Mieter/-innen und nicht allein von linksradikalen Gruppen thematisiert.

Parallel dazu ist die Wohnungsfrage in Jena und Leipzig auch zu Beginn schon nicht nur von außerparlamentarischen Akteuren gestellt worden. Diverse Stadtratsinitiativen von Oppositionsparteien haben in den beiden wachsenden Städten mitten in schrumpfenden Flächenstaaten eine neue Wohnungspolitik eingefordert. Wegen des zunehmenden Drucks ›von unten‹ kann in beiden Städten von einer beginnenden Mieter/-innenbewegung gesprochen werden. Zusammenschlüsse und Kollektivierungsprozesse von politischen Gruppen sind im Entstehen. Dabei ist der bundesweite Austausch mit Initiativen aus anderen Städten für die Strategiefindung gewinnbringend, wie die bundesweiten Treffen stadtpolitischer Gruppen im Rahmen des BUKO[7]. Deswegen kann auch im Vergleich zu Berlin oder Hamburg den Bewegungen in Jena und Leipzig eine wichtige Relevanz für ein wohnungspolitisches Umdenken zugesprochen werden.

In allen vier Städten konnten verschiedene Menschen mobilisiert und vernetzt werden. Wenn auch die Diversität innerhalb der einzelnen Bewegungen variiert, ist Vernetzung als Bedingung und Beitrag zur Politisierung der neuen Wohnungsfrage zentral. Durch die öffentliche Kritik von bspw. Entmietungsfällen und deren Einordnung in die strukturelle Organisation von Wohnraum im Kapitalismus, haben es die stadtpolitischen Netzwerke und Mieter/-innenkämpfe geschafft, Wohnen zu repolitisieren: Die Notwendigkeit von bezahlbarem Wohnraum wird fast überall eingesehen, neue wohnpolitische Maßnahmen werden ausprobiert. Die Bewegungen werden in diesem Politikfeld zwar unterschiedlich bewertet, aber sie werden als Teil der neuen Akteurskonstellation wahrgenommen. Denn sie arbeiten als Kollektiv, das durch ihr Anliegen vereint ist: Sie verbindet das Ziel, eine offene – eine andere – Stadt für alle zu erreichen, indem sie konkret alternative Modelle vorschlagen, auf Debatten von Parteien und Regierungen einwirken oder andere Aktions- und Protestformen wählen. In allen Städten sind Akteure sichtbar geworden, die trotz – oder vielleicht gerade wegen der Diversität in der spezifischen Zusammensetzung – den Anspruch an Kollektivität haben.

Die Erfolge stadtpolitischer Bewegungen betreffen also Veränderungen in Beteiligungs- bzw. Selbstbestimmungsstrukturen, in der Produktion von sozialem

---

7   http://wiki.rechtaufstadt.net/index.php/Einladung_zum_2016er_Treffen [03.07.2016]

bzw. bezahlbarem Wohnraum sowie einen alternativen Umgang mit Grundstücken, Baustrukturen, Plätzen und Freiräumen. Die Bewegungen tragen auf eine produktive Weise zu einer anderen, offeneren und gerechteren Stadt bei. Auch wenn sie oft mit einem »Nein!« beginnen (Vrenegor 2014: 103), entwickeln sich im Laufe des widerständigen Protestes originelle Konzepte für einen anderen Umgang mit Wohnen und Stadt.

Doch aufgrund der strukturell kapitalistischen Organisation der Wohnraumversorgung stehen städtische soziale Bewegungen für ein Recht auf Wohnen und ein Recht auf Stadt mehreren Gegenkräften gegenüber: einerseits den Argumentationen und Praktiken privatwirtschaftlicher Marktakteure und andererseits den Mechanismen und Instrumenten auf verschiedenen Maßstabsebenen des Staates. Gegenüber Koalitionen zwischen Stadt und Privatwirtschaft reicht es bei weitem nicht aus, als politische Gruppe oder ›alternativer‹ Akteur sichtbar zu sein. Um eine andere Praxis gegen vermeintliche Lösungsansätze – wie z.B. dem Neubau sowie dessen Legitimation durch Paradigmen wie der ›sozialen Mischung‹ und der Behauptung von Sickereffekten – durchzusetzen, muss eine weitreichende Diskursverschiebung hin zu einer grundlegend sozialen Wohnraumversorgung stattfinden.

Stattdessen wird den Bewegungsakteuren nicht selten vorgeworfen, in Debatten eigennützige Partikularinteressen zu vertreten, und versucht, der Bewegung den kollektiven Anspruch und damit deren Legitimität abzusprechen. Dieser Versuch ist zwar selten gelungen. Die ständige Erneuerung der legitimen Sprecher/-innenposition ist jedoch eine zentrale Herausforderung – gerade in Zeiten, in denen sich neokonservative bis autoritäre Netzwerke wie ›Legida‹ in Leipzig oder ›IfI‹ in Hamburg etablieren. Der Anspruch, dass das Recht auf Wohnen und auf Stadt *für alle* gilt, ist fundamental für die in diesem Beitrag diskutierten Bewegungen. Über diese Forderung lässt sich die Abgrenzung ziehen zu rechten Bewegungen von unten, die gerade das ›für alle‹ abschaffen wollen.

Die ständige Reetablierung als Akteur bleibt mit diesem kollektiven Anspruch nötig und die Kämpfe ›für alle‹ müssen immer wieder neu erzeugt werden. Denn demokratische Prozesse und Politik selbst gibt es ohne Protest und die daraus hervorgehende Praxis nicht (Rucht 2013). Das macht den Unterschied zu beispielsweise offiziellen Partizipationsveranstaltungen und Beteiligungsverfahren aus. Denn der hier geschaffene vermeintliche Konsens kann oft in einer Mittelschichtsbefriedungsstrategie münden. In solchen Beteiligungsverfahren liegt der Fokus auf Informationsverbreitung und, wenn überhaupt, auf preiswertem Wohnen. Das Ziel der ›anderen Stadt – der Stadt für alle‹ ist tatsächlich jedoch mehr: Recht auf Stadt proklamiert weit mehr, als lediglich eine bezahlbare Miete. Es geht auch darum, für wen dies gelten soll und wie der gesamte Komplex Wohnen organisiert ist – von Regulation, Finanzierung, Lokalisierung bis zu Mit-/Selbstsprache. Auf all diesen Ebenen ist die Möglichkeit für und Notwendigkeit von Heterogenität wichtig. Der Anspruch ›für alle‹ bleibt deswegen bei der Vernetzung verschiedener Initiativen und Gruppen innerhalb der Städte und zwischen Städten zentral.

Literatur

Aengevelt Report (2016): CITY REPORT: Region Leipzig, Magdeburg.
annaelbe (2014): Informationen zu: Bergspitze – Goethepatz. http://www.annaelbe.net/ort_bilder_bergspitze.php
Birke, Peter (2014): »Sozialproteste im ›unternehmerischen‹ Hamburg. Notizen zu ihrer Geschichte.«, in: Gestring, Norbert/Ruhne, Renate/Wehrheim, Jan (Hg.), Stadt und soziale Bewegungen, Wiesbaden: Springer VS, S. 83-97.
Brecht, Norma (2015): »Dem Markt hinterher: Die Wohnungspolitischen Konzepte der Stadt Leipzig«, in: Eckardt, Frank/Werner, Franziska/Seyfarth, René (Hg.), Leipzig: Neue urbane Ordnung der unsichtbaren Stadt, Münster: Unrast, S. 108-131.
Castells, Manuel (1983): The City and the Grassroots, Los Angeles: University of California Press.
Dietrich, Anne (2013): »Hotspot der Veränderung. Mietpreisentwicklung im Leipziger Westen«, in: 3Viertel+ 1, 6-7.
Dohnke, Jan (2014): »Spreeufer für Alle! Was bleibt von ›Mediaspree versenken?‹«, in: Holm, Andrej/Grell, Britta/Bernt, Matthias (Hg.), The Berlin Reader. A Compendium on Urban Change and Activism, Bielefeld: transcript, S. 316-342.
Gestring, Norbert/Ruhne, Renate/Wehrheim, Jan (Hg.) (2014): Stadt und soziale Bewegungen, Wiesbaden: Springer VS.
Göddecke-Stellmann, Jürgen/Schürt, Alexander (2014): Kleinräumige Wohnungsmarkttrends in Großstädten, Bonn: BBSR.
Hansen, Lara (2015): Ein Moment urbaner Teilhabe. Die PlanBude als Version einer alternativen Raumproduktion, Unveröffentl. Bachelorarbeit, Hamburg.
Harvey, David (2001): Spaces of Capitalism. Towards a Critical Geography, Routledge, New York.
Holm, Andrej (2009): »Soziale Mischung. Zur Entstehung und Funktion eines Mythos«, in: Forum Wissenschaft 2009, S. 23-26.
Holm, Andrej (2013): »Berlin's Gentrification Mainstream«, in: Holm, Andrej/Grell, Britta/Bernt, Matthias (Hg.): The Berlin Reader. A Compendium on Urban Change and Activism, Bielefeld: transcript, S. 171-187.

Interventionistische Linke (2016): Das reicht noch lange nicht, 25.01.2016. http://www.interventionistische-linke.org/beitrag/das-reicht-noch-lange-nicht

Kotti&Co/Kiez (2015): Aufruf Lärmdemonstration Bizim Kotti/Bizim Kiez. https://kottiundco.net/2015/07/13/laermdemonstration-bizim-kotti-bizim-kiez/

Kotti&Co/Dyck, Melanie (2015): Rede auf der Hauptversammlung der Deutsche Wohnen AG, 12.06.2015. https://kottiundco.net/2015/06/12/rede-auf-der-hauptversammlung-der-deutsche-wohnen-ag/

LWB – Leipziger Wohnungs- und Baugesellschaft mbH, 2015: »Jahresbericht 2014«. http://www.lwb.de/file/download/edfbdb0e31aeacf6a813d60851b011d9.pdf vom 04.07.2016.

Lefebvre, Henri ([1968] 2016): Das Recht auf Stadt, Hamburg: Edition Nautilus.

Martínez López/Miguel A. (2016): »Between Autonomy and Hybridisation: Urban Struggles within the 15M Movement in Madrid«, in: Mayer, Margit/Thörn, Catharina/Thörn, Håkan (Hg.): Urban Uprisings. Challenging Neoliberal Urbanism in Europe, London: Palgrave, S. 253-281.

Mayer, Margit (2007): »Contesting the Neoliberalization of Urban Governance«, in: Leitner, Helga/Peck, Jamie/Sheppard, Eric (Hg.), Contesting Neoliberalism – Urban Frontiers, New York: Guilford, S. 90-115.

Mayer, Margit (2013). »Urbane soziale Bewegungen in der neoliberalisierenden Stadt«, in: sub\urban. zeitschrift für kritische stadtforschung 1 (1), S. 155-168.

Menzel, Björn (2014): Gentrifizierung in Leipzig: Lofts aus Liebe, 07.06.2014, siehe http://www.spiegel.de/panorama/gentrifizierung-in-leipzig-investoren-vertreiben-bewohner-a-973423.html

NION HH (2009): Not In Our Name, Marke Hamburg! https://nionhh.wordpress.com/about/

Probst, Maximilian (2009): »Grüner Daumen, schwarzer Block«, in: taz vom 12.12.2009.

Purcell, Marc (2009): »Resisting Neoliberalization. Communicative Planning or Counter-Hegemonic Movements?«, in: Planning Theory 8, S.140-165.

Raschke, Joachim (1988). Soziale Bewegungen. Ein historisch-systematischer Grundriß, Frankfurt a.M./New York: Campus.

Raschke, Joachim/Tils, Ralf (2007): Politische Strategie – Eine Grundlegung, Wiesbaden: VS.

Rink, Dieter (2015): »Städte unter Druck. Die Rückkehr der Wohnungsfrage«, in: Blätter für deutsche und internationale Politik 6, S. 69-79.

Rinn, Moritz (2016): Konflikte um die Stadt für alle – Das Machtfeld der Stadtentwicklungspolitik in Hamburg, Münster: Westfälisches Dampfboot.

Rucht, Dieter (2013): »Demokratie ohne Protest? Zur Wirkungsgeschichte sozialer Bewegungen«, in: Forschungsjournal Soziale Bewegungen. Analysen zu Demokratie und Zivilgesellschaft 26 (3). S. 65-70.

Scheller, David/Vollmer, Lisa (i.E.): »Postidentitär und hybridautonom. Sich abzeichnende neue Politikstile in Berliner und New Yorker Mieter_innenbewegungen«, in: Schoch, Alina/Bürgin, Reto (Hg.): Städtische Widerstände, Bern: Peter Lang.

Schönig, Barbara (2013): »Die neue Wohnungsfrage«, in: Blätter für deutsche und internationale Politik 2013, S. 69-79.

Sinning, Heidi (2013): Kommunikative Planung, Wiesbaden: Springer.

Stadt Jena (2015a): Gutachten über die Wirksamkeit der Wohnungsmarktinstrumente in Jena: Fachbereich Stadtentwicklung und Stadtplanung.

Stadt Jena (2015b): Wohnstadt Jena, Stadtumbau und kommunale Wohnraumversorgung, Jena: Fachbereich Stadtentwicklung und Stadtplanung.

Stadt Leipzig (2015): Wohnungspolitisches Konzept. Fortschreibung 2015, Stadt Leipzig, Leipzig.

Stadt Leipzig, Amt für Wahlen und Statistik (2016): Kommunale Bürgerumfrage 2014 – Ergebnisbericht, Leipzig: Amt für Statistik und Wahlen.

THF 100% (2013): Das plant der Senat. http://www.thf100.de/was-plante-der-senat.html

Vittu, Elodie (2008): »Les mouvements citoyens et militants pour le logement en Allemagne, Question de définition«, in: L. Lechevalier, Hurard (Hg.), Europe: pas sans toit! Le logement en question, Paris: AITEC. S. 91-96.

Vogelpohl, Anne (2017): »Modernisierung und Mietpreisbremse im Widerstreit: Potenziale und Grenzen der Sozialen Erhaltungssatzung«, in: Altrock, Uwe/Kunze, Ronald (Hg.), Stadterneuerung und Armut. Jahrbuch Stadterneuerung 2016, Berlin: Springer VS. S. 271-290.

Vollmer, Lisa (2015): »Die Mieter_innenbewegung in Berlin zwischen lokalen Konflikten und globalen Widersprüchen«, in: Sozial.Geschichte online 17, S. 51-82.

Vollmer, Lisa/Scheller, David (i.E.): Postautonome und postidentitäre Mieter_innenproteste in Berlin und New York City, in: Schoch, Aline/Bürgin, Reto (Hrsg.): Städtische Widerstände, Bern: Peter Lang.

Vrenegor, Nicole (2014): »Die Stadt von den Rändern gedacht. Drei Jahre Recht-auf-Stadt-Bewegung in Hamburg – ein Zwischenstopp«, in: Gestring, Norbert/Ruhne, Renate/Wehrheim, Jan (Hg.): Stadt und soziale Bewegungen, Wiesbaden: Springer VS, S. 99-109.

Wir bleiben Alle (2016): Das Mietenvolksbegehren ist gescheitert. Frühzeitig genug, um Neues zu wagen, 6.2.2016. http://wirbleibenalle.org/?p=3117

**›Neue Gemeinnützigkeit‹
im Wohnungswesen als Antwort?**

Alternative Konzepte zur Bereitstellung von Wohnraum jenseits des privaten Markts gibt es seit Langem. Im Laufe des 20. Jahrhunderts hat sich dabei in Deutschland vor allem die Wohnungsgemeinnützigkeit als ein wichtiges Instrument etabliert. Allein in der Zeit von 1949 bis 1989 wurden auf diese Weise in der Bundesrepublik knapp 4,8 Millionen preisgebundene Wohnungen fertiggestellt, bevor die Gemeinnützigkeit im Zuge der Steuerreform von 1990 abgeschafft wurde. Um eine profitorientierte Verwertung von Wohnraum zu verhindern, orientierten sich gemeinnützige Träger an vier zentralen Prinzipien: der Kostendeckung statt der Gewinnmaximierung bei der Mietpreisbildung (Kostenmietprinzip), der begrenzten Verzinsung des Eigenkapitals (Gewinnbeschränkung), der verbindlichen Investition von Vermögen in die fortwährende Weiterentwicklung der Wohnungsbestände (Zweckbindung) und der Versorgung unterer und mittlerer Einkommensschichten als zentrale Zielgruppe (sozialer Versorgungsauftrag). Knapp 30 Jahre nach der Abschaffung der Gemeinnützigkeit offenbart sich, dass eine marktförmige und mittlerweile von gewinnorientierten Eigentümerstrukturen dominierte Wohnungswirtschaft daran scheitert, einkommensschwache Bevölkerungsgruppen mit bezahlbarem Wohnraum zu versorgen. Diskutiert wird daher gegenwärtig von einer Vielzahl an Akteur/-innen, inwiefern eine Wiedereinführung sinnvoll und notwendig wäre. Dabei geht es einerseits um die grundsätzliche Frage nach den Möglichkeiten und Grenzen der Wohnungsgemeinnützigkeit, einen substantiellen Beitrag zur Bereitstellung von bezahlbarem Wohnraum zu leisten. Andererseits gilt es auch zu klären, wie die konkrete Ausgestaltung gemeinnütziger Wohnungsunternehmen vorzunehmen ist, um Wohnraum effektiv einer kapitalistischen Verwertungslogik zu entziehen. Abschnitt 3 des Buches widmet sich diesen Fragen.

›Neue Gemeinnützigkeit‹ und soziale Wohnungsversorgung

ANDREJ HOLM

Steigende Mieten in vielen Großstädten, überforderte Wohnungsunternehmen in schrumpfenden Regionen und neue gesellschaftliche Anforderungen an die Wohnungsversorgung haben in den letzten Jahren die Wohnungsfrage erneut entfacht (Schönig 2013). Proteste von Mieterinitiativen (Vollmer 2015; Hamann et al. 2015; Holm 2015), wohnungspolitische Forderungen von Parteien und Verbänden (Rips 2014) sowie wissenschaftliche Studien (Pestel Institut 2012; Bertelsmann 2013; Holm 2016) zeigen, dass eine markt- und profitorientierte Wohnungsbewirtschaftung immer häufiger mit den gemeinwohlorientierten Ansprüchen an die Wohnungsversorgung in Konflikt gerät.

Dringlicher geworden durch die hohe Zahl der nach Deutschland Geflüchteten wurde der Mangel an sozialen Wohnungsversorgungspotentialen in vielen Städten öffentlich sichtbar (Pestel Institut 2015). Ad hoc Programme zur Förderung von provisorischen Unterkünften und ein überwiegend privat finanzierter Neubau werden die tieferliegenden Versorgungsprobleme jedoch nicht dauerhaft lösen. Die zurzeit beobachtbaren Suchbewegungen für eine sozialorientierte Wohnungspolitik oszillieren um die Fragen nach den Zielrichtungen, dem Umfang und den Instrumenten der dafür notwendigen Eingriffe.

In den aktuellen politischen Diskussionen und wissenschaftlichen Forschungsarbeiten wird verstärkt auf die kommunalen Handlungsspielräume bei der Ausgestaltung der Wohnungspolitik verwiesen (Rink et al. 2015; Egner 2014; siehe Metzger/Schipper in diesem Band). Doch die für die Wohnungsversorgung zentralen Bereiche Mietrecht, Wohngeld, Wohnraumförderung und Steuergesetzgebung obliegen nach wie vor einer bundespolitischen Regulierung. Die aktuellen Anfragen, Anträge und Debatten im Bundestag zum Mietrecht (Deutscher Bundestag 2014; Deutscher Bundestag 2015a), zur Grundsteuer (Deutscher Bundestag

2016a) belegen die bundespolitische Relevanz der Wohnungspolitik ebenso wie die intensivierten fachlichen (Kuhnert/Leps 2016; Holm/Horlitz/Jensen 2016) und politischen (Deutscher Bundestag 2016b; Deutscher Bundestag 2016c) Debatten zur Wiedereinführung der Gemeinnützigkeit.

In diesem Beitrag sollen die mit der Diskussion für eine ›Neue Wohngemeinnützigkeit‹ verbundenen Erwartungen skizziert werden. Dazu werden zunächst die aktuellen wohnungspolitischen Herausforderungen und die begrenzten Lösungspotentiale der zurzeit genutzten wohnungspolitischen Instrumente dargestellt. Anschließend werden die Notwendigkeit eines stillen Umbaus der Wohnungsversorgung begründet und mögliche Grundprinzipien der ›Neuen Wohngemeinnützigkeit‹ vorgestellt.

HERAUSFORDERUNGEN FÜR DIE VERSORGUNG MIT WOHNRAUM

Forschungsinstitute und auch Mieterorganisationen warnen bereits seit Jahren vor den Folgen einer verfehlten Wohnungspolitik. Das Pestel-Institut veröffentlichte schon 2012 eine Studie, der zufolge bundesweit etwa 4 Millionen Sozialwohnungen fehlen (Pestel Institut 2012). Die Bertelsmann Stiftung legte ein Jahr später nach und präsentierte dramatische Zahlen zum fehlenden Wohnungsangebot für Familien in den 100 einwohnerstärksten Städten der Bundesrepublik (Bertelsmann 2013). Andere Studien bestätigen eine wachsende soziale Ungleichheit, die über die Strukturen der Wohnungsversorgung verstärkt wird und beschreiben einen engen Zusammenhang von Armut und Wohnorten in verkehrsbelasteten Stadtlagen (Gude 2010) oder untersuchen die Situation von Wohnungslosen und von mit Zwangsräumungen bedrohten Haushalten (Gerull 2016). Eine Untersuchung des sozialen Wohnversorgungsbedarfs in Berlin kam kürzlich zu dem Ergebnis, dass allein für die Haushalte mit weniger als 80 Prozent des durchschnittlichen Haushaltsnettoeinkommens schon jetzt über 120.000 leistbare Wohnungen fehlen (Holm 2016).

Die soziale Herausforderung an die Wohnungspolitik erscheint klar: Haushalte mit geringen Einkommen brauchen preiswerte Wohnungen. Solche Wohnungen sind jedoch unter den Bedingungen einer marktinduzierten Wohnungsproduktion und -bewirtschaftung nicht zu erwarten. Insbesondere die zwei zentralen wohnungspolitischen Projekte der aktuellen Regierungskoalition verweisen auf das grundsätzliche Dilemma einer marktförmig organisierten Wohnungsversorgung. Weder die ambitionierten Neubaupläne (Bündnis für bezahlbares Wohnen und Bauen 2016) noch die mit großer öffentlicher Aufmerksamkeit eingeführte

Mietpreisbremse (Deutscher Bundestag 2015b) leisten einen substantiellen Beitrag für die Versorgung einkommensschwacher Haushalte.

Weil Bauen vergleichsweise teuer ist und private Bauherren in der Regel nur investieren, wenn sie auch einen Gewinn erwarten können, sind auch die Mietpreise in den Neubauten alles andere als günstig. Selbst ein günstiger Neubau zu Mietpreisen von 9 oder 10 € je Quadratmeter ist für diese Gruppe der Wohnungssuchenden viel zu teuer. Eine Auswertung der Angebotsdaten für Neubauwohnungen über die empirica-systeme Marktdatenbank ergab, dass in den 20 größten deutschen Städten nicht einmal 5 Prozent der Angebote für Haushalte mit durchschnittlichen Einkommen leistbar sind (Edelhoff/Salewski 2016). Was für Haushalte mit unterdurchschnittlichen Einkommen gebraucht wird, sind Wohnungen zu unterdurchschnittlichen Mietpreisen. Doch genau solche Wohnungen hat der Neubau nicht zu bieten. Das Gesetz der Konkurrenz und die ökonomische Rationalität lassen die Annahme zu, dass jede Investition nach einer zumindest durchschnittlichen Rendite strebt, denn sonst würde das Geld nicht investiert (siehe Belina in diesem Band). Durchschnittliche Renditeerwartungen können aber nicht durch unterdurchschnittliche Mieterträge in preiswerten Wohnungen erfüllt werden.

Ganz ähnlich sieht es mit der Mietpreisbremse aus. Für Städte mit einem angespannten Wohnungsmarkt können die Bundesländer seit der Einführung im Juni 2015 die Miete bei Wiedervermietung beschränken – für zunächst fünf Jahre. In bisher mehr als 300 deutschen Städten wurde die Mietpreisbremse eingeführt. In der Begründung des Gesetzes wurden die intendierten Wirkungen der Mietpreisbremse beschrieben. Die Regelung sollte »vor allem einkommensschwächeren Haushalten aber auch Durchschnittsverdienern« ermöglichen »eine bezahlbare Wohnung zu finden« und die Verdrängung erheblicher Teile der angestammten Wohnbevölkerung aus ihren Quartieren verhindern (Deutscher Bundestag 2014: 1). Für Berlin zeigen nun mehre Studien, dass der mietpreisbremsende Effekt des neuen Gesetzes eher beschränkt bleibt. Eine Analyse des Forschungsinstituts RegioKontext belegt, dass sowohl vor als auch nach der Einführung der Mietpreisbremse etwa 80 Prozent der Internetangebote für Wohnungen deutlich über den Grenzen der Mietpreisbremse lagen. Im Jahresverlauf der Immobilienangebote ist zwar für die Monate April bis Juli 2015, also rund um die Einführung der Bremse in Berlin, ein leichter Rückgang der Mietpreise zu beobachten. Seitdem stiegen sie jedoch wieder und haben inzwischen das Niveau vor der Einführung überschritten (RegioKontext 2016). Eine Analyse des Deutschen Instituts für Wirtschaftsforschung schlussfolgert, die Mietpreisbremse habe sich »als der Papiertiger erwiesen, für den sie von vielen Beobachtern im Vorfeld gehalten wurde« (Kholodilin/Mense/Michelsen 2016: 498). Unabhängig von den beschriebenen

Umsetzungsproblemen verfehlt die Mietpreisbremse ihre soziale Wirksamkeit durch einen systemischen Mangel. Mit dem Prinzip, die Mieten auf Höhe von zehn Prozent über den ortsüblichen Vergleichsmieten zu kappen, werden nur die Spitzen der Preisexplosionen abgemildert, ihre grundsätzliche Markttendenz wird fortgesetzt. Haushalte mit unterdurchschnittlichen Einkommen sind auch auf Mieten unterhalb der Durchschnittspreise angewiesen. Die Kappung der Mietpreisbremse über dem Durchschnitt der ortüblichen Miethöhen ist für die meisten Geringverdienenden immer noch zu teuer (Holm 2014). Vor allem entsteht mit der Mietpreisbremse keine einzige preiswerte Wohnung zusätzlich. Letztendlich ist die Regelung ein Placebo, das Vermieter/-innen nicht weh tut und vorrangig den Besserverdienenden unter den Wohnungssuchenden nützt.

Doch die gesellschaftlichen Aufgaben des Wohnungssektors beschränken sich, aufgrund ihrer zentralen Stellung in der Stadt- und Siedlungsentwicklung und ihrer Rolle in der sozialen Grundversorgung der Bevölkerung, nicht auf die Bereitstellung leistbarer Wohnungen, sondern beinhalten eine Reihe an weitergehenden gesellschaftspolitischen Aufgaben. Die aktuellen Herausforderungen an die Wohnungsversorgung umfassen dabei ein weites Spektrum:

- Die veränderten sozialen und demographischen Anforderungen sollen mit ausreichenden, bedarfsgerechten, zeitgemäßen und bezahlbaren Wohnungsangeboten gedeckt werden (Kaltenbrunner/Waltersbacher 2014),
- die stadtentwicklungspolitischen Aufgaben bei der Sicherstellung der Wohnungsversorgung insbesondere für Haushalte mit geringem Einkommen erfüllen, bei gleichzeitiger Vermeidung von Segregation und der Stärkung des sozialen Zusammenhalts (Franzen 2008: 85),
- die Wohnungsversorgung soll einen nachhaltigen Beitrag für eine ressourcenschonende und energieeffiziente Stadtentwicklung leisten (Umweltministerkonferenz 2010) und
- die Wohnungsunternehmen sollen einen Beitrag für die Sicherstellung und Innovation einer zunehmend dezentralen Bereitstellung von netzgebundenen und sozialen Infrastrukturen übernehmen (Deutsche Städte- und Gemeindebund 2014: 1 ff.).

Eine Priorisierung der verschiedenen Anforderungen an die Wohnungsversorgung wird von den jeweils lokalen Voraussetzungen bestimmt und setzt eine gesellschaftliche Diskussion in den jeweiligen Kontexten voraus. Gemeinsam ist den oben genannten Herausforderungen der Wohnungsversorgung jedoch, dass Funktionen der sozialen Grundversorgung mit gesellschaftlichen und damit von der Allgemeinheit verfolgten Zielen verknüpft werden, deren Realisierung sich nur schwerlich mit den Renditeerwartungen privater Wohnungsunternehmen in Einklang bringen lässt.

INSTRUMENTE DER WOHNUNGSPOLITIK

Die Spannung zwischen gesamtgesellschaftlichen Anforderungen und privatwirtschaftlichen Verwertungsstrategien ist dabei nicht neu. Seit Beginn der kapitalistischen Urbanisierung im 19. Jahrhundert erzeugte der Doppelcharakter der Wohnung als Sozial- und Wirtschaftsgut eine permanente Spannung zwischen privaten ökonomischen Interessen und gesamtgesellschaftlichen sozialen Anforderungen. Die Erkenntnis, dass eine ausschließlich ökonomische Bewirtschaftungsperspektive die basalen Grundbedürfnisse nach einer angemessenen Wohnungsversorgung nicht umfassend erfüllen kann, hat in vielen Ländern zur Herausbildung der Wohnungspolitik geführt hat (Schubert 1983; Harloe 1995; van Vliet 1990).

Als Wohnungspolitik verstanden werden können »alle politischen und verbandlichen Aktivitäten sowie die staatlichen Maßnahmen, die sich mit der Wohnraumversorgung der Bevölkerung, dem Neubau, der Modernisierung und der Erhaltung von Wohnungen befassen« (Schubert/Klein 2011: 332). Das Feld der Wohnraumversorgung beinhaltet dabei alle Maßnahmen und Instrumente, die den Zugang zur Wohnungsversorgung, die Entwicklung der Mietpreise und den Schutz der Wohnverhältnisse regulieren, wie etwa das Mietrecht, das Instrument der Belegungsbindung oder das Wohngeld. Der Neubau als Feld der Wohnungspolitik umfasst insbesondere die bau-, wirtschafts- und steuerrechtlichen Rahmenbedingungen und Förderinstrumente, die den Neubau von Wohnungen betreffen. Der Umgang mit dem Bestand umfasst als drittes Handlungsfeld der Wohnungspolitik schließlich alle Maßnahmen und Instrumente, die auf die Erhaltung und Weiterentwicklung bestehender Wohnungen ausgerichtet sind.

Mit Blick auf vergleichende Studien zur Wohnungspolitik (Boelhouwer/van der Heijden 1992; Harloe 1995; Doling 1997; Donner 2000) können der Umfang der öffentlichen Bestände und die Träger des sozialen Wohnungsbaus, das jeweilige Fördervolumen und die Fördersystematik sowie Gesetze zur Mietenregulierung und der Kündigungsschutz als zentrale Dimensionen einer sozialen Wohnungsbaupolitik angesehen werden. Darin lassen sich die drei wichtigsten Steuerungsmöglichkeiten der Wohnungspolitik erkennen:

Geld: Die Steuerung wird hierbei über Förderungen, steuerliche Anreize oder Wohnbeihilfen ausgeübt. Insbesondere Fördergelder sind oftmals an bestimmte Auflagen und Bedingungen geknüpft und richten sich überwiegend an die Angebotsseite des Wohnungsmarktes. Anreize und Beihilfen sind oft Subjektförderungen, deren Zielgenauigkeit in der Regel über festgelegte Einkommensgrenzen erreicht werden soll.

Recht: Die rechtliche Steuerung über Ge- und Verbote ist eine indirekte Steuerung über die Förderung gewünschter oder die Einschränkung unerwünschter Handlungen im Bereich der Wohnungsversorgung. Rechtliche Steuerung kann sich sowohl an die Angebots- als auch an die Nachfrageseite des Wohnungsmarktes richten sowie das Vertragsverhältnis zwischen Mieter/-innen und Vermieter/-innen regeln. Über das Gesellschaftsrecht können darüber hinaus bestimmte Wohnungsbauträger (Genossenschaften, gemeinnützige bzw. kommunale Wohnungsbaugesellschaften, etc.) in ihrer Struktur und ihren Handlungsmöglichkeiten beeinflusst werden.

Eigentum: Die Steuerung erfolgt hierbei direkt über den Zugriff auf relevante Wohnungsmarktbestände, bei denen Wohnungen – über ihre Zuordnung als öffentliche bzw. staatliche Bestände – faktisch zu einem Teil des gesamtgesellschaftlichen Konsumtionsfonds werden. Die Festlegung der Qualität und der Mietpreise sowie die Belegung solcher Wohnungen können nach marktfernen Kriterien erfolgen. Der wohnungspolitische Eingriff bezieht sich hierbei vorrangig auf die Angebotsseite.

Die meisten aktuellen wohnungspolitischen Instrumente affirmieren die Marktlogiken (z.B. Förderprogramme und Wohngeld), stimulieren immobilienwirtschaftliche Investitionen (z.B. steuerliche Anreize) oder müssen gegen private Verwertungsinteressen durchgesetzt werden (z.B. Erhaltungssatzungen und Mietrecht). Weil diese Formen der Durchsetzung gesellschaftlicher Anforderungen gegen den Markt meist temporär und sachlich beschränkt bleiben und darüber hinaus keinen Einfluss auf die grundsätzliche Problematik nehmen können, erhalten Strategien, die auf einen gemeinnützigen Sektor der Wohnungsversorgung setzen, wieder eine verstärkte Bedeutung. Statt mit teuren Förderprogrammen in immer neuen Feldern der Stadtentwicklung privaten Unternehmen die gewünschten Wirkungen abzukaufen oder mit einer rechtlichen ›Verregelung‹ kleine Zugeständnisse an die Ertragserwartung juristisch abzutrotzen, erscheint eine partnerschaftliche Kooperation mit Wohnungsbauträgern, die per Satzung und Struktur dem Gemeinnutz verpflichtet sind, als sinnvolle und zeitgemäße Alternative.

Die Diskussion um eine »Neue Gemeinnützigkeit« erhält angesichts einer Zunahme von gesellschaftlichen Anforderungen an die Wohnungsversorgung und der eingeschränkten Wirksamkeit anderer wohnungspolitischer Instrumente Notwendigkeit und Aktualität.

Notwendigkeit eines stillen Umbaus der sozialen Wohnungsversorgung

Die Dimension des Eigentums nimmt unter den Steuerungsressourcen der Wohnungspolitik eine Sonderrolle ein, denn die Eigentümer bzw. Vermieterstruktur ist nicht nur Instrument der Wohnungspolitik, sondern auch deren Ergebnis. Der Idee einer »ökonomischen Bedingtheit« bestimmter Vermieterstrukturen (Lütge 1949) folgend, geht eine Reihe von Studien davon aus, dass sich unter unterschiedlichen Verwertungsbedingungen und Regulationsmodalitäten auch die jeweils dazu passenden Bauträger durchsetzen. Werden von der Wohnungspolitik besonders renditeträchtige Rahmenbedingungen gesetzt, werden sich renditeorientierte Investoren als hauptsächliche Träger des Wohnungsbaus und der Wohnungsbewirtschaftung durchsetzen. Werden hingegen die Gewinnanreize deutlich beschränkt, dann werden Genossenschaften, gemeinnutzorientierte und andere nicht-profitorientierte Gesellschaften mit diesen Bedingungen besser arbeiten können als private Wohnungsunternehmen. Jeder wohnungspolitische Eingriff verändert die bestehenden Investitionsbedingungen und beeinflusst so die Eigentümerstruktur. Max Welch Guerra schlägt daher vor, »die Geschichte der Wohnungspolitik [als] die Geschichte der Auseinandersetzung um die Beibehaltung, Beeinflussung und Modernisierung oder Beseitigung vorhandener Vermietertypen und ihre Ersetzung durch neue« zu verstehen (Welch Guerra 1992: 1). Die Wohnungspolitik im ›Roten Wien‹ der 1920er Jahre (Blau 2014; Jahn 2015; Weihsmann2001) hatte beispielsweise einen besonders starken Effekt auf die heutige Eigentümerstruktur:

»Mit der progressiven Besteuerung von privatem Immobilienbesitz und durch die Aufrechterhaltung des Mieterschutzes [...] gelang es der Stadtverwaltung, den privaten Wohnungsmarkt zum Erliegen zu bringen und als einziger [...] Anbieter preisgünstig die freien Grundstücke anzukaufen.« (Zinganel 2003: 182 f.)

Da von verschiedenen Eigentümertypen unterschiedliche Bewirtschaftungs- und Vermietungsstrategien verfolgt werden, hat jeder Eingriff in die Eigentümerstruktur immer auch wohnungspolitische Effekte und kann als stiller Umbau des Wohnungssektors bezeichnet werden. Für Harald Bodenschatz stellt sich daher »die Dynamik der Vermieterstruktur [...] als ausgesprochen aussagekräftiger Indikator für Dimensionen und Erfolg einer Neuorientierung staatlicher/kommunaler Wohnungspolitik« dar (Bodenschatz 1992: V).

Die Bedeutung von Eigentümerstrukturen ist vor dem Hintergrund der zunehmenden Finanzialisierung der Wohnungsversorgung von hoher Aktualität. Angesichts der vielfältigen Anforderungen an die Wohnungsversorgung stellt sich die

Frage, ob die sozialen und gesellschaftspolitischen Zielsetzungen von privatwirtschaftlich und konkurrenzorientiert agierenden Wohnungsunternehmen und -trägern erfüllt werden können. Auch in den gegenwärtigen öffentlichen Debatten wird immer wieder auf den Doppelcharakter des Wohnens als Sozial- und Wirtschaftsgut Bezug genommen. Um zu klären, ob und unter welchen Umständen Marktakteure nicht nur einen privaten, sondern auch einen gesellschaftlichen Mehrwert hervorbringen, müssen demnach die zugrunde liegenden ökonomischen Besonderheiten analysiert werden. Insbesondere die kritische Wohnungsforschung geht davon aus, dass der spezifische Warencharakter der Wohnungsversorgung mit einem systemischen Marktversagen und einer sozialen Blindheit einhergeht (siehe Belina in diesem Band).

Von privaten und marktwirtschaftlichen Akteuren ist also gar kein substantieller Beitrag für die Lösung der Wohnungsfrage zu erwarten. Trotzdem werden fast alle wohnungspolitischen Instrumente auf sie ausgerichtet. Fördergelder im sozialen Wohnungsbau, Abschreibungsprivilegien für Bauinvestitionen und selbst die Wohngeldzahlungen folgen demselben Prinzip: Öffentliche Gelder werden als Zuschuss, Steuererlass oder über die Mietzahlungen an private Investoren durchgereicht. Allein mit den staatlichen Mietsubventionen fließen jährlich über 16 Milliarden € an überwiegend private Vermieter/-innen (Bundesministeriums für Umwelt, Naturschutz, Bau und Reaktorsicherheit 2015: 16). Die aktuelle Wohnungspolitik ist kaum mehr als eine Wirtschaftsförderung mit sozialen Nebeneffekten. Die Kosten sind hoch und die Versorgungseffekte begrenzt. Für einen Weg hinaus aus der aktuellen Wohnungskrise wären eigentlich der Staat und soziale Bauträger gefragt. Doch mit der massiven Privatisierung der öffentlichen Wohnungsbestände und der Aufhebung der Wohngemeinnützigkeit wurden die Weichen auf eine Fahrt in die entgegengesetzte Richtung gestellt. Der Vorrang der Marktsteuerung vor der Staatsintervention hat fatale Folgen, denn in der Welt der Investoren werden Häuser für den Profit gebaut und nicht für Menschen. Doch heute braucht es Häuser für Menschen. Für Geflüchtete, die nicht in Lagern und Containern untergebracht werden sollten. Für die bundesweit geschätzt 280.000 Wohnungslosen. Für junge Familien, die erfolglos nach Wohnungen suchen, und für alle anderen, denen der Markt nichts zu bieten hat.

Das Programm einer sozial orientierten Organisation der Wohnungsversorgung lässt sich grundsätzlich als Dekommodifizierung und Vergesellschaftung beschreiben (Holm 2013). Das Herauslösen der Wohnungsversorgung aus den Marktlogiken kann dabei als Ziel und Maßstab für die Bewertung von wohnungspolitischen Programmen und Regelungen verstanden werden. Ein ›stiller Umbau‹ der Eigentümerstruktur zur Ausweitung eines gemeinnützigen und nicht-profitorientierten Sektors in der Wohnungsversorgung erscheint angesichts der offensichtlichen Unvereinbarkeit von gesellschaftlichen Anforderungen und marktförmigen Wirtschaftsprinzipien als eine Notwendigkeit.

Die Konflikte um die Wohnungsversorgung wirken jedoch nicht einfach aus ihrer ökonomischen Logik heraus, sondern sind politisch administrativ eingebettet. Jede wohnungspolitische Reform steht daher auch vor der Aufgabe, die bestehenden Rahmenbedingungen des politisch-administrativen Systems zu verändern und die Interessensblöcke des aktuellen Verwertungsregimes aufzubrechen. Das von der Immobilienbranche, der Bauwirtschaft, den Banken und vielen Stadtregierungen geteilte Interesse an der Bodenverwertung hat zur Herausbildung von politisch und medial wirkmächtigen Immobilienverwertungskoalitionen geführt. Eine Durchsetzung neuer Formen der Organisation des Wohnens wird daher in hohem Maße von einer Neukonstitution stadtpolitischer Interessenskoalitionen abhängen. Letztendlich wird jede Form einer anderen Wohnungspolitik nur gelingen, wenn bestehende Interessensblöcke aufgespalten und neue stadtpolitische Koalitionen gebildet werden können.

Der gesellschaftliche Mehrwert der Wohnungsversorgung ist unter den Bedingungen einer kapitalistischen Urbanisierung von privaten und unternehmerischen Marktakteuren stark eingeschränkt und diesen grundsätzlich untergeordnet. Das systemische Marktversagen bei der Bereitstellung preiswerter Wohnungen kann nur durch eine weitgehende Dekommodifizierung der Wohnungsversorgung aufgehoben werden. Ein ›stiller Umbau‹ der Eigentümerstrukturen zugunsten nichtprofitorientierter und gemeinnütziger Wohnbauträger muss dabei gegen einen hegemonialen Interessenblock der Immobilienverwertung durchgesetzt werden.

GEMEINNÜTZIGKEIT ALS INSTRUMENT EINER SOZIALEN WOHNUNGSVERSORGUNG

Um die Potentiale einer ›Neuen Gemeinnützigkeit‹ für eine soziale Wohnungsversorgung abschätzen zu können, werden zunächst die historischen Prinzipien der gemeinnützigen Wohnungswirtschaft beschrieben. Im Anschluss werden mögliche Aufgaben und Strukturen einer ›Neuen Wohngemeinnützigkeit‹ skizziert.

Geschichte der Gemeinnützigen Wohnungswirtschaft: Blick zurück nach vorn

Die Entstehung der gemeinnützigen Wohnungswirtschaft reicht in Deutschland bis in das 19. Jahrhundert zurück. Das erste gemeinnützige Wohnungsunternehmen wurde 1847 in Berlin mit dem Ziel gegründet, die Versorgung mit »gesunde[n] und geräumige[n] Wohnungen für sogenannte kleine Leute« zu gewährleisten (Jenkis 1988: XX). Die damals entwickelten Grundsätze der Wohnungsgemeinnützigkeit sind bis heute tragfähige Prinzipien einer sozialen Wohnungsbewirtschaftung.

- Kostendeckung statt Gewinnorientierung: Die Ökonomie der Gemeinnützigkeit war durch eine strikte Orientierung am Kostenmietprinzip gekennzeichnet und sollte die profitförmige Verwertung von Wohnungsbeständen verhindern.
- Gewinnbeschränkung: Für die gemeinnützigen Wohnungsunternehmen galten strikte Begrenzungen der auszuschüttenden Dividende.
- Zweckbindung der Einnahmen: Mit dem Status der Gemeinnützigkeit galt für Unternehmen eine zweckgebundene Vermögensbindung, die eine kontinuierliche Weiterentwicklung und den Ausbau der gemeinnützigen Wohnungsbestände sichern sollte.
- Sozialer Versorgungsauftrag: Mit einem expliziten Versorgungsauftrag für sozial benachteiligte Haushalte wurde zudem eine klare Zielgruppe definiert.

Die in Folge auch staatlich geförderte und seit 1930 gesetzlich geregelte gemeinnützige Wohnungswirtschaft war zudem durch eine Vielzahl von möglichen Unternehmensformen und -strukturen gekennzeichnet. Neben öffentlichen Wohnungsunternehmen und Genossenschaften zählten auch Stiftungen, Körperschaften öffentlichen Rechts und Vereine zum Sektor der gemeinnützigen Wohnungswirtschaft (Jenkins 1988: XXXIII).

Anders als in der DDR wurde in der Bundesrepublik eine grundsätzlich marktwirtschaftliche Organisation der Wohnungsversorgung nicht in Frage gestellt. Neben dem Mietrecht, städtebaulichen Auflagen und Förderprogrammen entwickelte sich allerdings die Wohnungsgemeinnützigkeit in der alten BRD bis zu ihrer Abschaffung im Zuge der Steuerreform 1990 zu einem zentralen Instrument einer wohlfahrtsstaatlich orientierten Wohnungspolitik. Mit den gesellschaftlichen Umbrüchen in den 1980er Jahren und einem schrittweisen Ausstieg aus der Sozialstaatlichkeit geriet jedoch auch das Prinzip der Gemeinnützigkeit unter Druck und es begannen sich politische Mehrheiten für die Abschaffung der Gemeinnützigkeit im Wohnsektor zu formieren. Die damals aufgeführten Argumente wie a) der angeblich ungerechtfertigte Eingriff in den eigentlich funktionierenden Markt, b) die behauptete Innovationsblockade durch bürokratische Strukturen und fehlende Anreize, c) die sogenannte Wettbewerbsverzerrung durch die verdeckten Subventionen des Steuerprivilegs sowie d) der Verweis auf die hohen Kosten durch die steuerliche Entlastung der gemeinnützigen Wohnungsunternehmen stellten einen Vorgriff auf den später forcierten neoliberalen Umbau der Sozial- und Wohnungspolitik dar (Jenkins 2000).

Aus einer retrospektiven Perspektive kann knapp 30 Jahre nach Abschaffung der Gemeinnützigkeit festgestellt werden: Das a) Scheitern der marktgetragenen Wohnungswirtschaft bei der Versorgung von sozial Benachteiligten, b) das Versagen von Marktanreizen bei der Umsetzung notwendiger Neubaubedarfe, c) die offen und verdeckten Subventionen für privatwirtschaftliche Wohnungsunternehmen sowie d) die gestiegenen Sozialausgaben für die Wohnungsversorgung widerlegen die damaligen Argumente für die Abschaffung der Wohnungsgemeinnützigkeit.

Kurzum: Die Abschaffung der Wohnungsgemeinnützigkeit im Zuge der Steuerreform 1990 hat die Spielräume der sozialen Wohnungsversorgung verringert und kann als Teil des neoliberalen Umbaus der Sozial und Wohnungsrepublik beschrieben werden.

Aufgaben und Strukturen einer ›Neuen Wohnungsgemeinnützigkeit‹

Die Entwicklung von Konzepten einer ›Neuen Gemeinnützigkeit‹ ist mit hohen Erwartungen verknüpft. Die ›Neue Gemeinnützigkeit‹ im Wohnungssektor soll:

- das systemische Versagen des Wohnungsmarkts bei der Bereitstellung bezahlbaren Wohnraums kompensieren,
- die bestehenden Diskriminierungen auf dem Wohnungsmarkt (Alleinerziehende, Menschen mit Migrationshintergrund, große Familien etc.) überwinden,
- die veränderten Versorgungsbedarfe angesichts des demografischen Wandels (z.B. Wohnraum für ältere Menschen mit häuslichem Pflegebedarf und für Personen, die auf eine Barrierefreiheit angewiesen sind) bedienen,
- den aktuellen Verdrängungsprozessen in vielen innenstadtnahen Gebieten der Großstädte entgegenwirken,
- die Anforderungen an eine ökologische Modernisierung der Bestände zu sozial verträglichen Konditionen erfüllen,

- die wachsenden Erwartungen von Mieter/-innen an eine Mitbestimmung über die Entwicklung der Wohnungsbestände erfüllen sowie
- Infrastrukturen und Versorgungsqualität auch in schrumpfenden Regionen sicherstellen.

Die Entwicklung von Konzepten einer Neuen Gemeinnützigkeit steht vor der Herausforderung, den zu realisierenden gesellschaftlichen Mehrwert detaillierter zu definieren, denn die – auch rechtliche – Legitimität einer Neuen Gemeinnützigkeit setzt die substantielle Erfüllung von Aufgaben im allgemeinen Interesse voraus. Die Initiativen für eine ›Neue Gemeinnützigkeit‹ werden jedoch nur dann Aussichten auf eine gesellschaftliche Mehrheit haben, wenn mit der Wohnungsgemeinnützigkeit ein größeres oder effektiveres Problemlösungspotential verbunden werden kann, als mit den zurzeit dominierenden Instrumenten der Wohnungspolitik erreicht wird.

Die ›Neue Gemeinnützigkeit‹ im Wohnungssektor dient der Daseinsvorsorge im Bereich der Wohnraumversorgung sowie einer nachhaltigen Stadt- und Regionalentwicklung. Sie umfasst alle Aktivitäten der Erstellung, Bewirtschaftung und Erneuerung von Wohnungen zu leistbaren Mieten sowie die Erbringung von wohnungsnahen Dienstleistungen, die durch die Zweckbindung der Einnahmen und eine Gewinnbeschränkung einen gesellschaftlichen Mehrwert erfüllen und insbesondere einen nachhaltigen Beitrag zur Lösung von sozialen, räumlichen und ökologischen Herausforderungen leisten. Die Gemeinnützigkeit im Wohnungssektor ist durch eine strikte nicht-profitorientierte Bewirtschaftung, eine klar definierte Zweckbindung der unternehmerischen Ziele sowie durch eine effektive gesellschaftliche Kontrolle gekennzeichnet.

FAZIT: DIE ›NEUE GEMEINNÜTZIGKEIT‹ IM WOHNUNGSBEREICH IST MACHBAR, SINNVOLL UND NOTWENDIG

Die Auseinandersetzung mit den aktuellen wohnungspolitischen Herausforderungen und den sozialen Beschränkungen einer marktorientierten Wohnungspolitik begründet den Ruf nach einer ›Neuen Wohngemeinnützigkeit‹. Insbesondere im Kontext der wachsenden gesellschaftlichen Anforderungen an das Wohnen und des systemischen Versagens einer marktförmig organisierten Wohnungswirtschaft wurde die Notwendigkeit für die Entwicklung eines nicht-profitorientierten Sektors der Wohnungsversorgung herausgearbeitet. Die ›Neue Gemeinnützigkeit‹ wird dabei als ein mögliches Instrument verstanden, die Wohnungsversorgung aus der kapitalistischen Investitionslogik herauszulösen und vorrangig an den gesellschaftlich definierten Anforderungen auszurichten. Insbesondere angesichts einer erstarkenden Tendenz der Finanzialisierung der Wohnungswirtschaft werden Wohnungen zunehmend gebaut und erworben, um Geld profitabel anzulegen. Die Erfüllung menschlicher und gesellschaftlicher Grundbedürfnisse ist hingegen deutlich in den Hintergrund getreten. Diese radikalisierte Dominanz des Tauschwerts über den Gebrauchswert gilt es umzukehren. Das transformatorische Potential einer ›Neuen Gemeinnützigkeit‹ besteht in der Möglichkeit einer eindeutigen Priorisierung gesellschaftlicher Zwecke des Wohnens und dem Prinzip der strikten Begrenzung möglicher Profite.

Initiativen für die Einführung einer ›Neuen Gemeinnützigkeit‹ stehen vor einer Reihe fachlicher und politischer Herausforderungen. Eine Strategie für eine stärker am Allgemeinwohl orientierte Wohnungsversorgung muss neben konzeptionellen Gedanken vor allem Perspektiven für neue Bündnisse entwickeln und bedarf einer breiten parlamentarischen und außerparlamentarischen Koalitionsbildung. Die ›Neue Gemeinnützigkeit‹ im Wohnungsbereich ist machbar, sinnvoll und notwendig. Der in Aussicht stehende Bruch mit der Profitlogik im Bereich der Wohnungsversorgung weist über eine schlichte Reformperspektive hinaus.

LITERATUR

Bertelsmann Stiftung (2013): Wohnungsangebot für arme Familien in Großstädten. Eine bundesweite Analyse am Beispiel der 100 einwohnerstärksten Städte, Gütersloh: Bertelsmann Stiftung.

Blau, Eve (2014): Rotes Wien: Architektur 1919-1934: Stadt-Raum-Politik, Wien: Birkhäuser Verlag.

Bodenschatz, Harald (1992): »Vorwort«, in: Welch Guerra, Max: Vermieterstruktur und Depolitisierung der Wohnungspolitik. Die Politik des CDU-geführten Senats gegenüber der Anbieterseite des Wohnungsmarktes in Berlin (West) von 1982 bis 1988, Berlin: Arbeitshefte des Instituts für Stadt- und Regionalplanung der Technischen Universität Berlin 44, S. V-IX.

Boelhouwer, Peter/van der Heijden, Harry (1992): Housing Systems in Europe: Part I. den Haag: Delft University Press.

Bundesministeriums für Umwelt, Naturschutz, Bau und Reaktorsicherheit (2015): Wohngeld- und Mietenbericht 2014, Berlin: BMUB.

Bündnis für bezahlbares Wohnen und Bauen (2016): Bericht zum Bündnis für bezahlbares Wohnen und Bauen und zur Wohnungsbau-Offensive, Berlin: BMUB.

Deutsche Städte- und Gemeindebund (2014): 10 Leitlinien des DStGB zur zukünftigen Wohnungspolitik, Berlin: DStGB.

Deutscher Bundestag (2014): Entwurf eines Gesetzes zur Dämpfung des Mietanstiegs auf angespannten Wohnungsmärkten und zur Stärkung des Bestellerprinzips bei der Wohnungsvermittlung (Mietrechtsnovellierungsgesetz – MietNovG), Gesetzentwurf der Bundesregierung, BT-Drucksache 18/3121.

Deutscher Bundestag (2015a): Auswirkungen des Gesetzes über die energetische Modernisierung von vermietetem Wohnraum und über die vereinfachte Durchsetzung von Räumungstiteln. Kleine Anfrage der Fraktion DIE LINKE. BT-Drucksache 18/6018.

Deutscher Bundestag (2015b): »Gesetz zur Dämpfung des Mietanstiegs auf angespannten Wohnungsmärkten und zur Stärkung des Bestellerprinzips bei der Wohnungsvermittlung (Mietrechtsnovellierungsgesetz – MietNovG)«, in: Bundesgesetzblatt Jahrgang 2015 Teil I Nr. 16, S. 610-612.

Deutscher Bundestag (2016a): Grunderwerb-, Grund- und Gewerbesteuer. Differenzierungsoptionen für Länder und Kommunen. Ausarbeitung der Wissenschaftlichen Dienste des deutschen Bundestages, WD 4 - 3000 - 023/16.

Deutscher Bundestag (2016b): Die neue Wohnungsgemeinnützigkeit – Fair, gut und günstig wohnen. Antrag der Fraktion BÜNDNIS 90/DIE GRÜNEN, BT-Drucksache 18/8081.

Deutscher Bundestag (2016c): Bundesweiten Aktionsplan für eine gemeinnützige Wohnungswirtschaft auflegen. Antrag der Fraktion DIE LINKE, BT- Drucksache 18/7415.

Doling, John (1997): Comparative Housing Policy: Government and Housing in Advanced Capitalist Countries, London: Macmillan.

Donner, Christian (2000): Wohnungspolitiken in der Europäischen Union: Theorie und Praxis, Wien: Selbstverlag.

Edelhoff, Johannes/Salewski, Christian (2016): Unbezahlbare Neubauten. Panorama-Recherche zu privaten Neubauten, NDR: Panorama. https://www.tagesschau.de/wirtschaft/immobilien-preise-neubauten-101.html vom 21.07.2016.

Egner, Björn (2014): »Wohnungspolitik seit 1945«, in: Aus Politik und Zeitgeschichte 20-21, S. 13-19.

Franzen, Jörg (2008): »Kommunale Wohnungsunternehmen – zwischen Rendite und sozialer Verantwortung. Die Positionierung der kommunalen Wohnungsunternehmen zwischen Gesellschaftererwartungen, Versorgungsfunktion und Markterfordernissen«, in: vhw FW 2, S. 85-88.

Gerull, Susanne (2016): Wege aus der Wohnungslosigkeit. Eine empirische Studie, Berlin: Alice Salomon Hochschule Berlin.

Gude, Sigmar (2010): Auswirkungen innerstädtischer Autobahnen auf die Sozialstruktur angrenzender Wohngebiete. Studie im Auftrag der Fraktion DIE LINKE, im Deutschen Bundestag.

Hamann, Ulrike/Kaltenborn, Sandy/Kotti & Co (2015): Und deswegen sind wir hier, Leipzig: Spector Books.

Harloe, Michael (1995): The People's Home: Social Rented Housing in Europe and America, Oxford: Blackwell.

Holm, Andrej (2013): »Wohnen als Soziale Infrastruktur«. http://www.linksnetz.de/K_texte/K_holm_wohnen.html vom 22.10.2016.

Holm, Andrej (2014): »Feigenblatt Mietpreisbremse«, in: Blätter für deutsche und internationale Politik 5, S. 20-22.

Holm, Andrej (2015): »Wer bewegt da eigentlich was? Wohnungskrise, Stadtproteste und das neue Selbstbewusstsein der Mieter*innen«, in: Krass 3, S. 44-51.

Holm, Andrej (2016): Sozialer Wohnraumversorgungsbedarf in Berlin. Studie im Auftrag: DIE LINKE, Fraktion im Abgeordnetenhaus von Berlin.

Holm, Andrej/Horlitz, Sabine/Jensen, Inga (2015): Neue Gemeinnützigkeit. Gemeinwohlorientierung in der Wohnungsversorgung. Arbeitsstudie im Auftrag: DIE LINKE, Fraktion im Deutschen Bundestag.

Institut für soziale Stadtentwicklung (2016): Mietpreisbremse Berlin. Zwischenbilanz 2016, Kurzgutachten im Auftrag des Berliner Mieterverein e.V. Berlin: ifss.

Jahn, Harald A. (2015): Das Wunder des Roten Wien: Band I: Zwischen Wirtschaftskrise und Art déco, Wien: Phoibos-Verlag.

Jenkis, Helmut W. (1988): »Die gemeinnützige Wohnungswirtschaft – Ursprung, Entwicklung, Probleme«, in: Jenkis, Helmut W. (Hg.): Kommentar zum Wohnungsgemeinnützigkeitsrecht mit der WGG-Aufhebungsgesetzgebung, Hamburg: Hammonia-Verlag, S. XIX – XLVIII.

Jenkis, Helmut W. (2000): Die gemeinnützige Wohnungswirtschaft im Widerstreit der Interessen und Meinungen: Eine kommentierte Dokumentation zur Aufhebung des Wohnungsgemeinnützigkeitsgesetzes, Baden-Baden: Nomos Verlagsgesellschaft.

Kaltenbrunner, Robert/Waltersbacher, Matthias (2014): »Besonderheiten und Perspektiven der Wohnsituation in Deutschland«, in: Aus Politik und Zeitgeschichte 20–21, S. 3-12.

Kholodilin, Konstantin/Mense, Andreas/Michelsen, Claus (2016): »Die Mietpreisbremse wirkt bisher nicht«, in: DIW Wochenbericht 22, S. 491-499.

Kuhnert, Jan/Leps Olof (2016): Neue Wohnungsgemeinnützigkeit (NWG). Wege zu langfristig preiswertem und zukunftsgerechtem Wohnraum (Wohnungsgemeinnützigkeit 2.0). Studie im Auftrag der Bundestagsfraktion Bündnis 90/Die Grünen, Hannover: KUB.

Lütge, Friedrich (1949): Wohnungswirtschaft. Eine systematische Darstellung unter besonderer Berücksichtigung der deutschen Wohnungswirtschaft, Stuttgart: Piscator-Verlag.

Pestel Institut (2012): »Bedarf an Sozialwohnungen in Deutschland«. http://www.pestel-institut.de/images/18/Studie%20Sozialer-Wohnungsbau-%2008-2012.pdf vom August 2015.

Pestel Institut (2015): Modellrechnungen zu den langfristigen Kosten und Einsparungen eines Neustarts des sozialen Wohnungsbaus sowie Einschätzung des aktuellen und mittelfristigen Wohnungsbedarfs. Kurzstudie im Auftrag des Verbändebündnis »Sozialer Wohungsbau«, Hannover: Eduard Pestel Institut.

RegioKontext (2016): Wiedervermietungsmieten und Mietpreisbremse in Berlin. Kurzanalyse für den Berliner Mieterverein e.V.. Berlin: RegioKontext.

Rips, Franz-Georg (2014): »Zwischen Wohnungsnot und Leerstand – Wohnungsmarktinterventionen als Aufgabe für die Politik?«, in: Zeitschrift für Wirtschaftspolitik 63/1, S. 54-62.

Rink, Dieter/Schönig, Barbara/Gardemin, Daniel/Holm, Andrej (2015): »Städte unter Druck. Die Rückkehr der Wohnungsfrage«, in: Blätter für deutsche und internationale Politik 6, S. 69-79.

Schönig, Barbara (2013): »Die neue Wohnungsfrage«, in: Blätter für deutsche und internationale Politik 2, S. 17-20.

Schubert, Dirk (Hg.) (1983): Lesebuch zur Wohnungsfrage, Köln: Pahl-Rugenstein Verlag.

Schubert, Klaus/Klein, Martina (2011): Das Politiklexikon. Begriffe. Fakten. Zusammenhänge, Bonn: Dietz-Verlag.

Umweltministerkonferenz (2010): Reduzierung der Flächeninanspruchnahme. Bericht der Umweltministerkonferenz zur Vorlage an die Konferenz der Chefin und der Chefs der Staats- und Senatskanzleien mit dem Chef des Bundeskanzleramtes, Berlin: Bund-/Länder-Arbeitsgemeinschaft Bodenschutz.

Van Vliet, Willem (Hg.) (1990): International Handbook of Housing Policies and Practices, New York: Greenwood.

Vollmer, Lisa (2015): »Die Berliner Mieter_innenbewegung zwischen lokalen Konflikten und globalen Widersprüchen«, in: Sozial.Geschichte Online 17, S. 51-58.

Weihsmann, Helmut (2001): Das rote Wien: Sozialdemokratische Architektur und Kommunalpolitik 1919-1934, Wien: Promedia.

Welch Guerra, Max (1992): Vermieterstruktur und Depolitisierung der Wohnungspolitik. Die Politik des CDU-geführten Senats gegenüber der Anbieterseite des Wohnungsmarktes in Berlin (West) von 1982 bis 1988, Berlin: Arbeitshefte des Instituts für Stadt- und Regionalplanung der Technischen Universität Berlin 44.

Zinganel, Michael (2002): Real Crime. Architektur, Stadt und Verbrechen, edition selene.

Für und Wider Wohnungsgemeinnützigkeit

BERND HUNGER

Die Gemeinnützigkeit im Wohnungsbau war eine Erfolgsgeschichte. Nach der Katastrophe des I. Weltkrieges gelang es in der Weimarer Republik, ein umfangreiches Wohnungsbaugeschehen mit sozialen Zielen in Gang zu setzen, das in bewusstem Kontrast zum privaten Wohnungsbau der Gründerzeit stand.

GRUNDSÄTZE UND ERFOLGE DER WOHNUNGSGEMEINNÜTZIGKEIT

Dabei konnte man auf Erfahrungen der Reformbewegungen des 19. Jahrhunderts zurückgreifen, die unter anderem durch die Gründung von Wohnungsgenossenschaften Grundzüge eines gemeinnützigen Wohnungssektors entwickelt hatten. Starke kommunale und gewerkschaftseigene Wohnungsunternehmen entstanden in den 1920er Jahren, die ebenso wie die Genossenschaften folgenden Grundsätzen verpflichtet waren:

- Orientierung nicht am Gewinn, sondern am Kostendeckungsprinzip (Kostenmiete)
- Begrenzung der Ausschüttungen an die Gesellschafter
- Bauen für breite Schichten, insbesondere für Haushalte, die sich nicht aus eigener Kraft am Markt versorgen können
- Baupflicht: Re-Investition von Gewinnen in den Wohnungsbau
- begrenztes Geschäftsfeld, sowohl räumlich als auch vom Aufgabenprofil

Diese Konzeption wurde bis zur Aufhebung der Wohnungsgemeinnützigkeit im Jahre 1989 unter ganz verschiedenen gesellschaftlichen Bedingungen mit durchschlagendem Erfolg weiterverfolgt: Wohnungsnot als absoluter Mangel an Wohnraum wurde in dem kriegszerstörten Land nach 1945 in der BRD sukzessive und etwas langsamer auch in der DDR überwunden. Im Spitzenjahr des Wohnungsbaus 1973 wurden in der alten Bundesrepublik mehr als 700.000 Wohnungen neu gebaut. Gutes und sicheres Wohnen für breite Schichten der Bevölkerung wurde erstmals in der Geschichte Realität.

Angesichts dieser Erfolgsbilanz stellen sich Fragen: Warum wurde die Wohnungsgemeinnützigkeit abgeschafft? Ist ihre Wiedereinführung aufgrund der angespannten Wohnungsmärkte vor allem in den Metropolregionen sinnvoll? Welche Argumente sprechen dafür, welche dagegen?

GRÜNDE FÜR DIE AUFHEBUNG DER WOHNUNGSGEMEINNÜTZIGKEIT

Mitte der 1980er Jahre schien in der Bundesrepublik der Wohnungsmarkt ausgeglichen zu sein. Wohnungsleerstände wurden prognostiziert, diskutiert wurde über ›Wohnungshalden‹. Der private Wohnungsbau hatte ein enormes Volumen erreicht, der Anteil der gemeinnützigen Wohnungsunternehmen am Neubau war von 40 Prozent in den 1950er Jahren auf 8 Prozent in 1989 gesunken.

In dieser vermeintlich entspannten wohnungspolitischen Situation wurde fiskalisch und marktpolitisch argumentiert: Ungerechtfertigte Steuervorteile für die gemeinnützigen Wohnungsunternehmen würden eine Wettbewerbsverzerrung bewirken und den Steuerzahler belasten. Dabei erscheint einerseits das Argument der Steuerersparnis aus heutiger Sicht fragwürdig, da der private Wohnungsbau ebenfalls durch Steuerabschreibungsmodelle erheblich begünstigt wurde, die den gemeinnützigen Unternehmen verwehrt waren. Die Steuervorteile des privaten Sektors betrugen ein Vielfaches der Steuerprivilegien der gemeinnützigen Wohnungsunternehmen (Bartholomai 1985). Andererseits aber vernachlässigte das Argument der Wettbewerbsverzerrung, dass beide Sektoren verschiedene Zielgruppen des Wohnungsbaus bedienten. Der private Wohnungsbau unterlag betreffs der Miethöhen nicht den Bindungen der Wohnungsgemeinnützigkeit und konnte deshalb in höherpreisigen Marktsegmenten sowie im Eigentumssektor bauen. Die wohnungswirtschaftlichen Tätigkeitsfelder der Privaten und der Gemeinnützigen überschnitten sich nur in begrenztem Maße.

Zusätzlich gab der Skandal um das Missmanagement im gewerkschaftseigenen Konzern ›Neue Heimat‹ der Diskussion über die vermeintliche Ineffizienz gemeinnütziger Unternehmen Nahrung. Kritiker erwarteten eine höhere Leistungsfähigkeit der Wohnungsunternehmen durch deren Befreiung von den Bindungen der Gemeinnützigkeit. So lehnte selbst der Gesamtverband Gemeinnütziger Wohnungsunternehmen (GGW) in der politischen Diskussion über die Einführung einer Belegungsbindung 1983 zu starke staatliche Regulative ab, damit die Wohnungsunternehmen freier unternehmerisch tätig sein konnten ohne den Auftrag aus den Augen zu verlieren, breite Schichten angemessen und bedarfsgerecht mit Wohnungen zu versorgen (GGW 1983: 662-663).

STRATEGIEN DER EHEMALS GEMEINNÜTZIGEN WOHNUNGSWIRTSCHAFT

Blickt man zurück, so war die Gemeinnützigkeit ironischerweise Opfer ihres Erfolgs. Die Wohnungsfrage war scheinbar gelöst, der Staat konnte sich aus dieser Aufgabe vermeintlich zurückziehen. In der Folge mussten sich die ehemals gemeinnützigen Wohnungsunternehmen seit 1989 am Markt behaupten, vielfach mit Erfolg, was Wirtschaftlichkeit, Produktvielfalt und Unternehmensorganisation betrifft.

Die Konkurrenz am Markt hat insbesondere hinsichtlich der Geschäftsfelder einen Innovationsschub bewirkt. Gemeinwesenarbeit in den Nachbarschaften, Stadterneuerungsvorhaben oder die Revitalisierung von Brachflächen kamen als Geschäftsfelder hinzu. Vor allem die kommunalen Wohnungsunternehmen haben sich hin zu komplexen Stadtentwicklungsträgern entwickelt, die neue Aufgaben wie den Neubau, die Sanierung und Bewirtschaftung öffentlicher Einrichtungen übernehmen.

Zusammenfassend gesagt: da die Einschränkung des Geschäftsfeldes entfiel, konnten sich die Unternehmen den komplexen Anforderungen der Stadtentwicklung anpassen. Sie verfügen heute über eine breiter gefächerte Kompetenz als früher. Gerade deshalb sind sie anerkannte Partner der Kommunen, kaum eine Stadt denkt nach den ernüchternden Ergebnissen der Privatisierungswelle der 2000er Jahre ernsthaft über den Verkauf nach.

Im Einklang mit ihrer stärkeren Orientierung auf wirtschaftliches Handeln haben zudem die meisten der kommunalen Wohnungsunternehmen Grundprinzipien der Gemeinnützigkeit beibehalten, indem sie zum Beispiel durch die politischen

Auflagen der Kommunen nach wie vor Aufgaben der sozialen Wohnraumversorgung für einkommensschwächere Haushalte wahrnehmen.[1]

Auch die Wohnungsgenossenschaften sind von der Tradition der Wohnungsgemeinnützigkeit geprägt und orientieren sich ausdrücklich an sozialen Aufgaben und Herausforderungen. Da sie an einer langfristigen Versorgung ihrer, auch künftigen, Mitglieder interessiert sind, haben außerdem insbesondere die großen, traditionellen Genossenschaften eine Wohnkosten dämpfende Funktion und achten auf stabile Nachbarschaften.

Was nach den Erfahrungen mit der Privatisierung von Beständen ehemals gemeinnütziger Unternehmen im Nachhinein für die Wohnungsgemeinnützigkeit spricht: Dieser Sektor wäre dem internationalen und nationalen Kapitalmarkt entzogen geblieben. So konnten die Wohnungsgenossenschaften unter anderem aufgrund ihrer Rechtsform Privatisierungen begrenzen. Was noch wichtiger war: sie sind aufgrund ihrer den Kapitalverkehr betreffenden Regeln unbeschädigt durch die Immobilienkrise 2007/2008 gekommen.

FÜR UND WIDER ›NEUE WOHNUNGSGEMEINNÜTZIGKEIT‹ – FRAGEN

Angesichts wieder angespannter Wohnungsmärkte und des knapper werdenden bezahlbaren Wohnraums für einkommensschwächere Haushalte hat die Diskussion über die Wiedereinführung der Wohnungsgemeinnützigkeit Fahrt aufgenommen. Hat das Defizit im Wohnungsbau überhaupt etwas mit dem Thema Wohnungsgemeinnützigkeit zu tun? Würde die Wiedereinführung der Wohnungsgemeinnützigkeit die Wohnraumversorgung für Haushalte mit niedrigen Einkommen verbessern? Würde der soziale Zusammenhalt der Nachbarschaften gestärkt, für den die soziale Mischung das anerkannte politische Ziel ist? Der kurze Rückblick hat gezeigt: es gibt keine trivialen Antworten. Nachfolgend sollen daher das Für und Wider anhand von Fragen abgewogen werden.

---

1 Die Auflagen des Berliner Wohnraumförderungsgesetzes sind nur ein Beispiel für die Praxis vieler Kommunen mit angespannten Wohnungsmärkten, die Belegungspolitik ihrer Unternehmen über Quotenregelungen zu beeinflussen und Kappungsgrenzen für die Mietpreise in den so regulierten Beständen festzulegen.

Hätte eine neue Wohnungsgemeinnützigkeit Einfluss auf den Umfang des Wohnungsbaus?

Diese Frage setzt die Beantwortung zweier anderer Fragen voraus. Erstens ist zu fragen, warum in den letzten Jahren so wenig Wohnraum gebaut wurde. In diesem Zusammenhang ist zunächst daran zu erinnern, dass Ende der 1990er Jahre in den neuen Ländern mehr als eine Million Wohnungen leer standen. Der Rückbau von mehr als 300.000 Wohnungen wurde mit dem Programm Stadtumbau Ost unterstützt, um die Stadtquartiere zu stabilisieren und viele Wohnungsunternehmen vor der Insolvenz zu bewahren. Das Erlebnis der Überproduktion von Wohnraum in den 1990er Jahren führte zu einem Zurückfahren des Wohnungsbaus, der zudem von den Prognoseinstituten begründet wurde. Niemand hatte die massive Zuwanderung in wenige Metropolregionen auf dem Zettel. Noch vor wenigen Jahren hatte Berlin einen Mietermarkt, der Leerstand wurde auf 100.000 Wohnungen geschätzt. Es gab Zwangsversteigerungen, weil Vermieter ihre Kredite aufgrund der niedrigen Mieten nicht mehr bedienen konnten.

Bauen dauert, und die Menschen sind vergesslich. Wer heute politisches Fehlverhalten beklagt oder die Bau- und Wohnungswirtschaft für unfähig hält, sollte Folgendes bedenken: Aus guten Gründen hatte die Politik die Förderung abgebaut, die Bauwirtschaft ihre Kapazitäten zurückgefahren und die Wohnungswirtschaft ihre Planungsbereiche verschlankt. Es braucht Zeit, damit der Wohnungsbau wieder in nötiger Größenordnung in Gang kommt. Derzeit läuft die ›Wohnungsbaumaschine‹ wieder an. Es ist nicht unwahrscheinlich, dass gemäß der naturgemäßen Trägheit des Wohnungsbaus in einigen Jahren wiederum eine Phase der Überproduktion eintritt.

Hieran aber schließt sich die zweite Frage an: Warum also wurde in den 1990er Jahren zu viel gebaut? Die List der Geschichte ist manchmal eindrucksvoll. Ironischerweise wurde unmittelbar nach der Abschaffung der Wohnungsgemeinnützigkeit 1989 die Wohnungspolitik wieder zum wichtigen gesellschaftlichen Thema. Denn nach der Wiedervereinigung war in den neuen Ländern ein Schub im Wohnungsbau und in der Bestandserneuerung erforderlich. Zudem stieg auch in den alten Ländern Mitte der 1990er Jahre unter anderem infolge des Balkankrieges und der Zuwanderung von Aussiedlern aus der ehemaligen Sowjetunion der Wohnungsbedarf.

Die quantitative Seite dieser Herausforderung wurde in kurzer Zeit gelöst: massive steuerliche Anreize für private Bauherren (Sonder-AFA) und staatliche Förderprogramme (Städtebauförderung, Wohnraumförderung) haben in ihrem Zusammenwirken einen Bauboom bewirkt, an dem alle Gruppen von Marktteilnehmern beteiligt waren. Allein 1994 wurden 505.000 Wohnungen gebaut (Zentralverband des deutschen Baugewerbes 1998: 187). Die im GdW (Bundesverband deutscher Wohnungs- und Immobilienunternehmen) zusammengeschlossenen ehemals gemeinnützigen Wohnungsunternehmen waren mit 39.000 Wohnungen, also weniger als 10 Prozent, beteiligt (GdW Information 1998: 30).

Das städtebauliche und siedlungspolitische Ergebnis war weniger beeindruckend: Da die Sonder-AfA entgegen der Warnungen vieler Stadtplaner keine Beschränkungen auf Stadträume zur Unterstützung der Innenentwicklung vorsah, kam es zu einem Zersiedlungsschub, der durch die Eigenheimpauschale noch unterstützt wurde.

Abbildung 1: Struktur des Wohnungsmarktes.
Die Kleinteiligkeit der Marktstruktur mit vielen Kleinanbietern legt eine Strategie nahe, die den Gesamtmarkt zum sozial orientierten Wohnungsbau anregt.

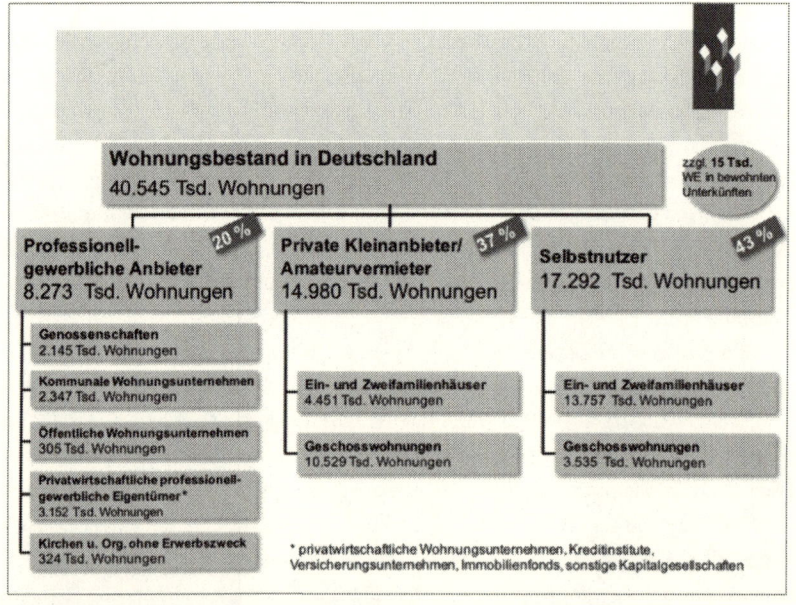

Wohnungsbestand in Deutschland 40.545 Tsd. Wohnungen			zzgl. 15 Tsd. WE in bewohnten Unterkünften
Professionell-gewerbliche Anbieter 8.273 Tsd. Wohnungen (20%)	**Private Kleinanbieter/ Amateurvermieter** 14.980 Tsd. Wohnungen (37%)	**Selbstnutzer** 17.292 Tsd. Wohnungen (43%)	
Genossenschaften 2.145 Tsd. Wohnungen			
Kommunale Wohnungsunternehmen 2.347 Tsd. Wohnungen	Ein- und Zweifamilienhäuser 4.451 Tsd. Wohnungen	Ein- und Zweifamilienhäuser 13.757 Tsd. Wohnungen	
Öffentliche Wohnungsunternehmen 305 Tsd. Wohnungen	Geschosswohnungen 10.529 Tsd. Wohnungen	Geschosswohnungen 3.535 Tsd. Wohnungen	
Privatwirtschaftliche professionelle gewerbliche Eigentümer* 3.152 Tsd. Wohnungen			
Kirchen u. Org. ohne Erwerbszweck 324 Tsd. Wohnungen	* privatwirtschaftliche Wohnungsunternehmen, Kreditinstitute, Versicherungsunternehmen, Immobilienfonds, sonstige Kapitalgesellschaften		

Quelle: GdW Bundesverband deutscher Wohnungs- und Immobilienunternehmen. Berechnungen auf Basis folgender Quelle: Zensus 2011 Sonderauswertung – Wohnungen in Gebäuden mit Wohnraum inkl. Wohnheime und sonst. Gebäude mit Wohnraum, ohne Diplomatenwohnungen; Datenbasis Zensusenddatenstand Mai 2014.

Interessant ist, dass in diesem Jahrzehnt über eine Wiedereinführung der Wohnungsgemeinnützigkeit nicht diskutiert wurde. Warum nicht? Für den Umfang des

Wohnungsbaus hätte eine Wiedereinführung der Wohnungsgemeinnützigkeit kaum Effekte gehabt. Die Bedeutung der organisierten Wohnungswirtschaft für die gesamte Wohnraumversorgung darf nicht überschätzt werden. Ihr Anteil am Gesamtmarkt von ca. 40 Millionen Wohnungen beträgt 20 Prozent. Kleinvermieter, die zu niedriger Rendite ihre Rente sichern wollen bzw. kleine Vermögen aufbauen, vermieten ca. 10 Millionen Geschosswohnungen.

Es war deshalb politisch sinnvoll, den Gesamtmarkt im Blick zu haben und zum Wohnungsbau anzuregen. Für die jetzige Situation ergibt sich die gleiche Schlussfolgerung: der private Markt muss für bezahlbaren Wohnungsbau interessiert werden.

Hätte eine neue Wohnungsgemeinnützigkeit Einfluss auf die sozialen Ziele des Wohnungsbaus?

Die Aktivierung privaten Kapitals für sozial orientierten Wohnungsbau liegt umso mehr auf der Hand, wenn man den Unterschied in den ökonomischen Grundlagen des Wohnungsbaus nach dem Zweiten Weltkrieg und heute bedenkt. Nach der Katastrophe des Krieges war ähnlich wie in den 1920er Jahren eine gewaltige staatliche Kraftanstrengung erforderlich, um den Wohnungsbau in Gang zu setzen. Heute ist die Gesellschaft reicher denn je und der deutsche Wohnungsmarkt für internationale Anleger von großem Interesse.

Nie gab es so viel privates Kapital, das Anlagemöglichkeiten in Immobilien sucht. Für das politische Handeln ergeben sich daraus Optionen. Das ökonomische Interesse am Wohnungsbau muss durch Förderung, Planungsrecht und Liegenschaftspolitik in das Segment des bezahlbaren Wohnungsbaus gelenkt werden. Dafür wäre eine Wiedereinführung einer neuen Wohnungsgemeinnützigkeit nicht erforderlich.

So sind Vorgaben der Bauleitplanung und der Liegenschaftsvergabe wirksame Instrumente, um soziale Mischung im Neubau durchzusetzen, wie die Modelle der Hamburger oder Münchner Mischung zeigen. Das Berliner Modell der kooperativen Baulandentwicklung enthält ebenso wie das Berliner Wohnraumförderungsgesetz an die Gemeinnützigkeit angelehnte Elemente. Zusätzlich könnte eine Sonder-AfA für angespannte Märkte zielführend sein, wenn sie im Unterschied zu den frühen 1990er Jahren nur für klar definierte Gebietskulissen gilt und Kostenobergrenzen festlegt, die eine Förderung des Hochpreissegmentes ausschließen. Für jene Wohnungsgesellschaften und -genossenschaften, die keine steuerlichen Gestaltungsmöglichkeiten haben, muss es eine adäquate Förderung zur steuerlichen

Abschreibung geben (Zuschüsse, Grundstücksvergabe nach Konzepten, Kooperationsverträge zur vorrangigen Förderung etc.) Effektivstes Element wäre eine Investitionszulage.

Auch ohne Gemeinnützigkeit verhalten sich viele Wohnungsunternehmen faktisch gemeinnützig, Sie tun dies aufgrund der Vorgaben der Aufsichtsräte, wenn es sich um kommunale Wohnungsunternehmen handelt, aufgrund ihres eigenen internen sozialen Auftrags, wenn es sich um Genossenschaften, kirchliche Unternehmen, Stiftungen etc. handelt, und nicht zuletzt: aufgrund der vom Staat vorgegebenen Regeln und Fördermechanismen. Was die kommunalen Wohnungsunternehmen betrifft, ist zu bedenken, dass die Kommunen mit den vorhandenen Instrumenten ihre Wohnungsunternehmen zu gemeinnützigem Handeln verpflichten können. Entscheidend für deren unternehmerisches Handeln sind die politischen Vorgaben. Wer als kommunaler Eigner hohe Rendite verlangt, schränkt den Spielraum seines Unternehmens im bezahlbaren Wohnungsbau ein.

Dass gerade die kommunalen Wohnungsunternehmen und die Wohnungsgenossenschaften sozialen Zielen verpflichtet sind, zeigt auch ein Rückblick auf die Ergebnisse des Wettbewerbs zum Deutschen Bauherrenpreis der letzten Jahre. Dieser ist die mit Abstand bedeutendste Leistungsschau des Wohnungsbaus in Deutschland. Sein Leitbild heißt: ›Hohe Qualität zu tragbaren Kosten‹. Zu sehen ist in diesem Wettbewerb aber auch, dass diese Unternehmen auch im mittleren Preissegment bauen, um die soziale Mischung in den Nachbarschaften zu erhalten und bezahlbaren Wohnraum über Quersubventionierung anbieten zu können. Diese Strategie ist auch deshalb wichtig, damit nicht ein Image von Billig-Anbietern entsteht, das sich auch auf die Nachfrage der Bestände auswirken würde.[2]

Welche Folgen könnte die Wiedereinführung der Gemeinnützigkeit für den Gesamtmarkt haben?

Es bestünde die Gefahr, dass ein vom Markt abgekoppeltes nach außerökonomischen Prinzipien verwaltetes Segment staatlicher Daseinsfürsorge in Kontrast zu anderen Segmenten des Wohnungsmarktes, also dem frei finanzierten Mietwohnungsbau oder Bauen für den Eigenbedarf stehen würde. In der Tendenz würde der freie Wohnungsmarkt von sozialen Pflichten entlastet – um die Bedürftigen

---

2 Die Nettokaltmieten der GdW-Unternehmen lagen 2015 bei 5,36 €/m². Der Durchschnitt der bundesweiten Bestandsmieten lag zur gleichen Zeit bei 5,71 €/m² – ein Beleg dafür, dass das Wohnungsangebot der GdW-Unternehmen beruhigend auf das Marktniveau wirkt (GdW Jahresstatistik 2015).

kümmern sich ja die Kommunen. Perspektivreicher ist es, den Markt über rechtliche Regulierung und finanzielle Förderung einzuhegen und auf soziale Ziele zu orientieren.

Welchen Einfluss hätte die Wiedereinführung der Gemeinnützigkeit auf den sozialen Zusammenhalt und die soziale Mischung in den Nachbarschaften?

Im Rückblick zeigt sich: Die Förderung des Wohnungsbaus für breite Schichten durch eine starke Objektförderung war die Voraussetzung für ein umfangreiches Neubaugeschehen und hat sozial gemischte Nachbarschaften ermöglicht. Die erwogene Konzentration der Wohnraumversorgung auf Bedürftige als Auftrag einer neuen gemeinnützigen Wohnungswirtschaft birgt die Gefahr, dass wieder stigmatisierte Siedlungen und Quartiere entstehen.

Flexible Belegungspolitik auf Basis freiwilliger Kooperationsvereinbarungen zwischen Kommunen und Wohnungsunternehmen bei genauer Kenntnis der Belastbarkeit der Nachbarschaften waren das Erfolgskonzept, um die Fehler der 1980er Jahre zu heilen, als ganze Häuser in den großen Wohnsiedlungen vollständig mit Haushalten mit niedrigem Einkommen belegt wurden und soziale Brennpunkte entstanden. Deshalb sorgen heute sozial verantwortungsvoll handelnde Wohnungsunternehmen für gemischte Strukturen innerhalb der Quartiere und Gebäude, indem sie Wohnen im Eigentum und zur Miete nach vielfältigen Finanzierungs- und Fördermodellen anbieten.

Vieles mühsam durch Quartiersmanagement und Sozialarbeit Erreichte wäre bei einer Abkehr von einer die Belastbarkeit der Nachbarschaften berücksichtigenden Belegungspolitik gefährdet. Die Fehler der Vergangenheit würden wiederholt.[3] Eine neue Wohnungsgemeinnützigkeit müsste diese Erfahrungen bedenken.

---

3 Der GdW hat in der vielbeachteten Studie ›Überforderte Nachbarschaften‹ darauf hingewiesen, wie sensibel Nachbarschaften in Quartieren mit hohen Anteilen von Haushalten mit niedrigen Einkommen hinsichtlich der Belegung und sozialen Betreuung ausbalanciert werden müssen (GdW Schriftenreihe 1998).

Wohnen muss bezahlbar bleiben – Was tun?

Die Intention der Befürworter einer neuen Wohnungsgemeinnützigkeit kann nur unterstützt werden: Gutes und sicheres Wohnen muss für alle möglich sein. Rentierlicher Wohnungsbau ohne Förderung scheint derzeit nur im höheren Preissegment zu gehen.

Um den Anteil des bezahlbaren Wohnungsbaus zu erhöhen, steht derzeit die Diskussion über Kostensenkungen im Fokus. Einsparungen sind möglich durch rationelle Bauweisen und durch eine Reform der Normenwerke, die von den Vorgaben zur Energieeffizienz bis zur Barrierefreiheit die Messlatte für den Wohnungsbau immer höher legen. Allerdings sind knappe Liegenschaften, durch Angebotsengpässe angeheizte Spekulation und die Auslastung der Baukapazitäten in den nachgefragten Metropolregionen derzeit wesentlichere Kostentreiber als die reinen Baukosten. Dennoch muss mehr als bisher getan werden, um die Beschlüsse des Bündnisses für bezahlbares Bauen und Wohnen sowie der Baukostensenkungskommission umzusetzen (BMUB 2015).

Zur Förderung bezahlbaren Wohnungsbaus ist es zielführend, nicht nur auf die Angebotsseite, sondern ebenso auf die Nachfrageseite zu schauen. Im Verhältnis zu den Kosten qualitätsvollen Wohnungsbaus ist die Einkommensentwicklung zurückgeblieben. Niedrige Einkommen machen es für immer mehr Haushalte schwer, bezahlbare Wohnungen auf angespannten Teilmärkten zu finden. Der Wunsch nach qualitätsvollem Wohnen zur Miete setzt Vertrauen in die sozialen Sicherungssysteme voraus. Lohn- und Rentenpolitik beeinflussen die Wohnungsnachfrage in erheblichem Maße.

Wenn man eine dem allgemeinen Lebensstandard in Deutschland entsprechende Qualität im Mietwohnungsbau will, sind höhere Einkommen und/oder höhere Förderung notwendig. Ohne Förderung ist qualitätsvoller Neubau für Mieten nicht unter 8 bis 10 €/m^2 zu haben. Die Alternative wäre die Entwicklung von Billigbauten und Kleinstwohnungen oder die Spaltung des Marktes in den sogenannten freien Markt und ein faktisch vom Markt abgekoppeltes Segment für die unteren Einkommensgruppen.

FAZIT

Die Diskussion über eine Neue Wohnungsgemeinnützigkeit setzt berechtigterweise am Defizit an bezahlbarem Wohnungsbau auf angespannten Teilmärkten an und beklagt, dass der Wohnungsbau vor allem im höherpreisigen Sektor stattfindet. Der Umfang, die Kosten und die Bezahlbarkeit des Wohnungsbaus werden jedoch von Faktoren beeinflusst, die von der Organisationsform der Wohnungswirtschaft kaum abhängen. Entscheidend sind die Kaufkraft der Bevölkerung sowie die Bereitschaft und die Fähigkeit der öffentlichen Hand, soziale Ziele über Förderung, Planungsrecht und Liegenschaftspolitik durchzusetzen.

Für größtmögliche Effekte reicht die Konzentration auf ein sozial orientiertes neues Marktsegment nicht aus. Vielmehr muss das Interesse des Marktes in seiner Breite geweckt und spekulatives Verhalten, z.b. das Zurückhalten bebaubarer Grundstücke oder das spekulative Durchhandeln von Wohnungsbeständen, bestraft bzw. unattraktiv gemacht werden.

Das rein profitorientierte unsoziale Verhalten mancher *Private Equity*-Unternehmen in den letzten Jahren wurde zu Recht kritisiert. Zu warnen ist dennoch vor einer pauschalen Vorverurteilung privater Investoren. Internationale Pensionsfonds oder Versicherungen sind nicht per se Miethaie. Verlässliche Rentabilität über lange Zeiträume durch nachhaltige Bewirtschaftung ist für viele Investoren interessanter als kurzzeitige Maximalrendite durch Herunterwirtschaften der Bestände.

Zielführend für mehr bezahlbaren Wohnungsbau ist die Bündelung rechtlicher und finanzieller Maßnahmen. Wir brauchen nach vielen Jahren des Zurückfahrens des staatlichen Engagements für das Wohnen starke und flexibel miteinander korrespondierende Programme der sozialen Wohnraumförderung und der Städtebauförderung. Die stärkere steuerliche Förderung des Wohnungsbaus gehört wieder auf die Tagesordnung.[4] Die politischen Beschlüsse der letzten Monate sind Schritte in die richtige Richtung. Der Werkswohnungsbau wartet auf seine Wiederentdeckung. Die Neugründung neuer kommunaler Wohnungsunternehmen und Wohnungsgenossenschaften muss gefördert werden, die bestehenden kommunalen Gesellschaften und Genossenschaften sollten ihre Bestände vergrößern.

In der Diskussion über eine neue Wohnungsgemeinnützigkeit klingt zumindest indirekt an, dass die kommunale Wohnungswirtschaft und die Genossenschaften ihren sozialen Verpflichtungen nicht hinreichend nachkommen. Dem ist entgegenzuhalten, dass es faktisch eine leistungsfähige ›gemeinnützige‹ Wohnungswirtschaft gibt. Kommunale und öffentliche Wohnungsbaugesellschaften sowie Wohnungsgenossenschaften sind von der Tradition der Wohnungsgemeinnützigkeit geprägt und orientieren sich an den aktuellen sozialen Herausforderungen – vielleicht wieder mehr als in den Jahren entspannter Mietermärkte, als die schwache Nachfrage das Bauen auch in höherpreislichen Marktsegmenten nahe

---

4 Erinnert sei an den §7k des Einkommenssteuergesetzes, der attraktive Abschreibungsmöglichkeiten an die Verpflichtung zu Mietpreisbindungen koppelt.

legte. Zudem besetzen sie mit der Übernahme komplexer Stadtentwicklungsaufgaben notwendige neue Geschäftsfelder, die im Interesse der Stadtgesellschaften nicht aufgegeben werden dürfen. Sie erwirtschaften eine über die engeren wohnungswirtschaftlichen Belange hinausgehende soziale Stadtrendite. Der Wert der vorhandenen Strukturen sollte öffentlich diskutiert, die de facto gemeinnützige Orientierung großer Teile der Wohnungswirtschaft gestärkt und ausgebaut werden.

Literatur

Bartholmai, Bernd (1985): »Einkünfte aus Vermietung und Verpachtung: steuerliche Verluste im Wohnungsbau nehmen rasch zu«, in: DIW-Wochenbericht 21, S.247-253.
GdW (1998): »Überforderte Nachbarschaften«, in: GdW-Schriftenreihe Nr. 48. Köln: GdW, Bundesverband Deutscher Wohnungsunternehmen e.V..
GdW (2016): Jahresstatistik 2015: Ausgewählte Ergebnisse. http://web.gdw.de/uploads/pdf/publikationen/vollversion/GdW_Jahresstatistik_2015_kompakt.pdf
GGW Gesamtverband Gemeinnütziger Wohnungsunternehmen e.V. (1983): »Stellungnahme zu einer Änderung des Wohnungsgemeinnützigkeitsrechts«, in: Gemeinnütziges Wohnungswesen 12, S. 622-623.
Zentralverband des Deutschen Baugewerbes (1998): Baujahr 1997, Bonn: Zentralverband des Deutschen Baugewerbes, S. 187.

Sieben gute Gründe zur Verteidigung einer ›Neuen Wohnungsgemeinnützigkeit‹ (NWG)

JAN KUHNERT

Unter dem Titel »Sieben gute Gründe gegen eine neue Wohnungsgemeinnützigkeit« hat das Institut der Deutschen Wirtschaft (IW) im Juli 2016 ein Gutachten vorgelegt, das im Auftrag des 2008 privatisierten Wohnungsunternehmens LEG Immobilien AG und dem Immobilienverband ZIA Deutschland entstanden ist (Voigtländer 2016). Der Verfasser Michael Voigtländer diskutiert darin sieben Gründe, »warum eine NWG nicht eingeführt werden sollte«. Mehrere der dort angeführten Argumente werden in der politischen Diskussion häufig gegen eine NWG vorgebracht. Nachstehend wird daher auf diese ›Gründe‹ jeweils einzeln eingegangen, um zu zeigen, dass eine ›Neue Wohnungsgemeinnützigkeit‹ sehr wohl einen substanziellen Beitrag zur Schaffung und Bewahrung dauerhaft bezahlbaren Wohnraums leisten kann.

1. *Eine NWG wird den Wohnungsmangel nicht lösen:* **»Eine Bauverpflichtung hilft nicht, den Wohnungsmangel zu überwinden. Schließlich fehlt es nicht an Investoren, sondern an Bauflächen.«**[1]
Dieser Kritikpunkt hat nichts mit dem Instrument der ›Neuen Wohnungsgemeinnützigkeit‹ per se zu tun. Es wird unterstellt, dass (künftig) gemeinnützige Wohnungsunternehmen nicht mit privaten Investoren um Baugrundstücke konkurrieren könnten, da sie grundsätzlich weniger effizient wirtschaften würden und daher »nicht zu erwarten« sei, dass sie zahlungskräftiger [als die privaten Unternehmen] sind. Dieses ›Argument‹ zieht sich durch die gesamte Studie.

---

1 Die längeren Zitate hinter den Kurzüberschriften des IW stammen aus der ›Zusammenfassung‹ der Studie auf S. 4.

Steigende Bodenpreise sind jedoch kein Argument gegen eine NWG, denn sie betreffen alle bisherigen Akteure gleichermaßen. Bei einer steuerlichen Förderung von gemeinnützigen Wohnungsunternehmen, so das IW, würde aber ›die Nachfrage nach Bauland [...] noch weiter‹ steigen und somit zu höheren Baupreisen führen; diese Wirkung hat allerdings auch jede sonst immer vom IW begrüßte Nachfrageunterstützung des Wohnungskonsums, ob direkt als Eigenheim- oder Bausparförderung oder indirekt, durch steigende Einkommen oder durch eine vom IW geforderte Wohngelderhöhung.

Warum nun »nicht zu erwarten« sei, dass die neuen gemeinnützigen Wohnungsunternehmen grundsätzlich nicht zahlungskräftiger sein werden als die mit ihnen konkurrierenden privaten Unternehmen (Voigtländer 2016: 11), erschließt sich nicht aus der Studie. Grundsätzlich ist jede Befreiung von steuerlichen Belastungen bzw. ein äquivalentes Steuergutschriftsystem eine finanzielle Entlastung des Wohnungsunternehmens, die zu höheren Unternehmenserträgen und damit auch zu durchaus konkurrenzfähigem Verhalten bei der Grundstücksakquisition führen wird. Auch die gesetzliche Vorgabe einer nur beschränkten Gewinnausschüttung in der NWG würde Liquidität aus Bewirtschaftungsüberschüssen im Unternehmen belassen, die dann für den Ankauf von Grundstücken eingesetzt werden könnte. Es sieht also vielmehr danach aus, dass mit einer NWG künftig geförderte Wohnungsunternehmen vielleicht sogar besser gegen private Bauherren konkurrieren könnten, da sie bei gleichen Mieterträgen höhere Überschüsse für den Ankauf einsetzen könnten.

2. Die Governance-Probleme bei gemeinnützigen Unternehmen sind kaum zu lösen: »Gemeinnützige Unternehmen haben ein Steuerungsproblem. Unternehmen außerhalb des Marktmechanismus haben wenige Anreize, wirtschaftlich zu agieren, weshalb Verluste drohen, oder aber Einsparungen in der Bewirtschaftung notwendig werden.«

Das IW stellt eine kühne Behauptung auf: »Gemeinnützige Unternehmen stehen außerhalb des marktwirtschaftlichen Wettbewerbs und haben deshalb wenig Anreize wirtschaftlich zu agieren.« Weil sie bei einer ›Neuen Wohnungsgemeinnützigkeit‹ Gewinne nicht in beliebiger Höhe zu Lasten der Ertragskraft des Unternehmens ausschütten können, würden sie ›nicht gewinnorientiert sein‹ (ebd.: 12), könnten also nicht effizient wirtschaften.

Dieses Argument ist falsch, denn einerseits wird bei den vorliegenden Konzepten für eine NWG in Anlehnung an die frühere Wohnungsgemeinnützigkeit durchaus eine, wenn eben auch gesetzlich etwa auf 4 Prozent der Einlage beschränkte, Gewinnausschüttung zugelassen, die auch erst einmal wie bei jedem anderen nicht steuerbefreiten Wohnungsunternehmen erwirtschaftet werden muss. Insofern können – im Unterschied zur Meinung des IW (ebd.: 12 f.) – die Eigentümer doch eine Rendite erwarten. Viele kommunale und kirchliche Wohnungsunternehmen schütten derzeit vom erwirtschafteten Überschuss nach Steuern auch nur ca. 4 Prozent auf das Eigenkapital aus. Verluste sind bei diesen Wohnungsunternehmen bisher nicht bekannt geworden.

Andererseits sind auch ohne Gewinnausschüttungsdruck gemeinnützige Unternehmen gezwungen, effizient zu wirtschaften, insbesondere wenn ihre zu versorgende Zielgruppe nur mit geringer Mietzahlungsfähigkeit preisgünstige Wohnungen braucht. Gerade dadurch besteht ein besonderer Anreiz kostengünstig zu bauen und zu bewirtschaften, was im hochpreisigen Segment des Wohnungsbaus so nicht erforderlich ist. Es ist also nicht nachvollziehbar, warum bei den gemeinnützigen Wohnungsunternehmen »das Interesse an Effizienz geringer ist als bei privaten Wohnungsunternehmen«.

Der Autor führt weiterhin aus, dass es »vorgegebene Mieten« (ebd.: 13) gäbe, die durch gesetzliche ›Vorgaben [zur] Höhe der Mieten‹ (ebd.: 12) geregelt würden. Daraus schließt das Institut, dass sich »kein Überschuss erzielen« ließe und deshalb die Städte als Eigentümer Verluste abdecken müssten, was faktisch im Endeffekt bedeute, dass es sich bei den gemeinnützigen Wohnungsunternehmen »nicht mehr um Unternehmen, sondern um Verwaltungen handele« und diese würden dazu neigen »größer und teurer zu werden«. Sicherlich lässt sich dieses Argument zutreffend gegen viele öffentliche Großbauvorhaben anführen, der Zusammenhang mit der sozialen Wohnungswirtschaft ist allerdings vom IW nicht belegt.

Gemeinnützige Wohnungsunternehmen können von den verschiedensten Eigentümern gegründet bzw. bestehende WU in diese umgewandelt werden. Private Kapitalgeber, von Kirchen bis zu Wohlfahrtverbänden oder auch Versicherungen können gemeinnützigen Wohnungsunternehmen begründen, ebenso wie Privatpersonen gemeinsam gemeinnützige Wohnungsgenossenschaften gründen können. All diesen ist – ebenso wie der öffentlichen Hand als Eigentümerin eines Wohnungsunternehmens – das Interesse an einer effizienten Erfüllung des sozialen Zwecks des gemeinnützigen Unternehmens gemeinsam.

Hinweise auf die zutreffenden Missstände des damaligen gewerkschaftlichen Wohnungsunternehmens ›Neue Heimat‹ sind allerdings kein Beweis für systematische Effizienzmängel in der gemeinnützigen Wohnungswirtschaft, wenn das IW behauptet: »Letztendlich wurde die Wohnungsgemeinnützigkeit abgeschafft, weil die Bestände unzureichend bewirtschaftet wurden, was in dem Skandal um die Neue Heimat gipfelte.« (ebd.: 6) Dies war eben nicht der Grund für die Abschaffung der Wohnungsgemeinnützigkeit 1989. Die beiden Untersuchungsausschüsse der Hamburger Bürgerschaft und des Deutschen Bundestages, die sich mit den Vorgängen bei der Neuen Heimat beschäftigten, haben im Gegenteil parteiübergreifend für eine Novellierung und eben nicht für eine Abschaffung des damaligen Wohngemeinnützigkeitsgesetzes (WGG) plädiert. Die vom IW festgestellten fehlenden Benchmarks der Branche können im Rahmen einer staatlichen Aufsicht und einer fachlich angelegten Prüfungspflicht viel eher geschaffen werden, als aus den veröffentlichten Quartalsberichten und Bilanzen der börsennotierten Wohnungsunternehmen bisher zu entnehmen ist.

Da seitens der NWG-Konzepte eine begrenzte Gewinnausschüttung weiterhin zulässig bleibt, stimmt auch nicht die kategorische Behauptung des IW: »Die Eigentümer können keine Rendite erwarten, weshalb das Interesse an Effizienz geringer ist als bei privaten Wohnungsunternehmen.« (ebd.: 12 f.) Die Höhe des ausgeschütteten Gewinns ist noch kein Hinweis auf wohnungswirtschaftliche Effizienz – manchmal ist eher das Gegenteil der Fall, wie selbst das private börsennotierte Wohnungsunternehmen Vonovia auf seiner Website darstellt:

»Private Equity-Investoren entdeckten die Wohnungswirtschaft als finanzielles Investment im großen Stil: Im Fall der Deutschen Annington erhielt die Terra Firma 2001 Einzug und bei der GAGFAH 2004 die Fortress. Das verfolgte Geschäftsmodell hatte schlussendlich nicht den erhofften Erfolg gezeigt; man geriet unter finanziellen Druck mit der Folge, dass die Instandhaltung und Investitionen in die Wohnungsbestände weitestgehend zurückgefahren werden mussten. Dies ging auf Kosten folgenschwerer Wohnungsmängel mit der Folge anhaltender und reputationsschädigender Mieterbeschwerden, die das ›Heuschrecken-Image‹ in Deutschland mitgeprägt und verfestigt haben.«[2]

Derartige Missstände waren bei den gemeinnützigen Wohnungsunternehmen – trotz all ihrer Mängel – nicht zu verzeichnen. Die Behauptung des IW, die »Aussicht auf Gewinne ist der stärkste Motor für Effizient in Unternehmen« (Voigtländer 2016: 13) ist also durch das größte private Wohnungsunternehmen in Deutschland, zumindest bis zu seinem Börsengang, widerlegt worden; die Private Equity Fonds haben überproportionale Gewinne aus den Unternehmen abgezogen und die Bausubstanz sträflich vernachlässigt, daraus kann also kein Argument gegen Gewinnbeschränkung abgeleitet werden.

Im Gegenteil wird eine gemeinnützige Wohnungswirtschaft, sofern sie dauerhaft aufgestellt ist, über die Jahre zu gut erhaltenen Wohnungsbeständen führen, da den Wohnungsgesellschaften nicht, wie jetzt durch die Finanzinvestoren zur

---

2 https://www.vonovia.de/ueber-vonovia/ueber-uns/historie/

Gewinnabschöpfung oder durch manche öffentlichen Gesellschafter zur Haushaltsanierung, wichtige Liquidität entzogen wird, die eigentlich für die Großinstandsetzung (ohne Mieterhöhung) erforderlich ist. Die private Wohnungswirtschaft, die derzeit den Wohnungsmarkt dominiert, zeigt sich dagegen unfähig, ein ausreichendes Angebot an leistbarem Wohnraum zur Verfügung zu stellen, weil sie ihr Handeln an der maximal erzielbaren Miete ausrichtet. Deshalb ist für das untere Segment des Wohnungsmarktes ein strukturelles Marktversagen festzustellen. Aus diesem Grund ist eine staatliche Förderung des künftigen gemeinnützigen Wohnungssektors erforderlich und zulässig.

3. **Es entstehen hohe Kosten für die Kommunen:** »**Kommunale Unternehmen leisten einen wichtigen Beitrag zur Finanzierung der Kommunen, entweder wenn sie Gewinne abführen, oder aber selbst soziale Aufgaben wahrnehmen. Dies würde bei einem Übergang zur Gemeinnützigkeit entfallen, teilweise werden sogar zusätzliche Subventionen der Kommunen notwendig sein.«**
Seitens des IW wird zwar festgestellt, dass die öffentlichen Wohnungsunternehmen zum Teil ganz erhebliche Gewinne erwirtschaften würden, also hoch effizient arbeiten, aber diese Gewinne müssten auch ausgeschüttet werden, denn daraus »können die Städte beispielsweise in Schulen investieren oder soziale Aktivitäten finanzieren«[3]. Warum diese Millionengewinne von den Mieter/-innen der städtischen Gesellschaften aus ihren entsprechend höheren Mieten gezahlt werden sollen, um damit eigentlich aus Steuermitteln zu finanzierende öffentliche Aufgaben auf dem Rücken der geringverdienenden Mieter/-innen zu subventionieren, bleibt unklar. Zwar leisten die Gewinnausschüttungen der Wohnungsunternehmen der Städte und Kreise »einen wichtigen Beitrag zur Finanzierung der Städte«, dies kann aber nicht Maßstab bei der Festlegung der Miethöhe von gemeinnützigen Wohnungsunternehmen sein, hier haben Kostendeckung und langfristige Bewirtschaftungserfordernisse die Richtschnur zu sein. Die chronische Unterfinanzierung kommunaler Haushalte darf nicht Vorgabe für die Mietenpolitik von öffentlichen Wohnungsunternehmen werden.

---

3 Im Gegensatz zur Darstellung des IW verbleiben die in Berlin erwirtschafteten Gewinne der Landeswohnungsunternehmen in den jeweiligen Wohnungsunternehmen, seit dem 01.01.2016 ist deren Ausschüttung gesetzlich verboten worden (Art. 2 § 5 Abs. 3 Berliner Wohnraumversorgungsgesetz – WoVG Bln).

Das IW übergeht einfach, dass im Konzept der NWG eine – wenn auch begrenzte – Gewinnausschüttung weiterhin möglich sein soll. Durch deren gesetzliche Limitierung etwa auf 4 Prozent des eingelegten Kapitals soll der dramatische Kapitalabzug, der in den letzten Jahren beim Verkauf von Wohnungsunternehmen an Finanzinvestoren durch Gewinnentnahmen der Kapitaleigner erfolgte, dauerhaft verhindert werden. Warum das IW dann allerdings in diesem Zusammenhang behauptet, dass die gemeinnützigen Unternehmen wegen der Gewinnbeschränkung Verluste erwirtschaften werden, »je stärker die festgesetzten Mieten von den Marktmieten abweichen« (Voigtländer 2016: 14), ist aus dem von uns vorgelegten Gutachten (Kuhnert/Leps 2015) nicht abzuleiten und auch vom IW nicht belegt. Unsererseits ist klar mit Kostendeckung argumentiert worden, die eben einen Bewirtschaftungsverlust ausschließen soll, so dass Mieten tatsächlich unterhalb des umgebenden (privaten) Wohnungsmarktes sein können, ohne dass das gemeinnützige Wohnungsunternehmen deshalb in Konkurs geht. Noch weniger begründet ist die Behauptung, dass die Baupflicht zu einem Verlust führen würde, da diese nur aus dem erwirtschafteten Überschuss zu erfüllen ist. Die angeblich deshalb auf den Steuerzahler zukommenden Kosten würden sich »auf einige Milliarden Euro im Jahr belaufen«; da das IW diese Zahlen überhaupt nicht belegen kann, werden diese Milliarden einfach mal behauptet. Im Gegenteil verschweigt das IW, dass gerade die Kommunen über den enormen Aufwand für Kosten der Unterkunft (KdU) von 11,4 Milliarden € (2014)[4] erst die hohen Mieten der privaten und privatisierten Wohnungswirtschaft subventionieren. Viele Kapitalgesellschaften könnten ohne diese indirekte Förderung nicht ihre hohen Mieten realisieren, weil selbige sonst von den betreffenden Mieter/-innen schlicht nicht zu bezahlen wären. Somit wäre auch das Geschäftsmodell manch eines Börsenunternehmens gescheitert und es könnten dann bei einigen privaten Wohnungsunternehmen Konkurse drohen.

4. **Es besteht die Gefahr neuer Wohn-Ghettos:** »Es drohen neue Wohn-Ghettos. Reichen die Mittel der gemeinnützigen Wohnungsunternehmen nicht aus, leidet die Qualität der Bestände, und es werden nur noch Haushalte ohne Alternativen die Wohnungen mieten. Hierdurch können neue Problemviertel entstehen.«

Erneut wird behauptet, dass bei gemeinnützigen Wohnungsunternehmen die Mieten nicht für die Substanzerhaltung reichen würden. Tatsächlich war gerade bei

---

4 Von denen ca. 1/3 künftig vom Bund übernommen werden soll – ein höherer Bundesanteil ist im Gespräch.

privaten Wohnungsunternehmen im Ruhrgebiet, insbesondere denen von Finanzinvestoren, eine massive Vernachlässigung von Wohnungsbeständen festzustellen.[5] Insbesondere von diesen Unternehmen wurde aktiv eine negative soziale Selektion bei der Vermietung vorgenommen, die mit dem Begriff des ›Geschäftsmodell Hartz IV‹ bezeichnet wird und zu erheblicher sozialer Segregation geführt hat.

Die Unterstellung, dass gemeinnützige Wohnungsunternehmen, insbesondere der öffentlichen Hand, nach Einführung der Steuerbefreiung finanziell schwierig dastehen würden, ist offenkundig unbegründet, da sie – so das IW selbst an vorheriger Stelle – so erfolgreich wirtschaften, dass sie Hunderte von Millionen € Gewinn an die Städte abführen können. Aus der Gewinnbegrenzung der NWG und den (nur) kostendeckenden Mieten leitet das IW ab, dass künftig »vor allem Kosten der Bewirtschaftung gespart werden« würde: Die »Wohnungen [würden] also kaum noch modernisiert werden, oder aber es wird bei Instandsetzungen gespart werden« (Voigtländer 2016: 15).[6]

Mit Blick auf die bisherigen Förderprogramme des sozialen Wohnungsbaus, wonach »die Bestände der sozialen Wohnraumförderung nach der Belegungsbindung wieder in den regulären Markt übergehen«, stellt das IW im Widerspruch zu den Ergebnissen der Enquetekommission des Landes NRW fest, dass wegen der befristeten Bindung von privaten Investoren »eine Unterinvestition bei bestehenden Objekten durch fortgesetzte Instandhaltungseinsparungen oder fehlende Modernisierung nicht zu erwarten« wäre. Dem stellt das IW eine zu erwartende Bestandsvernachlässigung als Folge der NWG drohend gegenüber: »Bei gemeinnützigen Unternehmen ist die Sozialbindung jedoch permanent«. Zwar sei zutreffend, wie oben dargelegt, »dass gerade bei großen privaten Wohnungsbeständen zu wenig investiert wird«, aber mit dem Börsengang großer Gesellschaften sei es nun »im Interesse der Anleger, die Werthaltigkeit der Bestände zu erhalten und Segregationsprozesse zu vermeiden.« (ebd.: 15) Warum diese grundlegende Basiserkenntnis nun bei gewinnbeschränkten gemeinnützigen Gesellschaften völlig außer Kraft gesetzt sein soll, nur weil sie angemessene kostendeckende Mieten nehmen und keine Maximalgewinne erwirtschaften sollen, wird nicht erklärt.

---

5 Vgl. Bericht der Enquetekommission 1 »Wohnungswirtschaftlicher Wandel und neue Finanzinvestoren auf den Wohnungsmärkten in NRW«, Landtag Nordrhein-Westfalen Drs. 16/2299 vom 25.2.2013.

6 Die Vernachlässigung der Bestände sei auch deshalb zu erwarten, weil von GWU bei Kosteneinsparungen »Entlassungen immer zuletzt umgesetzt werden« würden (S. 15).

Das IW bietet dafür eine kuriose Begründung: Dieser wohnungswirtschaftliche ›Mechanismus‹ des langfristigen Substanzerhalts funktioniert »unter dem Regime der Gemeinnützigkeit [...] nicht, da erstens die Mieter keine preisliche Alternative finden können und die Leerstände gering bleiben und zweitens die öffentliche Hand, gerade die Kommunen, oftmals nicht die finanziellen Ressourcen hat, um gegenzusteuern.« (ebd.: 16). Also weil die Wohnungen der privaten Anbieter so teuer sind, müssen die Mieter/-innen bei den gemeinnützigen Wohnungsunternehmen bleiben und so entstehen soziale Brennpunkte. Weil keine Leerstände entstehen, denn es gibt ja keine preiswertere Alternative zu den gemeinnützigen Wohnungsbeständen, muss ja auch von den gemeinnützigen Wohnungsunternehmen nicht investiert werden, so die dahinterstehende Logik des Arguments. Und weil die Stadt kein Geld hat, um höhere Mieten über die Kosten der Unterkunft zu bezahlen, bestünde auch kein Interesse, die Mieten bei den gemeinnützigen Unternehmen anzuheben.

In der ›Marktrealität‹ ist es allerdings andersherum: Durch permanente Mieterhöhungen ohne Standardverbesserung (auch im Gefolge mehrfacher Verkäufe) stehen immer weniger preisgünstige Wohnungen zur Verfügung, die bisher für viele Haushalte mit geringem Einkommen noch leistbar waren. Deshalb müssen sich diese Haushalte auf die verbleibenden preiswerten Wohnungen beschränken, die soziale Segregation droht nicht durch die Wohnungsgemeinnützigkeit, sondern ist bereits heute durch die gewinnorientierte Bewirtschaftung von Wohnungsbeständen Realität in vielen Stadtteilen der Groß- und Universitätsstädte. Einer sozialen Segregation in den Städten wird im Gegenteil durch die NWG ein hilfreiches Instrument entgegengestellt: Die Förderung der (nachträglichen) Bindung von Bestandsgebäuden und des Ankaufs vom Mietwohnungen kann vermeiden, dass neue soziale Bindungen nur noch ›auf der grünen Wiese‹ entstehen müssen.

5. ***Die Treffsicherheit der NWG ist sehr gering:*** **»Weisen die Bestände eine ordentliche Qualität auf, kommt es wie in der sozialen Wohnraumförderung zu einer deutlichen Fehlbelegung, zumal der Zugang sogar Haushalten oberhalb der Wohnberechtigungsschein (WBS)-Grenzen erlaubt werden soll.«**

Also, hier muss sich das IW entscheiden, welcher ›gute‹ Grund nun gegen eine NWG gelten soll: Führt die NWG nun zu ›neuen Wohn-Ghettos‹ (Grund 4) oder, wie jetzt behauptet, ist sie gar nicht so sozial wirksam, wie das IW wohl befürchtet.

Das IW hat ja den Sinn einer Objektförderung, also den sozialen öffentlich finanzierten Wohnungsbau, grundsätzlich bestritten, denn ihre aktuelle Untersuchung (Schier/Voigtländer 2016: 21-35) hätte ergeben, dass derzeit »nur 46% der Nutzer von Sozialwohnungen tatsächlich armutsgefährdet sind« (Voigtländer 2016:16).[7] Deswegen sei eine Objektförderung sozial wenig treffsicher. Das Thema der ›Fehlbelegung‹ wäre jedoch dann keines mehr für die künftigen gemeinnützigen Wohnungsunternehmen, wenn etwa wie im NWG-Gutachten angeregt eine einkommensabhängige Miete eingeführt würde, so dass mit zunehmenden Einkommen der Steuersubventionseffekt abnimmt. Das IW verlangt aber stattdessen, dass nur eine kleine Minderheit der Bevölkerung gefördert werden sollte, während durch heute geltende Grenzen eines Wohnberechtigungsscheins (WBS), wie in Berlin, mehr als die Hälfte der Einwohner/-innen einzugsberechtigt sei.

Wenn das IW damit argumentiert, dass in Deutschland rd. sieben Millionen Haushalte berechtigt wären, in eine Sozialwohnung zu ziehen, diesen aber nur 1,7 Millionen Wohnungen gegenüberstünden, so ist das sicherlich zutreffend, zumal jährlich 60.000 bis 80.000 Bindungen des Sozialen Wohnungsbaus verloren gehen. Um das Verhältnis von Angebot und Nachfrage wieder ›ins Lot‹ zu bringen, schlägt das IW als prominente Vertreterin der Marktwirtschaft vor, nicht etwa das Angebot (an Sozialwohnungen) zu erhöhen, sondern die ›Nachfrage‹ radikal zu reduzieren: »Um die Treffsicherheit zu erhöhen, wäre es notwendig, die Einkommensgrenzen enger zu fassen.« (ebd.: 16). Um nun auch wirklich zu verhindern, dass etwa noch mehr arme Haushalte in die Städte ziehen, »die ansonsten aufgrund von Kostenerwägungen in die Peripherie der Großstädte oder ins Umland gezogen wären«, wäre gemäß IW »auch eine Reduktion der Qualitätsstandards […] hilfreich, da dann tatsächlich nur arme Haushalte die Leistung wählen.« (Ebd.: 16) Um die soziale »Treffsicherheit zu erhöhen«, schlägt das IW also vor, »die Einkommensgrenzen enger zu fassen« (ebd.: 16) und die Wohnqualität im sozialen Wohnungsbau zu senken. Dass aber eine ausschließliche Festlegung nur auf niedrige Einkommensgrenzen erst recht zu einer sozialen Segmentierung auf dem Mietwohnungsmarkt führen würde, wird vom IW dabei nicht als Widerspruch zum eigenen Gegenargument des angeblich drohenden ›Wohn-Ghettos‹ wahrgenommen.

---

7 Als armutsgefährdet definiert das IW Haushalte mit einem Einkommen von unter 60 Prozent des Medianeinkommens, worunter derzeit rd. sieben Millionen Haushalte fallen würden.

6. *Es gibt bessere soziale Instrumente als die NWG:* »Mit dem Wohngeld gibt es ein deutlich besseres Instrument, um bedürftige Haushalte treffsicher im Wohnungsmarkt zu unterstützen. Zusätzliche Mittel sollten daher eher zur Aufstockung des Wohngelds verwendet werden.«

Da ja nach Ansicht des IW niedrige Mieten nur zu sozialen ›Wohn-Ghettos‹ führen würden, ist es konsequent, dass in der Studie für eine deutliche Aufstockung des Wohngelds, »insbesondere eine Dynamisierung« plädiert wird (Voigtländer: 17). Während an vorheriger Stelle der Studie das IW die Kosten der NWG »auf einige Milliarden Euro im Jahr« (ebd.: 14) geschätzt hat, wird nun vorgeschlagen »die Kosten für das Steuerprivileg der gemeinnützigen Wohnungsunternehmen [...] von« über 330 Millionen Euro jährlich« für die Erhöhung des Wohngelds einzusetzen (ebd.: 17). Das Gegenargument, dass ein höheres Wohngeld »die Mieten nur noch weiter nach oben treibt und letztlich die Zahlungen beim Vermieter landen«, lässt das IW nicht gelten, weil nach eigener Untersuchung die Anzahl der Wohngeldempfänger gering sei und deshalb würden »Wohngelderhöhungen kaum zu Mieterhöhungen führen«.

Sicherlich ist das Wohngeld für viele Haushalte eine notwendige Unterstützung, um sich mit angemessenem Wohnraum versorgen zu können. Diese Subjektförderung steht allerdings nicht im Widerspruch zu einer Objektförderung durch eine Neue Wohnungsgemeinnützigkeit. Tatsächlich würde durch die kostenbegrenzende Funktion der Wohnungsgemeinnützigkeit die öffentliche Hand langfristig im Bereich von Wohngeld und Kosten der Unterkunft erhebliche Subventionsgelder sparen, da ja die in der NWG geförderten Wohnungen dauerhaft gebunden bleiben und nicht – nach Rückzahlung etwaiger Förderdarlehen – mietpreistreibend auf dem Wohnungsmarkt verwertet werden.

Ein weiterer ›guter Grund‹ des IW gegen die NWG ist die fehlende Baulandausweisung. Würde diese durch die Kommunen deutlich gesteigert, würde mehr Wohnraum auch für die ›Errichtung neuer Stadtteile‹ ausgewiesen werden. Die damit versprochene ›Entspannung des Wohnungsmarkts‹ und die bei den hohen künftigen Mieten durch Wohngeld zu leistende ›Entlastung sozialschwacher Haushalte‹ seien, so das IW zusammenfassend »deutlich besser geeignet als eine NWG«. Dass viele Haushalte trotz ihrer Wohngeldberechtigung oder ihrer Kostenzusage im Rahmen von ›Hartz IV‹ und trotz entspannter Wohnungsmärkte außerhalb der Groß- und Universitätsstädte keinen Zugang zu bezahlbaren Wohnungen bekommen, weil es an entsprechenden Belegungsbindungen, also Vermietungsbeschränkungen zugunsten von Haushalten mit niedrigeren Einkommen bei der Neuvermietung fehlt, wird vom IW nicht weiter berücksichtigt.

Eine vermehrte Baulandausweisung oder die Senkung von Bauvorschriften führt zwar zu geringeren Gesamtkosten, aber in den Engpassstädten kommt es deshalb nicht zwangsläufig zu geringeren Mieten. Die Notwendigkeit einer neuen Wohnungsgemeinnützigkeit ist auch diese Gegenargumente des IW nicht widerlegt worden.

7. *Es gibt keinen Widerspruch zwischen sozialer Verantwortung und Rendite:* **»Die Ansicht, dass sich nur gemeinnützige Wohnungsunternehmen sozial engagieren, ist falsch. Auch gewinnorientierte Unternehmen unterstützen ihr Umfeld und ihre Mieter, da hiervon auch ihr Erfolg abhängt. Prosperiert ein Stadtviertel, ist auch die Wohnungswirtschaft erfolgreich, weshalb es gerade für große Unternehmen – kommunal oder privat – rational ist, sich zu engagieren.«**

Rendite und soziale Verantwortung sind nach Feststellung des IW kein Widerspruch: »auch private Wohnungsunternehmen können sich für Mieter und Gesellschaft engagieren«. Die kritische Situation nach den großen Verkäufen öffentlicher Wohnungsbestände an private Investoren habe sich ja faktisch wieder gebessert: »Mit den Börsengängen [...] sind die Rahmenbedingungen nun jedoch neu gesetzt, da nun großer ›Wert auf langfristig nutzbare Bestände‹ gelegt werde.« (ebd.: 19) Diese nun mehrfach vom IW beschworene Wandlung vom Saulus ›Deutsche Annington‹ zum Paulus ›Vonovia‹ wird in diesem ›guten Grund‹ noch mal theoretisch zu belegen versucht. Darüber hinaus wird angeführt, dass nach Untersuchung des IW vom unteren Einkommensquintil, den Studierenden, den Migrant/-innen und den SBG II-Empfänger/-innen teilweise deutlich höhere Anteile bei privaten als bei kommunalen Wohnungsunternehmen leben würden, nur bei den Arbeitslosen sei es umgekehrt (ebd.: 20).

Dass deshalb private Eigentümer ›sozialer‹ vermieten würden, lässt sich aus diesen Angaben nicht ableiten, da fast der gesamte Bestand der großen privaten Wohnungsunternehmen ursprünglich unter der Wohnungsgemeinnützigkeit entstanden ist und damals zumeist mit Mitteln der Wohnraumförderung finanziert wurde. Es ist daher nicht verwunderlich, dass nach den Verkäufen von kommunalen und anderen ehemals gemeinnützigen Wohnungsunternehmen deren damals eingezogenen Mieter/-innen auch heute noch zu großen Anteilen in diesen Wohnungen wohnen, nun aber eben bei einem privaten Vermieter. Eine heutige sozialere Praxis der Neuvermietung durch eines der großen börsennotierten Wohnungsunternehmen hat das IW leider nicht als Beleg angeführt, vielleicht ist dies auch nicht festzustellen.

Die Mitauftraggeberin der IW-Studie, das börsennotierte Wohnungsunternehmen LEG, ehemals im Besitz des Landes Nordrhein-Westfalen, ist allerdings wohl kein Aushängeschild für eine sozial orientierte private Wohnungswirtschaft:

»Unsere Wachstumsstrategie in Verbindung mit einer strikten Kostendisziplin sorgt für eine führende Profitabilität, die wir im Sinne aller Stakeholder noch weiter ausbauen. Für unsere Aktionäre schaffen wir damit gleichzeitig eine Grundlage für steigende attraktive Dividenden.«[8]

Die Sicherung eines bezahlbaren Wohnraums für weite Kreise der Bevölkerung ist mit dieser Renditeorientierung wohl kaum in Einklang zu bringen, denn ›steigende attraktive Dividenden‹ werden zumeist aus erhöhten Mieten oder unterlassener Instandhaltung finanziert.

SCHLUSSFOLGERUNGEN

In den ›Schlussfolgerungen‹ der Studie des IW werden nun noch weitere »gute Gründe gegen eine neue Wohnungsgemeinnützigkeit« hinzugefügt. So »erscheint es unklar, ob eine NWG mit dem Beihilferecht der Europäischen Union in Einklang zu bringen ist« (ebd.: 21). Worin diese ›Erscheinung‹ nun besteht, wird nicht belegt, sondern einfach postuliert: »es bleiben rechtliche Unwägbarkeiten«; hier wäre ein Quellennachweis oder eine eigene rechtliche Expertise sicherlich angebracht gewesen, bevor derartiges behauptet wird. Dagegen wird in den Gutachten zur NWG der Grünen (Kuhnert/Leps 2015) als auch der Linken (Holm/Horliz/Jensen 2015) ausführlich begründet, dass eine neue Wohnungsgemeinnützigkeit unter Beachtung der unionsrechtlichen Bedingungen mit dem EU-Beihilferecht kompatibel ausgestaltet werden kann.

Die abschließende Feststellung des IW, die »Wohnungsgemeinnützigkeit [...] leistet keinen Beitrag zur Entspannung des Wohnungsmarktes, sondern würde nur neue Probleme schaffen« (ebd.: 21), ist zwar von den Medien gerne aufgegriffen worden, wurde aber leider, wie vorstehend ausgeführt, faktisch vom IW nicht belegt. Sicherlich hat das Konzept einer ›Neuen Wohnungsgemeinnützigkeit‹ noch Konkretisierungsbedarf. Befürworter/-innen einer NWG freuen sich daher auch weiterhin über Anregungen und Kritik an den Thesen und Argumenten. Die zu-

---

8 Darstellung der Investor Relations auf der LEG-website https://www.leg-wohnen.de/unternehmen/investor-relations/?no_cache=1

treffenden Kritiken des IW an früheren Schwächen des alten Wohnungsgemeinnützigkeitsrecht wurden in den beiden oben genannten Gutachten bereits ebenso kritisch zum WGG eingewendet und entsprechende Konsequenzen eben für eine ›Neue‹ Wohnungsgemeinnützigkeit gezogen.

Zur Vorbeugung gegen eventuelle Wiederholungen negativer Entwicklungen müssten die Transparenz- und Prüfungsanforderungen erheblich verschärft und schließlich mit der erstmaligen Einführung einer Mietermitbestimmung eine neue Kontrollinstanz in die Wohnungsgemeinnützigkeit eingeführt werden: die Mieter/-innen. Diese müssen letztendlich über die Miete alle Fehlentscheidungen des Managements oder der Kapitaleigner bezahlen. Daher haben die Mieter/-innen auch ein hohes Interesse an effizientem Wirtschaften des Unternehmens (nicht nur die Gesellschafter!) und werden so über ihre Mitentscheidung in den Mieterräten und den Aufsichtsräten der Gesellschaften auch Garanten für eine gute Pflege des Bestandes sein.

LITERATUR

Holm, Andrej/Horlitz, Sabine/Jensen, Inga (2015): Neue Gemeinnützigkeit. Gemeinwohlorientierung in der Wohnungsversorgung. http://www.heidrunbluhm.de/fileadmin/kreise/Bluhm/Neue_Gemeinnuetzigkeit_gesamt_2015-09-16.pdf

Kuhnert, Jan/Leps, Olof (2015): Neue Wohnungsgemeinnützigkeit (NWG). Wege zu langfristig preiswertem und zukunftsgerechtem Wohnraum. Wohngemeinnützigkeit 2.0. Studie im Auftrag der Bundestagsfraktion Bündnis 90/Die Grünen. https://www.gruene-bundestag.de/fileadmin/media/gruenebundestag_de/themen_az/bauen/PDF/Studie-Neue-Wohnungsgemeinnuetzigkeit-2015-Langfassung.pdf

Schier, Michael/Voigtländer, Michael (2016): »Soziale Wohnraumförderung auf dem Prüfstand«, in: IW-Trends 43 (1), S. 21-35.

Voigtländer, Michael (2016): Sieben gute Gründe gegen eine neue Wohnungsgemeinnützigkeit (NWG) – Eine Studie im Auftrag der LEG Immobilien AG und dem ZIA Deutschland. http://www.zia-deutschland.de/fileadmin/Redaktion/Pressemitteilungen/Downloads/7_gute_Gruende_gegen_eine_neue_Wohnungsgemeinnuetzigkeit_endversion.pdf

Kommunale Strategien

Seit der jüngsten Rückkehr der Wohnungsfrage im Anschluss an die globale Finanzkrise von 2008 und angesichts vielerorts zunehmender sozialer Proteste lässt sich in den letzten Jahren ein zumindest partielles Umdenken in der Wohnungspolitik diagnostizieren. Entgegen dem jahrelang dominierenden Trend eines sukzessiven Rückbaus sozialpolitischer Interventionen erleben Maßnahmen, die auf unterschiedliche Weise in den Wohnungsmarkt eingreifen, eine gewisse Renaissance, seien es städtebaurechtliche Regulierungen (Milieuschutzsatzungen, sozialgerechte Bodennutzung, Konzeptvergaben etc.), mietrechtliche Regelungen (›Mietpreisbremse‹) oder die Ausweitung der öffentlichen Wohnbauförderung. Zu diskutieren ist jedoch sowohl die tatsächliche Wirksamkeit dieser Maßnahmen als auch ihre räumliche ebenso wie soziale Reichweite und Nachhaltigkeit. An diese Debatten anknüpfend wird in Abschnitt 4 des Buches der Frage nachgegangen, wie sich auf kommunaler Ebene die Bezahlbarkeit von Wohnraum sicherstellen lässt. Welche städtischen Instrumente haben sich in den letzten Jahren bewährt? Welche konnten dagegen keine dauerhafte Wirkung auf steigende Miet- bzw. Bodenpreise entfalten?

Postneoliberale Strategien für bezahlbaren Wohnraum? Aktuelle wohnungspolitische Ansätze in Frankfurt am Main und Hamburg

JOSCHA METZGER UND SEBASTIAN SCHIPPER

Seit einigen Jahren erleben wirtschaftsstarke Großstädte, prosperierende Metropolregionen sowie Universitätsstädte eine Rückkehr der Wohnungsfrage (Fehlberg/Mießner 2015; Rink et al. 2015). Steigende Mieten und Wohnungspreise führen dort zu einer Situation, in der es für einkommensschwache Haushalte und selbst für Mittelschichten immer schwieriger wird, bezahlbaren Wohnraum zu finden. Auch wenn die Gründe für diese Entwicklung vielschichtig sind (siehe Belina, Heeg und Frank in diesem Band), so hat doch die neoliberale Neuordnung städtischer Politik wesentlich zur aktuellen Krise der Wohnungsversorgung beigetragen – etwa durch einen seit Jahrzehnten betriebenen Rückzug aus dem öffentlichen Wohnungsbau, durch eine Deregulierung des Wohnungsmarktes, durch die Privatisierung von öffentlichen Wohnungsbeständen und Liegenschaften sowie durch die standortpolitische Ausrichtung lokaler Wohnungspolitik auf die Bedürfnisse einkommensstarker Haushalte (Heeg/Rosol 2007; Schipper 2013a): »Das wohnungspolitische Paradigma der letzten Dekaden lässt sich als ein Trend der Vermarktlichung, Dezentralisierung und einer verstärkten Wettbewerbsorientierung zusammenfassen« (Schönig et al. 2016: 24).

In jüngerer Zeit gelingt es jedoch sozialen Protestbewegungen gegen Mieterhöhungen, Verdrängung und neoliberale Stadtentwicklung, die Wohnungsfrage erneut auf die politische Agenda zu setzen (Birke/Hohenstatt/Rinn 2015; Holm/Gebhardt 2011; Vollmer 2015; Vogelpohl et al. in diesem Band). Vor dem Hintergrund zunehmender Widerstände untersuchen wir daher, inwiefern es in den Städten Frankfurt am Main und Hamburg gegenwärtig zu einer Abweichung von der jahrzehntelangen Dominanz von Neoliberalisierungsprozessen kommt und ob sich ein postneoliberaler Paradigmenwechsel in der Wohnungspolitik abzeichnet. Während mit dem Begriff der Neoliberalisierung Prozesse der Kommodifizierung und Vermarktlichung von Wohnraum beschrieben werden (Aalbers 2015; Holm 2011; Rolnik 2013), verwenden wir den Begriff postneoliberal als Suchraster für »regulatorische Experimente« (Brenner/Peck/Theodore 2010: 335), die »die öffentliche Verantwortung für eine soziale Wohnungsversorgung auch gegen private Renditeerwartungen« (Schönig et al. 2016: 37) durchsetzen und Wohnraum wieder Marktmechanismen bzw. einer kapitalistischen Verwertungslogik entziehen (Hodkinson 2012; Holm 2011). Wir fragen erstens danach, ob neue kommunale Ansätze der Wohnungspolitik quantitativ in der Lage sind, ausreichend Wohnraum im unteren und mittleren Preissegment zu gewährleisten, und zweitens, inwiefern diese Strategien qualitativ auf eine neue postneoliberale Regulationsweise des Wohnens verweisen bzw. in Form von innovativen lokalen Experimenten vorwegnehmen. Methodisch orientieren wir uns dabei an dem Vorschlag von Andrej Holm (2011), staatliche Eingriffe in die Wohnungsversorgung entlang der Triade Geld (finanzielle Fördermittel), Recht (Regulationsmechanismen des Miet-, Bau- und Städtebaurechts) und Eigentum (öffentliche Wohnungsbestände und Grundstücke) zu analysieren (siehe auch Holm in diesem Band).

Dem Fokus auf die städtische Ebene staatlicher Regulation liegt dabei die Annahme zu Grunde, dass regulatorische Experimente mit dem Potenzial zur postneoliberalen Dekommodifizierung von Wohnraum am ehesten hier zu identifizieren sind, da angesichts einer seit den 1990er Jahren sukzessive erfolgten Dezentralisierung der wohnungspolitischen Verantwortung der Einfluss lokaler Akteure an Bedeutung gewonnen hat (BBSR 2014; Schönig et al. 2016). Darüber hinaus ist zu vermuten, dass der in den letzten Jahren durch soziale Bewegungen aufgebaute politische Druck auf städtischer Ebene am stärksten und unmittelbarsten wirkt und dementsprechend auch am ehesten grundlegende Verschiebungen zu erwarten sind. Die Auswahl von Frankfurt am Main und Hamburg als Fallbeispiele rührt ferner daher, dass die beiden wirtschaftsstarken und wohlhabenden Städte trotz jahrzehntelanger Austeritätspolitik immer noch über erhebliche finanzielle Spielräume sowie kommunales Eigentum an Wohnraum und Boden verfügen. Im Unterschied zu zahlreichen anderen Kommunen kontrollieren beide folglich noch die notwendigen materiellen Ressourcen, um wohnungspolitisch handlungsfähig zu sein.

POSTNEOLIBERALER PARADIGMENWECHSEL IN FRANKFURT AM MAIN?

Ausgangssituation: Die Rückkehr der Wohnungsfrage in Frankfurt

In Frankfurt am Main sind die Wohnungspreise zwischen 2010 und 2014 um 40 Prozent (Gutachterausschuss 2014: 22) sowie die Angebotsmieten jährlich im Durchschnitt um knapp 4 Prozent gestiegen (IWU 2015: 50). Hintergrund ist zum einen, dass – wie andernorts auch – angesichts der Finanz- und Schuldenkrisen von 2008 vermehrt überschüssiges, anlagesuchendes Kapital in den sekundären Kapitalkreislauf (Harvey 1982) und hier insbesondere in den deutschen, als sicher und unterbewertet geltenden Wohnungsmarkt fließt (Fehlberg/Mießner 2015; Heeg in diesem Band; Rink et al. 2015). Zum anderen ist Frankfurt zwischen 2009 und 2014 um 60.000 bzw. 9 Prozent auf nun 740.000 Einwohner/-innen (mit Haupt- und Nebenwohnsitz) gewachsen, während der Wohnungsbestand im gleichen Zeitraum nur um 3,2 Prozent zugenommen hat. Laut Wohnungsamt beläuft sich der Wohnungsfehlbestand auf knapp 30.000 Wohneinheiten (Stand 2014), während die Wohnversorgungsquote, also das Verhältnis von Wohnungen zu Haushalten, dramatisch von 98,3 (2009) auf 92,6 (2014) gesunken ist. Statistischer Ausdruck dieser Entwicklung ist auch das Sinken der durchschnittlichen Wohnfläche pro Einwohner/-in von 38,8 m² (2009) auf 37,3 m² (2014) (Amt für Wohnungswesen 2015).

Auch wenn innenstadtnahe Wohngebiete überproportional von steigenden Wohnkosten betroffen sind (Schipper 2013b; Vaché 2016), gilt mittlerweile für das gesamte Stadtgebiet, dass Haushalte mit niedrigen und mittleren Einkommen enorme Schwierigkeiten haben, überhaupt bezahlbaren Wohnraum zu finden (IWU 2015: 49ff). Konsequenz ist, dass einkommensschwache Schichten entweder ins Umland verdrängt werden und/oder deutlich mehr ihres verfügbaren Einkommens für die Miete ausgeben müssen (Mösgen/Schipper 2016). In den Zahlen des Wohnungsamtes spiegelt sich dieser Verdrängungsdruck etwa darin wider, dass zwischen 2009 und 2015 die als wohnungssuchend registrierten Haushalte um über 46 Prozent auf 9.592 angestiegen sind und sich die Zahl der Umwandlungen von Miet- in Eigentumswohnungen auf 4.229 pro Jahr verdoppelt hat (Amt für Wohnungswesen 2016).

Hintergrund: Tiefgreifende Neoliberalisierung der Wohnungspolitik

Dass sich der durch Finanzkrise und Bevölkerungswachstum entstandene Druck auf dem Frankfurter Wohnungsmarkt so unmittelbar und wenig gebrochen in Verdrängungsprozesse übersetzt, kann als Effekt einer tiefgreifenden Neoliberalisierung der kommunalen Wohnungspolitik interpretiert werden. Angesichts einer sich seit den 1980er Jahren sukzessive formierenden Hegemonie der unternehmerischen Stadt (Schipper 2013a), sind politische Entscheidungsträger/-innen spätestens ab Mitte der 1990er Jahre primär bestrebt, die Wettbewerbsfähigkeit Frankfurts in der interurbanen Konkurrenz um einkommensstarke Haushalte der Mittel- und Oberschichten zu stärken. Während die kommunale Wohnungspolitik bis Ende der 1980er Jahre darauf ausgerichtet war, Wohnraum für diejenigen zu gewährleisten, die sich nicht selbst am Markt versorgen können, heißt es etwa in den aktuellen wohnungspolitischen Leitlinien der Stadt nun umgekehrt, dass »ein ausreichendes Wohnungsangebot für den mittleren bis gehobenen Bedarf« geschaffen und bei der Bereitstellung von Wohnbauflächen »die gehobenen Ansprüche verstärkt berücksichtigt« (Stadt Frankfurt 2008: 7) werden müssten.

Diese politische Stoßrichtung hat sich stadtplanerisch in sämtlichen Neubau-Projekten der letzten Jahrzehnte materialisiert, da diese mehr oder weniger ausschließlich von gehobenem bis luxuriösem Wohnraum dominiert werden (Mösgen/Schipper 2016; Schipper/Wiegand 2015). Ebenso versinnbildlicht der drastische Rückgang des Bestandes an öffentlich geförderten Sozialwohnungen seit Anfang der 1990er Jahre von knapp 70.000 (= ca. 20 Prozent des Wohnbestandes) auf nun unter 28.000 Wohneinheiten (= 7,4 Prozent des Wohnbestandes) eindrucksvoll den neoliberalen Wandel der städtischen Wohnungspolitik (Schipper 2013a: 350). Zwar hat die Stadt Frankfurt im Gegensatz zu manch anderen Kommunen ihr Wohnungsunternehmen, welches mit gut 51.000 Wohnungen 18 Prozent des lokalen Mietmarktes kontrolliert, nicht materiell privatisiert, allerdings wurden die ehemals gemeinnützigen kommunalen Wohnungsunternehmen 1991 in der ABG-Frankfurt Holding zusammengefasst und per politischem Beschluss auf Gewinnorientierung getrimmt. Entgegen deren ursprünglichem sozialpolitischen Auftrag, primär in bezahlbaren Wohnraum für niedrige Einkommensschichten zu investieren, werden die kommunalen Wohnungsbestände seitdem als »effektive Instrumente« in die Pflicht genommen, um »die Attraktivität der Stadt Frankfurt am Main als Wohn- und Wirtschaftsstandort zu erhalten« (Stadt Frankfurt 2008: 15). Konkret bedeutet dies, dass die ABG seit Anfang der 1990er Jahre ihren Wohnungsbestand umfangreich modernisiert, die Mieten an das ortsübliche Marktniveau anpasst (Schipper 2016), sich aus dem geförderten Wohnungsbau zurückzieht, Wohnungen an Mieter/-innen privatisiert, ins lukrative Bauträgergeschäft mit gehobenen Eigentumswohnungen eingestiegen ist und in klassischen Arbeitervierteln als Akteurin der Aufwertung und Gentrifizierung agiert (Schipper/Wiegand 2015).

Aktuelle wohnungspolitische Ansätze.
Ein postneoliberaler Wandel?

Angesichts der Rückkehr der Wohnungsfrage und zunehmender städtischer Proteste seit 2012 lässt sich in Frankfurt jedoch gegenwärtig im öffentlichen Diskurs und in der Rhetorik der politischen Eliten ein bemerkenswerter Bruch beobachten. Nach Jahrzehnten der tiefgreifenden und von fast allen Parteien (CDU, Grüne, FDP, SPD) hegemonial getragenen Neoliberalisierung kommunaler Wohnungspolitik, wird die Schaffung bezahlbaren Wohnraums für untere und mittlere Einkommensgruppen nun erstmals wieder zu einem zentralen politischen Ziel erklärt und dabei zugleich die fortschreitende Vermarktlichung der Wohnraumversorgung von zahlreichen Akteuren aus unterschiedlichen politischen Lagern in Frage gestellt. Dementsprechend diagnostiziert z.B. die Frankfurter Rundschau (2016a): »Dass sich der Markt selbst reguliert, Investoren genügend bezahlbaren Wohnraum schaffen werden, um die riesige und wohl noch steigende Nachfrage zu decken, glaubt zum Beispiel höchstens noch die FDP.«

Während sich also auf diskursiver Ebene eine deutliche Abkehr von neoliberalen Rationalitäten und ein grundlegender Paradigmenwechsel andeuten, fragen wir im Folgenden danach, inwiefern sich diese Diskursverschiebung auch in der Praxis bzw. in sanktionierten wohnungspolitischen Strategien und Konzepten widerspiegelt. Zu untersuchen gilt also, welche neuen kommunalen wohnungspolitischen Ansätze aktuell verfolgt werden, inwiefern diese Strategien in der Lage sind, Wohnraum im unteren und mittleren Preissegment zu gewährleisten, und ob sich dabei ein qualitativer postneoliberaler Wandel abzeichnet, der die Wohnungsversorgung auch gegen private Renditeerwartungen einer Markt- und Warenlogik zumindest teilweise wieder entzieht.

Geld: Zwischen 2005 und 2011 hat die Stadt Frankfurt im Durchschnitt 17 Millionen € an kommunalen Wohnbaufördermitteln bereitgestellt. Ab 2012 wird dieses Budget zuerst auf 21,6 Millionen €, dann auf 34,2 Millionen € (2013) und schließlich auf 45 Millionen € (2014) aufgestockt und damit mehr als verdoppelt

(STVV 2013: 37).[1] Zu berücksichtigen ist jedoch, dass die Zielgruppe der kommunalen Förderprogramme ab 2008 ebenfalls deutlich ausgeweitet wird. Um bezahlbaren Wohnraum auch für Mittelschichthaushalte zu schaffen, werden zinsvergünstigte Darlehen ebenso für den Bau von Mietwohnungen bewilligt, die sich an Haushalte richten, deren bereinigtes Jahreseinkommen um 40 bis 70 Prozent über den Höchstgrenzen der hessischen Richtlinien für den sozialen Wohnungsbau liegen. Im Gegenzug müssen sich Investoren verpflichten, mit dem Mietpreis für bis zu 20 Jahre 15 bis 35 Prozent (je nach Einkommen der Mieter/-innen) unterhalb der ortsüblichen Vergleichsmiete zu verbleiben. Im Unterschied zur fixierten Sozialmiete von 5,00 bis 5,50 €/m² des klassischen 1. Förderwegs kommt das kommunale Mittelschichtprogramm so in Frankfurt auf eine Mietbelastung von ca. 7,00 bis 9,00 €/m² (je nach Lage und Einkommen), die zudem infolge eines im Zeitverlauf steigenden Mietspiegels weiter zunimmt. Im Jahr 2015 entfiel mit ca. 20 Millionen € knapp die Hälfte des kommunalen Fördertopfs auf das Mittelschichtprogramm für familien- und seniorgerechten Mietwohnungsbau (STVV 2015: 97).[2]

Über die Förderung von Wohnungsbau hinaus hat die Stadt zudem 2007 begonnen, Belegungsrechte im Bestand anzukaufen. Ziel ist, Wohnungen für eine Dauer von 10 bis 15 Jahren in die Preis- und Belegungsbindung gemäß den Richtlinien des klassischen sozialen Wohnungsbaus zu nehmen, indem man den Eigentümer/-innen die Differenz zwischen Sozialmiete (5,00 bis 5,50 €/m²) und ortsüblicher Vergleichsmiete sowie eine zusätzliche jährliche Aufwandspauschale von bis zu 10 €/m² zahlt. Im Zeitraum 2008 bis 2014 wurden ca. 10 Prozent der Wohnbaufördermittel genutzt, um insgesamt knapp 1.000 Belegungsrechte im Bestand zu sichern. Allerdings gelingt es der Stadt trotz finanzieller Anreize und einer umfangreichen Werbekampagne nicht, private Vermieter/-innen von ihrem Programm zu überzeugen. Im Durchschnitt können nur 15 Wohnungen pro Jahr bei privaten Eigentümer/-innen gesichert werden; ca. 90 Prozent der Belegungsrechte erwirbt die Stadt von den beiden öffentlichen Wohnungsunternehmen, der städtischen ABG-Frankfurt Holding und der landeseigenen Nassauischen Heimstätte. Dies führt zu dem paradoxen Phänomen, dass die Stadt mit öffentlichen Mitteln der Wohnbauförderung bei öffentlichen Wohnungsunternehmen Belegungsrechte von Wohnungen erwirbt, deren Bau bereits jahrzehntelang mit öffentlichen Fördermitteln subventioniert worden ist.

---

1 Zum Vergleich: Für die Subjektförderung (Wohngeld + Kosten der Unterkunft) muss die Stadt Frankfurt pro Jahr 200 Millionen € aufbringen, wovon der Bund 70 Millionen € übernimmt (STVV 2013: 35).
2 Eine weitere Millionen wurde zur Förderung von Studierendenwohnungen verausgabt.

Festhalten kann man daher, dass zwar erstmals seit Mitte der 1990er Jahre die Mittel für die kommunale Wohnbauförderung deutlich ausgeweitet werden, der Zuwachs aber vor allem in die neuen Mittelschichtprogramme und den Ankauf von Belegungsrechten fließt. Zwar ist es angesichts drastisch steigender Mieten sicherlich sinnvoll, auch bezahlbaren Wohnraum für Mittelschichthaushalte zu schaffen, allerdings erfolgt dies angesichts der begrenzten Mittel letztlich auf Kosten der unteren Einkommensgruppen. Rein quantitativ gelingt es durch Neubau und den Ankauf von Belegungsrechten zudem höchstens, den stark abgeschmolzenen Bestand an klassischen Sozialwohnungen auf dem gegenwärtigen Niveau zu stabilisieren, eine nennenswerte Ausweitung ist nicht zu erwarten. Hinzu kommt, dass der Erfolg der Förderprogramme letztlich auch davon abhängt, ob privatwirtschaftliche Akteure die Subventionen in dem bereitgestellten Umfang überhaupt in Anspruch nehmen wollen. Fraglich ist dies, weil die Programme strukturell weiterhin auf einer Anreizstruktur basieren, die Wohnungsbauunternehmen zinsvergünstigte Förderdarlehen anbietet, wenn diese dafür die Preis- und Belegungsbindung ihrer Wohnungen von bis zu 20 Jahren akzeptieren. Angesichts des momentan niedrigen Zinsniveaus sind die zinsvergünstigten Darlehen für gewinnorientierte Akteure allerdings kaum attraktiv. Vielmehr lohnt es sich aktuell sogar, bei bestehenden Sozialbindungen die Förderung frühzeitig zurückzuzahlen und die Sozialwohnungen dann nach einer in Hessen nur fünfjährigen Nachwirkungsfrist aus der Bindung zu entlassen und als freifinanzierte Wohnungen zum Marktniveau zu vermieten oder zu verkaufen. Da sich zudem an der temporär ausgerichteten Logik des Fördersystems nichts ändert, entsteht auch mit den zusätzlichen öffentlichen Mitteln weiterhin kein dauerhaft gebundener Bestand an dringend benötigten Sozialwohnungen, sondern eine »soziale Zwischennutzung« (Holm 2013: 8) für in Hessen nur maximal 20 Jahre.

Recht: Auf stadtplanerischer Ebene verbleiben zentrale kommunale Strategien zur Lösung der Wohnungsfrage innerhalb einer klassischen Marktlogik, indem parteiübergreifend weiterhin davon ausgegangen wird, dass nur eine deutliche Ausweitung des Angebots einen weiteren Preisanstieg verhindern könne. Gemäß dieser Logik wird vor allem darum gestritten, mit welchen Anreizen private Akteure zur Errichtung von mehr Wohnraum angeregt werden können und wie neues Baurecht geschaffen werden kann. Die Vorschläge reichen dabei von der Erschließung neuer Stadtteile auf der grünen Wiese über einen Wohnbaulandentwicklungsplan für 30 neue Baugebiete (= 6.000 WE), die Ermöglichung von Nachverdichtung und die Umwandlung von leerstehenden Bürogebäuden bis hin zum flächendeckenden Dachgeschossausbau. Bestandteil dieser Ansätze sind ebenso Versuche, Baukosten durch die Senkung von Baustandards, die Abschaffung der Stellplatzverordnung oder die Deregulierung von Vorgaben zur Barrierefreiheit und Klimaschutz zu reduzieren (zur ausführlichen Kritik des Neubau-Ansatzes siehe folgendes Kapitel zu Hamburg).

Jenseits derartiger marktkonformer Strategien beschließt der Frankfurter Magistrat im Mai 2014 allerdings auch eine bereits im schwarz-grünen Koalitionsvertrag von 2011 angekündigte soziale Bodenordnung. Demnach wird bei Neubauprojekten zukünftig eine Quote von 30 Prozent gefördertem Wohnraum angestrebt (Magistrat Frankfurt 2014a). Abgesehen davon, dass die Verordnung erst relativ spät, nach Fertigstellung vieler großer Stadtentwicklungsprojekte eingeführt wird (Europaviertel, Riedberg, Westhafen, Osthafen, etc.), ist der entscheidende Kritikpunkt, dass die Selbstverpflichtung als ‚Soll'- und nicht als ‚Muss'-Bestimmung formuliert ist und es keine verbindliche Quote für den 1. Förderweg des klassischen sozialen Wohnungsbaus gibt.[3] Vielmehr wird der Magistrat beauftragt, »im Rahmen der Aufstellung von Bebauungsplänen – soweit die rechtlichen und tatsächlichen Voraussetzungen gegeben sind – städtebauliche Verträge mit dem Ziel abzuschließen, 30 Prozent der durch die Bebauungspläne zusätzlich ermöglichten Bruttogeschossfläche Wohnen für den geförderten Wohnungsbau zu sichern« (Magistrat Frankfurt 2014a: 1). Angesichts der Tatsache, dass derartige Quoten bislang bei kaum einem Bauprojekt auch nur annähernd erreicht worden sind (BBSR 2014: 27; Mösgen/Schipper 2016; Schipper/Wiegand 2015), ist zu befürchten, dass die Stadt ihre selbst geschaffene Flexibilität insbesondere in attraktiven Wohnlagen nutzt, um auf sozialpolitische Vorgaben zu verzichten (Frankfurter Rundschau 2016b).

Darüber hinaus beschließt die Stadt Frankfurt als Reaktion auf zunehmende Proteste von Mieter/-innen Ende 2014, für sieben innerstädtische Viertel den Erlass von Milieuschutzsatzungen »zur Dämpfung einer unerwünschten, übermäßigen Aufwertungs- und Verdrängungsdynamik« (Magistrat Frankfurt 2014b: 2) zu prüfen. Nach Abschluss der Voruntersuchung werden schließlich ab 2016 und mit

---

3   Die klassischen Sozialwohnungen des 1. Förderwegs richten sich von den Einkommensgrenzen her an die unteren 41 Prozent der Frankfurter Stadtbevölkerung. Sie sind zudem nicht nur preis-, sondern auch belegungsgebunden, so dass das Wohnungsamt über ein Vorschlagsrecht verfügt. Vermieter/-innen müssen demnach einen der drei vom Amt genannten Haushalte als Mieter/-in akzeptieren. Die geförderten Wohnungen des Mittelschichtsprogramms zielen dagegen auf mittlere Einkommensgruppen. Abgesehen davon, dass die Mieten dort höher sind und sich am Mietspiegel ausrichten, hat das Wohnungsamt hier keinen Einfluss auf die Belegung der Wohnungen. Aus diesen sowie weiteren Gründen tendieren Investoren ohne verbindliche Quote für den 1. Förderweg dazu, ausschließlich geförderte Wohnungen im Rahmen des Mittelschichtsprogramms zu errichten.

einer zeitlichen Befristung auf fünf Jahre Luxussanierungen bzw. »die Aufwertungen von Wohnraum auf überdurchschnittlichen Standard« (Magistrat Frankfurt 2014b: 3) in sechs dieser Quartiere und dort auch nur in einem räumlich sehr begrenzten Gebiet (Frankfurter Rundschau 2016c) unter Genehmigungsvorbehalt gestellt. Dazu zählen der Abbruch und Rückbau von Wohnungen, die Zusammenlegung von Wohnungen zu einer Großwohnung von mehr als 130 m², neue Balkone, Dachterrassen und Wintergärten größer als 8 m² und Personenaufzüge, die nur die oberen Geschosse erschließen. Bauliche Modernisierungsmaßnahmen, die der Herstellung eines zeitgemäßen Ausstattungsstandards dienen, sind davon ausdrücklich ausgenommen. Ebenso sind die Frankfurter Milieuschutzsatzungen auch nicht mit einem Umwandlungsverbot von Miet- in Eigentumswohnungen gekoppelt, da die hessische Landesregierung sich bislang weigert, eine entsprechende Rahmenverordnung zu erlassen. Ohne dieses entscheidende Instrument und auch angesichts des beschränkten Kriterienkatalogs bezüglich der Nichtzulässigkeit von baulichen Aufwertungsmaßnahmen beurteilen Mieterinitiativen die Einführung der Satzungen skeptisch, da sie nicht nur viel zu spät kämen, sondern auch relativ wirkungslos blieben. Der Milieuschutz in Frankfurt sei, so auch etwa die FAZ (2014: 29), »Symbolpolitik mit hohem Aufwand und geringem Ertrag.«

Eigentum: Um die Verdrängung einkommensschwacher Haushalte zu verhindern und bezahlbaren Wohnraum zu schaffen, hat die Stadt Frankfurt mit ihrem kommunalen Wohnungsunternehmen jedoch ein potenziell sehr effektives Instrument an der Hand. Die ABG Frankfurt-Holding ist ein 1991 gegründetes Tochterunternehmen der Stadt, das seit Abschaffung der gesetzlichen Regelungen zur Gemeinnützigkeit im Wohnungswesen als Konzernmutter sämtlicher städtischer und vormals gemeinnütziger Wohnungsbaugesellschaften fungiert. Sie gilt damit als Nachfolgerin der Aktienbaugesellschaft für kleine Wohnungen, eines 1890 entstandenen und in den 1920er Jahren in städtischen Besitz überführten Unternehmens, das sich durch eine nicht-profitorientierte Geschäftspraxis mit entsprechend relativ günstigen Mieten ausgezeichnet hatte. Aufgrund dieser Tradition stellen laut Gesellschaftervertrag der ABG noch heute die »sichere und sozial verantwortbare Wohnungsversorgung der breiten Schichten der Bevölkerung« sowie die besondere Berücksichtigung von Wohnungsuchenden, »die aufgrund ihrer persönlichen Verhältnisse oder Umstände Schwierigkeiten bei der Wohnungssuche haben«, die zentralen Zwecke der Gesellschaft dar (ABG Frankfurt Holding 1997: 3). Ende 2014 gehören zum Bestand der ABG 50.661 Wohnungen, davon 34.156 frei finanziert. Im Verhältnis zum Frankfurter Wohnungsangebot entspricht dies gut 18 Prozent aller Mietwohnungen. In den Jahren 2011 und 2012 hat die ABG einen Konzernjahresüberschuss von jeweils rund 50 Millionen € erzielt, 2013 und 2014 ist diese Summe auf 64 bzw. 68 Millionen € und 2015 auf 90,6 Millionen €

gestiegen. Von den Überschüssen wird jährlich ein einstelliger Millionenbetrag an die Stadt Frankfurt als einzige Gesellschafterin ausgezahlt. Da der überwiegende Anteil der Gewinne somit im Unternehmen verbleibt, ist die Eigenkapitalquote der Holding kontinuierlich von 18,8 Prozent (2001) auf 37,4 Prozent (2015) angewachsen (Schipper 2016: 45).

Angesichts der tiefgreifenden Neoliberalisierungsprozesse in Frankfurt war die Geschäftspolitik der ABG noch bis 2010 davon geprägt, Mieten sukzessive ans Marktniveau anzupassen und um bis zu 15 Prozent in drei Jahren zu erhöhen (Schipper 2016), im Neubau überwiegend freifinanzierte Miet- und Eigentumswohnungen für mittlere und höhere Einkommensgruppen zu errichten[4], Wohnungen an Mieter/-innen zu privatisieren und als treibende Kraft von Gentrifizierungsprozessen zu agieren (Schipper/Wiegand 2015). Seit 2011 sind jedoch zaghafte Tendenzen eines Wandels erkennbar, insofern eine fortschreitende Neoliberalisierung des kommunalen Wohnungsunternehmens gestoppt und die ABG zumindest zu kleineren sozialpolitischen Zugeständnissen bewegt worden ist.

Beispielsweise wird die noch Anfang der 2000er Jahre diskutierte Teilprivatisierung der ABG mittlerweile von keiner politischen Kraft mehr gefordert. Ebenso wurde bereits 2008 die Privatisierung von Wohnungen an Mieterhaushalte – auch mangels kaufwilliger Interessent/-innen – eingestellt. Im Neubau hat die Stadt zudem Ende 2015 angekündigt, dass die ABG nach Jahrzehnten des Rückzugs aus dem sozialen Wohnungsbau zukünftig bei jedem Bauprojekt eine Quote von 38 bis 40 Prozent gefördertem Wohnungsbau (davon die Hälfte im 1. Förderweg) erreichen will. Angesichts der Tatsache, dass die ABG die bereits seit 2011 bestehende Quote von 30 Prozent selten erreicht hat, ist zwar eine gewisse Skepsis angebracht, inwiefern sich das Unternehmen an diese Vorgabe hält. Allerdings ist die Erhöhung der Quote an sich schon bemerkenswert, da beispielsweise noch 2002 die Objektförderung von der Geschäftsführung der ABG als nicht mehr zeitgemäß und Beitrag zur »erneuten Ghettobildung« (ABG 2003: 11) diffamiert worden war.

Auch was die Mietenpolitik betrifft, hat sich die ABG seit den 1990er Jahren kaum von privaten Wohnungsunternehmen unterschieden und ihre Möglichkeiten überwiegend bis zur gesetzlichen Höchstgrenze ausgeschöpft. Da die durchschnittliche ABG-Miete zwischen 2004 und 2013 um fast 30 Prozent gestiegen ist, lagen zum Stand 2013 sowohl die Bestands- als auch Neuvermietungsmieten

---

4   Beispielsweise hat die ABG zwischen 1997 und 2002 1.321 Wohnungen gebaut, davon allerdings nur noch 230 im Rahmen von öffentlichen Förderprogrammen (ABG 2003). In Konsequenz sinkt infolge auslaufender Bindungen der Bestand an geförderten Wohnungen von 20.238 (2005) auf 16.505 (2014).

nur noch jeweils leicht unter dem jeweiligen Marktniveau (Schipper 2016: 46f.). Um diesen Trend zu stoppen, fordern seit Anfang 2014 zahlreiche Mieterinitiativen, das Netzwerk ›Eine Stadt für Alle. Wem gehört die ABG?‹, die SPD, Die Linke sowie die Gewerkschaften, zukünftig die Mieten einzufrieren bzw. nur noch symbolisch zu erhöhen. Vor dem Hintergrund, dass erstens die ABG jährlich bis zu 90 Millionen € Gewinn erwirtschaftet, zweitens selbst Gegner eines Mietenstopps eingestehen, dass das Einfrieren der Mieten die ABG nur rund 3 Millionen € an zusätzlichen Gewinnen kosten würde (Journal Frankfurt 2015), und drittens die Stadt zudem auf die Gewinnausschüttung von ca. 8 Millionen € verzichten könnte, sei die ABG durchaus in der Lage, ihren Markteinfluss effektiv und unbürokratisch zu nutzen, um insgesamt dämpfend auf das Mietniveau in Frankfurt einzuwirken. Bis zum Frühjahr 2016 wurde diese Forderung allerdings vehement vom schwarz-grünen Magistrat, der Führungsebene der ABG sowie dem Interessenverband der Haus- und Grundeigentümer bekämpft, um politische Eingriffe in die unternehmerische Freiheit der Geschäftsführung möglichst zu verhindern. Angesichts des politischen Drucks konnten aber bereits bis Ende 2015 zumindest zwei kleinere Zugeständnisse erkämpft werden. Zum einen hat der Magistrat die ABG 2014 auf eine Kappungsgrenze[5] von 10 Prozent in drei Jahren verpflichtet und zum anderen im Juli 2015 angeordnet, dass in ausgewählten innerstädtischen Vierteln Mieterhöhungen nicht mehr bis zur gesetzlichen Höchstgrenze des Mietspiegels ausgereizt werden.

Nach der Kommunalwahl im März 2016, bei der die CDU über 6 Prozent und die Grünen über 10 Prozent ihrer Stimmenanteile einbüßen und Schwarz-Grün damit insgesamt die Mehrheit im Stadtparlament verliert, wird auf Druck der SPD schließlich eine der zentralen Forderungen der Frankfurter Mieterinitiativen nach einem Mietenstopp bei der ABG aufgegriffen. Gemäß dem im Mai 2016 veröffentlichten Koalitionsvertrag zwischen CDU, SPD und Grünen (2016: 17) sollen die Mieten bei der ABG zukünftig nur noch maximal um 1 Prozent pro Jahr steigen. Die lokalen Initiativen werten den Mietenstopp einhellig als großen Erfolg, »den unzählige Aktive mit langem Atem und viel Geduld« (Eine Stadt für Alle 2016) von unten erkämpft haben, und der nun offenbare, dass die Stadt tatsächlich wohnungspolitisch gestalten könne, wenn sie sich nicht wie bislang hinter vermeintlichen Sachzwängen verstecke (Frankfurter Rundschau 2015).

---

5   Laut § 558 BGB dürfen Vermieter/-innen bei bestehenden Mietverträgen die Miete um maximal 20 Prozent in drei Jahren erhöhen. Seit der Mietrechtsform von 2013 wurde diese Kappungsgrenze für Gebiete mit angespannten Wohnungsmärkten auf 15 Prozent in drei Jahren gesenkt.

Aus dem mehrjährigen und letztlich erfolgreichen Kampf für einen Mietenstopp lässt sich schlussfolgern, dass der Konfliktpunkt kommunales Eigentum und die Frage ›Wem gehört die ABG?‹ in Frankfurt das entscheidende Potenzial birgt, auf städtischer Ebene einen wohnungspolitischen Paradigmenwechsel exemplarisch durchzusetzen und eine postneoliberale Dekommodifizierung voranzutreiben. Die populäre und nun tatsächlich durchgesetzte Forderung nach einem faktischen Mietenstopp ist dabei nur als ein erster Schritt zu betrachten, um dauerhaft bezahlbaren Wohnraum für niedrige Einkommensschichten zu sichern. In weiteren Schritten könnte die ABG Frankfurt-Holding institutionell nach den Prinzipien einer neuen Gemeinnützigkeit restrukturiert werden (Holm/Horlitz/Jensen 2015), indem etwa die Mieten grundsätzlich nach dem Kostendeckungs- statt Gewinnprinzip kalkuliert werden und das Unternehmen verpflichtet wird, im Neubau ausschließlich in gefördertem Wohnraum für sozial benachteiligte Haushalte bzw. untere und mittlere Einkommensgruppen zu investieren. Perspektivisches Ziel wäre dabei, die ABG strukturell wieder zu einem nicht-profitorientierten Unternehmen umzubauen, welches auch aus einer intrinsischen Motivation heraus nicht mehr primär einer betriebswirtschaftlichen Renditelogik folgt. Eine fest institutionalisierte Mitbestimmung der Mieter und Mieterinnen könnte zudem für mehr Transparenz und demokratische Entscheidungsabläufe sorgen. Eine solche gemeinnützige Selbstverwaltungsstruktur müsste sicherstellen, dass eine Privatisierung der ABG dauerhaft ausgeschlossen ist und dass weder Korruption und Misswirtschaft noch übertriebenes Gewinnstreben Mieten und Bodenpreise in die Höhe treiben. Parallel dazu wäre eine städtische Liegenschaftspolitik zu verfolgen, die gezielt Bauflächen an die ABG und andere gemeinnützige, nicht-profitorientierte Akteure vergibt.

Zwischenfazit

Die wohnungspolitischen Protestbewegungen der letzten Jahre können es als ihren Erfolg verbuchen, dass nach Jahrzehnten der tiefgreifenden Neoliberalisierung die fortschreitende Vermarktlichung kommunaler Wohnungspolitik in Frankfurt zumindest vorerst gestoppt zu sein scheint. Während auf diskursiver Ebene mittlerweile auch bei stadtpolitischen Entscheidungsträger/-innen eindeutig der Tenor überwiegt, dass der Markt allein die Wohnungsfrage nicht lösen kann, fällt die Bewertung der tatsächlich umgesetzten Konzepte zur Schaffung bezahlbaren Wohnraums allerdings skeptischer aus. Rein quantitativ wirken die kommunalen Strategien in den Bereichen Geld und Recht dem aktuellen Problem der Wohnungsnot nicht angemessen, da sie im freifinanzierten Sektor kaum eine Wirkung auf Mietpreise entfalten und darüber hinaus bestenfalls in der Lage sind, den stark abgeschmolzenen Bestand an Sozialwohnungen auf niedrigem Niveau zu stabilisieren, aber sicherlich nicht nennenswert auszuweiten. Insbesondere im Vergleich zu den massiven und innovativen städtischen Interventionen in früheren Phasen von Wohnungsnot[6] wirken die gegenwärtigen Versuche eher zaghaft.

Zudem zeichnet sich auf qualitativer Ebene kein postneoliberaler Paradigmenwechsel ab, wonach Wohnraum effektiv Markt- und Verwertungsprozessen entzogen und eine soziale Wohnungsversorgung auch gegen private Renditeerwartungen durchgesetzt würde. Vielmehr zielen die kommunalen Strategien darauf ab, privaten Unternehmen Anreize zu setzen, auch bezahlbaren Wohnraum zu gewährleisten, indem die profitable Verwertung des investierten Kapitals von der öffentlichen Hand über Fördermittel garantiert wird – was bislang sowohl beim Neubau von Sozialwohnungen als auch beim Ankauf von Belegungsrechten kaum funktioniert. Darüber hinaus wird versucht, über sanfte regulative Eingriffe (etwa Milieuschutzsatzungen oder städtebauliche Verträge) vorsichtige Verbesserungen für niedrige und mittlere Einkommensgruppen zu erreichen, ohne dabei aber die Renditeinteressen privater Akteure übermäßig zu tangieren. Der Widerspruch zwischen dem Interesse der Mieter/-innen an dem Gebrauchswert der Wohnung und dem Interesse der Eigentümer/-innen an einer möglichst reibungslosen Verwertung des investierten Kapitals (Holm 2011) wird somit keineswegs aufgehoben, sondern lediglich innerhalb einer weiterhin renditegetriebenen Warenform prozessiert. Am neoliberalen Grundprinzip, Wohnen vor allem als zinstragende Kapitalanlage zu betrachten, hat sich auch bezüglich der neuen kommunalen Strategien in den Feldern Geld und Recht bislang wenig geändert.

Im umfangreichen kommunalen Eigentum an Wohnraum besteht dagegen das größte Potenzial, eine tatsächliche postneoliberale Dekommodifizierung auf städtischer Ebene voranzutreiben. Dazu müsste die Stadt Frankfurt ihre Wohnungsbaugesellschaft ABG konsequent den Prinzipien einer »Neuen Gemeinnützigkeit« unterwerfen. Bemerkenswerterweise sind Mieterinitiativen genau an diesem Punkt, bei dem es darum geht, Renditeerwartungen im Interesse einer sozialen Wohnraumversorgung einzuschränken, mit starken Gegenkräften konfrontiert. Die Tatsache, dass genau das Instrument, mit dem man am effektivsten und nachhaltigsten Wohnraum Marktlogiken entziehen könnte, vehement bekämpft wird, verweist darauf, dass politische Machtverhältnisse bislang die größten Hindernisse darstellen, bezahlbaren Wohnraum für untere und mittlere Einkommensgruppen zu gewährleisten. Es lässt sich also schlussfolgern, dass auf städtischer

---

6 Zu denken wäre etwa an die 18.000 einfachen Wohnungen, die in den späten 1920 Jahren im Rahmen des nicht-profitorientierten kommunalen Wohnungsbauprogramms des »Neues Frankfurts« entstanden sind (Tharun/Körner 2001: 156ff).

Ebene in Frankfurt durchaus das materielle Potenzial für einen postneoliberalen Wandel besteht. Ein solches kommt aber nur dann zum Tragen, wenn es gelingt, den notwendigen politischen Willen zu mobilisieren. Konkret bedeutet dies für die Frankfurter Mieterinitiativen, weiter daran zu arbeiten, über außerparlamentarischen Druck von unten politische Kräfteverhältnisse zu verschieben. Zur schrittweisen Re-Etablierung einer nicht-gewinnorientierten, kommunalen Wohnungswirtschaft gälte es nach der erfolgreichen Durchsetzung eines Mietenstopps in weiteren populären Kampagnen, sukzessive die verschiedenen Elemente einer neuen Gemeinnützigkeit (Demokratisierung, Fokus auf geförderten Wohnungsbau, Kostendeckungs- statt Gewinnprinzip, etc.) durchzusetzen. Zu lernen wäre dabei aus den Fehlern der alten Gemeinnützigkeit (Holm/Horlitz/Jensen 2015), indem etwa die Mietermitbestimmung deutlich ausgebaut und demokratische Kontrollmechanismen gestärkt werden. Entstehen könnte so mit der ABG eine weit über Frankfurt am Main hinaus wirkende Vorreiterin für einen postneoliberalen, gemeinnützigen Wohnungssektor jenseits von Profitinteressen und Mechanismen der Kapitalverwertung und konsequent ausgerichtet an den Bedürfnissen unterer und mittlerer Einkommensgruppen.

POSTNEOLIBERALER PARADIGMENWECHSEL IN HAMBURG?

Ausgangslage: Wohnungskrise in Hamburg

Die gegenwärtige Entwicklung auf dem Hamburger Miet- und Immobilienmarkt ähnelt der in Frankfurt: Seit dem Jahr 2000 steigen die Mieten und Preise kontinuierlich, mit einer besonders starken Tendenz seit dem Jahr 2009 (Mieterverein o.J.). Die Preise für Eigentumswohnungen haben sich im Zeitraum 2011 bis 2016 laut dem LBS-Immobilienmarktatlas (LBS 2016: 6) um 53 Prozent erhöht. Der Mietenspiegel stieg seit 2009 mit jeder neuen Erhebung um ca. 6 Prozent und damit »[z]um dritten Mal hintereinander [...] deutlich stärker als die sonstigen Lebenshaltungskosten« (MhM 2015). Parallel dazu nimmt auch der Anteil am Einkommen, den Hamburger/-innen für Wohnen und Wohnnebenkosten aufbringen müssen, kontinuierlich zu. Während arme Haushalte, die über weniger als 900 € Nettoeinkommen pro Monat verfügen, im Jahr 1998 ca. 38 Prozent ihres monatlichen Einkommens für Wohnen und Nebenkosten ausgeben mussten, waren es 2003 ca. 42 Prozent und 2008 bereits knapp 50 Prozent. Im Bereich der mittleren Haushaltseinkommen (1.300 bis 2.000 €/Monat) stieg der Anteil von ca. 33 Prozent in 1998 auf knapp 40 Prozent in 2008 (Bürgerschaft FHH 2015c: 6).

Während der Wohnungsmarkt folglich einkommensschwache Haushalte systematisch ausschließt, schrumpft auch der Bestand an Sozialwohnungen kontinuierlich: Hat der Anteil geförderter Wohnungen am Wohnungsgesamtbestand in Hamburg 1993 noch 26,1 Prozent und 2011 noch 11,0 Prozent ausgemacht, wird dieser bis zum Jahr 2030 auf voraussichtlich nur noch ca. 6 Prozent zurückgehen (Brinkmann/Seeringer 2014: 326; Bürgerschaft FHH 2015c).

Hintergrund: Zuspitzung der Wohnungsfrage in den 2000er Jahren

Die Ausrichtung der Hamburger Stadtpolitik auf die Bedürfnisse einkommensstarker Haushalte wurde bereits im Jahr 1983 vom damaligen Ersten Bürgermeister Klaus von Dohnanyi (SPD) proklamiert (Rinn 2016: 99ff.). Seitdem gilt auch in der Stadtentwicklungs- und Wohnungspolitik die Prämisse, dass Hamburg sich »nicht in eine Stadt verwandeln [solle], in der [...] die sozial Starken, also die Besserverdienenden, [...] sich abgewiesen fühlen« (ebd.: 103). Unter verschiedenen CDU-geführten Senaten kam es zwischen 2001 und 2011 zu einer generellen »Vertiefung neoliberaler unternehmerischer Strategien« (ebd.: 140), welche sich auch im Bereich der lokalen Wohnungspolitik bemerkbar machte. Vor dem Hintergrund der allgemeinen Einschätzung, der Hamburger Wohnungsmarkt sei »entspannt« (Hamburgische Wohnungsbaukreditanstalt 2013: 42), wurden verschiedene wohnungspolitische Instrumente dereguliert. So wurden z.B. die noch Mitte der 1990er Jahre eingeführten Sozialen Erhaltungsverordnungen zurückgenommen, Grundstücke der Stadt überwiegend zum Höchstgebot verkauft, die Wohnbaufördermittel deutlich reduziert und die Geschäftspolitik des kommunalen Wohnungsunternehmens SAGA-GWG in ökonomischer Hinsicht »optimiert« (Bürgerschaft FHH 2014b). Trotz zunehmender Reurbanisierungstendenzen, die vor allem in innerstädtischen Vierteln intensive Gentrifizierungsprozesse ausgelöst haben (Menzel 2012), ging der Neubau von Wohnungen auf einen historischen Tiefstand zurück.

Vor diesem Hintergrund formierte sich ab Ende der 2000er Jahre gesellschaftlicher Protest gegen Verdrängung: 2008 gründete sich in St. Pauli das gentrifizierungskritische Netzwerk ›Es regnet Kaviar‹, 2009 wurde das Gängeviertel besetzt und das ›Recht auf Stadt‹ Netzwerk gegründet. Als Reaktion auf die zahlreichen stadtpolitischen Demonstrationen, Kampagnen und Hausbesetzungen (Vogelpohl et al. in diesem Band) wurde auch innerhalb der Hamburger Bürgerschaft das Thema Wohnen wieder stärker diskutiert, wobei vor allem die Oppositionsparteien SPD und Die Linke die grün-bürgerliche Koalition aus CDU und GAL (2008 bis 2011) vehement für ihre verfehlte Wohnungspolitik kritisierten. Anlässlich einer durch die Fraktion Die Linke im Oktober 2010 angeregten Diskussion zum Thema ›Soziales Pulverfass Wohnen – wo bleiben die Alternativen?‹ formulierte etwa ein Politiker der SPD:

»Am Samstag [23.10.2010] haben mehrere Tausend Menschen gegen die Wohnungspolitik des Senats demonstriert […]. Es ist nichts Alltägliches, wenn Menschen gegen Wohnungsnot demonstrieren. Das gab es in Hamburg seit Jahrzehnten nicht mehr. […] Die Unzufriedenheit, die die Menschen auf die Straße treibt, ist verständlich. Wir erleben eine Zuspitzung auf dem Wohnungsmarkt, wie es sie lange Zeit, wahrscheinlich überhaupt noch nie, gegeben hat« (Bürgerschaft FHH 2010: 3971).

Aktuelle wohnungspolitische Maßnahmen in Hamburg

Nach einem von wohnungspolitischen Themen dominierten Wahlkampf ist die SPD seit März 2011 wieder regierende Partei in Hamburg, seit April 2015 in einer Koalition mit den Grünen. Seitdem spricht die SPD von einem Erfolg ihrer Wohnungspolitik. Dieser Erfolg wird maßgeblich an einer Erhöhung der Neubauzahlen gemessen, darüber hinaus besteht aber auch ein weitergehender Anspruch: »Wir wollen allen Menschen in unserer Stadt Chancen und Perspektiven bieten. Das gilt insbesondere auch für den Wohnungsmarkt. Jeder soll in Hamburg eine bezahlbare Wohnung finden können« (Kienscherf o.J.). Als wichtigste Maßnahmen zur Lösung der Wohnungskrise werden der sogenannte ›Drittel-Mix‹ und das ›Bündnis für das Wohnen‹ angesehen.

Der Drittel-Mix stellt eine Verabredung zwischen dem Senat und den Bezirken dar, pro Jahr und Bezirk eine Drittelung in der Bilanz der Baugenehmigungen von geförderten Mietwohnungen, frei finanzierten Mietwohnungen und Eigentumswohnungen zu erreichen (Bürgerschaft FHH 2013). Das Bündnis für das Wohnen wurde zwischen Senat und Wohnungswirtschaft 2011 erstmals geschlossen und 2016 nach einem Jahr Verhandlung wieder neu aufgelegt. Das Bündnis ist ein Zusammenschluss der Stadt (vertreten durch verschiedene Behörden) und der Wohnungswirtschaft (vertreten durch die wohnungswirtschaftlichen Verbände VNW, VNW-Hamburg, BFW-Nord, IVD-Nord sowie der SAGA-GWG). Zwei Hamburger Mietervereine nehmen beratend am Bündnis teil. Kernziel der Vereinbarungen zwischen Politik und Wohnungswirtschaft ist die Erhöhung des Neubaus, als Ziel galten ab 2011 zuerst 6.000 neue Baugenehmigungen pro Jahr, in der Neuauflage von 2016 wurde diese Zahl auf 10.000 erhöht. Die Stadt verpflichtet sich vertraglich, u.a. finanzielle Mittel für Wohnungsbauförderung sowie Grundstücke zur Verfügung zu stellen, gegenüber Bauherren nur »angemessene

Ansprüche« zu erheben und insgesamt ein »ausgeprägtes Kostenbewusstsein« an den Tag zu legen (FHH 2016: 7ff.). Die Verpflichtung der Verbände reduziert sich dagegen weitgehend darauf, »auf ihre Mitgliedsunternehmen einzuwirken, pro Jahr bescheidungsfähige Bauanträge für mindestens 10.000 Wohnungen einzureichen« (ebd.: 11f.). Der Vertragstext enthält zwar weitere Ausführungen zu einzelnen wohnungspolitischen Themen, jedoch ohne dabei konkrete Ziele zu formulieren. Gemäß der Leitlinie kooperativer Politik soll die Wohnungswirtschaft bei der Ausgestaltung der noch offenen Fragen zukünftig »bei allen wohnungspolitischen Entscheidungen Hamburgs beteiligt« werden (ebd.: 3). Da sich das Bündnis an wirtschaftsfreundlichen Urban Governance Konzepten (Sack 2012) orientiert und Renditeerwartungen privater Akteure nicht einschränken will, ist dieses Instrument schwerlich als postneoliberal zu charakterisieren.

Parallel zur Initiierung des Bündnisses wurden jedoch auch verschiedene konkrete Regulierungen erlassen. Dazu gehören die Erhöhung der finanziellen Mittel zur Förderung des Wohnungsbaus, der Erlass bzw. die Änderung einiger wohnungspolitischer Instrumente auf lokaler Ebene sowie Gesetzesinitiativen auf Bundesebene zur Stärkung des Mieterschutzes (FHH 2014). Eine Auswahl dieser Maßnahmen soll im Folgenden diskutiert werden.

Geld: Während in den Jahren 2007 bis 2010 insgesamt 3.750 geförderte Wohnungen in Hamburg gebaut wurden, hat sich diese Zahl im Zeitraum 2011 bis 2014 auf insgesamt 8.500 erhöht (Bürgerschaft FHH 2016: 1). Hintergrund ist, dass die Stadt die Fördersumme für den Neubau von Mietwohnungen ab 2009 von 50 Millionen € auf knapp 100 Millionen € verdoppelt hat und zukünftig weiter erhöhen will (FHH 2014: 5, 2016). Dieses Geld reicht jedoch bei weitem nicht aus, um die auslaufenden Bindungen von Sozialwohnungen aufzufangen. Trotz dem verstärkten Neubau wird sich der Bestand an geförderten Wohnungen in Hamburg sehr deutlich verringern: Prognosen zufolge von noch 96.500 Wohneinheiten im Jahr 2015 auf voraussichtlich 63.600 Wohneinheiten im Jahr 2030 (Bürgerschaft FHH 2015c: 20ff).[7] Die Stadt kauft zwar seit 2009 Belegungsbindungen im Bestand an, im Zeitraum bis Juni 2015 handelte es sich dabei allerdings insgesamt nur um 280 Wohneinheiten (Bürgerschaft FHH 2015c: 15ff.). Zum Vergleich hat dagegen das

---

7 Diese Zahlen basieren auf den Neubauvereinbarungen von 2011. Im Bündnis für Wohnen von 2016 ist eine Steigerung des Neubaus geförderter Wohnungen um 300 Wohneinheiten für das Jahr 2016 und 1.000 pro Jahr ab 2017 vorgesehen, so dass der Rückgang des Sozialwohnungsbestandes – sofern die Bauvorhaben realisiert werden – insgesamt geringer ausfallen könnte. Der gegenwärtige Bestand wird jedoch weder mit dem Neubauprogramm von 2011 noch mit dem von 2016 auch nur annähernd gehalten.

Pestel-Institut einen aktuellen Bedarf von 218.000 Sozialwohnungen für Hamburg diagnostiziert (Pestel-Institut 2012).

Darüber hinaus hat auch die Stadt Hamburg die Förderwege diversifiziert: 2011 wurde ein neuer (zweiter) Förderweg für mittlere Einkommen eingerichtet, die bis zu 60 Prozent über der Einkommensgrenze des Wohnraumförderungsgesetz liegen dürfen, die Anfangsmiete beträgt hier bis zu 8,30 €/m² (Stand 2013; im ersten Förderweg dürfen die Einkommen bis zu 30 Prozent höher liegen, die Anfangsmieten liegen bei 6,20 €; BSW o.J.a). Nach der Vorstellung des Senats sollen in den kommenden Jahren 40 Prozent der geförderten Neubauten in diesem zweiten Weg errichtet werden, so dass nicht nur insgesamt die Kluft zwischen Bedarf und Angebot an Sozialwohnungen wachsen wird, sondern auch die Mieten für einen großen Teil der neu errichteten Wohnungen von Anfang an ein Niveau aufweisen, dass eher auf mittlere, als niedrige Haushaltseinkommen abzielt (FHH 2014; Bürgerschaft FHH 2015c).

Recht: Als wichtiges rechtliches Instrument zur Einschränkung von Verdrängungsprozessen im Bestand werden in Hamburg ›Soziale Erhaltungsverordnungen‹ diskutiert. Mitte der 1990er Jahre wurden in Hamburg drei Soziale Erhaltungsverordnungen erlassen, 2001 jedoch zwei davon wieder zurückgenommen. In dem Zeitraum von 2012 bis 2016 sind dagegen sieben neue Verordnungen in bekannten Gentrifizierungsgebieten hinzugekommen (Hollander 2011; BSW o.J.b). Die Verordnungen zielen darauf ab, Marktprozesse in sozialer Hinsicht zu regulieren (Vogelpohl 2017). Der Erlass einer Genehmigungspflicht für außergewöhnliche Modernisierungsmaßnahmen[8] sowie ein Vorkaufsrecht der Stadt sollen potenzielle Mietsteigerungen einschränken und damit Verdrängung vermindern. Dabei geht es allerdings ausdrücklich nicht um den Schutz einzelner Mieter/-innen, sondern um die Zusammensetzung der Bevölkerung hinsichtlich ihrer städtebaulichen Besonderheit bzw. als Milieu.

Die Wirksamkeit der Verordnungen ist jedoch durch verschiedene Einschränkungen begrenzt: Es sind umfangreiche Untersuchungen notwendig, bevor auf politischer Ebene entschieden werden kann, sie zu erlassen. Darüber hinaus gelten Beschränkungen für das Vorkaufsrecht der Stadt. So muss bspw. die Hälfte der Bewohner/-innen des zum Verkauf anstehenden Hauses bereits mindestens 15 Jahre in dem Haus wohnen – ansonsten verliert das Vorkaufsrecht seine Gültigkeit (Hollander 2011: 20). In innenstadtnah gelegenen Gebieten liegt die Wohndauer

---

8   In Hamburg gilt eine sogenannte 2/3-Regel. Nicht bzw. nur unter Auflagen genehmigungsfähig sind dementsprechend alle Modernisierungsmaßnahmen, welche nicht bereits schon in 2/3 aller Wohnungen des betreffenden Gebiets umgesetzt sind (Vogelpohl 2017).

in Hamburg jedoch durchschnittlich (teilweise deutlich) unter 13 Jahren (Statistisches Amt 2016). Ein weiteres Defizit der Verordnung liegt in ihrer räumlichen Begrenzung: Die Dynamik der Mieten und Preise ist maßgeblich durch die Logik der Kapitalakkumulation im Wohnungswesen begründet. Diese Dynamik lässt sich mit der Erhaltungsverordnung nicht grundsätzlich einschränken, sondern im besten Fall nur räumlich verlagern. Trotz dieser strukturellen Einschränkungen wird die Verordnung in Hamburg z.b. von Seiten der Mieterverbände begrüßt. Als besonders positiv hervorgehoben wird hierbei, dass die Erhaltungsverordnung – anders als in Frankfurt – mit einer Umwandlungsverordnung einhergeht. Somit werden nicht nur Modernisierungsmaßnahmen genehmigungspflichtig, sondern auch die Umwandlung von Miet- in Eigentumswohnungen (Hollander 2011: 20). Als weitere wichtige Regelung zum Schutz der Mieter/-innen wurde in Hamburg die ›Mietpreisbremse‹ flächendeckend für das ganze Stadtgebiet zum 1. Juli 2015 erlassen. Insbesondere die Soziale Erhaltungsverordnung und die Mietpreisbremse haben sich jedoch als die größten Herausforderungen und Gründe für die langanhaltende Neuverhandlung des Bündnisses für das Wohnen zwischen April 2015 und Juni 2016 herausgestellt (Hamburger Abendblatt 2016). Im neuen Vertrag ist – ganz im Sinne der Vereinbarung, keine Politik ohne Zustimmung der Wohnungswirtschaft durchzuführen – nun festgehalten, dass in der laufenden Legislaturperiode über die neun sich gegenwärtig in der Prüfung befindlichen Sozialen Erhaltungsverordnungen keine weiteren angestrebt werden. Darüber hinaus wurde eine ›Schlussbestimmung‹ aufgenommen, nach der die wohnungswirtschaftlichen Verbände den Bündnisvertrag beenden, »[s]ollten sich die gesetzlichen Rahmenbedingungen im Hinblick auf eine Verschärfung des Mietrechts oder der energetischen Verordnungen gravierend ändern« (FHH 2016: 24). Während in anderen Bundesländern, wie z.B. Berlin, gegenwärtig über die mangelnde Wirksamkeit der Mietpreisbremse diskutiert und ihre Verschärfung gefordert wird, will man in Hamburg »von einem Herumschrauben an dem bestehenden Gesetz nichts wissen [...]. Auf Konfrontation mit den Vermietern sei man nicht aus« (Spiegel-online 2016).

Eigentum: Die Stadt Hamburg verfügt mit der SAGA-GWG und ihren 130.000 Wohnungen über das größte kommunale Wohnungsunternehmen in Deutschland, darüber hinaus betreibt sie seit Ende der 2000er Jahre eine wohnungspolitisch motivierte Liegenschaftspolitik. Bis 2009 dominierte bei der Veräußerung von städtischen Liegenschaften der Verkauf zum Höchstgebot. Seitdem wird in einigen Ausschreibungen ein Konzeptverfahren durchgeführt, das neben dem Preis auch qualitative Kriterien des Neubaus berücksichtigt. Unter dem SPD-Senat wurde das Verfahren seit 2011 dahingehend weiterentwickelt, dass wohnungspolitische, städtebauliche und energetische Kriterien mit 70 Prozent, der Preis dagegen nur mit 30 Prozent gewichtet werden (Bürgerschaft FHH 2015b). Die Konzepte werden einzelfallbezogen erstellt. Im Geschosswohnungsbau findet dabei die Anzahl geförderter Mietwohnungen – als wohnungspolitisches Kriterium – in den meisten Ausschreibungen Berücksichtigung. Maßgabe ist hier der Drittel-Mix mit einem Anteil von 33 Prozent geförderten Mietwohnungen – wobei diese Quote als Zielvorgabe pro Jahr auf Bezirksebene gilt, nicht zwingend für jedes einzelne Bauvorhaben (Bürgerschaft FHH 2014d). Die Konzeptvergabe bietet insofern Potenzial zur städtischen Einflussnahme auf den Bau bezahlbarer Wohnungen und die Förderung von bestandshaltenden Bau- und Wohnungsunternehmen; durch ihre flexible Handhabung jedoch keine Garantie für die tatsächliche Umsetzung desselben. Um die Akzeptanz der Wohnungswirtschaft hinsichtlich der Konzeptvergabe zu erhöhen, wurden Vertreter/-innen der entsprechenden Verbände in das Auswahlverfahren einbezogen (Bürgerschaft FHH 2014d, 2014c) und zuletzt verabredet, dass die Ausschreibungen zukünftig »nicht mit Anforderungen überfrachtet« werden sollen (FHH 2016: 9).

Die SAGA-GWG hat ihre Geschäftspolitik, ähnlich wie die Frankfurter ABG Holding auch, in den 2000er Jahren im Sinne einer »Optimierung von Prozessen und Organisation« verändert (Bürgerschaft FHH 2014a: 1). Während die Jahresüberschüsse bis 1999 immer (deutlich) unter 5 Millionen € lagen, sind sie auf einen bisherigen Höchststand von 181,6 Millionen € im Jahr 2013 angewachsen; ähnlich verhält es sich mit der Eigenkapitalquote, die von 11 Prozent Ende der 1990er Jahre auf 33 Prozent in 2012 gesteigert wurde (Bürgerschaft FHH 2014b: 17; SAGA-GWG 2015). Seit 2002 betreibt die SAGA-GWG ebenfalls ein ›Eigentumsverkaufsprogramm‹ (Bürgerschaft FHH 2014b: 10, 51f.). Nach Berechnungen des Netzwerks ›Recht auf Stadt‹ stiegen die Mieten des Unternehmens im Zeitraum 1997 bis 2008 um ca. 30 Prozent an und damit um 17,7 Prozent stärker als die durchschnittlichen Mietsteigerungen in Hamburg insgesamt (AG Mieten im RaS 2010).

Seit 2011 wird die SAGA in die Bemühungen des Senats einbezogen, den Neubau anzuregen. Dies drückt sich durch steigende Neubauzahlen aus, im Jahr 2014 wurden bereits 1.000 »überwiegend öffentlich geförderte« (SAGA-GWG 2015: 7) Wohnungen errichtet. Gleichzeitig bleiben jedoch die Jahresüberschüsse, welche sich zu großen Teilen aus den Mieteinnahmen speisen, weiterhin auf sehr hohem Niveau (2012: 175,7 Mio. €, 2013: 181,6 Mio. €, 2014: 146 Mio. €). Unter anderem von Seiten der Partei Die Linke wird kritisiert, dass diese Gelder »im Hamburger Haushalt verschwinden«, ohne den einkommensschwächeren Mieter/-innen zugute zu kommen (Die Welt 2015). Im Zeitraum von 2008 bis Juni 2015 stiegen die Mieten bei der SAGA um ca. 15 Prozent an (Bürgerschaft FHH 2015c) und damit zwar nicht mehr stärker als die Entwicklung des Hamburger Mietenspiegels, aber immer noch über der Entwicklung der Inflationsrate und der Einkommensentwicklung der Haushalte.

Zwischenfazit

Das Fazit für die Hamburger Wohnungspolitik fällt ambivalent aus: Es wurden seit Ende der 2000er Jahre durchaus wohnungspolitische Maßnahmen zugunsten der Mieter/-innen ergriffen sowie der Neubau, inklusive gefördertem Wohnungsbau, deutlich forciert. Gleichzeitig deuten jedoch die zur Verfügung stehenden Zahlen darauf hin, dass die Dynamik des Marktes nicht nachgelassen hat und die (Not-)Lage der Mieter/-innen sich kontinuierlich weiter verschärft. So weist der Hamburger Mieterverein darauf hin, dass die Mieten zwischen 2015 und 2016 trotz der zwischenzeitlich erlassenen Mietpreisbremse »um 5,6 Prozent gestiegen [sind] – bei einem gleichzeitigen Anstieg der allgemeinen Lebenshaltungskosten um lediglich 0,3 Prozent« (Mieterverein 2016). Bei genauerer Betrachtung der einzelnen wohnungspolitischen Maßnahmen wird deutlich, dass diese nicht in der Lage sind, das Problem der Wohnungsversorgung zu lösen. Die Soziale Erhaltungsverordnung in ihrer bisherigen Umsetzung erweist sich als ein zu zahmes Instrument, um Gentrifizierungsprozesse tatsächlich zu bremsen. Die Konzeptvergabe setzt zwar an der vielversprechenden Stelle an, öffentlichen Grund und Boden sozialem Wohnungsbau zur Verfügung zu stellen. Das dabei hinzugezogene Konstrukt des Drittel-Mix offenbart jedoch die strukturelle Schwäche der praktizierten Vergabe: Während in Hamburg ca. 55 Prozent der Bewohner/-innen vom Einkommen her Anspruch auf eine geförderte Wohnung haben (Bürgerschaft FHH 2015a: 6), wird der 33 Prozent Anteil für geförderten Neubau dieser Zahl nicht gerecht. Komplementär dazu liegt der anvisierte Anteil von 33 Prozent Eigentumswohnungen deutlich über der gegenwärtigen Eigentumsquote von ca. 23 Prozent (Ginski/Koller/Schmitt 2012: 40).

Als grundsätzliches Problem erweist sich zudem, dass die diskutierten Instrumente in der Wohnungspolitik lediglich flankierende Maßnahmen darstellen. Die zentrale Strategie fokussiert auf den Neubau. Jedoch wird auch dieser die Wohnungsfrage in Hamburg genauso wenig lösen können wie in Frankfurt: Die Quadratmeterpreise der zwischen 2011 und 2014 errichteten Wohnungen variieren laut dem Hamburger Mietenspiegel 2015 zwischen 8,90 € und 16,56 €. Es ist offensichtlich, dass diese Mietpreise einkommensschwächere Haushalte ausschließen. Die Hoffnung der Neubau-Politik liegt deshalb darin, durch eine Ausweitung des Wohnungsangebots Preissteigerungen insgesamt dämpfen zu können. Infolge eines angenommenen »Sickereffekts« (BSU 2015) würde selbst hochwertiger und teurer Neubau vermittelt über induzierte Umzugsketten die Marktsituation auch für untere Einkommensschichten entspannen. Obwohl die Wirksamkeit des in der sogenannten Filtering-Theorie formulierten Sickereffekts wissenschaftlich höchst umstritten ist und kontrovers diskutiert wird (Ipsen 1981; Häussermann/Siebel 1996: 148f.; Kühne-Büning 2005: 184ff.), bringen die in Hamburg regierenden Parteien diesem erhofften Effekt ein hohes Vertrauen entgegen. Problematisch ist dieses Vertrauen schon deswegen, weil zentrale Voraussetzungen der Filtering-Theorie in Hamburg nicht gegeben sind. Gemäß der Theorie führt der »Neubau an der Spitze der Qualitätsskala [...] nur dann zu Preisminderungen [...], wenn er insgesamt ein preisminderndes Überangebot auslöst. Das ist aber nur dann der Fall, wenn vorher ein Marktgleichgewicht bestand« (Kühne-Büning 2005: 185). In Hamburg gab es jedoch in den letzten Jahren weder ein Marktgleichgewicht, noch ist – selbst angesichts der bemerkenswerten Neubauanstrengungen – in näherer und mittlerer Zukunft ein Überangebot an Wohnraum zu erwarten (Bürgerschaft FHH 2015c: 4). Unter diesen Bedingungen kann die Filtering-Theorie keine Gültigkeit beanspruchen:

»Die stille Hoffnung der Wohnungspolitiker aller couleur, über das Ankurbeln des Neubaus von Mietwohnungen letztlich auch die Lage der sozial benachteiligten Mieter zu verbessern, [ist] trügerisch und zu relativieren. [...] Eine höhere Neubautätigkeit trägt zweifelsohne insgesamt zur Entspannung auf dem Wohnungsmarkt bei, [...] damit wird aber weder unmittelbar, noch mittelbar über das ‚filtering' (Sickereffekte) eine Verbesserung der Wohnsituation gering verdienender Haushalte erreicht. [...] Eine soziale Komponente dieser Art Wohnungspolitik ist nicht begründbar« (Einem 2016: 302; Ipsen 1981: 271).

Eine soziale Ausrichtung der Wohnungspolitik, die als postneoliberal qualifiziert werden könnte, müsste viel eher sowohl die Schaffung als auch den Erhalt bezahlbarer Wohnungen konsequent in den Blick nehmen. Ansatzpunkte dafür könnten sich, wie in Frankfurt, aus Überlegungen zu einer neuen (lokalen) Gemeinnützigkeit in der Wohnungsversorgung ergeben (Holm/Horlitz/Jensen 2015): Die Geschäftspolitik der SAGA-GWG wäre von dem Druck zu befreien, Überschüsse für den städtischen Haushalt erzielen zu müssen. Die Gewinne des Unternehmens müssten stattdessen ausschließlich in den Erhalt und die Schaffung günstiger Mietwohnungen fließen. Wohnraumförderung und Konzeptvergabe müssten – anstatt auf das Modell der »sozialen Zwischennutzung« (Holm 2013: 8) zu setzen – nach dem Prinzip ›einmal öffentlich gefördert, immer öffentlich gebunden‹ vorgehen. Um eine solche Politik zu verwirklichen, könnte Hamburg, anknüpfend an die praktizierte Bündnispolitik, einen engeren Schulterschluss mit den Teilen der

Wohnungswirtschaft suchen, die in der Lage und willens sind, tatsächlich dauerhaft bezahlbaren Wohnraum zu schaffen (Genossenschaften, Stiftungen, etc.). Die Fortführung des Bündnisses mit der renditeorientierten Wirtschaft wird dagegen aller Voraussicht nach an seinen internen Widersprüchen scheitern: Das Bedürfnis der Mieter/-innen nach bezahlbarem Wohnraum ist mit dem Profitinteresse der Wohnungswirtschaft letztendlich nicht vermittelbar (Holm 2011).

FAZIT

Die Untersuchung lokaler Wohnungspolitiken in Frankfurt am Main und Hamburg verdeutlicht, dass es zwar zu einer Abweichung vom bisherigen Mainstream aus Deregulierung, Privatisierung und Vermarktlichung von Wohnraum gekommen ist, sich aber bislang weder in qualitativer noch quantitativer Hinsicht von einer postneoliberalen Kehrtwende sprechen lässt. Quantitativ reichen die ergriffenen Maßnahmen nicht aus, um bezahlbaren Wohnraum in ausreichendem Umfang zur Verfügung zu stellen. Qualitativ brechen die einzelnen Ansätze nur in seltenen Fällen mit einer kapitalistischen Verwertungslogik. Eine kohärente, strategisch ausgerichtete Wohnungspolitik, die systematisch bezahlbaren Wohnraum schafft und erhält, lässt sich bislang nicht erkennen. Angesichts der Dominanz unternehmerischer Stadtpolitik seit den 1980er Jahren ist jedoch bereits die aktuell zu beobachtende Tendenz eines vorsichtigen Wandels bemerkenswert. Der von Mieter/-innen und ›Recht auf Stadt‹ Initiativen aufgebaute politische Druck hat sich deutlich in Rhetorik und Handlungen der parlamentarischen Politik übersetzt.

Die Diskussion der politischen Ansätze in Frankfurt und Hamburg hat darüber hinaus gezeigt, dass sich entlang der Triade Geld, Recht und Eigentum Kriterien aufstellen lassen, in welchen Bereichen sich Potenzial für eine postneoliberale Wohnungspolitik finden lässt: Fördermittel für den sozialen Wohnungsbau sind unerlässlich, um im Neubau angesichts hoher Baukosten bezahlbare Wohnungen realisieren zu können. Trotz deutlich erhöhter Fördersummen sind die Bemühungen Frankfurts und Hamburgs in diesem Bereich aber angesichts weiterhin auslaufender Bindungen absolut unzureichend. Als höchst problematisch erweist sich hierbei das System des sozialen Wohnungsbaus, welches in Deutschland so eingerichtet ist, dass öffentlich geförderte Wohnungen nach Ablauf der Bindungsfristen in den freien Markt übergehen. Ein postneoliberales Potenzial würden Fördermittel nur dann entfalten, wenn sich die institutionellen Bedingungen der Wohnbauförderung grundlegend ändern. Kriterium müsste sein, dass einmal investierte öffentliche Gelder auch dauerhaft sozialen Belangen in der Wohnungsversorgung zugutekommen.

Im Bereich rechtlicher Interventionen ist eine Kommune wie Frankfurt maßgeblich von der Gesetzgebung des Landes abhängig, während ein Stadtstaat wie Hamburg über eine weiterreichende Souveränität verfügt. Innerhalb der gegebenen Möglichkeiten ist allerdings für beide Fallbeispiele zu konstatieren, dass die Spielräume zur Verhinderung von Verdrängungsprozessen nicht in vollem Umfang genutzt werden, da private Eigentumsrechte nur sehr zögerlich eingeschränkt werden. Wohnungspolitische Regulierungen üben jedoch nur dann eine bremsende Wirkung auf die Marktdynamik aus, wenn sie effektiv Renditeinteressen in der Verwertung von Bestandswohnungen und bei der Entwicklung von Neubaugrundstücken einengen. Die bislang dominanten Vorgehensweisen, die – wie etwa im Rahmen des Hamburger Bündnisses für das Wohnen – auf eine Kooperation zwischen Politik und Immobilienwirtschaft setzen, stehen dem strukturell entgegen. Eine dämpfende Wirkung auf den Wohnungsmarkt ist vor diesem Hintergrund nur sehr eingeschränkt zu erwarten.

Die umfangreichsten Gestaltungsmöglichkeiten für eine postneoliberale Wende in der lokalen Wohnungspolitik liegen im Bereich des kommunalen Eigentums. Städtische Wohnungsunternehmen, wie die ABG Frankfurt Holding und die SAGA-GWG, bieten das Potenzial, durch die Schaffung und vor allem den Erhalt bezahlbaren Wohnraums deutlichen Einfluss auf den lokalen Markt zu nehmen. Das Beispiel der ABG veranschaulicht, dass ein öffentliches Wohnungsunternehmen zum einen zugänglich für Forderungen von Seiten sozialer Bewegungen sein kann und zum anderen materiell in der Lage ist, durch einen Mietenstopp und weitere Maßnahmen Wohnraum für mittlere und niedrige Einkommensschichten in größerem Umfang sicherzustellen. Bezogen auf städtische Liegenschaften zeigt die in Hamburg praktizierte Konzeptvergabe, wie es möglich ist, über die Vergabe von öffentlichen Grundstücken Einfluss auf das Preisniveau der Neubebauung zu nehmen. Hier stellt sich jedoch – ebenso wie im Bereich der Fördergelder – die Frage, ob Städte ihre Grundstücke an renditeorientierte Akteure veräußern sollten, da sie damit Einflussmöglichkeiten auf die zukünftigen Bodenwertentwicklungen aus der Hand geben. Möglich wäre auch, Grundstücke nur noch an dauerhaft bestandshaltende und nicht-gewinnorientierte Unternehmen zu vergeben oder Liegenschaften ausschließlich in Modellen wie dem Erbbaurecht zur Verfügung zu stellen.

Über die Betrachtung der einzelnen Bereiche Geld, Recht und Eigentum hinaus zeigt sich zudem, dass lokale Wohnungspolitik auch einer übergreifenden Strategie bedarf. Nach jahrzehntelanger Vermarktlichung und Deregulierung stellt sich das Feld der Wohnungspolitik als ein Flickenteppich isolierter Instrumente dar. Eine umfassende postneoliberale Perspektive könnte dagegen der Ansatz einer neuen (lokalen) Gemeinnützigkeit bieten, sofern diese eine »non-profit-Orientierung in der Bewirtschaftung [von Wohnraum], eine klar definierte Zweckbindung der unternehmerischen Ziele sowie [...] eine effektive gesellschaftliche Kontrolle« der kommunalen Wohnungsbaugesellschaften festschreibt (Holm/Horlitz/Jensen 2015: 41). Einzelne Städte könnten ihre Wohnungsunternehmen auf die Ziele einer neuen Gemeinnützigkeit verpflichten und so ein Modell für eine nicht-gewinnorientierte Wohnungswirtschaft schaffen, das sich auch von anderen, nicht-staatlichen Akteuren (wie Stiftungen, Genossenschaften, etc.) übernehmen ließe. Darüber hinaus müssten in den Bereichen Geld und Recht flankierende Maßnahmen vorgenommen werden, die eine gemeinnützig ausgerichtete Arbeit von Wohnungsunternehmen befördern. Auf diesem Wege könnte sich eine fragend vorwärts schreitende Perspektive für eine postneoliberale lokale Wohnungspolitik eröffnen, deren Zielvorstellungen sich an den Bedürfnissen der einkommensschwächeren Bewohner/-innen orientieren.

LITERATUR

Aalbers, Manuel (2015): »The Great Moderation, the Great Excess and the Global Housing Crisis«, in: International Journal of Housing Policy 15, S. 43-60.
ABG Frankfurt-Holding (1997): Gesellschaftsvertrag der ABG Frankfurt-Holding Wohnungsbau- und Beteiligungsgesellschaft mbH. Frankfurt am Main.
ABG Frankfurt-Holding (2003): Geschäftsbericht 2002. Frankfurt am Main.
AG Mieten im RaS (Netzwerk Recht-auf-Stadt) (2010): Dämpft oder treibt die SAGA die Mieten. Ein Dossier. http://www.rechtaufstadt.net/sites/default/files/u45/61_saga_-_daempfer_oder_treiber_09.pdf vom 09.06.2016.
Amt für Wohnungswesen Frankfurt am Main (2016): Wohnungsmarktbericht 2015. http://www.frankfurt.de/sixcms/media.php/738/wmb_2015_online.pdf vom 08.09.2016.
Amt für Wohnungswesen Frankfurt am Main (2015): Tätigkeitsbericht 2014. http://www.frankfurt.de/sixcms/media.php/738/tätigkeitsbericht2014.pdf vom 08.06.2016.
Birke, Peter/Hohenstatt, Florian/Rinn, Moritz (2015): »Gentrifizierung, Aktivismus und ›Rollenspiele‹. Erfahrungen am Hamburger Stadtrand«, in: Sozial.Geschichte Online, S. 53-88.
Brenner, Neil/Peck, Jamie/Theodore, Nik (2010): »After neoliberalization?«, in: Globalizations 7, S. 327-345.

BBSR (Bundesinstitut für Bau-, Stadt- und Raumforschung) (2014): Kommunale Strategien für die Versorgung einkommensschwächerer und sozial benachteiligter Haushalte, Bonn.

BSU (Behörde für Stadtentwicklung und Umwelt) (2015): 6.974 Wohnungen im Jahr 2014 fertiggestellt, Hamburg.

BSW (Behörde für Stadtentwicklung und Wohnen) (o.J.a): Wohnraumförderprogramm des Senats. Mehr günstige Mietwohnungen. http://www.hamburg.de/bsw/wohnungsbaufoerderung vom 31.03.2016.

BSW (Behörde für Stadtentwicklung und Wohnen) (o.J.b): Soziale Erhaltungsverordnungen in Hamburg. Aufwertung ohne Verdrängung, Hamburg, http://www.hamburg.de/soziale-erhaltungsverordnungen vom 25.05.2016.

Brinkmann, Martin/Seeringer, Jan (2014): »Leere Kassen, volle Quartiere: Rückschau und Ausblick auf die Hamburger Stadtteilentwicklung«, in: Informationen zur Raumentwicklung, S. 319-331.

Bürgerschaft der Freien und Hansestadt Hamburg (2010): 64. Sitzung der Bürgerschaft in der 19. Wahlperiode. Plenarprotokoll 19/64, Hamburg.

Bürgerschaft der Freien und Hansestadt Hamburg (2013): Schriftliche Kleine Anfrage (Grüne): 1/3-Mix im Wohnungsbau – Ergebnisse, Relevanzen und rechtliche Grundlagen. Drucksache 20/6920, Hamburg.

Bürgerschaft der Freien und Hansestadt Hamburg (2014a): Schriftliche Kleine Anfrage (Die Linke) und Antworten des Senats: Wohin fließen die Mieteinnahmen und Überschüsse der SAGA (II)? Drucksache 20/10793, Hamburg.

Bürgerschaft der Freien und Hansestadt Hamburg (2014b): Große Anfrage (Grüne) und Antworten des Senats: SAGA GWG. Drucksache 20/10596, Hamburg.

Bürgerschaft der Freien und Hansestadt Hamburg (2014c): Schriftliche Kleine Anfrage (Grüne): Dispositionsrunde. Drucksache 20/11940, Hamburg.

Bürgerschaft der Freien und Hansestadt Hamburg (2014d): Bericht des Stadtentwicklungsausschusses über Große Anfrage der CDU: Bilanz der Grundstücksvergabe nach Konzeptqualität. Drucksache 20/12112, Hamburg.

Bürgerschaft der Freien und Hansestadt Hamburg (2015a): Eckpunkte des Wohnraumförderprogramms des Senats 2015 und 2016. Mitteilung des Senats an die Bürgerschaft Drucksache 20/14366, Hamburg.

Bürgerschaft der Freien und Hansestadt Hamburg (2015b): Stellungnahme des Senats zu den Ersuchen der Bürgerschaft (Konzeptvergabe, dringende Wohnbedarfe und langfristige Bestandshalter). Drucksache 20/14365, Hamburg.

Bürgerschaft der Freien und Hansestadt Hamburg (2015c): Große Anfrage (Die Linke) und Antworten des Senats zu Betreff: Bindungsausläufe bei öffentlich geförderten Wohnungen. Drucksache 21/780, Hamburg.

Bürgerschaft der Freien und Hansestadt Hamburg (2016): Schriftliche Kleine Anfrage (CDU) zu Betreff: Neubau bei Sozialwohnungen nur Tropfen auf den heißen Stein. Drucksache 21/3726, Hamburg.

CDU, SPD, Grüne (2016): Koalitionsvertrag CDU + SPD + DIE GRÜNEN 2016-2021. http://www.cdu-fraktion-frankfurt.de/images/documents/Koalitionsvertrag2016-2021_CDU_SPD_Gr%C3%BCne.pdf vom 13.06.2016.

Die Welt (2015): Linke: Stadt füllt Kasse auf Kosten von Saga-Mietern. Die Welt vom 25.07.2015. http://www.welt.de/print/die_welt/hamburg/article144429386/Linke-Stadt-fuellt-Kasse-auf-Kosten-von-Saga-Mietern.html vom 09.06.2016.

Einem, Eberhard v. (2016): »Wohnungspolitik in Not«, in: Eberhard v. Einem (Hg.), Wohnen. Markt in Schieflage - Politik in Not, Wiesbaden: Springer VS, S. 277–317.

Eine Stadt für Alle. Wem gehört die ABG? (2016): Protest zahlt sich aus! Die Initiative ‚Eine Stadt für alle! Wem gehört die ABG?' begrüßt angekündigten Mietenstopp. Autistici vom 24.05.2016. http://www.autistici.org/abgkampagne/?p=1224 vom 08.06.2016.

Fehlberg, Thorsten/Mießner, Michael (2015): »Mietpreissteigerungen und Wohnungsengpässe abseits der Ballungsräume. Investitionen in Wohnimmobilien in B-Lagen und Regionalzentren – das Beispiel Göttingen«, in: sub\urban. zeitschrift für kritische stadtforschung 3, S. 25-44.

FHH (Freie und Hansestadt Hamburg) (2014): Wohnungsbau für die große Stadt, Hamburg.

FHH (Freie und Hansestadt Hamburg) (2016): Bündnis für das Wohnen in Hamburg. Vereinbarung für das Bündnis für das Wohnen zwischen der Freien und Hansestadt Hamburg und den wohnungswirtschaftlichen Verbänden Hamburgs über Wohnungsneubau, Klimaschutz und Energieeffizienz, Erhalt der Backsteinfassaden, integrative Wohnungspolitik und Mietrecht in Hamburg für die 21. Legislaturperiode, Hamburg.

Frankfurter Allgemeine Zeitung (2014): Frankfurt will Milieus schützen. Frankfurter Allgemeine Zeitung vom 14.11.2014, Nr. 265, S. 29.

Frankfurter Rundschau (2016a): Wahlprüfsteine: Wohnen in Frankfurt. Mieter sind verunsichert. Frankfurter Rundschau vom 03.02.2016. http://www.fr-online.de/kommunalwahl-in-frankfurt/wahlpruefsteine-wohnen-in-frankfurt-mieter-sind-verunsichert,32120792,33699672.html vom 08.05.2016.

Frankfurter Rundschau (2016b): Luxuszone Frankfurter Innenstadt. Frankfurter Runschau vom 10.03.2016. http://www.fr-online.de/stadtentwicklung/innenstadt-frankfurt-luxuszone-frankfurter-innenstadt.26042926.33935592.html vom 08.05.2016.

Frankfurter Rundschau (2016c): Weniger Milieuschutz in Frankfurt. Frankfurter Rundschau vom 07.06.2016. http://www.fr-online.de/frankfurt/wohnen-in-frankfurt-weniger-milieuschutz-in-frankfurt.1472798.34336928.html vom 08.06.2016.

Frankfurter Rundschau (2015): Initiativen loben Mietpreisbremse bei der ABG. Frankfurter Rundschau vom 24.05.2016. http://www.fr-online.de/frankfurt/abg-frankfurt-initiativen-loben-mietpreisbremse-bei-abg.1472798.34280562.html vom 08.06.2016.

Ginski, Sarah/Koller, Barbara/Schmitt, Gisela (2012): IBA Berlin 2020. Wohnungsbau und öffentliche Förderung. Ein Sondierungspapier im Auftrag der Senatsverwaltung für Stadtentwicklung und Umwelt, Berlin, Aachen.

Gutachterausschuss für Immobilienwerte (2014): Immobilienmarktbericht für den Bereich Frankfurt am Main. http://www.frankfurt.de/sixcms/media.php-/738/MB_2014HJ1.pdf vom 08.05.2016.

Hamburgische Wohnungsbaukreditanstalt (2013): 60 Jahre WK (1953 bis 2013). Geförderter Wohnungsbau in Hamburg, Hamburg.

Hamburger Abendblatt (2016): Mietpreisbremse: wie brüchig ist das Bündnis für das Wohnen? Hamburger Abendblatt vom 12.05.16. http://www.abendblatt.de/hamburg/article207557737/Mietpreisbremse-Wie-bruechig-ist-das-Buendnis-fuer-Wohnen.html vom 24.05.2016.

Harvey, David (1982): The limits to capital, London: Verso.

Häussermann, Hartmut/Siebel, Walter (1996): Soziologie des Wohnens. Eine Einführung in Wandel und Ausdifferenzierung des Wohnens, Weinheim: Juventa.

Heeg, Susanne/Rosol, Marit (2007): »Neoliberale Stadtpolitik im globalen Kontext. Ein Überblick«, in: Prokla. Zeitschrift für kritische Sozialwissenschaften 37, S. 491-510.

Hodkinson, Stuart (2012): »The return of the housing question«, in: ephemera. theory & politics in organization 12, S. 423-444.

Hollander, Christiane (2011): »Ein scharfes Schwert – Milieuschutz in Hamburg. Schutz für Mieter/innen durch soziale Erhaltensverordnungen und durch Umwandlungsverordnungen«, in: MieterEcho. Zeitschrift der Berliner Mietergemeinschaft, S. 18–21.

Holm, Andrej (2011): »Wohnung als Ware – Zur Ökonomie und Politik der Wohnungsversorgung«, in: Widersprüche 31, S. 9-22.

Holm, Andrej (2013): Wohnen als Soziale Infrastruktur. http://www.linksnetz.de/pdf/T_holm_wohnen.pdf vom 08.05.2016.

Holm, Andrej/Gebhardt, Dirk (Hg.) (2011): Initiativen für ein Recht auf Stadt. Theorie und Praxis städtischer Aneignungen, Hamburg: VSA Verlag.

Holm, Andrej/Horlitz, Sabine/Jensen, Inga (2015): Neue Gemeinnützigkeit. Gemeinwohlorientierung in der Wohnungsversorgung. http://www.heidrunbluhm.de/fileadmin/kreise/Bluhm/Neue_Gemeinnuetzigkeit_gesamt_2015-09-16.pdf vom 09.02.2016.

Institut für Wohnen und Umwelt (2015): Feststellung von Gebieten mit angespannten Wohnungsmärkten im Sinne des §556d Abs. 1 BGB anhand geeigneter Indikatoren im Land Hessen. https://umweltministerium.hessen.de/sites/default/files/media/hmuelv/gutachten_neuvertragsmietbremse.pdf vom 19.01.2016.

Ipsen, Detlev (1981): »Segregation, Mobilität und die Chancen auf dem Wohnungsmarkt. Eine empirische Untersuchung in Mannheim«, in: Zeitschrift für Soziologie 10, S. 256-272.

Journal Frankfurt (2015): ABG bremst ihren Mietanstieg. Journal Frankfurt vom 23.07.2015. http://www.journal-frankfurt.de/journal_news/Kultur-9/Lagenzuschlag-halbiert-ABG-bremst-ihren-Mietanstieg-25004.html vom 08.05.2016.

Kienscherf, Dirk (o.J.): Soziale Wohnungspolitik. Auch 2016 starke Neubautätigkeit! http://www.dirk-kienscherf.de/index.php?mod=content&menu=6&page_id=61 vom 26.04.2016.

Kühne-Büning, Lidwina (2005): »Die Wohnung und ihre Märkte«, in: Kühne-Büning, Lidwina/Nordalm, Volker/Lieselotte Steveling (Hg.), Die Grundlagen der Wohnungs- und Immobilienwirtschaft, Hamburg: Hammonia-Verl., S. 3-230.

LBS (2016): LBS-Immobilienmarktatlas: Hamburg und Umland, Kiel und Hamburg.

Magistrat der Stadt Frankfurt (2014a): Vortrag des Magistrats M9. http://www.stvv.frankfurt.de/download/M_9_2014.pdf vom 08.05.2016.

Magistrat der Stadt Frankfurt (2014b): Vortrag des Magistrats vom 15.12.2014, M217. http://www.stvv.frankfurt.de/download/M_217_2014.pdf vom 19.01.2016.

Menzel, Marcus (2012): »Hamburg – Reurbanisierungsprozesse in einer wachsenden Stadt«, in: Klaus Brake/Günter Herfert (Hg.), Reurbanisierung. Materialität und Diskurs in Deutschland, Wiesbaden: VS Verlag für Sozialwissenschaften, S. 304-322.

MhM (Mieter helfen Mietern) (2015): Mietenspiegel 2015. Ungebremster Anstieg. http://www.mhmhamburg.de/files/eightytwenty/Download-Presse/Mietenspiegel%202015%20PM.pdf vom 29.06.2016.

Mieterverein (zu Hamburg) (o.J.): Statistiken zum Wohnen in Hamburg. https://www.mieterverein-hamburg.de/statistiken-wohnen-hamburg.html vom 31.03.2016.

Mieterverein (zu Hamburg) (2016): Nachbesserungsbedarf bei der Mietpreisbremse: Neuvermietungsmieten liegen 55 Prozent über dem Mietenspiegel. Aussendung vom 19.05.2016. https://www.mieterverein-hamburg.de/meldung/items/nachbesserungsbedarf-bei-der-mietpreisbremse-neuvermietungsmieten-liegen-55-prozent-ueber-dem-mietenspiegel.html vom 27.06.2016.

Mösgen, Andrea/Schipper, Sebastian (2016): »Gentrifizierungsprozesse im Frankfurter Ostend. Stadtpolitische Aufwertungsstrategien und Zuzug der Europäischen Zentralbank«, in: Raumforschung und Raumordnung, doi: 10.1007/s13147-016-0437-0

Pestel-Insitut (2012): Bedarf an Sozialwohnungen in Deutschland, Hannover.

Rinn, Moritz (2016): Konflikte um die Stadt für alle. Das Machtfeld der Stadtentwicklungspolitik in Hamburg, Münster: Westfälisches Dampfboot.

Rink, Dieter/Schönig, Barbara/Gardemin, Daniel/Holm, Andrej (2015): »Städte unter Druck. Die Rückkehr der Wohnungsfrage«, in: Blätter für deutsche und internationale Politik, S. 69-79.

Rolnik, Raquel (2013): »Late Neoliberalism: The Financialization of Homeownership and Housing Rights«, in: International Journal of Urban and Regional Research 37, S. 1058-1066.

Sack, Detlef (2012): »Urbane Governance«, in: Frank Eckardt (Hg.), Handbuch Stadtsoziologie, Wiesbaden: VS Verlag für Sozialwissenschaften, S. 311–335.

SAGA-GWG (2015): Konzern-Geschäftsbericht 2014, Hamburg.

Schipper, Sebastian (2013a): Genealogie und Gegenwart der unternehmerischen Stadt. Neoliberales Regieren in Frankfurt am Main, 1960-2010, Münster: Westfälisches Dampfboot.

Schipper, Sebastian (2013b): »Global-City-Formierung, Gentrifizierung und Grundrentenbildung in Frankfurt am Main«, in: Zeitschrift für Wirtschaftsgeographie 57, S. 185-200.

Schipper, Sebastian (2016): »Wohnungsnot und Gentrifizierung in Frankfurt am Main. Zur Rolle der städtischen Wohnungsbaugesellschaft ABG Holding in gegenwärtigen Verdrängungsprozessen«, in: AK Kritische Geographie Frankfurt/Rosa-Luxemburg Stiftung Hessen (Hg.), Kommunale Kürzungspolitik in der Region Frankfurt/Rhein-Main, Frankfurt am Main: S. 44–50.

Schipper, Sebastian/Wiegand, Felix (2015): »Neubau-Gentrifizierung und globale Finanzkrise. Der Stadtteil Gallus in Frankfurt am Main zwischen immobilienwirtschaftlichen Ver-wertungszyklen, stadtpolitischen Aufwertungsstrategien und sozialer Verdrängung«, in: sub\urban. zeitschrift für kritische stadtforschung 3, S. 7-32.

Schönig, Barbara/Rink, Dieter/Gardemin, Daniel/Holm, Andrej (2016): »Paradigmenwechsel in der kommunalen Wohnungspolitik? Variationen kommunalisierter Wohnungspolitik im transformierten Wohlfahrtsstaat.«, in: Marlon Barbehön/Sybille Münch (Hg.), Variationen des Städtischen – Variationen lokaler Politik, Cham: S. 25–62.

Spiegel-online (2016): Teures Wohnen: Mietpreisbremse ausgebremst. Spiegel Online vom 17.05.2016. http://www.spiegel.de/politik/deutschland/mietpreisbremse-berlin-will-ueber-bundesrat-gesetz-verschaerfen-a-1092665.html vom 03.06.2016.

Stadt Frankfurt (2008): Wohnungspolitische Leitlinien. http://www.frankfurt.de/sixcms/media.php/738/081219%20Leitlinien_Fassung%202008.pdf vom 08.05.2016.

Stadtverordnetenversammlung Frankfurt (2015): Wortprotokoll über die 21. Plenarsitzung. Stadtverordnetenversammlung vom 15.10.2015. http://www.stvv.frankfurt.de/download/WOP_45_15-10-2015.pdf vom 08.05.2016.

Stadtverordnetenversammlung Frankfurt (2013): Wortprotokoll über die 21. Plenarsitzung. Stadtverordnetenversammlung vom 25.04.2013. http://www.stvv.frankfurt.de/download/WOP_21_25-04-2013.pdf vom 08.05.2016.

Statistisches Amt für Hamburg und Schleswig-Holstein (2016): Wie lange leben Hamburgerinnen und Hamburger in ihrer Wohnung? http://www.statistiknord.de/publikationen/publikationen/presseinformationen/dokumentenansicht/wie-lange-leben-hamburgerinnen-und-hamburger-in-ihrer-wohnung/ vom 21.09.2016.

Tharun, Elke/Körner, Wilfried (2001): »Wandel und Kontinuität in der Wohnungspolitik – Die Entwicklung des kommunalen und zentralstaatlichen Einflusses auf den Wohnungsmarkt Frankfurt am Main seit 1871.«, in: Klaus Wolf/Franz Schymik (Hg.), 75 Jahre Rhein-Mainische Forschung. 1925-2000, Frankfurt am Main: S. 162-194.

Vaché, Martin (2016): »Gespaltener Wohnungsmarkt: Das Beispiel der Region Frankfurt/Main«, in: Eberhard v. Einem (Hg.), Wohnen. Markt in Schieflage – Politik in Not, Wiesbaden: Springer VS, S. 71-98.

Vogelpohl, Anne (2017): »Modernisierung und Mietpreisbremse im Widerstreit: Potenziale und Grenzen der Sozialen Erhaltungssatzung«, in: Uwe Altrock/Ronald Kunze (Hg.), Stadterneuerung und Armut. Jahrbuch Stadterneuerung 2016, Berlin: Springer VS, S. 271–290.

Vollmer, Lisa (2015): »Die Berliner Mieter_innenbewegung zwischen lokalen Konflikten und globalen Widersprüchen«, in: Sozial.Geschichte Online, S. 51-82.

Kommunale Strategien für bezahlbaren Wohnraum: Das Wiener Modell oder die Entzauberung einer Legende

CHRISTOPH REINPRECHT

In international vergleichender Perspektive gilt Wien als Sonderfall und Vorzeigebeispiel: Dies ist vor allem dem hohen Anteil an sozialem Wohnbau geschuldet. Zum Sektor des sozialen Wohnbaus zählen die berühmten kommunalen Wohnhausanlagen des Roten Wien, emblematisch für eine sozial-emanzipatorische Wohnpolitik der Zwischenkriegszeit und bis heute ein wichtiger Bestandteil des symbolischen Kapitals der Stadt. Heute stehen rund 220.000 Wohnungen im kommunalen Eigentum. Gemeinsam mit den von gemeinnützigen Wohnbauträgern errichteten und verwalteten Wohnungen, an die 200.000, handelt es sich bei knapp der Hälfte aller Hauptwohnsitzwohnungen bzw. rund 60 Prozent aller Mietwohnungen um Wohnungen mit dauerhafter sozialer Bindung. Ein ausdifferenziertes System an Förderungen sorgt dafür, dass ein überwiegender Teil der neuen Wohnungen ebenfalls mithilfe von öffentlichen Förderungen errichtet wird. Damit beansprucht Wien sowohl im Vergleich zu seinen Nachbarländern als auch in Österreich ein Alleinstellungsmerkmal.

Die starke Stellung des sozialen Sektors ist erklärungsbedürftig. Sie ist sicherlich das Ergebnis einer über hundertjährigen Entwicklung, die in der jüngeren Vergangenheit zwar etwas korrigiert, aber nicht unterbrochen wurde. Im Unterschied zu deutschen Großstädten, wo der kommunale, gemeinnützige Sektor ab den 1990er Jahren vielfach an internationale Großinvestoren veräußert wurde (Droste/Knorr-Siedow 2014), verfügt Wien mit dem sozialen Wohnbau bis in die Gegenwart über ein bedeutsames Steuerungsinstrument im Bereich der Wohnungspolitik sowie der Stadtentwicklung generell. Der soziale Sektor ist politisch gewollt und beruht auf einem von weiten Teilen der Gesellschaft mitgetragenem

Konsens, Fragen der Wohnversorgung nicht dem Markt alleine zu überlassen, sondern als eine Angelegenheit von allgemeinem Interesse zu betrachten. Dabei fallen sowohl Argumente der Verteilungsgerechtigkeit als auch der Qualität sowie der ökologischen und sozialen Nachhaltigkeit ins Gewicht. Dauerhaft gestützt wird dieser Konsens durch die Kraft der großen Zahl: Wenn insgesamt knapp die Hälfte der Haushalte (bezogen auf alle Hauptwohnsitze) bzw. eine deutliche Mehrheit der Haushalte in Hauptmiete im kommunalen oder gemeinnützigen Sektor wohnt, dann ist der soziale Wohnbau kein Stigma und kein Ausdruck von Bedürftigkeit, sondern Normalität.

Der Anspruch des folgenden Beitrags ist es nicht, eine Lanze für Wien als Best Practice zu brechen. Vielmehr versucht der Beitrag, nach einer kurzen Einleitung in den österreichischen Kontext, die Transformationen, denen das ›Wiener Modell‹ unterliegt, die Widersprüche, die es durchziehen, und die Herausforderungen, mit denen es sich aktuell in Hinblick auf die Organisation von bezahlbaren Wohnraum konfrontiert sieht, zu benennen. Dabei wird die These vertreten, dass das Wiener Modell Teil einer Legende ist, deren Entzauberung sich abzeichnet. Diese These wird nicht aus rückblickender Perspektive, sondern in Auseinandersetzung mit den aktuellen stadt- und wohnungspolitischen Strategien, Maßnahmen und Entscheidungen für bezahlbaren Wohnraum sowie unter Bezugnahme auf den demographischen und sozio-ökonomischen Strukturwandel postuliert.

DER ÖSTERREICHISCHE KONTEXT

Die Wiener Situation kann nicht losgelöst von den wohnpolitischen Verhältnissen in Österreich verstanden werden. Im internationalen Vergleich gilt Österreich als ein Land mit einem verhältnismäßig stark regulierten und kontrollierten Wohnungswesen. Ein relativ ausgebauter Mieterschutz, ein komplexes System der Wohnbauförderung sowie eine einflussreiche Rolle der gemeinnützigen Wohnbaugesellschaften haben über mehrere Jahrzehnte dazu beigetragen, die Marktkräfte zu drosseln.

In Österreich wohnt, grob gesprochen, (gut) die Hälfte der Bevölkerung in Privateigentum und eine (etwas kleinere) Hälfte zur Miete (Statistik Austria 2014). Eigentum bedeutet zu 80 Prozent Eigenheim (mehrheitlich in ländlichen, peri- und auch suburbanen Gegenden), während in den verdichteten Agglomerationen Mietwohnungen dominieren (in Wien 76 Prozent). Insgesamt zählen rund 23 Prozent aller Wohneinheiten zum sozialen Sektor, bei den Mietwohnungen sind fast 60 Prozent dauerhaft sozial gebunden. Zwei Drittel dieser Wohnungen werden von gemeinnützigen Wohnbauträgern verwaltet, ein Drittel entfällt auf öffentliche

Körperschaften (überwiegend Gemeindewohnungen, mehrheitlich in Wien). Der soziale Sektor hat in den vergangenen Jahrzehnten kontinuierlich an Größe und Bedeutung gewonnen. Gleichzeitig ist seit mehreren Jahren auch in Österreich eine wachsende Tendenz in Richtung einer Kommodifizierung des Wohnens festzustellen.

Drei Merkmale sind es, die die Situation in Österreich auszeichnen (Reinprecht 2014): *Zum einen* der dauerhafte nationale Konsens über das Prinzip der Gemeinnützigkeit im Wohnbau. Das System des sozialen Wohnbaus definiert sich neben der direkten Förderung der Wohnbauproduktion (Wohnbauförderung) und den rechtlichen Instrumentarien (Mieter/-innenschutz, Mietrechtsgesetz) auch durch eine starke Stellung nicht-profitorientierter Bauträger. Der Umstand, dass der gemeinnützige Sektor ganz im Sinne des korporatistischen Wohlfahrtsmodells mit den politischen Machtstrukturen, den Parteien und Verbänden verzahnt ist, stabilisierte den (parteiübergreifenden) Konsens in wohnpolitischen Fragen sowie die Art des Förderwesens, das im Unterschied zu den meisten anderen europäischen Ländern bis in die Gegenwart am Prinzip der Objektförderung (direkte Förderung von Bauvorhaben) orientiert blieb. Auf die Objektförderung entfallen aktuell rund 60 Prozent der öffentlichen Fördermittel, wenngleich mit fallender Tendenz. Seit 1996 sank die Objektförderung um zwölf Prozentpunkte bei gleichzeitigem Anstieg der Subjektförderungen (Wohn- und Mietzinsbeihilfen) von sechs auf 14 Prozent. Wie in anderen Ländern schließt die Orientierung am Prinzip der Gemeinnützigkeit ein allgemeines *Recht auf Wohnen* nicht ein.

Zum zweiten ist das System des sozialen Wohnbaus nicht nur hochgradig institutionalisiert, sondern auch fragmentiert. Die Wohnbauförderung fällt in die Kompetenz der (neun) Bundesländer, wodurch sich eine Vielzahl an Regeln und regionalen Praktiken ergibt, unübersichtlich ist auch das Geflecht der involvierten Akteure. Im sozialen Wohnbau spiegeln sich so gesehen die Struktur- und Legitimationsprobleme eines mit landes-, partei- und ständepolitischen Interessen verflochtenen Mehrebenensystems. Die Unübersichtlichkeit ist in den letzten Jahren durch den Wegfall der Zweckbindung der Zuschüsse für den Wohnbau weiter gewachsen. Viele Bundesländer setzen die Mittel zunehmend für nicht wohnbaubezogene Vorhaben ein, etwa im Infrastrukturbereich, aber auch zur Budgetsanierung, auch kam es vor, dass Erlöse aus veräußerten Wohnbaudarlehen am internationalen Kapitalmarkt risikoreich veranlagt wurden. Unübersichtlichkeit und Fragmentierung erschweren eine einheitliche Strategie für bezahlbaren Wohnraum. Eine solche gibt es weder auf nationaler oder regionaler noch auf Ebene der im Städte- und Gemeindebund zusammengeschlossenen Kommunen.

Zum dritten existiert keine einheitliche Definition von sozialem Wohnbau. Der per se bereits dehnbare Begriff korrespondiert in Österreich mit dem allgemeinen

Leitbild der sozialen Marktwirtschaft und der spezifischen Praxis des Korporatismus (Sozialpartnerschaft), in die das System der Wohnbauförderung seit dem Zweiten Weltkrieg eingebettet war (Matznetter 2002). Eine Politik des Interessensausgleichs kreuzt sich hier mit dem Bestreben der Wohlstandsabsicherung für breite Teile der Bevölkerung. In den weniger urbanisierten Bundesländern betrifft die Wohnbauförderung vorrangig den Bau (bzw. die Sanierung) von Eigenheimen. Im Bereich des geförderten (mehrgeschossigen) Wohnungsbaus schließt sie potentiell aufgrund hoher Einkommensgrenzen mehr als 80 Prozent der Bevölkerung ein. Keinen (oder einen sehr erschwerten) Zugang zum geförderten Wohnbau haben die obersten Einkommenssegmente sowie Bevölkerungsgruppen mit prekärem Sozialstatus (unsichere Beschäftigungs- und Einkommenssituation, ungesicherter Aufenthalt, ungeklärter familiärer Status; Ausnahmen existieren für sogenannte Notfälle). Die Wohnbauförderung streut so gesehen zwar breit, das gesellschafts- und sozialpolitische Ziel einer Wohlstandsteilhabe und Statusabsicherung *für alle* begünstigt jedoch Vollerwerbstätige, Einheimische sowie das herkömmliche familienzentrierte Versorgermodell, während atypische Lebenslagen, Migration und auch manifeste Armut im Systemzugang benachteiligt sind.

Trotz seiner Schlüsselrolle gerät der soziale Sektor zunehmend unter Druck. Die Gründe dafür sind mannigfach. So schwächt der Bedeutungsrückgang der Sozialpartnerschaft den wohnungspolitischen Nachkriegskonsens, während gleichzeitig der fast vollständige Rückzug staatlicher und kommunaler Bauträger den Weg für marktorientierte Akteure und Investoren ebnet. Auch führt die aktuelle Entwicklung am Kapitalmarkt zu einem Attraktivitätsverlust bisheriger Fördermodelle. Dazu kommt die Knappheit und (Über-)Teuerung von Bauland in verdichteten Agglomerationen. Als kostentreibend erweisen sich auch neue baurechtliche Standards. Neue Anforderungen an den sozialen Wohnbau entstehen in Folge des demographischen und sozialstrukturellen Wandels wie Alterung und Migrationsdynamik, veränderte Familien- und Haushaltsformen, Milieu- und Lebensstildifferenzierungen, wachsende Armut, die Prekarisierung der Beschäftigungsverhältnisse. Diese Entwicklungen stellen herkömmliche Kriterien der Wohnungsvergabe, aber auch das vorherrschende Bild der Begünstigten in Frage. Zusätzlicher Druck entsteht nicht zuletzt aufgrund der Entwicklung am privaten

Wohnungsmarkt mit seinen wachsenden Anteilen an Mietbefristungen[1], Teuerungen bei Neuvermietungen[2] sowie einem allgemeinen Diskurswandel, der zu einer Neubewertung der Eigentumsoption beiträgt (Wohnung als kapitalisierbares Konsum- und Investitionsgut).

DAS WIENER MODELL: DIE ENTZAUBERUNG EINER LEGENDE

Die skizzierte Situation gilt im Großen und Ganzen auch für Wien. Die wohl wichtigste Eigenheit Wiens betrifft die dominierende Position des kommunalen Wohnbaus, dessen Anfänge auf das austromarxistische Rote Wien zurückreichen und der ein vergleichsweise kostengünstiges Segment des Wohnungsmarktes bildet.[3] Im Bekenntnis zum sozialen Wohnbau spiegelt sich zugleich ein sozialdemokratischer Hegemonieanspruch[4], der die Stadt seit 1919, mit Ausnahme der Zeit des Austrofaschismus und der NS-Herrschaft, prägt. Auch in dieser Hinsicht nimmt Wien eine Sonderstellung ein[5]. Im Neubau sind mehr als zwei Drittel aller Wohnungen gefördert (die angestrebte Neubauleistung beträgt aktuell rund 13.000 Wohnungen jährlich). Ein wichtiges Merkmal ist auch der hohe Steuerungsan-

---

1   In Wien ist der Anteil an befristeten Hauptmietwohnungen zwischen 2009 und 2012 um 59 Prozent gestiegen. Der Anteil an befristeten Mietverhältnisse beträgt in Wien 15 Prozent (Österreich 18 Prozent), im Segment der privaten Hauptmietwohnungen sind 25 Prozent befristet (Österreich 35 Prozent). Im gemeinnützigen bzw. kommunalen Segment liegt der Anteil der Befristungen mit 2 Prozent bzw. 10 Prozent deutlich darunter (Zahlen für Wien; MA 24 2015: 175ff.).

2   In Wien sind in den letzten Jahren die Wohnkosten deutlich stärker gestiegen als das allgemeine Preisniveau. Zwischen 2005 und 2013 nahmen die Kosten für das Wohnen (inkl. Wasser und Energie) um 28 Prozent zu, das allgemeine Preisniveau um 18 Prozent (MA 24 2015: 170).

3   In Wien sind rund 60 Prozent der geförderten Wohnungen im Besitz der Stadt Wien. Seit 2004 tritt die Stadt nicht mehr als Bauträger auf. Die Verwaltung der insgesamt rund 220.000 Gemeindewohnungen obliegt dem Unternehmen Wiener Wohnen, das zu hundert Prozent im Eigentum der Stadt ist.

4   Mit Ausnahme der Zeit des Austrofaschismus, 1933-1938, und der NS-Herrschaft, 1938-1945, stellte die Sozialdemokratische Partei seit 1919 durchgehend den Bürgermeister.

5   Wien ist sowohl Bundeshauptstadt als auch ein eigenes Bundesland.

spruch, der u.a. in der Vielfalt der Förderinstrumente, ausgefeilten Planungsprozessen (Bauträgerwettbewerbe, Wohnbauinitiative, Smart Wohnen[6], etc.), aber auch in der Durchführung von Großprojekten (Seestadt Aspern, Bebauung ehemaliger Bahnhöfe) zum Tragen kommt.

Aus einer zeitlich umfassenderen Perspektive werden bedeutende Transformationen erkennbar. Dazu zählt in erster Linie der Gestaltwandel *lokaler Wohlfahrtsstaatlichkeit* im Sinne des *municipal socialism* zu Prinzipien von *New Public Management* und *Public Private Partnership*.

Repräsentierte das lokale Wohlfahrtsmodell des Roten Wien den Anspruch auf eine (mit dem Hegemoniestreben des austromarxistischen Projekts genuin verbundene) politische und sozio-kulturelle *Emanzipation der Arbeiterklasse* (zwischen 1920 und 1934 entstanden 382 neue Wohnhäuser mit 65.000 Wohneinheiten, deren Errichtung großteils über zweckgebundene Steuern erfolgte), und zielte der kommunale Wohnbau im korporatistischen Wohlfahrtsstaat der Nachkriegsjahrzehnte auf die *Inklusion der citizen worker*, d.h. der erwerbstätigen und staatsbürgerlichen Bevölkerung, dominiert heute das *Besiedelungs- und Wohnraummanagement* für eine sozialstrukturell wie auch in soziokultureller Hinsicht zunehmend heterogene und von sozialen Verwerfungen geprägte Bevölkerung (Reinprecht 2013). Von jeglicher sozialrefomerischer Utopie befreit, geht es heute, mit Hilfe von Instrumenten des New Public Management, um die Herstellung und Stärkung von sozialer Kohäsion und das Management von Diversität[7]. In Wien leben rund 60 Prozent der Haushalte, die in Hauptmiete wohnen, in sozial geförderten Wohnungen, mehr als die Hälfte davon in Wohneinheiten, die im Eigentum der Stadt Wien stehen. Das für den kommunalen Bereich zuständige Unternehmen Wiener Wohnen bezeichnet sich als die größte Hausverwaltung Europas. Ihre Aufgaben sind sowohl in technischer (Stichwort thermisch-energetische Sanierung) als auch sozialer Hinsicht (Mediation, Konfliktmanagement im Zusammenhang mit dem Wechsel bzw. der Sukzession der Bewohner/-innenschaft) zunehmend komplex.

---

6   In Wien müssen seit 1995 alle geförderten Wohnbauprojekte eine Empfehlung des Grundstücksbeirats oder einen Sieg in einem Bauträgerwettbewerb (öffentlich ausgelobtes Verfahren) vorweisen. Wohnbauinitiative bezeichnet ein Förderprogramm für den frei finanzierten Wohnbau, wobei die Gewährung von Darlehen an die Deckelung der Eigenmittel und Mieten geknüpft ist. Das Smart-Wohnbauprogramm richtet sich an spezielle Zielgruppen (Jung- und Teilfamilien, Alleinstehende) mit Bedarf an kleinem, leistbarem Wohnraum (Eigenmittel- und Mietobergrenze).

7   Kadi (2015) spricht in diesem Zusammenhang von einer ›Re-Kommodifizierung‹ des Wohnens in Wien.

Sowohl im Neubau als auch in der Bestandsanierung dominiert das Prinzip der öffentlich-privaten Partnerschaft. 2004 wurde der letzte Gemeindebau fertiggestellt und besiedelt. Mit dem Rückzug der Stadt als Bauträger veränderte sich nicht nur ihr Selbstverständnis (vom Gemeindewohnbau zu ›sozial gefördertem Wohnbau‹; vom Roten Wien zur Hausverwaltung), sondern auch ihre Rolle und Funktion als wohnungspolitischer Akteur. Als Fördergeberin beansprucht sie, wie angeführt, einen hohen Steuerungsanspruch, steht jedoch in einer potenziell recht konflikthaften und zunehmenden wechselseitigen Abhängigkeit mit Akteuren von außerhalb des gemeinnützigen Sektors, privaten Bauträgern, Kapitalgesellschaften, internationalen Investoren, Bodenspekulanten etc. In diesem Zusammenhang ist ein Blick auf die zahlreichen Großprojekte (wie Seestadt Aspern oder das Areal beim neuen Hauptbahnhof Sonnwendviertel) aufschlussreich. In diesen Gebieten regiert das Prinzip einer Mischbebauung aus (freifinanzierten) Büroflächen und gemischt finanziertem Wohnbau, wobei alle Instrumente von Bauträgerwettbewerb, Wohnbauinitiative, Smart Wohnen bis hin zu gefördertem und frei finanziertem Eigentum zur Anwendung kommen. Dies konnotiert auch den Begriff der ›sozialen Mischung‹ in spezifischer Weise.

Öffentliche Förderungen sind nicht nur im Neubau von Relevanz. Im Selbstverständnis der Stadt zählt auch die Bestandsanierung zum Themenfeld ›soziales Wohnen‹. Hier geht es in erster Linie um die Instandsetzung von Wohnhäusern der Gründerzeit (Blocksanierung) und um Maßnahmen der individuellen Wohnungsverbesserung. Die Politik der ›sanften‹ Stadterneuerung seit den 1970er Jahren verfolgte das Ziel einer Bestandsanierung bei möglichster Geringhaltung der sozialen Folgekosten, d.h. ohne Wechsel der Bewohner/-innenschaft. Die sanfte Stadterneuerung war insofern ein Erfolg, als der Anteil der schlecht ausgestatteten Wohnungen (ohne WC, Badezimmer und Zentralheizung) von über 40 Prozent auf unter 4 Prozent gedrückt werden konnte, womit sie zur Aufwertung innerstädtischer Wohngebiete beitrug. Genau darin besteht freilich auch ihr längerfristig negativer Effekt. Denn auch wenn es aufgrund der Schutzmechanismen in vielen der betroffenen Stadtquartiere zu keinem unmittelbaren Wechsel der Bewohner/-innen kam, leistete die Stadterneuerung einen nicht unerheblichen Beitrag zu einer schleichenden Gentrifizierung dieser Gebiete (Verlic/Kadi 2015; Huber 2013), da bestandsverbesserte Wohnungen, sobald sie auf den Markt kommen, eine erhebliche Teuerung erfahren, während der reduzierte Bestand an niederschwellig zugänglichen und kostengünstigeren Wohnungen den Wohnraumzugang für statusprekäre Bevölkerungsgruppen erschwert.

Zusammenfassend zeichnet sich in Wien das Bild eines sozialen Sektors ab, der leistbaren Wohnraum ›für alle‹ anbietet, die bestimmten Kriterien von Arbeitsmarktintegration, Aufenthaltsstatus und Familiensituation genügen[8]. Das Kriterium der Arbeitsmarktintegration bzw. Einkommenssicherheit bezieht sich auf die in nahezu allen Fördersegmenten des geförderten Neubaus verlangten Eigenmittelanteile sowie auf die Erwartung einer längerfristigen Leistbarkeit der Mieten[9]; das Kriterium des gesicherten Aufenthalts definiert als Voraussetzung einen zweijährigen Hauptwohnsitz an einer Wiener Adresse, ausgenommen davon sind Asylberechtigte, Drittstaatsangehörige müssen einen stabilen Aufenthaltstitel nachweisen; das System begünstigt darüber hinaus die Wohnversorgung von Familien mit Kind(ern) und von Alleinerziehenden.

Neben diesen administrativen Prinzipien, die im Zugang zum geförderten Wohnbau zur Anwendung kommen, ist der soziale Sektor auch durch eine ›Identitätskrise‹ des kommunalen Wohnbaus konfrontiert. Drei Aspekte sind in diesem Zusammenhang von Bedeutung: Zum einen die defensive Position, in der sich die herkömmliche Bewohner/-innenschaft gegenüber jenen befindet, für die der Zuzug in den kommunalen Wohnbau nicht nur ein substantielles Mehr an Wohnqualität, sondern auch eine Verbesserung der Teilhabe-, Integrations- und sozialen Mobilitätschancen bedeutet.[10] Zum zweiten existieren wachsende sozialräumliche Verwerfungen, die Gemeindebauten in sozioökonomischer Hinsicht häufig hinter die sie umgebenden Stadtgebiete zurückfallen lassen, d.h. sich die Lage der Bewohner/-innen gegenüber der Nachbarschaft gemessen an Einkommen, Arbeitslosigkeit, Mindestsicherung relativ verschlechtert. Zum dritten sieht sich der kommunale Wohnbau aufgrund der beschriebenen Entwicklungen im gemeinnützigen Sektor (Mittelschichts-Mainstreaming) und am privaten Wohnungsmarkt (Teuerung und Verknappung günstiger Angebote) zunehmend mit der Anforderung konfrontiert, Wohnraum auch für von Armut und Deklassierung gefährdete Gruppen zur Verfügung zu stellen. Dies stürzt die Stadt in ein Dilemma, da sie sich einerseits sozialpolitisch verpflichtet sieht, korrigierend zu intervenieren, dabei allerdings nur auf das Segment der Gemeindebauten direkten Zugriff hat, während sie andererseits daran interessiert ist, gerade dieses Segment vor Marginalisierung (›Auffangnetz für die sehr Armen‹) zu schützen. Im Vergleich zu anderen Seg-

---

8   http://www.wohnservice-wien.at/
9   Für einkommensschwächere Haushalte besteht die Möglichkeit, Förderungen in Anspruch zu nehmen (Eigenmittelersatzdarlehen, Jungfamilienförderung, Wohnbeihilfe).
10 Die defensive Position der ehemals ›etablierten‹ Bewohnerinnen manifestiert sich auch politisch in einer Distanzierung von der Sozialdemokratie. In den wahlpolitischen Landkarten manifestiert sich die Bedeutung der Gemeindebauten als Stimmenreservoir für den Rechtspopulismus.

menten des Wohnungsmarktes deuten die Veränderungen in der Zusammensetzung der Bewohner/-innenschaft darauf hin, dass eine solche Differenzierung bzw. Fragmentierung im sozialen Sektor bereits stattfindet. In diesem Zusammenhang sind auch aktuelle Maßnahmen, wie etwa das temporäre Wohnen, auf das später noch eingegangen wird, zu sehen.

WIEN IST *NICHT* ANDERS: DIE STADT WÄCHST UND WIRD UNGLEICHER

Die Frage ›leistbares Wohnen für alle‹ stellt sich wie in vielen anderen europäischen Städten auch in Wien in einem Kontext demographischen, sozio-ökonomischen, auch politischen Wandels. Die Kontextualisierung der aktuellen Debatte um stadt- und wohnungspolitische Strategien für bezahlbaren Wohnraum soll im Folgenden an zwei elementaren Ausdrucksformen des rezenten Stadtwandels festgemacht werden: Bevölkerungswachstum und Armutszunahme. Andere relevante Themen wie die Veränderung von Wohn- und Lebensstilpräferenzen oder der sozio-politischen Landkarte korrespondieren damit.

Die Auseinandersetzung mit dem sozialen (leistbaren) Wohnraum ist weder in historischer noch zeitgenössischer Perspektive losgelöst von der ökonomischen und politischen Entwicklung zu sehen. Reagierte das Rote Wien auf das dem rasanten Städtewachstum bei weitgehend fehlender wohnpolitischer Steuerung geschuldete grassierende Wohnungselend im Kontext eines Kampfes um politische und kulturelle Hegemonie, und waren das verhaltene Vordringen des sozialen Wohnbaus an den Stadtrand bei gleichzeitig einsetzenden Maßnahmen der Stadterneuerung eingebettet in eine stagnierende und sogar rückläufige Bevölkerungsentwicklung gegen Ende der sozialdemokratischen Hegemonie, so stehen die Topoi von Besiedelungsmanagement und Verwaltung von Diversität im Zusammenhang mit dem raschen Städtewachstum, damit verbundener Migrationsdynamik, neuen sozioökonomischen Brüchen bei gleichzeitigem Hegemonieverlust der Sozialdemokratie und ihrer Vorstellungen einer sozialen Stadt (zum Modell der sozialdemokratischen Stadt siehe Häußermann 1998).

Wien wächst ist zu einem zentralen Mantra geworden. Das Wachstum der Stadt ist politisch positiv besetzt. Es begründet den Anspruch Wiens als mitteleuropäische Metropole, die sie vor gut hundert Jahren bereits einmal war und deren Anforderungen sie sich heute erneut im Wettbewerb mit anderen regionalen Metropolen stellt (Prenner 2013; Haindlmaier/Riedl 2010). Wachstum gilt als Indikator für die Attraktivität einer global city, deren sozialdemokratische Identität sich in Formeln wie ›Stadt mit der höchsten Lebensqualität‹ oder ›Stadt der Menschenrechte‹ wiederfinden.

In der tatsächlichen und (ab 2014) prognostizierten Bevölkerungsentwicklung über einen Zeitraum von 80 Jahren manifestieren sich die demographischen Folgen des Systemwandels in Ostmitteleuropa und des Zerfalls von Jugoslawien. Seit 2000 ist Wien netto um 200.000 Menschen gewachsen, die 2-Millionen-Schwelle soll bereits vor 2030 erreicht werden, danach dürfte das Wachstum etwas abflachen (MA 23 2015). Auch wenn längerfristige Prognosen mit Unsicherheit behaftet sind, lässt sich festhalten, dass das Bevölkerungswachstum bedeutsame und nachhaltige Veränderungen in der Zusammensetzung der Bevölkerung nach sich zieht. So wurde Wien innerhalb weniger Jahre vom ältesten zum jüngsten Bundesland und verfügt über den höchsten Anteil an Bevölkerung mit ausländischer Herkunft. Die paradoxe Botschaft lautet: die Stadt beherbergt immer mehr alte Menschen, wird gleichzeitig jünger, und vor allem diverser. Hinter dem simplen Befund einer zunehmenden Bevölkerungszahl verbirgt sich ein tiefgreifender Strukturwandel, dessen Konsequenzen für das Thema leistbares Wohnen nicht einfach zu deuten sind.

Die politische Antwort auf das Bevölkerungswachstum lautet: Bauen und verdichten. Nach den Plänen der Stadt sollen in den kommenden Jahren mindestens 13.000 Wohneinheiten pro Jahr errichtet werden, bis zu 80 Prozent davon im Rahmen des geförderten Wohnbaus. Bauvorhaben werden überwiegend (55 Prozent) auf bekannten Potentialflächen umgesetzt, wozu etwa die großen Brachen der ehemaligen Bahnhöfe oder auch das Entwicklungsgebiet der Seestadt Aspern zählen; nur 8 Prozent der Bautätigkeit erfolgt auf bisher nicht zur Bebauung vorgesehenen Flächen. 10 Prozent des erforderlichen Wohnungsbestands soll durch eine geänderte Nutzung bestehender Gebäude abgedeckt werden, 27 Prozent durch die Weiterentwicklung des Wohnungsbestands, wozu auch der Dachbodenausbau zählt (MA 18 2012).

Die demographischen Daten zeigen, dass sich das aktuelle Bevölkerungswachstum mehrheitlich aus Zuwanderung aus dem Ausland und hier mehrheitlich aus anderen Mitgliedsstaaten der EU zusammensetzt, wobei die Herkunftsländer mit dem höchsten positiven Wanderungssaldo Ungarn, Polen, Deutschland, Rumänien und Serbien sind. Je nach demographischer Prognose werden von 2014 bis 2023 zwischen 135.000 und 165.000 Menschen zuwandern, woraus ein Bedarf von 65.000 bis 75.000 Neubauwohnungen berechnet wird (MA 23 2015; Tockner 2015).[11] Die Ankurbelung der Bautätigkeit beantwortet allerdings nicht die entscheidende Frage: Wer kommt überhaupt? Welche sozialstrukturellen und sozio-

---

11 In den Prognosen nicht berücksichtigt sind naturgemäß die Schutz- und Asylsuchenden.

kulturellen Merkmale kennzeichnen die nach Wien zuziehende Bevölkerung, über welche Qualifikationen verfügt sie? Was sind ihre Wohnbedürfnisse und Wohnvorstellungen? Wie erfolgen Zugang und Inklusion am Wohnungsmarkt, wenn Neuvermietungen am privaten Mietwohnungsmarkt überteuert sind und die Zugangsregeln im geförderten Sektor einer raschen Inklusion entgegenstehen (Kriterium Niederlassung und Aufenthaltstitel)? Wo kommen all jene unter, die am regulären Wohnungsmarkt keinen Zugang finden? Auf all diese Fragen gibt es bislang keine Antworten. Gleichzeitig machen sie deutlich, dass die Frage des Wohnens nicht unabhängig von der Situation in anderen gesellschaftlichen Bereichen zu sehen ist, insbesondere von der Lage und den Zugangsbedingungen am Arbeitsmarkt. Das Dogma einer Ankurbelung des geförderten Wohnbaus im Kontext des Bevölkerungswachstums sieht sich also mit zahlreichen Fragen konfrontiert, die über die funktionale Dimension hinaus auch in grundsätzlicher Weise das Wohnen als soziale und kulturelle Praxis und die darin eingelagerten Ansprüche an eine gute, offene Stadt betreffen (Amin 2006, Beck 1995).

Neu ordnet sich im aktuellen Zusammenhang aber auch, wie am Beispiel der ›Unterbringung‹ von Asylsuchenden deutlich wird, die Beziehung zwischen dem *sozialen* und dem *sehr sozialen* Sektor, d.h. zwischen dem geförderten Wohnbau für davon Begünstigte einerseits und der Versorgung statusprekärer Personengruppen andererseits (Lévy-Vroelant/Reinprecht 2014). Es sind nicht nur Asylsuchende, auf deren Bedarfe und Bedürfnisse der Wohnungsmarkt nicht vorbereitet ist. Zum einen umfasst das Wanderungsgeschehen auch sehr einkommensschwache und gesellschaftlich marginalisierte Bevölkerungsgruppen. Zum anderen ist Wien, wie andere Großstädte auch, mit den Folgen von Strukturwandel und Wirtschaftskrise konfrontiert. Der Blick auf die Veränderung der Anteile der von absoluter Armut betroffenen Bevölkerung in österreichischen Städten seit Mitte der 1990er Jahre auf Basis einer Berechnung der EU-SILC Daten (Till 2016) zeigt einen nahezu konstanten Anstieg der Armutsrate in Wien, die sich im zwanzigjährigen Beobachtungszeitraum von unter 4 Prozent auf über 10 Prozent mehr als verdoppelt hat. Die hohe Armutsrate spiegelt sich auch in der Wohnkostenbelastung: für 72 Prozent der Armutsgefährdeten übersteigen die Wohnkosten (Miete, Betriebskosten, Heizung, Energie, Instandhaltung) ein Viertel des gesamten verfügbaren Haushaltseinkommens (der Durchschnittswert für Wien beträgt 36 Prozent mit steigender Tendenz; der Durchschnittswert für Österreich 25 Prozent). Für 20 Prozent der Wiener Bevölkerung stellen die Wohnkosten eine schwere Belastung des Haushaltsbudgets dar (Armutsgefährdete 41 Prozent; vgl. MA 24 2015: 176f.). Im Vergleich dazu sind Armutsrate und Wohnkostenbelastungen in den anderen österreichischen Landeshauptstädten deutlich niedriger und auch in ihrer Steigerungsrate weniger ausgeprägt. Das erheblich gestiegene Armutspotential stellt eine der großen wohnpolitischen Herausforderungen dar, ganz besonders auch für das ›neue soziale Wohnen‹ (so der Titel der Wiener internationalen Bauausstellung IBA).

AKTUELLE STADT- UND WOHNUNGSPOLITISCHE STRATEGIEN FÜR BEZAHLBAREN WOHNRAUM

Wie reagiert die Kommunalpolitik auf die angesprochenen Veränderungen? In Wien lassen sich aktuell vier hauptsächliche Strategien für bezahlbaren Wohnraum identifizieren, die teilweise auch in offizielle Dokumente wie den Stadtentwicklungsplan eingeflossen sind (MA 18 2014). Bei den vier Strategien, die freilich in sehr unterschiedlicher und nicht immer widerspruchsfreier Weise dazu beitragen, leistbaren Wohnraum zu schaffen, handelt es sich um (a) innerstädtische Verdichtung und Aufwertung durch ›Weiterentwicklung des Bestandes‹, (b) die Verbauung von Brachland und/oder ehemaligen Industrie- und Gewerbeflächen, (c) das Projekt ›Gemeindewohnungen neu‹ sowie (d) temporäres Wohnen.

Innerstädtische Verdichtung und Bestandsaufwertung
Ein großer Teil der innerstädtischen Wohnlagen besteht aus Gebäuden die vor 1919 oder in der Zwischenkriegszeit errichtet wurden (insgesamt stammt in Wien ein Drittel aller Gebäude von vor dem Ende des Zweiten Weltkriegs, in innerstädtischen Lagen zählen bis zu zwei Drittel zum Altbestand). Wie weiter oben ausgeführt wurde, verfügt die Stadt Wien mit der sanften Stadterneuerung seit vierzig Jahren über ein Instrument zur Bestandsverbesserung. Maßnahmen der Stadterneuerung schaffen keinen neuen Wohnraum, sondern sollen bestehenden verbessern, und zwar idealerweise zu Konditionen, die einen Verbleib der ansässigen Bewohner/-innen ermöglichen. Längerfristige Analysen zeigen, dass die Bestandsverbesserung zu einer Verteuerung des Wohnraums und in der Folge doch zu einem Austausch einkommensschwächerer durch einkommensstärkere Bevölkerungsgruppen führte. Diese mittel- bis längerfristigen Folgen werden auch für die aktuellen Projekte der Bestandsaufwertung in Gründerzeitgebieten (etwa im 10., 15. oder 20. Bezirk) erwartet.

Um im Bestand neuen Wohnraum zu schaffen, sind Maßnahmen der Verdichtung erforderlich (Glaser et al. 2013). Die wichtigsten Beispiele von Verdichtung in innerstädtischer Lage, für die teils öffentliche Fördermittel in Anspruch genommen werden, sind Dachbodenausbau und Hochhausbau. Wie viele der insgesamt geschätzt 40.000 Dachböden bereits ausgebaut wurden bzw. überhaupt ausbaufähig sind, ist nicht bekannt; in den dichtverbauten innerstädtischen Bereichen scheint das Potential an ausbaubaren Dachböden nahezu ausgeschöpft. Dachausbauten als Neuschaffung von leistbarem Wohnraum sind umstritten, da sie zumeist Mieter/-innen mit höherem sozio-ökonomischen Status anziehen, also symbolisch eine Gebietsaufwertung markieren. Zugleich entstehen auch dann, wenn Fördermittel im Spiel sind und eine (befristete) Mietpreisbindung besteht, oftmals negative Folgen für die Mietergemeinschaft des Hauses, etwa durch zusätzliche Belastungen aufgrund von Neueinbauten wie Lift etc. Anders stellt sich die Situation bei Wohnhochhäusern dar, die in den letzten Jahren unter anderem von gemeinnützigen Wohnbaugesellschaften teils in innerstädtischen Wohnlagen errichtet wurden. Wie eine rezente Studie zeigt (Reinprecht/Dlabaja 2014), stehen bei diesem Segment des geförderten Sektors untere bis mittlere Mittelschichten mit tendenziell stark individualisierten Wohnbedürfnissen im Fokus. Charakteristisch sind oftmals vertikale Differenzierungen, d.h. mit der Höhe steigt der Preis, mit freifinanziertem Eigentum in den obersten Etagen. Ein entscheidender Faktor, der die Möglichkeit der Errichtung sozial geförderter Wohnhochhäuser beeinflusst, ist die (nicht kontrollierte) Entwicklung der Bodenpreise.

Verbauung von bisher nicht bebauten oder gewerblich genutzten Flächen

Der quantitativ zweifellos bedeutendste Beitrag zur Schaffung von leistbarem Wohnraum besteht aktuell in der Verbauung von Brachland und/oder ehemaligen Industrie- und Gewerbeflächen. Aktuelle Beispiele sind die Seestadt Aspern (ehemaliges Flugfeld), das Gelände rund um ehemaligen Südbahnhof (jetzt Hauptbahnhof, Sonnwendviertel) oder der Nordwest- und Nordbahnhof (ehemalige, teils brachliegende Bahnhofsgelände). Eine günstige Voraussetzung für die Entwicklung dieser neuen Wohngebiete besteht darin, dass die Bauflächen sich entweder bereits im Eigentum der Stadt befanden oder von öffentlichen Unternehmungen (wie den Österreichischen Bundesbahnen) zu günstigen Konditionen akquiriert werden konnten. Zudem ermöglicht die Großflächigkeit der Baugründe eine Gesamtplanung unter Berücksichtigung städtebaulicher Gesichtspunkte, weshalb neben der Errichtung von Wohnraum zumeist die Schaffung von Arbeitsplätzen, Bildungseinrichtungen und Grünraum mitkonzipiert wird. Diese ganzheitliche Planungssicht kommt gut im Projekt Seestadt Aspern zum Ausdruck, wo in mehreren Ausbaustufen bis 2028 Wohneinheiten für insgesamt 20.000 Menschen und gleich viele Arbeitsplätze geschaffen werden sollen, ein Bildungscampus entsteht und auch das sozialräumliche Wohnumfeld in Hinblick auf die Förderung aktiver und partizipativer Nachbarschaft konzipiert wird. Wie bereits angesprochen, sind diese Gebiete durch eine Konstellation aus Bauträgern, Fördertypen und Eigentumsformen geprägt (der Bogen reicht vom Eigentum über Baugruppen zu preisgünstigen sozial geförderten Smart-Wohnungen mit kleinen Grundrissen und geringen Eigenmittelanteilen), womit der Norm der sozialen Mischung und sozialer Nachhaltigkeit[12] entsprochen werden soll. Wie bisherige Analysen zeigen (Reinprecht et al. 2016 für die Seestadt; Christanell et al. 2015 für das Sonnwendviertel), rekrutieren diese Wohngebiete sozioökonomisch eher homogene, in ihren lebensstilbezogenen Präferenzen aber divergierende Populationen aus Segmenten der mittleren sozialen Mittelschicht.

›Gemeindewohnungen neu‹

Es wurde bereits erwähnt, dass sich die Stadt Wien seit 2004 als aktiver Bauträger auf die Rolle als Eigentümer (bzw. über ihr Unternehmen Wiener Wohnen als Hausverwaltung) zurückgezogen hat. Die Entscheidung für ›Gemeindewohnungen neu‹ ist sicherlich im Zusammenhang mit den beschriebenen Entwicklungen von Bevölkerungswachstum und Armutszunahme zu sehen; einen konkreten Hintergrund bildeten 2014, als das Projekt politisch lanciert wurde, aber auch wahlstrategische Überlegungen in der Auseinandersetzung mit der rechtspopulistischen Opposition der FPÖ, die im kommunalen Wohnbau über ein beachtliches Wählerreservoir verfügt. In diesem Kontext ist auch das diskursive Bekenntnis zu den Prinzipien ›sozial inklusive Stadt‹ und ›Leistbarkeit‹ zu sehen. Die ›Gemeindewohnungen neu‹ sind ähnlich wie die sogenannten Smart-Wohnungen konzipiert, d.h. sie verfügen über kleine Grundrisse, es sind jedoch keine Eigenmittelanteile erforderlich. Die ersten Wohnungen sollen 2018 besiedelt werden, bis 2020 ist der Bau von 4000 Wohnungen geplant. Errichtet werden die Wohnungen von einer gemeinnützigen Wohnungsgesellschaft, die im Eigentum der Stadt Wien steht (Gesiba). Zielgruppen sind junge Erwerbstätige und Familien aus den einkommensschwächeren Segmenten der Bevölkerung.[13]

---

12 Soziale Nachhaltigkeit ist neben Ökonomie/Wirtschaftlichkeit, Architektur und Ökologie die vierte Säule des Bewertungskatalogs der Wiener Wohnbauförderung. Geförderte Projekte haben die Anforderungen der vier Säulen gleichwertig zu berücksichtigen, im Falle der sozialen Nachhaltigkeit sind dies die Kriterien Alltagstauglichkeit, Kostenreduktion der Planung, Wohnen in Gemeinschaft und Wohnen für wechselnde Bedürfnisse.

13 Das Projekt ›Gemeindewohnungen neu‹ ist nicht losgelöst von anderen Maßnahmen im kommunalen Wohnbau zu sehen, wobei es in erster Linie um die Bestandsentwicklung

Temporäres Wohnen

In Reaktion auf den verstärkten Wohnbedarf von neu zugewanderten und einkommensschwächeren Personen ist die Errichtung von temporären Wohneinheiten in System- und Leichtbauweise (Holz, Leichtbeton) geplant. Dieses mit ›Sofortprogramm‹ titulierte Vorhaben wird an Standorten realisiert, die (noch) nicht als Wohnbaustandorte ausgewiesen sind oder, im Falle von Betriebsgebieten, auch nur befristet genutzt werden können. Für dieses Vorhaben musste deshalb die Bauverordnung geändert werden. Bis 2017 werden 1000 Wohnungen für Personen, die einen temporären Wohnraum suchen, errichtet. Als Zielgruppen definiert sind Personen mit akutem Wohnungsbedarf wie junge Menschen, Alleinerziehende oder Menschen in außergewöhnlich schwieriger Lebenslage wie Asylberechtigte. Zwar gelten die allgemeinen Kriterien der Wohnungsvergabe (Einkommen, zweijährige Hauptmeldung und gesicherter Aufenthaltstitel); da jedoch ein Drittel der Wohnungen über den Fonds Soziales Wien vergeben wird, können bei Notfall und dringlichem Bedarf diese Kriterien ausgesetzt werden.

SCHLUSSBEMERKUNG

Was bedeutet *soziales* Wohnen, wenn es sich um eine Form der Inklusion handelt, die gleichzeitig ausgrenzt? Die regulierenden Eingriffe der Stadt wie auch die weit aufgespannten Fördermodelle (vom Mietkauf im geförderten Wohnbau bis zu Mieten ohne Eigenmittelanteile in den ›Gemeindewohnungen neu‹) können nicht darüber hinwegtäuschen, dass die allgemeinen Zugangsrestriktionen für von Wohnungsarmut betroffene, besonders aber auch für neu in die Stadt kommende Menschen eine unüberwindliche Hürde darstellen, während der einzige alternative Zugang über die soziale Arbeit (Fonds Soziales Wien) die Betroffenen als Fürsorgeempfänger markiert und stigmatisiert. Und was bedeutet *Leistbarkeit*, wenn die Anteile der Wohnkosten im niedrigsten Einkommensquartil nahezu die Hälfte des Einkommens ausmachen, gleich ob im Bereich der privaten oder geförderten Mietwohnungen? Das Prinzip ›je niedriger das Einkommen, desto höher die Aufwendungen fürs Wohnen‹ gilt auch im sozialen, geförderten Sektor; nicht einberechnet die aufzubringenden Eigenmittelanteile.

---

und hier um die Sanierung der Wohnhausanlagen aus der Zwischenkriegs- und Nachkriegszeit geht, wo durch den Wechsel der Bewohner/-innenschaft neue Bevölkerungsgruppen Zugang zu leistbarem Wohnraum erhalten.

Dass im Wiener Modell des geförderten Wohnbaus Angehörige der unteren und mittleren Mittelschichten zu den Begünstigten zählen, ist nicht neu. Im Kontext des aktuellen Wandels besteht jedoch die Gefahr einer sich zuspitzenden Auseinanderentwicklung der verschiedenen Segmente: da der *soziale* Sektor der Begünstigten, dort der *sehr soziale* Sektor der Statusprekären und Marginalisierten; da der qualitätsbewusste geförderte Wohnbau für die lebensstildifferenzierten Mittelschichten, hier der kommunale Wohnbau als Auffangbecken für ›sozial Schwache‹; da die Erwartung an aktive Teilhabe, Verantwortungsübernahme und Mitbestimmung, dort Kontrolle und Sanktionierung, usw. Welche Gestalt diese Fragmentierungen in Zukunft annehmen, hängt auch davon ab, welche Zugangskriterien und Kategorien an Begünstigte festgelegt werden. Nur oberflächlich scheint es, als gäbe es einheitliche Voraussetzungen im Zugang zum geförderten und kommunalen Wohnbau, die nur in begründbaren Ausnahme- und Notfällen außer Kraft gesetzt werden können. Die wohnpolitischen Strategien für bezahlbaren Wohnraum legen nahe, dass feinere Kriterien am Werk sind. Um die Praxis der Wohnungszuweisung im geförderten Wohnbau ranken sich Legenden.

Maßnahmen im geförderten Wohnbau (einschließlich temporäres Wohnen) kompensieren nicht das Fehlen an niederschwellig zugänglichem Wohnraum, wie er ehemals im Altbestand des privaten Mietwohnungsmarktes angeboten wurde, wenn auch häufig zu einem unangemessenen Preis-Leistungsverhältnis. Nicht umsonst galt dieses Segment des Wohnungsmarktes als Integrationsmaschine. Im Kontext von zunehmender Migration und Mobilität stellt sich die Frage des Zugangs in die Stadt neu. Vielleicht auch aus Angst vor den politischen Konsequenzen schreckt hier die Stadt vor klaren Strategien zurück. Die Lösungen sind deshalb vorerst die alten: Gästezimmer, Kollektivunterkünfte, vielfach auch informelle Optionen wie Wohnen bei Dritten, Mitbenutzung von Wohneinheiten und Schlafstätten, häufig unter ausbeuterischen Bedingungen. Selbst gebaute Optionen, Campieren oder vergleichbare Praktiken, wie sie in vielen europäischen Großstädten anzutreffen sind, sind in Wien (noch) eher selten.

So werden also in Wien ärmere Haushalte, junge Menschen, die aus dem Elternhaus ausziehen möchten, prekär Beschäftigte und *working poor*, junge Eltern und Alleinerziehende, Beziehern/-innen von Ausgleichszulage und Mindestsicherung, aus dem Ausland zugewanderte Menschen und einfach alle, die wirklich kostengünstigen Wohnraum suchen, dem weisen Gedanken von Robert Castel (2000) beipflichten: *Unsere Aufmerksamkeit sollte nicht dem Vorhandensein von Exklusion an sich gelten, sondern den Prozessen der Marginalisierung, die dorthin führen.*

Literatur

Amin, Ash (2006): »The Good City«, in Urban Studies, Vol. 43 (5/6), S. 1009-1023.
Beck, Ulrich (1995): »Die offene Stadt. Architektur in der reflexiven Moderne«, in: Ulrich Beck (Hg.), Die feindlose Demokratie. Ausgewählte Aufsätze, Stuttgart: Reclam, S. 121-130.
Castel, Robert (2000): Die Metamorphosen der sozialen Frage. Eine Chronik der Lohnarbeit, Konstanz: UVK.
Christanell, Anja/Mayrhuber, Elisabeth Sophie/Mandl, Sylvia/Leitner, Michaela (2015): Wohnzufriedenheit im Sonnwendviertel: Eine Studie über die Wohnzufriedenheit von BewohnerInnen in geförderten Wohnbauten des Wiener Sonnwendviertels. Forschungsbericht, Wien: Österreichisches Institut für Nachhaltige Entwicklung.
Droste, Christiane/Knorr-Siedow, Thomas (2014): »Social Hosuing in Germany«, in: Kathleen Scanlon/Christine Whitehead/Melissa Fernandez Arrigoitia (Hg.), Social Housing in Europe. Oxford: Wiley Blackwell, S.183-204.
Haindlmaier, Gudrun/Riedl Vereia (2010): »Rankings and Networks – Global Cooperation and Competition«, in: Manfred Schrenk/Vasily V. Popovich/Peter Zeile (Hg), Cities for Everyone. Livable, Healthy, Prosperous. Promising Vision or Unrealistic Phantasy? Proceedings REAL CORP 2010, S. 591-597.
Häußermann, Hartmut (1998): »Zuwanderung und die Zukunft der Stadt«, in: Wilhelm Heitmeyer, Rainer Dollase, Otto Backes (Hg.), Die Krise der Städte. Analysen zu den Folgen desintegrativer Stadtentwicklung für das ethnischkulturelle Zusammenleben, Frankfurt am Main: Suhrkamp, S. 145-175.
Huber, Florian J. (2013): Stadtviertel im Gentrifizierungsprozess. Aufwertung und Verdrängung in Wien, Chicago und Mexiko Stadt, Wien: Wiener Verlag für Sozialforschung.
Glaser, Daniel/Mörkl, Verena/Smetana, Kurt/Brand, Florian (2013): Wien wächst auch nach innen. Wachstumspotentiale gründerzeitlicher Stadtquartiere, Wien: MA 50 Wohnbauforschung.
Kadi, Justin (2015): »Recommodifying Housing in Formerly 'Red' Vienna?«, in: Housing, Theory and Society 32 (3), S. 247-265.
Lévy-Vroelant, Claire/Reinprecht, Christoph (2014): »Housing the Poor in Paris and Vienna: The Changing Understanding of the 'Social'«, in: Kathleen Scanlon/Christine Whitehead/Melissa Fernandez Arrigoitia (Hg.), Social Housing in Europe. Oxford: Wiley Blackwell, S. 297-313.
MA 18 (2014): Stadtentwicklungsplan 2025, Wien: Magistrat der Stadt Wien.

MA 18 (2012): Wohnungsbedarfsprognose für Wien bis zum Jahr 2025, Wien: Magistrat der Stadt Wien.

MA 23 (2015): Wien im Querschnitt der Zeit. Ergebnisse aus der Registerzählung 2011, Teil 1: Gebäude- und Wohnungszählung, Statistik Journal 2/2015, Wien: Magistrat der Stadt Wien.

MA 24 (2015): Wiener Sozialbericht 2015. Wiener Sozialpolitische Schriften Band 8, Wien: Magistrat der Stadt Wien.

Matznetter, Walter (2002): »Social Housing Policy in a Conservative Welfare State: Austria as an Example«, in: Urban Studies 39 (2), S. 265–282.

Prenner, Peter (Hg.) (2013): Wien wächst. Herausforderungen zwischen Boom und Lebensqualität, Wien: Arbeiterkammer für Arbeiter und Angestellte.

Reinprecht, Christoph (2014): »Social Housing in Austria«, in: Kathleen Scanlon/Christine Whitehead/Melissa Fernandez Arrigoitia (Hg.), Social Housing in Europe. Oxford: Wiley Blackwell, S. 61-74.

Reinprecht, Christoph (2013): »Die Zukunft des Wiener Gemeindebaus und die Transformation des Sozialen«, in: Florian Bettel/Julia Mourão Permoser/Sieglinde Rosenberger (Hg.), Living Rooms – Politik der Zugehörigkeiten im Wiener Gemeindebau, Wien/New York: Springer, S. 205-220.

Reinprecht, Christoph/Dlabaja, Cornelia/Stoik, Christoph/Kellner, Johannes/Kirsch-Soriano da Silva, Katharina (2014): Besiedlungsmonitoring Seestadt Aspern. Forschungsbericht, Wien: Institut für Soziologie.

Reinprecht, Christoph/Dlabaja, Cornelia (2014): Wohnen im Hochhaus. Eine Studie zu Wohnkultur und Wohnqualität in Wiener Wohnhochhäusern. Forschungsbericht, Wien: Institut für Soziologie.

Statistik Austria (2014): Wohnen. Zahlen, Daten und Indikatoren der Wohnstatistik. Wien.

Till, Matthias (2016): Stations of Being Poor. Studies in Theory and Statistical Indicators for Two Decades of Transforming Living Conditions in Austria. Unveröffentlichte Dissertation, Wien: Universität Wien.

Tockner, Lukas (2015): »Wohnungsangebot und Wohnungsnachfrage in Wien seit dem Fall des Eisernen Vorhangs«, in: Peter Prenner (Hg.), Wien wächst. Herausforderungen zwischen Boom und Lebensqualität, Wien: Arbeiterkammer für Arbeiter und Angestellte, S. 80-89.

Verlic, Mara/Kadi, Justin (2015): »Gentrification in Wien«, in: Peter Prenner (Hg.), Wien wächst – Wien wohnt, Wien: Arbeiterkammer für Arbeiter und Angestellte, S. 46-59.

Das Berliner Modell
der kooperativen Baulandentwicklung

GRIT SCHADE

DER STÄDTEBAUPOLITISCHE KONTEXT

Berlin ist eine wachsende Stadt. Von 2005 bis 2015 hat die Stadt 270.000 neue Einwohner/-innen gewonnen. Allein zwischen 2010 und 2015 sind 220.000 Menschen in die Stadt gezogen. Die aktuellen Bevölkerungsprognosen gehen von einer weiterhin positiven Entwicklung aus. Das mittlere Szenario sieht Bevölkerungsgewinne bis 2030 von rund 260.000 Menschen. Zusätzlich ist die – schwer zu prognostizierende – Zuwanderung geflüchteter Menschen einzuplanen. In Summe und bildhaft gesprochen entsprechen die bereits erfolgten und die prognostizierten Bevölkerungsgewinne von 2005 bis 2030 der Größenordnung von Stuttgart, der sechstgrößten Stadt Deutschlands (SenStadtUm 2016).

Diese Bevölkerungsgewinne schlagen sich vehement auf dem Wohnungsmarkt nieder. Das Land Berlin hat umfangreiche Maßnahmen ergriffen, um eine angemessene Wohnraumversorgung, insbesondere auch für einkommensschwächere Bevölkerungsgruppen, zu gewährleisten. Dazu zählen einerseits Instrumente, die auf eine Begrenzung der Mieten im Wohnungsbestand zielen. Andererseits hat Berlin eine umfassende Wohnungsneubaustrategie aufgesetzt, zu der neben der Wiedereinführung der Wohnraumförderung, der Stärkung der städtischen Wohnungsbaugesellschaften, dem Personalaufbau der Verwaltung zur Beschleunigung von Planungsverfahren und der Neuausrichtung der Liegenschaftspolitik nicht zuletzt das Berliner Modell der kooperativen Baulandentwicklung gehören.

Mit dem »Berliner Modell der kooperativen Baulandentwicklung« gelten seit 2014 einheitliche Leitlinien für den Abschluss städtebaulicher Verträge im Land

Berlin (SenStadtUm 2015). Das Land Berlin erwartet damit bei Bebauungsplanverfahren, mit denen die planungsrechtlichen Voraussetzungen für Wohnungsneubau geschaffen werden, dass sich der Vorhabenträger an den Folgekosten seines Vorhabens beteiligt und dass er einen Anteil mietpreis- und belegungsgebundenen Wohnungsraums errichtet. Zugleich stellt das Berliner Modell Transparenz beim Abschluss städtebaulicher Verträge her und sichert, dass die Forderungen im Rahmen des planungsbedingten Mehrwertes liegen und es zu keiner unverhältnismäßigen Kostenbelastung für den Vorhabenträger kommt. Dem Berliner Modell liegt insofern ein kooperativer Ansatz zwischen dem Träger der kommunalen Planungshoheit und dem investierenden Vorhabenträger zugrunde mit dem Ziel, dringend benötigten Wohnungsneubau zu errichten, einen Beitrag für die soziale Wohnraumversorgung zu leisten und im gleichen Zug die notwendige soziale Infrastruktur zu sichern.

DIE EINBINDUNG DER VERTRAGSPARTNER

Die städtebaulichen Verträge nach dem Berliner Modell werden zwischen dem Land Berlin (vertreten durch eines der 12 Berliner Bezirksämter oder die Senatsverwaltung für Stadtentwicklung und Wohnen) einerseits und privaten Projektträgern andererseits geschlossen. Die Vertragspartner wurden in die Erarbeitung des Berliner Modells frühzeitig eingebunden.

So wurde zum einen im Rahmen des »Bündnisses für Wohnungsneubau in Berlin« am 26.06.2014 zwischen der damaligen Senatsverwaltung für Stadtentwicklung und Umwelt und den Bezirksämtern die Vereinbarung getroffen, nach der die Bezirke bei potentiellen Wohnungsbauflächen, bei denen aufgrund der Aufstellung eines Bebauungsplanes ein Grundstückswertzuwachs entsteht, einen städtebaulichen Vertrag nach dem Berliner Modell der kooperativen Baulandentwicklung abschließen sollen (SenStadtUm 2014a).

Zum anderen wurde am 02.07.2014 zwischen der damaligen Senatsverwaltung für Stadtentwicklung und Umwelt und den wohnungs- und bauwirtschaftlichen Verbänden ein weiteres Neubaubündnis geschlossen (SenStadtUm 2014b). Als gemeinsame Zielsetzung wird unter anderem festgehalten, dass der Wohnungsneubau die vielfältige soziale und funktionale Mischung in den Stadtteilen befördern und erhalten soll. Daneben hat sich die Senatsverwaltung für Stadtentwicklung und Umwelt verpflichtet, Leitlinien für die Nutzung städtebaulicher Verträge aufzustellen – und ist dieser Verpflichtung mit der Vorlage des Berliner Modells nachgekommen. Die wohnungs- und bauwirtschaftlichen Verbände haben sich bereit erklärt, einen Beitrag zur Errichtung preiswerten Mietwohnungsbaus in Berlin zu leisten. Diese Vereinbarung wird nun bei Wohnungsneubauprojekten – abhängig von den Umständen des jeweiligen Einzelfalles – mittels städtebaulicher Verträge verbindlich umgesetzt.

DIE ZIELE DES BERLINER MODELLS

Im Land Berlin gibt es eine Vielzahl von Wohnbaupotenzialflächen, für deren städtebauliche Entwicklung die erforderlichen planungsrechtlichen Grundlagen vor allem mittels verbindlicher Bauleitplanung zunächst noch geschaffen werden müssen. Aber bloße Baurechtschaffung allein genügt nicht. Die für Wohnungsneubau geeigneten Flächen müssen häufig noch erschlossen werden und die zukünftige Wohnnutzung löst einen bestimmten Bedarf an sozialer Infrastruktur aus, so dass der Neubau oder die Erweiterung von Kindertageseinrichtungen oder Grundschulen notwendig wird. Bleiben diese Anforderungen unbeachtet, könnte die Festsetzung eines Bebauungsplanes mit dem Ziel, Wohnraum zu schaffen, abwägungsfehlerhaft sein.

Das Berliner Modell zielt zum einen darauf ab, den Vorhabenträger, für den Baurecht und damit ein planungsbedingter Mehrwert geschaffen wird, an solchen Folgekosten angemessen zu beteiligen.

Zum anderen zielt das Berliner Modell unter Berücksichtigung der Bevölkerungsentwicklung darauf ab, sozial stabile Bevölkerungsstrukturen zu schaffen und zu erhalten. Damit entspricht das Berliner Modell der Staatszielbestimmung nach Art. 28 Abs. 1 S. 2 Verfassung von Berlin, nach der das Land Berlin die Schaffung und Erhaltung von angemessenem Wohnraum, insbesondere für Menschen mit geringem Einkommen, zu fördern hat. Nach dem Berliner Modell soll der Projektträger Mietpreis- und Belegungsbindungen entsprechend den Bedingungen der Wohnungsbauförderungsbestimmungen (WBF) vom 24.06.2015[1] für einen städtebaulich notwendigen Anteil der geplanten Wohnungen übernehmen.

Beide Ziele – Kostenbeteiligung zum einen, Mietpreis- und Belegungsbindungen zum anderen – lassen sich rechtlich zulässig mittels städtebaulicher Verträge umsetzen. Von ganz entscheidender Bedeutung ist dabei, dass das Berliner Modell darauf ausgerichtet ist, den zu verhandelnden Inhalt und das Verfahren zum Abschluss der städtebaulichen Verträge auf eine berlinweit einheitliche Basis zu stel-

---

1 Amtsblatt für Berlin Nr. 41 / 24.06.2015, S. 2156. http://www.stadtentwicklung.berlin.de/wohnen/wohnungsbau/download/foerderung/wfb_2015.pdf

len und auf diese Weise zur Transparenz sowie zur Beschleunigung des Wohnungsbaus beizutragen. Eine berlinweit einheitliche Betrachtung von Projekten bei einer gleichzeitig individuellen Prüfung eines jeden Projektes ist auch erforderlich. Zwar lässt das Berliner Modell selbstverständlich die Aufgabenverteilung zur grundsätzlichen Wahrnehmung der kommunalen Planungshoheit im Land Berlin unberührt.[2] Offensichtlich ist aber auch, dass es im Land Berlin nicht 12 – mit dem Senat 13 – verschiedene Modelle sozialgerechter Bodennutzung geben darf. Auch die wohnungs- und bauwirtschaftlichen Verbände haben eine berlinweit einheitliche Leitlinie begrüßt, da mit einer solchen den Projektträgern Planungs- und Rechtssicherheit gegeben wird.

ANDERE MODELLE SOZIALGERECHTER BODENNUTZUNG

Der Abschluss städtebaulicher Verträge für die Aufstellung, Änderung oder Ergänzung von Bebauungsplänen ist weder für die Bezirksämter oder die Senatsverwaltung für Stadtentwicklung und Wohnen noch für die im Land Berlin investierenden Projektträger neu. Schon bisher wurde in einer Vielzahl von Projektentwicklungen die Übernahme von Infrastruktur-Folgekosten geregelt. Im bundesweiten Vergleich ist das Berliner Modell nur eines zahlreicher anderer zur sozialgerechten Bodennutzung. Schon seit zwei Jahrzehnten setzt die Landeshauptstadt München aufgrund des Beschlusses über die sozialgerechte Bodennutzung die Übernahme von Infrastruktur-Folgekosten und die Bereitstellung von 30 Prozent ›geförderter‹ Wohnbaufläche für Haushalte mit geringem oder mittlerem Einkommen um (Landeshauptstadt München 2009). Am 17.12.2013 hat der Rat der Stadt Köln das ›Kooperative Baulandmodell‹ beschlossen.[3] Auch nach dieser Handlungsanleitung sollen sich die Planungsbegünstigten an den Folgekosten der technischen und sozialen Infrastruktur beteiligen sowie mindestens 30 Prozent geförderten Wohnungsbau bereitstellen. Die Beispiele lassen sich fortsetzen: das der

---

2 § 1 Abs. 3 S. 1 BauGB, § 1 AGBauGB.
3 Beschluss des Rates der Stadt Köln, 17.12.2013, Rat/0051/2013, Vorlage 4325/2012 (insbesondere Anlage 3 als Erläuterung mit Ablaufschemata).

Freien und Hansestadt Hamburg,[4] der Stadt Freiburg[5] oder die der Landeshauptstädte Stuttgart[6] und Potsdam.[7] Die grundlegend vergleichbaren und auch im Einzelnen sehr ähnlichen Modelle sozialgerechter Bodennutzung sind bundesweit etabliert und setzen sich weiter durch.

DER RECHTLICHE RAHMEN

Vorhabenträger haben auf die Aufstellung von Bebauungsplänen keinen Anspruch. Vielmehr haben die Bezirke (im Ausnahmefall die Senatsverwaltung für Stadtentwicklung und Wohnen) im Rahmen der kommunalen Planungshoheit ein sehr weites Planungsermessen, Bauleitpläne (erst) aufzustellen, »sobald und soweit es für die städtebauliche Entwicklung und Ordnung erforderlich ist« (§ 1 Abs. 3 S. 1 BauGB). Da das Land Berlin die mit einer städtebaulichen Maßnahme verbundenen Kosten aus wirtschaftlichen Gründen nicht in der gebotenen Zeit übernehmen kann, wäre es ermessensfehlerfrei, von einer Planung abzusehen. Mit der Leitlinie darf also Projekten Vorrang eingeräumt werden, wenn sich diese nur mit wirtschaftlicher Beteiligung kooperierender Projektträger verwirklichen lassen. Hat aber andererseits das Land Berlin von seiner Planungsbefugnis bereits Gebrauch gemacht und Baurecht geschaffen, können Projektträger dieses selbstverständlich in Anspruch nehmen und müssen hierfür keine städtebauvertraglichen Gegenleistungen erbringen. Besteht für ein geplantes Vorhaben bereits Baurecht, gelangen die Eckpunkte des Berliner Modells nicht zur Anwendung.

---

4   Die Einbindung der (möglichen) Vertragspartner erfolgte über den »Vertrag für Hamburg – Wohnungsneubau« zwischen Senat und Bezirken vom 04.07.2011 und durch das »Bündnis für das Wohnen in Hamburg« zwischen Senat und den Wohnungsverbänden und Wohnungs(bau)gesellschaften vom 30.09.2011.
5   Gemeinderat Freiburg i. Br., »Baulandpolitische Grundsätze«, Beschluss vom 30.06.2009 (u.a. Folgekostenübernahme, Realisierung von 30 Prozent der neu geschaffenen Wohnfläche für geförderten Miet- oder Eigentumswohnungsbau).
6   Der Stuttgarter Gemeinderat hat mit Beschluss vom 10.04.2014, GRDrs. 13/2014, die Fortschreibung des »Stuttgarter Innenentwicklungsmodells« (SIM) beschlossen (20 Prozent der für Wohnen neu geschaffenen Geschossfläche sind für Wohnbauförderung bereitzustellen, zudem Übernahme der Folgekosten).
7   Beschluss der Stadtverordnetenversammlung der Landeshauptstadt Potsdam vom 30.01.2013 über die »Richtlinie zur Kostenbeteiligung bei der Baulandentwicklung«, DS-Nr. 12/SVV/0703, Richtlinie seit 30.01.2013 in Kraft.

Städtebauliche Verträge sind auf das öffentliche Baurecht bezogene öffentliche Verträge, die Bebauungspläne zwar nicht gänzlich ersetzen, aber einzelne Festsetzungen eines Bebauungsplanes ergänzen, ersetzen und/oder einschränken dürfen. Das Baugesetzbuch nimmt ausdrücklich auf die ›Zusammenarbeit mit Privaten‹ Bezug und beschreibt in § 11 Abs. 1 S. 2 BauGB – nicht abschließend – mögliche Vertragsgegenstände. So gestaltet das Berliner Modell § 11 Abs. 1 S. 2 Nr. 3 BauGB aus: Nach dieser Regelung kann die Übernahme von Kosten oder sonstigen Aufwendungen vereinbart werden, die dem Land Berlin für städtebauliche Maßnahmen entstehen oder entstanden und die Voraussetzung oder Folge eines geplanten Vorhabens sind (sogenannter ›Folgekostenvertrag‹). Daneben setzt das Berliner Modell § 11 Abs. 1 S. 2 Nr. 1 BauGB um: Vereinbart werden kann auch und gerade die Förderung und Sicherung der mit der Bauleitplanung verfolgten Ziele (sogenannter ›Planverwirklichungsvertrag‹). Bauleitpläne sollen eine nachhaltige städtebauliche Entwicklung, insbesondere mit deren sozialen Anforderungen, und eine dem Wohl der Allgemeinheit dienende sozialgerechte Bodennutzung gewährleisten (§ 1 Abs. 5 S. 1 BauGB). Bei der Aufstellung der Bauleitpläne sind die Wohnbedürfnisse der Bevölkerung, die Schaffung und Erhaltung sozial stabiler Bewohnerstrukturen, die Eigentumsbildung weiter Kreise der Bevölkerung und die Anforderungen kostensparenden Bauens sowie die Bevölkerungsentwicklung und auch die sozialen Bedürfnisse der Bevölkerung zu berücksichtigen (§ 1 Abs. 6 Nrn. 2, 3 BauGB). Im Einklang mit diesen Planungsleitlinien hat sich das Land Berlin entschieden, einen Beitrag zur Wohnraumversorgung von Haushalten mit geringem Einkommen und zugleich die Sicherstellung sozial ausgewogener und stabiler Bevölkerungsstrukturen dadurch zu erreichen, dass Projektträger Mietpreis- und Belegungsbindungen städtebauvertraglich vereinbaren.

Der Inanspruchnahme eines Projektträgers sind selbstverständlich Grenzen gesetzt, die das Berliner Modell auch wahrt. Bereits dazu ausgeführt wurde, dass ein Projektträger keine Leistungen zu erbringen hat, wenn auch ohne sie ein Anspruch auf die Gegenleistung (Genehmigung des Vorhabens) besteht. Dieses sogenannte ›Koppelungsverbot‹ gemäß § 11 Abs. 2 S. 2 BauGB wird in der Leitlinie ausdrücklich berücksichtigt. Einen ›Verkauf von Hoheitsrechten‹ lässt das Berliner Modell also nicht zu. Nach § 11 Abs. 2 S. 1 BauGB müssen die vereinbarten Leistungen zudem den gesamten Umständen nach angemessen sein. Mit dem »Berechnungstool zur Bewertung der Angemessenheit städtebaulicher Verträge« ist auch dies sichergestellt.

DER VERTRAGSINHALT

Zur Sicherung der mit der Bauleitplanung verfolgten Ziele soll im städtebaulichen Vertrag nach dem Berliner Modell einzelfallabhängig die Beteiligung des Projektträgers an Infrastruktur-Folgekosten und dessen Zustimmung zu Mietpreis- und Belegungsbindungen vereinbart werden.

Kostenbeteiligung

Gegenstand der Kostenbeteiligung können sämtliche dem Land Berlin entstehende oder entstandene Kosten oder sonstige Aufwendungen für städtebauliche Maßnahmen sein, die Voraussetzung oder Folge des geplanten Vorhabens sind. Die Möglichkeit eines solchen ›Folgekostenvertrages‹ ist gesetzlich ausdrücklich vorgesehen, vgl. § 11 Abs. 1 S. 2 Nr. 3 BauGB. Mögliche Gegenstände der Kostenbeteiligung sind beispielsweise

- Kosten für die Neuordnung von Grundstücken,
- Kosten der erforderlichen Flächenbereitstellung für technische und soziale Infrastruktur,
- Bau- und Baunebenkosten für Erschließungsanlagen,
- Kosten für öffentliche Grünflächen und für Ausgleichsmaßnahmen oder
- Bau- und Baunebenkosten für Kindertageseinrichtungen und Grundschulen.

Den gesetzlichen Grenzen einer Kostenbeteiligung zulasten des Projektträgers wird das Berliner Modell in jeder Hinsicht gerecht. Im Rahmen der jeweiligen Vertragsgestaltung sind zunächst die für eine abwägungsfehlerfreie Festsetzung des Bebauungsplans notwendigen Erschließungskosten für Verkehrs- und Grünflächen sowie die Bereitstellung von Kita- und Grundschulplätzen zu regeln. Um das Kausalitätserfordernis gem. § 11 Abs. 1 S. 2 Nr. 3 BauGB zu wahren, beschränkt sich eine Kostenbeteiligung von Gesetzes wegen auf tatsächlich entstandene oder entstehende Kosten und Aufwendungen, die durch das jeweilige Vorhaben verursacht wurden oder werden. Dabei werden Einheitswerte für die Kosten angesetzt, welche regelmäßig überprüft und fortgeschrieben werden. Die Ursächlichkeit kann das Land Berlin mit einer für das jeweilige Vorhabengebiet einschlägigen Bedarfsermittlung und einer darauf beruhenden Gesamtkonzeption nachweisen. Neben dem Kausalitätserfordernis ist selbstverständlich noch das der Angemessenheit aller wirtschaftlichen Belastungen eines Projektträgers zu beachten, weshalb im Rahmen der Angemessenheitsprüfung auch Mietpreis- und Belegungsbindungen berücksichtigt werden.

Mietpreis- und Belegungsbindungen

Zur Gewährleistung einer dem Wohl der Allgemeinheit dienenden sozialgerechten Bodennutzung als eines der denkbaren Ziele der Bauleitplanung gemäß § 1 Abs. 5 S. 1 BauGB hat das Land Berlin bei Aufstellung eines Bebauungsplanes und Abschluss eines festsetzungsergänzenden städtebaulichen Vertrages die Bevölkerungsentwicklung und die Wohnbedürfnisse der Bevölkerung zu berücksichtigen und für die Schaffung und Erhaltung sozial stabiler Bewohnerstrukturen als Planungsleitlinie nach § 1 Abs. 6 Nr. 2 BauGB zu sorgen. Gemäß § 1 Abs. 6 Nr. 11 BauGB ist dabei als sogenannte ›informelle Planung‹ im Land Berlin auch der Stadtentwicklungsplan Wohnen 2025 zu berücksichtigen, insbesondere für alle weiteren Planungen, wie die aufzustellender Bebauungspläne, § 4 Abs. 1 S. 5 AG-BauGB. In Leitlinie 2 des StEP Wohnen 2025 ist als Oberziel genannt, in den Berliner Quartieren die »soziale und funktionale Mischung« zu erhalten und in bestimmten Quartieren eine »stärkere soziale Mischung« gewünscht. Als Unterziel der Leitlinie 3 zum »Wohnungsneubau für alle« wird festgelegt, in größeren Neubauquartieren eine »Mischung der Bewohnerstruktur nach Lebensstilen, Haushaltsgröße, Einkommen etc.« anzustreben. Hierzu sollen über städtebauliche Verträge nach § 11 BauGB Anteile mietpreis- und belegungsgebundener Wohnungen vereinbart werden (SenStadtUm 2014c: 81, 102).

Das Berliner Modell zur kooperativen Baulandentwicklung nimmt auf diese Planungsleitlinien und Ziele Bezug. Erhalten bleiben und entstehen soll eine »sozial gemischte« und damit »insgesamt stabile Bevölkerungsstruktur«. Als geeignetes Mittel sieht das Berliner Modell die Sicherstellung eines Anteiles von mietpreis- und belegungsgebundenen Wohnungen in Höhe von 30 Prozent bezogen auf die Geschossfläche für Wohnungsnutzung vor[8]. Bei einer Belegungsbindung verpflichtet sich der Projektträger, die Wohnung nur an solche Mieter/-innen zu vermieten, die den im städtebaulichen Vertrag näher bestimmten Voraussetzungen (Wohnberechtigungsbescheinigung) entsprechen. Mit einer Mietpreisbindung verpflichten sich die Vertragspartner/-innen, keine höhere als die nach dem Vertrag vorgesehene Miete (nach Wohnungsbauförderungsbestimmungen/WFB 2015) zu vereinbaren (SenStadtUm o.D.).

Einen derartigen ›Planverwirklichungsvertrag‹ zur Förderung und Sicherung der eben dargestellten Ziele sozialgerechter Bodennutzung mittels Mietpreis- und

---

8   Das »Berliner Modell der kooperativen Baulandentwicklung« wurde zum 01.02.2017 aktualisiert. Dabei wurde die Quote für den mietpreis- und belegungsgebundenen Wohnraum von 25 Prozent bezogen auf die Anzahl der geplanten Wohneinheiten auf 30 Prozent bezogen auf die Geschossfläche für Wohnnutzung angehoben.

Belegungsbindungen auch und gerade bei frei finanzierten Wohnungsneubauvorhaben lässt § 11 Abs. 1 S. 2 Nr. 2 BauGB ausdrücklich zu. Erwartungsgemäß wurde diese Regelung von Projektträgern anfänglich besonders kritisch bewertet. Allerdings stellt sich nicht die Frage des *ob* der rechtlichen Zulässigkeit, sondern nur – aber maßgeblich – des *wie* der vertraglichen Ausgestaltung im Einzelfall. Das Berliner Modell trifft mehrere Vorkehrungen, um dem Verhältnismäßigkeitsgrundsatz im jeweiligen Einzelfall gerecht zu werden und die von den Projektträgern befürchteten unangemessenen wirtschaftlichen Gesamtbelastungen im Hinblick auf § 11 Abs. 2 S. 1 BauGB auszuschließen.

DIE ANGEMESSENHEITSPRÜFUNG

Das Berliner Modell der kooperativen Baulandentwicklung stellt ein Tool zur Verfügung, mit dem die Angemessenheit städtebaulicher Verträge überprüft werden kann. Es handelt sich dabei um ein modellhaftes Schätzverfahren, das über individuelle Angaben konkretisiert wird. Weder werden Verkehrswertermittlungen noch die Investitionen und Erlöse des Projekts berücksichtigende Developmentberechnungen angestellt, da kein ›Abschöpfungsbetrag‹ ermittelt wird, der eine gesetzeskonforme Höhe einhalten müsste.

Vielmehr wird aus dem Mindestwert des künftigen Baulands (Zielwert) und dem maximalen Bauerwartungswert auf die erwartete Wohnnutzung vor Auslegung des Bebauungsplans (Eingangswert) der maximal zulässige Kostenbeitrag für die erforderlichen städtebaulichen Maßnahmen geschätzt.

Damit unterscheidet sich das Berliner Modell z.B. vom Münchner Modell der Sozialgerechten Bodennutzung (SoBoN), nach dem der tatsächliche planbedingte Mehrwert durch besondere Verkehrswerte (entsprechend Anfangs- und Endwerten des Sanierungs- und Entwicklungsmaßnahmerechts) ermittelt und zu zwei Dritteln (ebenfalls zu festen Kostensätzen der erforderlichen Maßnahmen) »in Anspruch genommen« werden kann. Das Berliner Modell deckelt daher nicht nur die Kosten, sondern auch die erforderlichen Maßnahmen zur Sicherung angemessener städtebaulicher Verträge zwischen dem Land Berlin und den Projektträgern.

DAS VERFAHREN

Das Berliner Modell sieht ein standardisiertes Ablaufschema vor. Das Bebauungsplanverfahren beginnt erst nachdem der Projektträger seine Zustimmungserklärung (sogenannte ›Grundzustimmung‹) zur Durchführung des kooperativen Verfahrens abgegeben hat. Damit erklärt sich der Vorhabenträger mit der Anwendung des Berliner Modells für die weiteren Vertragsverhandlungen und deren Abschluss einverstanden. Damit erkennt der Projektträger die ›Eckpunkte‹ des Berliner Modells hinsichtlich der von ihm zu übernehmenden Folgekosten an und akzeptiert dem Grund nach die Mietpreis- und Belegungsbindungen. Der Projektträger erklärt sich damit einverstanden, sämtliche Planungs- und Gutachterkosten für die Aufstellung des Bebauungsplanes zu übernehmen und einen entsprechenden Vertrag hierüber abzuschließen. Dies betrifft genauso die Verpflichtung, bereits vor der öffentlichen Auslegung nach § 3 Abs. 2 BauGB den eigentlichen städtebaulichen Vertrag abzuschließen. Erst wenn die Grundzustimmung mit diesen Inhalten dem Bezirksamt vorliegt, wird der Aufstellungsbeschluss gefasst und mit Veröffentlichung bekanntgegeben. Hieran schließen sich (die durch die Grundzustimmung bereits wesentlich vorbereiteten) Verhandlungen über den eigentlichen städtebaulichen Vertrag an. Dabei wird die Verhältnismäßigkeit der Belastungen des Projektträgers nochmals und abschließend mittels des Berechnungstools bewertet und die vom Projektträger zu erbringenden angemessenen Leistungen städtebauvertraglich festgelegt. Nach Vertragsabschluss erfolgt die Auslegung zur förmlichen Öffentlichkeitsbeteiligung gemäß § 3 Abs. 2 BauGB, § 6 Abs. 2 S. 2 AGBauGB. Der weitere Verfahrensablauf bis zur Verkündung des festgesetzten Bebauungsplanes als Rechtsverordnung weist dann keine Besonderheiten mehr auf.

DIE UMSETZUNG DES BERLINER MODELLS

Das Land Berlin bringt das Berliner Modell grundsätzlich bei allen Bebauungsplänen, die Baurecht für Wohnungsneubau schaffen, zur Anwendung und handelt somit berlinweit einheitlich; unter Wahrung der Angemessenheit im konkreten Einzelfall. Erste Erfahrungen zur rechtspraktischen Umsetzung des Berliner Modells wurden bereits gemacht – die ersten Bebauungsplanverfahren mit städtebaulichen Verträgen gemäß Berliner Modell wurden mittlerweile abgeschlossen. Weiterhin befinden sich über 90 Bebauungspläne im Verfahren, mit denen Baurecht für überschlägig 25.000 Wohneinheiten geschaffen werden soll und bei denen der Abschluss eines städtebaulichen Vertrags gemäß Berliner Modell geplant ist. Insofern sind die Rahmenbedingungen des Berliner Modells sowohl auf Verwaltungsseite als auch auf der Seite der Vorhabenträger zunehmend bekannt und eingeübt. Auch in der politischen Debatte spielt das Berliner Modell aufgrund der Möglichkeit mit privaten Vorhabenträgern eine Kostenbeteiligung für die soziale

Infrastruktur und einen Beitrag für günstigen Mietwohnungsbau zu vereinbaren, eine wichtige Rolle. Das Berliner Modell wird im Einzelnen insbesondere in Bezug auf die Berechnungstools und deren Kostenannahmen kontinuierlich evaluiert und bei Bedarf fortgeschrieben.

Literatur

Landeshauptstadt München (2009): Die Sozialgerechte Bodennutzung – Der Münchner Weg. Referat für Stadtplanung und Bauordnung. Kommunalreferat https://www.muenchen.de/rathaus/dam/jcr:76be78a4-f620-4056-82ad-f0a5e0a06db3/sobon_broschuere.pdf vom 05.12.2016.

SenStadtUm – Senatsverwaltung für Stadtentwicklung und Umwelt (2014a): Bündnis für Wohnungsneubau in Berlin – Vereinbarung zwischen der Senatsverwaltung für Stadtentwicklung und Umwelt und den Bezirksämtern von Berlin, Berlin. http://www.stadtentwicklung.berlin.de/aktuell/pressebox/includes/docs/doc573_neubaubuendnis_mit_bezirken.pdf vom 05.12.2016.

SenStadtUm – Senatsverwaltung für Stadtentwicklung und Umwelt (2014b): Bündnis für Wohnungsneubau in Berlin – Vereinbarung zwischen der Senatsverwaltung für Stadtentwicklung und Umwelt, dem BBU Verband Berlin-Brandenburgischer Wohnungsunternehmen e. V., dem BFW Landesverband Berlin/Brandenburg und den Unterstützern. http://www.stadtentwicklung.berlin.de/wohnen/neubaubuendnis/verbaendebuendnis.pdf vom 05.12.2016.

SenStadtUm – Senatsverwaltung für Stadtentwicklung und Umwelt (2014c): Stadtentwicklungsplan Wohnen 2025 (StEP Wohnen 2025). Referat Stadtentwicklungsplanung. http://www.stadtentwicklung.berlin.de/planen/stadtentwicklungsplanung/de/wohnen/download.shtml vom 05.12.2016.

SenStadtUm – Senatsverwaltung für Stadtentwicklung und Umwelt (2015): Berliner Modell der kooperativen Baulandentwicklung – Leitlinie für den Abschluss städtebaulicher Verträge im Land Berlin. Wohnungsbauleitstelle, Grit Schade. http://www.stadtentwicklung.berlin.de/wohnen/wohnungsbau/download/vertraege/1_leitlinie.pdf vom 05.12.2016.

SenStadtUm – Senatsverwaltung für Stadtentwicklung und Umwelt (2015): Verwaltungsvorschriften für die soziale Wohnraumförderung des Miet- und Genossenschaftswohnungsbaus in Berlin 2015 vom 24. Juni 2015. http://www.stadtentwicklung.berlin.de/wohnen/wohnungsbau/download/foerderung/wfb_2015.pdf vom 05.12.2016.

SenStadtUm – Senatsverwaltung für Stadtentwicklung und Umwelt (2016): Bevölkerungsprognose für Berlin und die Bezirke 2015-2030. http://www.stadtentwicklung.berlin.de/planen/bevoelkerungsprognose/download/2015-2030/Bericht_Bevprog2015-2030.pdf vom 05.12.2016.

SenStadtUm – Senatsverwaltung für Stadtentwicklung und Umwelt (o.D.): Übersichtsblatt Wohnungsbauförderungsbestimmungen 2015 (WFB 2015). http://www.stadtentwicklung.berlin.de/wohnen/wohnungsbau/download/foerderung/wfb_2015_uebersicht.pdf vom 05.12.2016.

Vom Mietenvolksentscheid zum Wohnraumversorgungsgesetz – Antwort auf die Wohnungsfrage in Berlin?

KATRIN LOMPSCHER

Wohnungspolitik ist ein brisantes Feld mit wachsender gesellschaftlicher Bedeutung und Ausstrahlung. Der massive Kapitalzustrom in den Immobilien- und speziell den Wohnungssektor sowie dessen schrittweise Deregulierung hat die Renditeorientierung von Wohnungsanbietern verstärkt. Die langjährige, zumindest in großen Teilen des Landes vorhandene Balance zwischen Interessen der Mieter/-innen und Vermieter/-innen geht zu Lasten der Mieterschaft verloren. Es wächst der Mangel an preisgünstigen Wohnungen für Menschen mit wenig Geld und bei vielen die Angst vor dem Verlust der eigenen vier Wände.

Zivilgesellschaftliche Strategien zur Sicherstellung bezahlbaren Wohnraums suchen häufig nach neuen Praktiken der gesellschaftlichen Produktion und Verteilung von Wohnraum jenseits von Markt und Staat. Die aktuellen Berliner Erfahrungen und Entwicklungen sprechen eher dafür, die staatliche Verantwortung für die soziale Wohnungsversorgung wieder zu stärken und anders wahrzunehmen. Eine solche Strategie funktioniert aber nicht ohne gesellschaftlichen Druck. Dazu gehören nicht nur politische Bewegungen und Konzepte sondern auch realisierte oder zumindest realisierbare Alternativen – von Selbstbauinitiativen bis zur Neuen Wohnungsgemeinnützigkeit (siehe auch die Debatte zu Gemeinnützigkeit in diesem Band).

GRUNDRECHT UND DASEINSVORSORGE WOHNEN

Die Anerkennung des Grundrechts auf Wohnen und des Wohnens als soziale Infrastruktur führen in der Konsequenz zur staatlichen Verantwortung für die Wohnungsversorgung, zumindest derer, die sich nicht aus »eigener Kraft« am Wohnungsmarkt versorgen können. Die Verankerung des Rechts auf Wohnen in bisher sieben Landesverfassungen hat bisher nicht dazu geführt, dass der staatliche Auftrag einer sozialen Wohnraumversorgung in diesen Bundesländern konkreter gefasst wäre. Eine Ausnahme macht hier Berlin, wo seit dem 01. Januar 2016 das Berliner Wohnraumversorgungsgesetz gilt. Im Grundgesetz fehlt das Recht auf Wohnen, die Unantastbarkeit der Wohnung ist allerdings garantiert. Eine bundesweite Debatte zur Erweiterung des Grundgesetzes um das Recht auf Wohnen erscheint zunächst wenig sinnvoll, weil wenig aussichtsreich. Aber wäre das nicht eine geeignete Plattform für einen gesellschaftlichen Diskurs über das Gemeingut Wohnen?

Weiterreichender als eine bloße Grundrechtsdebatte ist eine Strategie für die Abschaffung oder wenigstens Verringerung der Marktabhängigkeit der Wohnungsversorgung generell. Dies erfordert einen anderen Umgang mit der Immobilie, dem Wirtschaftsgut Wohnung und eine Bindung der Wohnkosten an die Einkommenssituation. Zu diskutieren sind also neben dem Sozialgut Wohnen die Bodenfrage, die Bewirtschaftungsfrage und in diesem Zusammenhang die Regulierung von Miethöhen und Wohnkosten.

Diese Herangehensweise verzichtet nicht auf zivilgesellschaftliche Strategien, im Gegenteil. Politisches und staatliches Handeln wird nicht nur von parlamentarischen Mehrheiten bestimmt. Diskurs und gesellschaftliche Debatten, Kampagnen und Initiativen haben großen Einfluss. Gerade die Wohnungsfrage und deren Zuspitzung in jüngster Zeit sind ein beredtes Beispiel dafür (siehe auch den Beitrag von Vogelpohl et al. in diesem Band).

BUNDESPOLITISCHER RAHMEN

Die Wohnungsfrage spielte nach den Wiederaufbauprogrammen der Nachkriegszeit und dem forcierten sozialen Wohnungsbau der 1960er und 1970er Jahre lange keine große Rolle in der politischen Praxis der Bundesrepublik. Sie hat in Phasen wachsender Prosperität sogar weiter an Gewicht verloren. Dies hat im Zuge der konservativ-neoliberalen Wende seit Anfang der 1980er Jahre politische Entscheidungen begünstigt, die einer sozialen Beantwortung der Wohnungsfrage heute entgegenstehen.

- Die bundesrechtlich bestehende Mietpreisbindung wurde ab Mitte der 1970er Jahre zugunsten des Vergleichsmietensystems abgeschafft, zuletzt in Westberlin im Jahr 1987.
- Der seinerzeit ausschlaggebende Finanzskandal um die ›Neue Heimat‹ sollte sich künftig durch mehr Transparenz und bessere Wirtschaftlichkeit der gemeinnützigen Wohnungsunternehmen nicht wiederholen. Die Regierung Kohl nutzte die Vorlage jedoch für deren Abschaffung.
- Die Zahl der neu gebauten Sozialwohnungen ging kontinuierlich zurück, auch weil der Bund seine Zahlungen reduziert hatte. Zugleich führte die überwiegende Förderung privater Bauherren und Anleger/-innen zu hohen finanziellen Anreizen und einem für die Allgemeinheit nachteiligen und ineffektiven Fördersystem.
- Finanzmarktakteuren wurde Anfang der 2000er Jahre der Zugang zum Wohnungssektor eröffnet, mit der bis heute durchschlagenden Wirkung, dass Wohnungsbestände und ganze Siedlungen lediglich nach Anlage- und Gewinnaussichten bewirtschaftet, gehalten und verkauft werden (siehe den Beitrag von Heeg in diesem Band).
- Im Jahr 2006 gab der Bund im Rahmen der Föderalismusreform die Verantwortung für den sozialen Wohnungsbau an die Länder ab, fror seine Finanzierungsbeiträge ein und befristete sie als sogenannte Kompensationsmittel bis 2019.
- Das Mietrecht wurde mehrfach, zuletzt 2013, in seiner sozialen Schutzfunktion eingeschränkt. Dabei wurden die Mieter/-innenrechte bei energetischen Modernisierungsmaßnahmen beschnitten und die Kündigung für Vermieter/-innen erleichtert. Umfassende Modernisierungsmaßnahmen erweisen sich heute als mietpreistreibend und Verdrängungsursache Nummer eins.

Erst seit der Bundestagswahl 2013, nachdem die Wohnungsfrage vor allem in wachsenden Stadtregionen wieder an Brisanz gewonnen hatte, was sich auch in zahlreichen Protesten und Initiativen niederschlägt, gibt es verhaltene bundespolitische Signale für eine Richtungsänderung.

- Die Einführung der sogenannten Mietpreisbremse sollte den steilen Anstieg der Wiedervermietungsmieten abschwächen, die bis dahin praktisch unreguliert waren. Die im Frühjahr 2015 eingeführte Regelung erweist sich jedoch wegen ihrer Konstruktion und zahlreicher Ausnahmen als weitgehend wirkungslos.
- Das Wohngeld wurde erstmals seit 2009 erhöht.

- ›Das Bündnis bezahlbares Wohnen und Bauen‹ wurde von der Bundesregierung initiiert, um mit Verbänden in einen Austausch über bessere Rahmenbedingungen für den Wohnungsbau und kostengünstiges Bauen zu treten.
- Die Veräußerung von Bundesimmobilien zum Höchstpreis wurde eingeschränkt, um den Bau von Sozialwohnungen und die Unterbringung von Geflüchteten zu ermöglichen.
- Die Finanzmittel für den sozialen Wohnungsbau wurden erheblich aufgestockt.
- Eine erneute steuerliche Förderung des Wohnungsneubaus mittels einer Sonderabschreibung ist politisch umstritten und wird vor allem wegen der fehlenden sozialen Bindungen kritisiert.
- Eine weitere Mietrechtsnovelle ist in Vorbereitung, mit der die Mietpreisbremse nachgebessert und insbesondere der Mietanstieg nach Modernisierungen begrenzt werden soll. Ob diese im Vorfeld der Bundestagswahlen 2017 noch Realität wird, ist mehr als unsicher.

Keine der bisher realisierten oder in Aussicht stehenden bundespolitischen Maßnahmen tangiert jedoch die herrschende Marktlogik in der Wohnungsversorgung. Im Gegenteil, angesichts des verstärkten Drängens auf Wohnungsneubau ist mit Spekulation und Preissteigerungen für Baugrundstücke und für Bauleistungen zu rechnen. In Kommunen mit Wohnungsknappheit steigen die Angebotsmieten trotz Mietpreisbremse. Dem anhaltenden Preisauftrieb für das Wohnen ist bisher seitens der Bundesregierung konzeptionell und politisch nichts entgegen gesetzt worden.

Die Opposition auf Bundesebene aus Grünen und Linken ist daher mit zivilgesellschaftlichen Akteuren in eine Debatte über eine ›Neue Wohnungsgemeinnützigkeit‹ eingetreten. Ziel ist ein Non-Profit-Sektor in der Wohnungswirtschaft, der mit steuerlicher Förderung Hauptträger einer sozialen Wohnraumversorgung der Zukunft sein könnte.

LOKALE HANDLUNGSSPIELRÄUME

Die Länder haben die Kompetenz für die Wohnraumförderung seit 2006. Die meisten Länder haben davon nur in geringem Umfang Gebrauch gemacht. Nur Baden-Württemberg hat eine soziale Richtsatzmiete eingeführt, die zwar deutlich unter der ortsüblichen Vergleichsmiete liegt, aber mit dieser kontinuierlich steigt. Die Regelungen zur Bestimmung der Miethöhe von Sozialwohnungen und zu den

Mieterrechten für Sozialwohnungen, die teilweise nachteilig gegenüber dem allgemeinen Mietrecht sind, hat noch kein Bundesland reformiert. Nur wenige Bundesländer haben kontinuierlich den Neubau von Sozialwohnungen gefördert, aber weit unter dem Bedarf. Mehrere Länder haben zwar ein gesondertes Wohnungsbauvermögen in Form von revolvierenden Fonds, aus dem sie die Förderung finanzieren; zu sozialen Konditionen gebaut, modernisiert und angekauft wird dennoch zu wenig.

Bündnisse für bezahlbares Wohnen und Bauen sind auch in den Ländern und Kommunen ein beliebtes politisches Instrument. Wie groß der tatsächliche Gewinn für eine soziale Wohnungsversorgung ist, bleibt abzuwarten. Zu hohe Erwartungen sind angesichts der fehlenden Ausrichtung auf Kernfragen des bezahlbaren Bauens und Wohnens und der mangelnden Verbindlichkeit nicht angebracht.

Die Erstellung von Mietspiegeln ist eine kommunale Aufgabe, die in der Regel gemeinsam mit Vermieterverbänden und Mieterorganisationen wahrgenommen wird. Die kommunale Bau- und Wohnungsaufsicht ist nur bei konsequenter Ausübung ein scharfes Schwert gegen allzu rabiate Vermieter/-innen. Mietwucher mit dem Paragraph 5 des Wirtschaftsstrafrechts zu verfolgen, ist wegen der Gesetzesformulierung de facto unmöglich. Das Management der Belegung und die Kontrolle der Miethöhen bei Sozialwohnungen obliegen in der Regel ebenfalls lokalen Behörden bzw. deren Beauftragten. Von deren personeller Ausstattung und Fachkompetenz hängt es ab, ob die bestehenden Bindungen optimal und zielgerichtet eingesetzt werden.

Die wohnungspolitische Steuerung mit öffentlichen Wohnungen hat in den letzten Jahren an Einfluss verloren. Aus ideologischen sowie finanziellen Gründen haben viele öffentliche Träger, vor allem die Kommunen, ihre Wohnungsbestände dezimiert. Die verbliebenen Wohnungen befinden sich zumeist in privatrechtlich organisierten Beteiligungsunternehmen. Der Umgang mit diesem öffentlichen Eigentum reicht von ›Ausquetschen‹ für anderen kommunalen Finanzierungsbedarf bis zur konsequenten wohnungspolitischen Steuerung der Belegung und Miethöhe, wie in München.

Durch Ausübung der kommunalen Planungshoheit und eine aktive Liegenschaftspolitik wird mit mehr oder weniger Erfolg versucht, private Investoren auf Gemeinwohlinteressen zu verpflichten. Auch dies stößt auf finanzielle Grenzen in den öffentlichen Haushalten und wird politisch und seitens der öffentlichen Verwaltung selten einhellig betrieben.

In der Summe sind die derzeit vorhandenen und genutzten Instrumente jedoch nicht geeignet, die Marktlogik der Wohnungsversorgung auch nur ansatzweise in Frage zu stellen.

ZIVILGESELLSCHAFTLICHE IMPULSE

Die Wohnungsnot in großen Städten der Bundesrepublik und das Recht auf Stadt wurden schon von der Studentenbewegung in den 1960er Jahren aufgegriffen. Es gibt eine Kontinuität von den Häuserkämpfen in Frankfurt am Main über die Hausbesetzungen in West-Berlin zur behutsamen Stadterneuerung in den 1980er Jahren, zu den Stadterneuerungsinitiativen im Osten und den aktuellen Mieterprotesten vom Mieterforum Ruhr bis zu Kotti & Co in Berlin. Initiativen der Mieter- und Bürgerinitiativen setzen politische Themen, machen konkrete Vorschläge, erproben wie das Mietshäusersyndikat oder Selbstbaugenossenschaften Alternativen und vernetzen sich. Mit Kampagnen und Projekten gegen die Privatisierung öffentlicher Liegenschaften, gegen spekulativen Leerstand und gegen Zwangsräumungen erhöhen sie den Handlungsdruck auf die politisch Verantwortlichen.

Politische Parteien – wenn sie klug handeln – und Organisationen unterstützen solche Initiativen und greifen ihre Ideen auf. Ohne dieses Engagement gäbe es keine Ausweitung des Wohnraumschutzes vom Zweckentfremdungsverbot bis zum Milieuschutz, keinen neuen Umgang mit öffentlichen Grundstücken und leerstehenden Gebäuden und es gäbe weniger Mittel für den sozialen Wohnungsbau.

Eine wichtige Rolle für das Aufbrechen der Wohnungsmarktfixierung der herrschenden Politik spielt die aktuelle Debatte über eine ›Neue Wohnungsgemeinnützigkeit‹. Die ›Wieder‹einführung eines Steuer- und Förderprivilegs für sozial ausgerichtete Wohnungsbauträger wäre ein Meilenstein für die Entkopplung von Wohnkosten und Marktlogik. Die damit einhergehende Verpflichtung auf Kostenmieten statt Vergleichsmieten würde die unselige Praxis beenden, dass Miethöhen nichts mit dem Bewirtschaftungsaufwand für eine Wohnung zu tun haben, sondern auf das ›am Markt‹ erzielbare Maximum gerichtet sind und gesetzliche Schranken so gut es geht umgangen werden.

Mit der seit langem diskutierten Reform der Grundsteuer soll ein Steuerungsinstrument gegen Zersiedlung und Bodenspekulation gleichermaßen entstehen. Die inzwischen 20-jährige bundespolitische Blockade soll durch ein neues zivilgesellschaftliches Bündnis aus Mieterorganisationen und Naturschutzverbänden überwunden werden. Gefordert wird die Einführung einer Bodensteuer zur Mobilisierung von bebaubaren, aber unbebauten Grundstücken. Die Größe und der Wert des Grundstücks sollen dabei Maßstab für die Höhe einer zeitgemäßen Grundsteuer sein, nicht mehr die vorhandene Bebauung.

Erste Überlegungen im Bundesland Bremen zur Einführung einer wert- oder größenabhängigen Staffelung der Grunderwerbsteuer haben zwar im Sommer 2015 Schlagzeilen gemacht, scheinen aber derzeit vergessen. Hier braucht es wohl erneut öffentlichen Druck. Das gilt gleichermaßen für die bundesrechtlich zulässigen »*Share deals*«, bei denen durch Teilerwerb einer Immobiliengesellschaft die Grunderwerbssteuer gänzlich vermieden wird.

FOKUS BERLIN: WOHNUNGSFRAGE HEUTE – AKTUELLE LAGE

Berlin galt seit 1990 als Mieterparadies und Ort der Freiräume. Ursächlich dafür waren ein Überangebot einfacher Mietwohnungen und eine durch den wirtschaftlichen Strukturbruch (schon in der Nachkriegszeit und dann im Zuge der gesellschaftlichen Veränderungen seit dem Mauerfall) perforierte Stadtlandschaft mit enormen Leerständen. Das ist in Teilen immer noch so, verändert sich aber rasant. Die Bestandsmieten liegen wie die Durchschnittseinkommen unter dem Niveau anderer Großstädte. Auch das macht Berlin bis heute grenzenlos anziehend.

Die Mieten steigen in Berlin seit 2007 überdurchschnittlich, zeitlich etwas versetzt zum bis heute anhaltenden Bevölkerungswachstum. Bis dahin war die Wohnungssituation bis auf Ausnahmen (traditionell teure Wohngegenden, zentrale und innenstadtnahe Lagen) tatsächlich entspannt. Wegen des Neubaubooms nach der Wende und der Wanderungsverluste ins Umland standen zehntausende Wohnungen leer. Der geförderte Wohnungsneubau wurde 1998 eingestellt, das Zweckentfremdungsverbot 2002 gerichtlich abgeschafft, ebenso wie die Fehlbelegungsabgabe für Sozialwohnungen. Auch Modernisierungs- und Genossenschaftsförderung wurden eingestellt.

Aus finanzieller Not, aber auch aus ideologischen Gründen verkaufte die Stadt schon unter Schwarz-Rot in den 1990er Jahren etliche Wohnungen und entzog den kommunalen Gesellschaften zusätzlich Millionen, indem sie sich gegenseitig kaufen und den Kaufpreis an den Landeshaushalt abführen mussten (sogenannte ›In-Sich-Geschäfte‹). Die Zahl kommunaler Wohnungen erreichte 2006 ihren Tiefststand mit knapp 270.000 Wohnungen (vgl. 1990: rund 480.000 Wohnungen) und liegt aktuell wieder bei 300.000 Wohnungen. Das entspricht rund 15 Prozent des gesamten Berliner Wohnungsbestandes und war selbst 2006 bedeutend mehr als in den anderen Metropolen des Landes, wo dieser Anteil unter 10 Prozent liegt.

In der Zeit der Rot-Roten-Koalition von 2002 bis 2011 war die Wohnungspolitik vorrangig auf die wirtschaftliche Rettung und Konsolidierung der städtischen Wohnungsbaugesellschaften sowie auf eine bestandsorientierte Stadtentwicklung gerichtet (Stadtumbau und Soziale Stadt). Der bis heute umstrittene Verkauf der GSW im Jahr 2004 galt damals zur Deckung des Haushaltsdefizits und zur Abwendung einer Verfassungsklage als unvermeidbar. Insbesondere die LINKE hat dafür in den folgenden Wahlen die Quittung erhalten, für die Fortsetzung der Koalition ab 2006 auf einem Privatisierungsverbot bestanden und bekennt sich heute offen zu ihrem Fehler.

Für die Übernahme der Wohnkosten von Transferleistungsbeziehenden verfolgte Rot-Rot ein bis ca. 2008 auskömmliches und mieterfreundliches Konzept. Auf dessen Anpassung an die veränderte Rechts- und Wohnungsmarktlage konnte sich die Koalition wegen des Widerstandes der SPD nicht verständigen, ebenso wenig wie auf eine Neuausrichtung der Liegenschaftspolitik, auf die Verbesserung des Kündigungsschutzes bei Umwandlungen von Miet- in Eigentumswohnungen und den Erlass einer Umwandlungsverordnung. Den aufkommenden Forderungen nach Wohnungsneubau hielt die damalige Stadtentwicklungssenatorin stets das Argument eines entspannten Wohnungsmarktes entgegen, die steigenden Mieten waren für den seinerzeitigen Regierenden Bürgermeister vor allem ein Zeichen wachsender Prosperität.

Seit der Finanzmarktkrise 2008 ist der Run gerade auf das Berliner „Betongold" ungebremst. Das Miet- und Kaufpreisniveau nähert sich in großem Tempo den Werten in Hamburg an. Billige Mieten sind bald Geschichte, die Innenstadt ist schon jetzt weitgehend ›Hartz-IV-freie Zone‹.

Spätestens mit dem erfolgreichen Bürgerentscheid in Friedrichshain-Kreuzberg gegen das Stadtentwicklungsprojekt ›Mediaspree‹ im Sommer 2008 formierte sich in Berlin eine neue stadtpolitische Protestbewegung. Von Bewohnerinitiativen gegen Modernisierung über Mieterinitiativen in überteuerten Sozialwohnungen bis zur von Expert/-innen, Aktivist/-innen und Wissenschaftler/-innen getragenen Initiative ›Stadt Neu Denken‹ gegen den Ausverkauf öffentlicher Liegenschaften wuchs der Widerstand gegen ein ›Weiter so‹. Für die Koalitionsverhandlungen nach den Wahlen 2011 hatten die stadtpolitischen Initiativen ein ›Mieten-Dossier‹ mit weitreichenden wohnungspolitischen Forderungen vorgelegt.

FOKUS BERLIN: WOHNUNGSFRAGE HEUTE – POLITISCHE INTERVENTIONEN

Seit 2012 hat der Berliner Senat angesichts nicht mehr zu leugnender Engpässe und sozialer Verwerfungen seine Wohnungspolitik geändert. Die Mischung aus Ordnungsrecht, neuer Liegenschaftspolitik, Wiederaufnahme der Förderung und Stärkung der städtischen Wohnungsunternehmen hatte möglicherweise einen mietendämpfenden, aber bislang keinen mietensenkenden Effekt. Konnte sie auch nicht, weil auch hier die Logik der verwertungsorientierten Immobilien- und

Stadtentwicklung nicht in Frage gestellt worden ist und weil zudem die städtischen Behörden weder personell noch konzeptionell angemessen aufgestellt sind.

Im Frühjahr 2015 ist ein Mietenvolksbegehren mit großer Energie und Aufmerksamkeit gestartet, nachdem Mieterinitiativen seit dem Sommer 2011 politisch Druck gemacht hatten, der vom Senat, wenn überhaupt, nur unzureichend aufgegriffen worden ist. Der Schwung des im Mai 2014 gewonnenen Tempelhof-Entscheids und die große Frustration über die sich zuspitzende Wohnungsfrage haben das Begehren getragen.

Die nach dem furiosen Erfolg der ersten Stufe auf Initiative der Landesregierung geführten Verhandlungen haben im Sommer 2015 unter Ausschluss der Stadtöffentlichkeit stattgefunden. Die Ergebnisse werden unterschiedlich interpretiert und sind bis heute umstritten. Sie mündeten Ende 2015 in das Wohnraumversorgungsgesetz.

Das Wohnraumversorgungsgesetz, das seit 1. Januar 2016 gilt, verspricht Verbesserungen für einkommensarme Bewohner/-innen von Sozialwohnungen und von kommunalen Wohnungen. Es hat die Bedingungen der Wohnraumförderung umformuliert und Voraussetzungen für eine bessere Mietermitbestimmung geschaffen. Nicht mehr, aber auch nicht weniger. Ein Systemwechsel ist es nicht.

Die Flüchtlingsfrage hat die bestehende Wohnungskrise noch verschärft und wird dennoch nicht integrativ angegangen. ›Tempohomes‹ – also Container – und modular zu errichtende Gemeinschaftsunterkünfte sollen Notunterkünfte in Turnhallen und notdürftig hergerichteten Nichtwohngebäuden ersetzen. Ein Teil dieser neuen Bauten wird in Gewerbegebieten und äußeren Stadtgebieten als sogenannte Pioniernutzungen für neue Stadtquartiere konzipiert.

Die städtischen Wohnungsbaugesellschaften hat der Senat verpflichtet, ebenfalls Unterkünfte zu bauen. Diese wollen allerdings nicht Gemeinschaftsunterkünfte, sondern gleich Wohnungen bauen. Das ist ein guter Anfang in der ansonsten verfehlten Unterbringungspolitik Berlins.

Der 2014 beschlossene (und zu diesem Zeitpunkt schon überholte) ›Stadtentwicklungsplan Wohnen‹ konstatierte einen Neubaubedarf von 137.000 Wohnungen. Die Förderung des Wohnungsneubaus wurde 2014 wieder aufgenommen, zunächst mit 1.000 Sozialwohnungen jährlich. Diese Zahl ist 2016 auf 2.500 und 2017 auf 3.000 angehoben worden. Nicht nur die zu geringe Anzahl, sondern auch das Förderkonzept mit Anfangsmieten von 6,50 €/m² nettokalt und zeitlich begrenzten sozialen Bindungen werden kritisiert.

Der Wohnungsneubau insgesamt hat stark zugenommen, nachdem er in den Jahren ohne Förderung auf weniger als 4.000 Wohnungen im Jahr zurückgegangen war. Während dieser private Neubau bis 2012 fast ausschließlich im Eigentums- und Luxussegment mit durchschnittlichen (!) Wohnungsgrößen von über

100 m² stattfand, sind von den 2015 fertiggestellten knapp 11.000 Wohnungen noch rund 42 Prozent Eigentumswohnungen. Aktuell streiten sich Expert/-innen, ob in Berlin jährlich 15.000 oder mehr Wohnungen hinzukommen müssen, um eine Wohnungsnot zu verhindern.

FOKUS BERLIN: WOHNUNGSFRAGE HEUTE – PERSPEKTIVEN

Um die Wohnungsfrage sozial zu beantworten, muss nicht nur das Wohnungsangebot einem wachsenden Bedarf angepasst werden. Es muss vor allem der preiswerte Wohnungsbestand geschützt und erweitert werden, um den rund 650.000 Haushalten in Berlin mit weniger als 80 Prozent des Durchschnittseinkommens, das in Berlin 2015 1.275 € monatlich betrug, leistbare Wohnungen zur Verfügung zu stellen. Dafür lohnt es sich einen Blick zurück zu werfen. Die Wohnungspolitik der Weimarer Republik war in dieser Hinsicht wegweisend mit den Elementen staatliche Eingriffe in Wohnungsbewirtschaftung (Mieterschutz, Standards) und öffentliche Förderung des Wohnungsbaus. Dieser Wohnungs- und Städtebau war auf ›nicht marktfähige‹ Haushalte ausgerichtet und begünstigte die Entstehung von Genossenschaften und gemeinnützigen Wohnungsbaugesellschaften sowie den kommunalen Wohnungsbau.

Die städtischen Wohnungsbaugesellschaften werden künftig Hauptträger einer sozialen Wohnungsversorgung sein. Dafür sind allerdings Veränderungen in der Unternehmensführung unabdingbar. Bei Wiedervermietungen, im Neubau und nach Modernsierungen verlangen sie teilweise zu hohe Mieten. Im Umgang mit Kritik und organisiertem Mieterprotest wird mitunter deutlich, dass sie sich als ganz ›normale‹ Immobilienunternehmen verstehen, was sie nicht sind. Hier ist der Gesellschafter Berlin gefordert, für Klarstellung und soziale Ausrichtung zu sorgen sowie die Unternehmenssteuerung entsprechend zu verändern. Außer der Einbringung von Grundstücken, der Überlassung der erst seit wenigen Jahren wieder Jahresgewinne und der Bereitstellung von Wohnungsbauförderrmitteln in bisher bescheidenem Umfang erhalten die Unternehmen bisher keine direkte finanzielle Unterstützung des Landes. Diese werden sie aber brauchen angesichts der formulierten Ziele. Die Zahl der städtischen Wohnungen soll in den nächsten 10 Jahren um 100.000 wachsen, jährlich sollen sie 6.000 Wohnungen bauen, ein Großteil davon gefördert.

Eine Fachkommission des Senates müht sich mit den Spätfolgen des missratenen alten Berliner Systems des sozialen Wohnungsbaus. Derweil ist die Zahl der

Sozialwohnungen auf unter 100.000 gesunken, insbesondere weil viele Eigentümer/-innen die Möglichkeit der vorzeitigen Darlehensablösung nutzen. Das waren im letzten Jahr fast 11.000. Neu gebaut wurden dagegen nur 1.000 Wohnungen. Genossenschaften, Hausprojekte und soziale Initiativen haben wegen des zunehmenden Mangels an Bestandsobjekten und Baugrundstücken, steigenden Bodenpreisen und fehlender politischer Unterstützung kaum noch Chancen, eigene innovative Projekte zu realisieren.

Wie kann unter diesen Rahmenbedingungen das Wohnen zumindest für einkommensarme Haushalte der Marktlogik entzogen werden? Gebraucht werden wohnungswirtschaftliche, regulatorische und steuerliche Interventionen. Da es um Immobilien geht, sind auch Fragen des Grundeigentums und des Städtebaus zu beantworten. Ziel muss der schrittweise Aufbau eines marktfernen Wohnungssegments sein. Für die Schaffung und Bewirtschaftung sozial tragbarer Wohnungen müssen daher kommunale, genossenschaftliche und weitere sozial orientierte Wohnungsbauträger gezielt genutzt, gefördert und neu aufgebaut werden.

Das zentrale Element für eine soziale Wohnungswirtschaft müssen die öffentlichen Wohnungsunternehmen sein. Nur hier bestehen direkte Einflussmöglichkeiten. Der öffentliche, politisch kontrollierte Gesellschafter kann und muss durch klare Zielvorgaben den sozialen Versorgungsauftrag der Unternehmen konkretisieren (Transferleistungsbeziehende, WBS-Berechtigte, Studierende, Geflüchtete, sonstige besondere Bedarfsgruppen). Anhand des Bewirtschaftungsaufwandes und des Versorgungsbedarfs werden (gestaffelte) Mietobergrenzen für ein jährlich wachsendes Kontingent von Wohnungen festgelegt. Die Ausgestaltung ist z.B. als Rabatt von der ›Kostenmiete‹ möglich, der solange gewährt wird, wie die Einkommenssituation dies erfordert.

Die notwendige finanzielle Stärkung der Unternehmen ist durch stetige Eigenkapitalzufuhr zu gewährleisten. Transparenz und demokratische Kontrolle können in Berlin die neu errichtete Anstalt Wohnraumversorgung Berlin und die Mietervertreter/-innen in den Aufsichtsräten sichern.

Die zweite Säule ist ein Wohnraumförderfonds mit klaren sozialen und städtebaulichen Regeln. Für möglichst dauerhafte soziale Bindungen werden Baukostenzuschüsse für Neubau, Umbau und Herrichtung gewährt. Vergabe- und Kontrollgremien mit zivilgesellschaftlicher Beteiligung sichern Effizienz und Innovationsoffenheit. Die Mietobergrenzen sollen nach der Einkommenssituation differenziert sein und wie die Belegungsbindung per Quotenregelung nach wirtschaftlichen und stadträumlichen Gesichtspunkten über den gesamten Bestand verteilt werden können.

Um die Schaffung preisgünstigen Wohnraums in größerem Umfang als bisher zu ermöglichen, gewinnt die Bodenfrage an Bedeutung. Notwendig ist eine strategische öffentliche Flächenvorsorge durch konsequente Ausübung des Vorkaufsrechts zu limitierten (also nicht spekulativ überhöhten) Verkehrswerten. Die Vergabe öffentlicher Grundstücke für Bauvorhaben von Dritten (und auch Baurecht) soll nur noch mit Bauverpflichtung und sozialen Bindungen (soziale Bodennutzung) erfolgen. Es muss geprüft und auch experimentiert werden, wie das besondere Städtebaurecht zur ›Rekommunalisierung‹ von Grund und Boden sowie von Immobilien genutzt werden kann. Die Einführung einer differenzierten Grunderwerbssteuer könnte Selbstnutzer/-innen den Kauf bzw. Bau einer Wohnung erleichtern und institutionellen Anlegern höhere Kosten auferlegen. Nicht zuletzt sind bundespolitische Initiativen zur Abschaffung steuerfreier Immobilientransaktionen und zur Reform der Grundsteuer gefragt, die nur mit zivilgesellschaftlichem Rückhalt Aussicht auf Erfolg haben.

Nicht nur Berlin braucht einen Neustart in der Wohnungs- und Stadtentwicklungspolitik. Viele Ballungszentren sind mit wachsenden Einwohnerzahlen, steigenden Mieten und einem zunehmenden Verdrängungswettbewerb in den Innenstädten, oder sogar darüber hinaus, konfrontiert. Kommunale Instrumente allein reichen nicht aus. Auch landes- und bundesrechtliche Rahmensetzungen müssen sich ändern. Die größte Herausforderung sprengt die nationale Dimension: gegen den Ausverkauf von Häusern, Siedlungen und städtischen Grundstücken an kapitalstarke und renditeorientierte Finanzinvestoren gibt es bisher kein wirksames Mittel. Hier sind Politik, Wissenschaft und Zivilgesellschaft gleichermaßen gefordert.

**Alternativen
jenseits von Markt und Staat**

Die warenförmige Bereitstellung von Wohnraum durch privatwirtschaftliche Investoren kennzeichnet ein grundlegender Widerspruch, insofern Profiterwartungen Wohnungspreise zusätzlich in die Höhe treiben. Insbesondere auf angespannten Wohnungsmärkten sind Mietsteigerungen und Verdrängung die Folge. Vor diesem Hintergrund untersuchen die Autor/-innen in Abschnitt 5, inwiefern es nicht-gewinnorientierten Akteuren wie etwa Genossenschaften und anderen kollektiven Eigentumsmodellen gelingt, Wohnraum dauerhaft dem Markt zu entziehen, demokratisch zu organisieren und dessen Bezahlbarkeit sicherzustellen. Der Abschnitt rückt also erfolgreiche oder zumindest vielversprechende zivilgesellschaftliche Strategien zur Sicherstellung bezahlbaren Wohnraums in den Fokus. Inwiefern können sich neue Praktiken der gesellschaftlichen Produktion und Verteilung von Wohnraum jenseits von Markt und Staat behaupten und zeichnen sich darin wirkmächtige Konturen einer Dekommodifizierung der Wohnraumversorgung im Interesse niedriger Einkommensschichten ab? Wo liegen aber auch die Schwierigkeiten und womöglich neuen Exklusionsprozesse einer zivilgesellschaftlichen Selbstorganisation des Wohnens?

Selbstverwaltet bezahlbar wohnen?
Potentiale und Herausforderungen
genossenschaftlicher Wohnprojekte

IVO BALMER UND TOBIAS BERNET

Der Mangel an bezahlbaren Wohnungen hat sich in den letzten Jahren in fast allen Großstädten des deutschsprachigen Raumes immer stärker bemerkbar gemacht. Hinsichtlich der Kennzeichen und Ursachen dieser »Rückkehr der Wohnungsfrage« (Rink et al. 2015) lassen sich zwar nationale, regionale und lokale Besonderheiten ausmachen, die Kernelemente der Entwicklung (ebd.: 70-72 in Bezug auf Deutschland) können jedoch als allgemeingültig betrachtet werden: So hat sich die vom Wandel der Lebensstile und Arbeitswelten getriebene, mancherorts schon seit den 1970er Jahren beobachtbare Reurbanisierung praktisch flächendeckend akzentuiert (z.B. Milbert 2015). Zugleich erfuhr die Immobilienwirtschaft während der letzten Jahrzehnte eine zunehmende Deregulierung, Internationalisierung und Finanzialisierung. Gerade in der Niedrigzinssituation der letzten Jahre sind Wohnungen zu präferierten Anlageobjekten des renditesuchenden Kapitals geworden. In Deutschland ist zudem schon 1990 die Wohnungsgemeinnützigkeit abgeschafft worden und es kam in den 1990er und vor allem den 2000er Jahren zu einer regelrechten Welle der Privatisierung ehemals öffentlich verwalteter und/oder preisgebundener Wohnungsbestände (Holm 2010). Diese Tendenz hin zu einer insgesamt stärker marktförmigen und in den wachsenden Großstädten einseitig nachfragedominierten Wohnungsversorgung führt zu verbreiteten Mietpreissteigerungen (Holm 2014: 15ff.) und so zu vielfältigen Gentrifizierungsprozessen, durch die eine soziale Segregation innerhalb von Städten und Agglomerationen droht.

Seit etwa 2010[1] sind vielerorts, oft unter dem Schlagwort ›Recht auf Stadt‹ (Holm/Gebhardt 2011; Vogelpohl et al. in diesem Band), lokale Protestbewegungen gegen diese Entwicklungen entstanden. Mittlerweile versuchen selbige vermehrt, aus der Defensive zu kommen und politische Alternativen zu formulieren. Dies äußert sich beispielsweise in der erfolgreichen Nutzung direktdemokratischer Instrumente, etwa beim Berliner Mietenvolksentscheid oder den wohnungspolitischen Initiativen in verschiedenen Schweizer Städten (Balmer 2017). Weil aber staatlichen Institutionen nicht mehr unbedingt die Rolle eines redlichen Statthalters der sozialen Infrastruktur zugetraut wird (Dellenbaugh et al. 2015b: 9; Holm 2013), sind als theoretisches und praktisches Gegenmodell zur marktförmigen Wohnungswirtschaft auch Formen der kleinteiligen zivilgesellschaftlich-genossenschaftlichen Selbstorganisation von Interesse: Demokratische *Bottom-up*-Strukturen, die den Gebrauchswert gemeinschaftlich verwalteten Wohnraums ins Zentrum stellen und sich an Prinzipien einer Gemein(schafts)güter- bzw. *Commons*-Ökonomie orientieren (zur *Commons*-Diskussion vgl. etwa Helfrich 2012; Dellenbaugh et al. 2015a). Der vorliegende Beitrag beleuchtet die Potentiale solcher genossenschaftlicher Wohnprojekte für die Schaffung und den Erhalt bezahlbaren Wohnraums. Zunächst wird durch eine kurze historische Herleitung und die Abgrenzung von verwandten Konzepten definiert, was hier unter dem Begriff genossenschaftliche Wohnprojekte zu verstehen ist. Anschließend widmen wir uns den Vorteilen und Errungenschaften sowie den Problemen und Herausforderungen dieser Organisationsformen. Dieses Spannungsfeld präsentiert sich lokal unterschiedlich, je nach – auch nationalstaatlich vorgegebenen – Rahmenbedingungen in politisch-rechtlicher, ökonomischer und soziokultureller Hinsicht. Dies wird hier anhand zweier Beispiele aus der Praxis vertieft, je einem Projekt aus Deutschland (Leipzig) und einem aus der Schweiz (Basel), an dessen Gründung und Entwicklung jeweils einer der Autoren beteiligt war bzw. ist. Auf Basis der dabei gewonnenen Erfahrungen skizzieren wir abschließend einige Vorschläge zur Weiterentwicklung gängiger Modelle des selbstverwalteten Wohnens.

---

1 Symbolträchtig war dabei u.a. die Besetzung des Hamburger Gängeviertels am Valentinskamp.

GENOSSENSCHAFTLICHE WOHNPROJEKTE: ENTSTEHUNG UND DEFINITION

Gerade im deutschsprachigen Raum hat der genossenschaftliche Wohnungsbau bekanntlich eine lange Tradition. In enger Verbindung mit der Arbeiterbewegung erlebte er insbesondere in den 1920er Jahre eine Blütezeit (vgl. dazu etwa Novy 1983). Damals bildeten sich auch die bis heute relevanten genossenschaftlichen Grundprinzipien heraus, insbesondere das Identitätsprinzip, gemäß dem die Mitglieder einer Genossenschaft »als Leistungsbezieher, Kapitalgeber und Entscheidungsträger in eine Dreifachbeziehung zueinander« treten (Tenz 2013: 30). Dabei erfolgt die Entscheidungsfindung in Genossenschaften nach dem demokratischen Konzept »one person, one vote«, d.h. unabhängig von der Höhe der gezeichneten Anteile. Somit sind die Mitbestimmungsrechte (anders als etwa bei einer Aktiengesellschaft) jenseits des für die Mitgliedschaft erforderlichen Mindestbeitrags nicht an individuelle finanzielle Möglichkeiten gekoppelt.[2] Infolge von Zentralisierungs- und Bürokratisierungsprozessen (in Deutschland und Österreich entscheidend durch die nationalsozialistische Gleichschaltung ab 1933/34) verloren im Laufe des 20. Jahrhunderts aber viele Genossenschaften ihren reformerischen Impetus (von Saldern 1997: 270f.). Noch heute agieren nicht wenige, vor allem größere Genossenschaften zwar nicht profitorientiert, aber einseitig unternehmerisch und dabei oft nur der Form nach demokratisch. Dies äußert sich beispielsweise bei Ersatzneubauplanungen, die ohne ausreichenden Einbezug der – als Mieter/-innen direkt betroffenen – Mitglieder erfolgen (Metzger 2015: 29f.) oder in polizeilich unterstützten Zwangsräumungen von unbequemen Genoss/-innen (Schipkowski 2015).

Seit etwa 1980 ist es aus den neuen sozialen Bewegungen heraus zu einer Revitalisierung der Selbstverwaltungsidee gekommen; in zahlreichen Städten sind neue gemeinschaftliche Wohnprojekte entstanden. Manche gingen aus Hausbesetzungen hervor, die den mühseligen Weg der Legalisierung einschlugen, manche aus den Kämpfen von Mieter/-innen, die sich erfolgreich gegen ihre Verdrängung wehrten, manche Neugründungen waren auch weniger spektakulär: Gruppen von befreundeten Menschen fanden sich zusammen und kauften gemeinsam leerstehende Häuser. Dabei wählten die neu entstehenden Wohnprojekte nicht immer die Rechtsform einer Genossenschaft. Während die Gründung einer solchen in der

---

2 Eine zeitgenössische Formulierung international geteilter genossenschaftlicher Grundprinzipien (nicht nur im Wohnungsbereich) stellen die »Co-operative Identity, Values & Principles« dar (International Co-operative Alliance 2016).

Schweiz mit relativ wenig Aufwand zu bewerkstelligen ist, tendieren die Anforderungen des deutschen und österreichischen Genossenschaftsrechts (u.a. die Mitgliedschaft in einem Prüf- bzw. Revisionsverband) dazu, kleine, ehrenamtlich arbeitende Gruppen zu überfordern (Gruber 2015: 43). Hier wurden deshalb in vielen Fällen andere Rechtsformen, v.a. diejenige des Vereins, gewählt und auch neue rechtliche Konstrukte kreiert (mehr dazu unten). Dennoch kann die genossenschaftliche Kernidee des kollektiven, gleichberechtigten Wirtschaftens als wichtiges Merkmal dieser neueren, alternativen Projekte verstanden werden. Gerade bei ihnen ist damit besonders stark die Überzeugung verbunden, dass einmal erworbener Wohnraum dem Marktgeschehen dauerhaft entzogen bleiben sollte, weshalb wir hier nicht in erster Linie von gemeinschaftlichen oder selbstverwalteten, sondern von nicht-profitorientierten bzw. – in diesem Sinne – genossenschaftlichen Wohnprojekten sprechen.

Dies ist vor allem deshalb von Bedeutung, weil sich in Folge der zunehmenden Popularisierung und damit einhergehenden Ausdifferenzierung im weiten Feld des »gemeinschaftlichen Wohnens« mittlerweile auch Wohnungseigentümergemeinschaften tummeln, die sich in ökonomischer Hinsicht im vorübergehenden strategischen Zusammenschluss von privatem Kapital erschöpfen, d.h. explizit in Einzeleigentum verbleibende Wohnungen kaufen oder – im Falle sogenannter ›Baugruppen‹ – erstellen (Praum 2015: 16). Von der eigentlichen Genossenschaftsidee sind sie somit denkbar weit entfernt.[3] Die unter dem sich etablierenden Überbegriff »co-housing« entstehende Fachliteratur (Ache/Fedrowitz 2012; id22 2012; Tummers 2016) tendiert in einer gewissen »Eigentumsblindheit« dazu, diesen entscheidenden Unterschied zu verwischen. Zwar werden genossenschaftliche von Privateigentumsprojekten unterschieden; dass jedoch bei letzteren ungeachtet aller noblen Absichten in der Gründungsphase keine rechtliche Einschränkung des Warencharakters der betreffenden Wohnungen besteht, solange keine Vor- bzw. Rückkaufsrechte festgeschrieben werden, wird zumeist nicht explizit gemacht. Wir haben deshalb an anderer Stelle (Balmer/Bernet 2015) vorgeschlagen, verschiedene institutionelle Formen der Wohnungsversorgung – die stärker warenförmig oder aber näher an einer Gemeingüter-Idee orientiert sein können – nicht

---

3 Die Wahl eines privateigentumsbasierten Gemeinschaftswohnprojektes mag jedoch eine auf der individuellen Ebene völlig nachvollziehbare Entscheidung sein, zumal der Erwerb von Wohneigentum gerade für Mittelschichtsangehörige oft die einzige realistische Möglichkeit der Vermögensbildung darstellt. Wie das darin zum Ausdruck kommende Bedürfnis nach Absicherung, gerade im Hinblick auf das Alter, potentiell auch durch genossenschaftliche Wohnformen befriedigt werden kann, wird im letzten Abschnitt des vorliegenden Beitrags angesprochen.

nur nach dem Ausmaß an Selbstverwaltung, das sie ermöglichen, zu unterscheiden. Gerade hinsichtlich der langfristigen Bezahlbarkeit erscheint uns das Merkmal der Dekommodifizierung, d.h. der dauerhaften Überführung in eine nicht-warenförmige Bewirtschaftung, entscheidender (vgl. Abb. 1).[4]

Abbildung 1: Idealtypische Merkmale unterschiedlicher Eigentumsformen

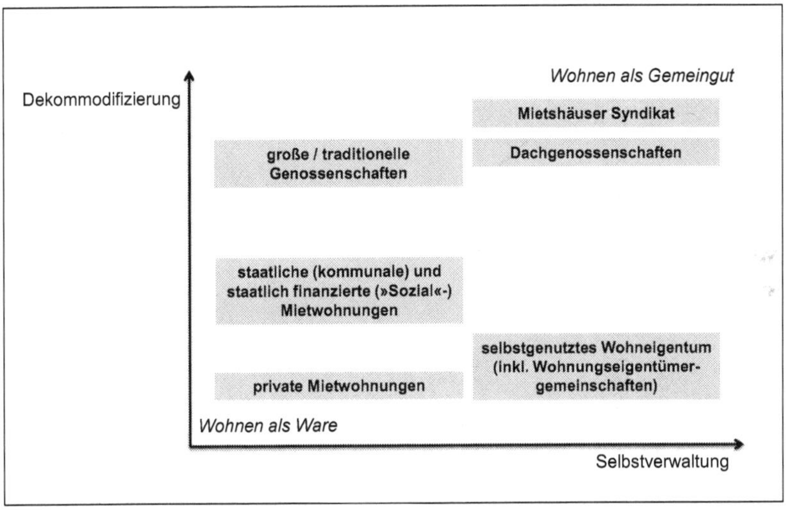

```
                                    Wohnen als Gemeingut
Dekommodifizierung ↑
                                    Mietshäuser Syndikat

                    große / traditionelle    Dachgenossenschaften
                    Genossenschaften


                    staatliche (kommunale) und
                    staatlich finanzierte (»Sozial«-)
                    Mietwohnungen
                                            selbstgenutztes Wohneigentum
                                            (inkl. Wohnungseigentümer-
                    private Mietwohnungen   gemeinschaften)

Wohnen als Ware
                                                    Selbstverwaltung →
```

Quelle: Eigene Darstellung nach Balmer/Bernet 2015

In dieser Hinsicht gilt das Anfang der 1990er Jahre in Freiburg erdachte Verbundmodell des Mietshäuser Syndikats als beispielhaft. In diesem verfügt jedes der zugehörigen Wohnprojekte über eine eigene GmbH (Gesellschaft mit beschränkter Haftung), in deren Besitz die betreffende(n) Immobilie(n) sind. Jede dieser »Haus-Besitz-GmbHs« hat zwei Gesellschafter: Einen Hausverein, in dem die Mitglieder des Wohnprojektes vor Ort zusammengeschlossen sind, und das Mietshäuser Syndikat als Ganzes, das wiederum als GmbH im Besitz aller Hausvereine und weiterer Interessierter organisiert ist (Hummel 2011, 2013; Rost 2012a; siehe Abb. 2). Dieses Netzwerk interveniert normalerweise nicht in die Selbstverwaltung der einzelnen Projekte, behält sich jedoch als Gesellschafter ein Veto gegen

---

4 Im Sinne eines noch ausstehenden Paradigmenwechsels hin zu einer weniger marktorientierten Wohnungspolitik (Rink et al. 2015: 78f.) kann die Dekommodifizierung von Wohnungsbeständen allgemein »als Ziel und Maßstab für die Bewertung wohnungspolitischer Programme und Regelungen verstanden werden« (Holm 2011: 17; vgl. dazu bereits Smith/Williams 1986).

etwaige Verkaufsabsichten vor. So soll aller Wohnraum im Besitz von Mietshäuser-Syndikats-Projekten dauerhaft dem Markt entzogen bleiben (wohingegen eine Genossenschaft per Mehrheitsbeschluss ihre eigene Satzung ändern und ihre Wohnungen beispielsweise in Einzeleigentum überführen kann). Darüber hinaus findet innerhalb des Syndikats ein Solidartransfer statt, indem ältere, etablierte Projekte den Aufbau von neuen organisatorisch und in Maßen auch finanziell unterstützen.

Abbildung 2: Organisationsstruktur des Mietshäuer Syndikats

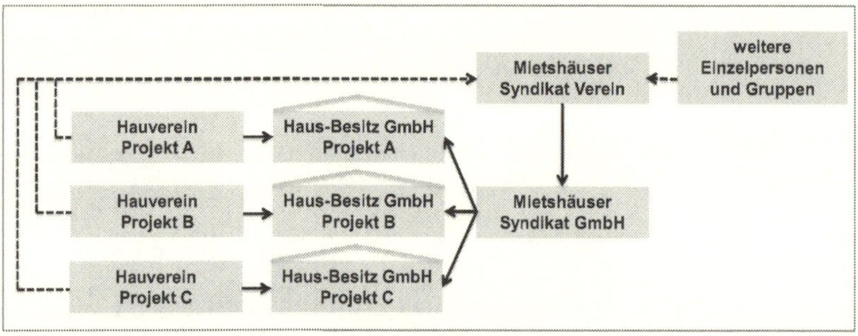

[Diagramm: Hauverein Projekt A/B/C → Haus-Besitz GmbH Projekt A/B/C ↔ Mietshäuser Syndikat Verein ← weitere Einzelpersonen und Gruppen; Mietshäuser Syndikat GmbH]

Quelle: Eigene Darstellung nach Mietshäuser Syndikat 2013: 7

Obschon das Mietshäuser Syndikat auf den gesamten Wohnungsbestand bezogen nach wie vor eine winzige Nische einnimmt, kann es als Erfolgsmodell bezeichnet werden. Zuletzt ist der Verbund quasi exponentiell gewachsen; mittlerweile (2016) gehören ihm über hundert Wohnprojekte in 14 der 16 deutschen Bundesländer mit weit über 2.000 Bewohner/-innen an. Und obwohl das Syndikat rechtlich nicht als Genossenschaft verfasst ist, blieb ihm auch die Anerkennung von Seiten traditioneller Genossenschaftsstrukturen nicht versagt: Als »uneheliches Kind der Genossenschaftsbewegung« (Rost 2012b: 7) erhielt es 2012, im UN-Jahr der Genossenschaften, den »Klaus-Novy-Preis für Innovation beim genossenschaftlichen Bauen und Wohnen«. 2015 wurde schließlich in Österreich mit ›habiTAT‹ ein am Vorbild des Syndikats orientierter Ableger gegründet, der ebenfalls als Verbund von GmbHs organisiert ist und in Linz seine erste Projektgründung realisieren konnte (Ertl/Humer 2016; Gruber 2015: 43).[5]

---

5   Der Basler Quasi-Ableger des Mietshäuser Syndikats, der eine Verknüpfung von dessen Grundideen mit bewährten Schweizer Genossenschaftsmodellen anstrebt, wird weiter unten ausführlicher behandelt.

POTENTIALE UND HERAUSFORDERUNGEN

Im Syndikatsmodell zeigen sich viele der gemeinhin anerkannten Vorteile (Beck 2012: 36) von genossenschaftlichen und genossenschaftsähnlichen Wohnprojekten: Zum einen ermöglichen solche Wohnformen ihren Mitgliedern ein wesentlich höheres Maß an Selbstbestimmung und Partizipation als ein normales Mietverhältnis – etwa im Hinblick auf die Auswahl der im Haus mit Wohnenden oder die bauliche Gestaltung.[6] Diese Betonung von Mitbestimmung und Austausch äußert sich auch in den (halb-)öffentlichen Räumen und soziokulturellen Treffpunkten, die in vielen Wohnprojekten Platz finden. Über die Beteiligung von Außenstehenden an diesen kollektiven Strukturen profitiert im besten Fall die ganze Nachbarschaft von einem genossenschaftlichen Projekt (Fromm 2012).

Zum anderen ist das Wohnen in selbstverwalteten Projekten in vielen Fällen vergleichsweise kostengünstig, vor allem langfristig betrachtet. Dank der oben beschriebenen, rechtlich verankerten Verkaufsverbote wird ein spekulativer Preis für Boden und/oder Häuser höchstens noch ein allerletztes Mal bezahlt. So muss mit der Amortisation der Erwerbskosten über die Mietzahlungen anders als bei frei handelbaren Mietshäusern nicht immer wieder von Neuem begonnen werden; vielmehr beginnt mit der Gründung des Projekts die Entschuldung des Wohnungsbestandes. Dabei fallen gemäß dem Prinzip der Kostenmiete nur die effektiven Kapital- und Betriebskosten an, da kein externer Akteur Profit aus der Vermietung schlägt. Durch transparente Bauplanung, ein behutsames Vorgehen bei Sanierungen und die Möglichkeit der baulichen Eigenleistung durch die Mitglieder (»Muskelhypothek«) lassen sich die Kosten weiter senken, ebenso durch einen unterdurchschnittlichen individuellen Flächenverbrauch, der dank Gemeinschaftsflächen und geteilter Infrastruktur von den Bewohner/-innen nicht als Komforteinbuße empfunden werden muss.

In diesem Zusammenhang haben sich genossenschaftliche Neubauprojekte in den letzten Jahren auch als Avantgarde einer neuen Wohnungsbauarchitektur hervorgetan. So wird etwa die um und über eine Tramgarage gebaute Siedlung der ›Genossenschaft Kalkbreite‹ in Zürich, in der ca. 250 Personen zuhause sind, als pionierhaftes Bauwerk gelobt (Schindler 2014). U.a. dank »Clusterwohnungen« mit geteilten Wohnküchen liegt der Flächenverbrauch pro Kopf dort bei 35 m², gegenüber einem schweizerischen Durchschnitt von über 45 m². Dass innovativer

---

6 Da mit diesen Vorteilen der Selbstverwaltung oft unbezahlte Arbeit in erheblichem Umfang einhergeht, wird bisweilen die Frage aufgeworfen, ob das selbstverwaltete Wohnen auch als neoliberales »Regieren durch Community« verstanden werden kann (Praum 2015: 18; vgl. auch Beck 2012: 37).

genossenschaftlicher Neubau zu annehmbaren Preisen nicht nur im reichen und von einer Tradition der Genossenschaftsförderung geprägten Zürich möglich ist, beweisen in Berlin etwa die ›Spreefeld eG‹ (Praum 2015) sowie die ersten Neubauprojekte von den Mietshäuser-Syndikats-Gruppen ›M29‹ und ›La Vida Verde‹ (Aulich 2012; Kreller 2012). Dabei werden ökologische Aspekte bei Sanierungs- und Bauvorhaben genossenschaftlicher Wohnprojekte oft besonders berücksichtigt.

All diese attraktiven Eigenheiten und wohlerprobten Vorgehensweisen stellen aber weder für Neugründungen noch für die langfristig gelingende Verwaltung bestehender Wohnprojekte eine Erfolgsgarantie dar. Im Folgenden wollen wir kurz die quasi komplementären Problemlagen von neuen und älteren Projekten analysieren. Zunächst könnte man zugespitzt sagen, dass viele potentiell neue Wohnprojekte gar nicht erst entstehen, weil die Mieten, die sich insbesondere in den Großstädten aus den üblicherweise verlangten Grundstücks- und Häuserpreisen ergeben, auch für Projektgründungsinteressierte mit einem mittleren Einkommen prohibitiv hoch sind.[7] Mehr Segen als Fluch ist diese Marktlage hingegen für das anlagesuchende Kapital der profitorientierten Bauträger, zu denen neue Wohnprojekte hier in direkter Konkurrenz stehen. In diesem Wettbewerb haben sie praktisch nur dort eine Chance, wo öffentliche Förderung finanzieller und/oder institutioneller Art zur Verfügung steht. Ein wirkungsvolles Instrument stellt dabei insbesondere die gezielte Vergabe städtischen Grundbesitzes im Erbbaurecht zu günstigen Konditionen dar.

Wie erwähnt ist beispielsweise die Stadt Zürich für eine bis ins frühe 20. Jahrhundert zurückreichende und nach wie vor wirkmächtige Tradition der Förderung des genossenschaftlichen Wohnungsbaus bekannt. In diese konnten sich auch die seit den 1980er Jahren entstandenen alternativen Genossenschaften erfolgreich ›einklinken‹ (Burri 2014). Ebenfalls seit langem als vorbildhaft bei der Förderung gemeinschaftlicher Wohnprojekte gilt Hamburg (Fedrowitz/Gailing 2003: 43-64). Bei den Programmen der Hansestadt zeigt sich jedoch im Kleinen die alte Krankheit der bundesdeutschen Wohnungsbauförderung, die Blindheit in Bezug auf Träger bzw. Eigentumsverhältnisse. So werden neben genossenschaftlichen Projekten auch eigentumsorientierte Baugruppen gefördert und aufgrund der Einkommensgrenzen der Förderrichtlinien die so genannten »Schwellenhaushalte«, die knapp einkommensstark genug sind, um – mit Förderung – Individualeigentum zu

---

7   Beetz (2008: 86) bringt dies auf die treffende Formel, dass das »politische Ziel, eigenkapitalschwachen Personen ein gutes Wohnen in den Städten zu ermöglichen […] zwar das Anliegen der Genossenschaften« treffe, »aber nicht unbedingt ihre Möglichkeiten«.

bilden, gezwungen, sich gegen das Genossenschaftsmodell zu entscheiden (Twickel 2014). Andernorts passen die Bestimmungen von städtischen oder kantonalen bzw. Länder-Förderprogrammen überhaupt nicht oder nur sehr beschränkt zu den spezifischen Bedürfnissen selbstverwalteter Projekte.

Ein anderes Problemfeld stellt die Tatsache dar, dass Selbstorganisation oft mit einer gewissen soziokulturellen Exklusivität einhergeht – wer nicht in den entsprechenden, zumeist akademisch und/oder ›alternativ‹ (und unterdurchschnittlich migrantisch) geprägten Szenen unterwegs ist, findet selten Anschluss an Projektgründungsinitiativen. Dadurch ist nicht zuletzt auch das oft hoffnungsvoll formulierte Potential von Wohnprojekten als Modell für die Versorgung vielfältiger gesellschaftlicher Gruppen mit bezahlbarem Wohnraum in Frage gestellt (Tummers 2016: 2023f.). Insofern ist es wenig erstaunlich, dass die Devise »raus aus der Nische« (Schader-Stiftung/Stiftung trias 2008) im Grunde seit Jahrzehnten die Debatte über selbstorganisierte Wohnformen prägt. Gerade bei Gruppen unterhalb einer gewissen kritischen Größe bleibt die Homogenität der Mitglieder erfahrungsgemäß oft über Jahre bestehen. Dadurch ist das Exklusivitätsproblem in älteren Projekten gewissermaßen demographisch gewendet: Die Projektgründer/ -innen werden, salopp gesagt, gemeinsam in und mit ihren Häusern alt. Damit erfüllt sich zwar der Wunsch nach sicheren Wohnverhältnissen, der ein Hauptmotiv für die Projektgründung gewesen sein mag, weitergehende Ansprüche an den Auf- und Ausbaus einer alternativen Wohnungsversorgung werden aber oft fallengelassen. Der betreffende Wohnraum ist in solchen Fällen eher Klubgut von einigen *lucky few* als Gemeinschaftsgut; die Unterschiede zu einer Wohnungseigentümergemeinschaft verwischen. Wie bei einer solchen besteht gerade bei kleinen ›Ein-Haus-Projekten‹ ohne Einbindung in größere Netzwerke die Versuchung, zu geringe Sanierungsrücklagen zu bilden. Dies rächt sich, wenn größere Sanierungsmaßnahmen anstehen, die nötig werden können, um die charaktervollen Altbauten, aus denen sich die Bestände der in den 1980er und 1990er Jahren entstandenen Projekte größtenteils zusammensetzen, altersgerecht zu machen. Solche Vorhaben unterliegen jedoch nicht nur bauordnungsrechtlichen, gegebenenfalls auch denkmalschützerischen Begrenzungen, sondern schlagen sich bei mangelnden Rücklagen eben auch in Mieterhöhungen nieder, die gerade nach dem Übergang vom Erwerbs- ins Rentenalter für viele nur schwer leistbar sind.

Wie könnte ein erfolgreicher Umgang mit diesen vielfältigen Herausforderungen aussehen? Nach unserer Einschätzung liegt der Schlüssel dazu im Ausbau von (lokalen) Solidartransfer-Mechanismen, wie sie innerhalb des Mietshäuser Syndikats sowie einigen mittelgroßen Genossenschaften bereits bestehen. Solidarität kann dabei, in Erweiterung des anfangs vorgestellten Modells, als drittes idealtypisches Merkmal einer genossenschaftlichen Wohnungsversorgung gedacht werden, das wiederum zwei Aspekte umfasst: Zum ersten die ›Vernetzung‹ unter bestehenden Wohnprojekten, zum anderen eine Strategie der ›Expansion‹, um mehr Mieter/-innen, die bisher profitorientierten Anbietern ausgeliefert sind, einen Weg in die Selbstverwaltung zu ermöglichen (vgl. Abb. 3). Klaus Novy, einer der wichtigsten Vordenker der neuen Genossenschaftsbewegung, hatte schon in den 1980er Jahren darauf hingewiesen, dass eine wohnungspolitische Bewegung stets als Bündnis der (schon) Wohnungs-Nutzenden und der (noch) Wohnungs-Suchenden gedacht werden sollte (Novy 1982).

Abbildung 3: Genossenschaftliche Wohnprojekte –
welche Merkmale sind entscheidend?

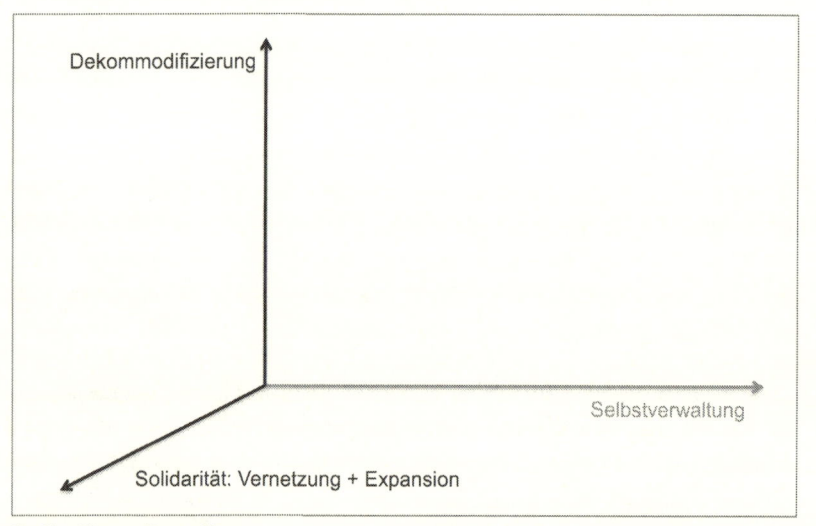

[Diagramm mit drei Achsen: Dekommodifizierung (vertikal), Selbstverwaltung (horizontal rechts), Solidarität: Vernetzung + Expansion (diagonal)]

Quelle: Eigene Darstellung

Dabei erscheint es erfolgversprechend, bei der Vorstellung einer völligen Autonomie der einzelnen Projekte gewisse Abstriche zu machen (ohne in eine bewohner/-innenferne ›Vollprofessionalisierung‹ zu verfallen und so die Fehler älterer Genossenschaften zu wiederholen). Dies ist sowohl beim oben vorgestellten Modell des Mietshäuser Syndikats der Fall wie auch bei ›Dachgenossenschaften‹.[8]

---

8 Dieser Begriff wird teilweise auch für reine Verwaltungs-/›Service‹-Genossenschaften verwendet, die sich um die Verwaltung des Immobilienbesitzes anderer (genossenschaftlicher) Träger kümmern. Das ist hier nicht gemeint, sondern eine zentrale Trägerstruktur wie im Folgenden beschriebenen.

Bei diesen liegen die Eigentumsrechte an den Grundstücken bzw. Häusern bei einer Genossenschaft als zentraler Instanz, während die einzelnen Hausgemeinschaften als Vereine konstituiert sind. An diese vermietet die Genossenschaft üblicherweise die Häuser als Ganze; wie im Mietshäuser Syndikat regeln die Hausvereine ihre projektinternen Angelegenheiten weitestgehend unabhängig. Mitglieder der Genossenschaft sind wiederum die einzelnen Bewohner/-innen und/oder die Hausvereine als juristische Personen. Durch gemeinsame Sanierungs- und Solidaritätsfonds kann ein langfristiger Risikoausgleich unter den spezifischen Bedarfslagen der einzelnen Gebäude und Mitglieder organisiert werden. Erfolgreiche Dachgenossenschaften sind beispielsweise die 1981 in Zürich gegründeten ›Wogeno – Genossenschaft selbstverwalteter Häuser‹, die Hamburger ›Schanze eG‹ (gegründet 1986) oder die ›Selbstbau eG‹ in Berlin (gegründet 1990).

PRAXISBEISPIELE: LEERKÄUFE
UND *FRIENDLY TAKEOVERS*

Wie Methoden der Vernetzung und Expansion im Spannungsfeld der oben skizzierten, aktuellen Herausforderungen praktisch aussehen können, möchten wir im Folgenden anhand zweier Projekte aufzeigen, an deren Aufbau je einer der Autoren beteiligt war und ist. Die relativ unterschiedlichen Entstehungsbedingungen der beiden Fallbeispiele lassen dabei eine gewisse Bandbreite möglicher Vorgehensweisen erkennen.

Zunächst wenden wir den Blick nach Leipzig. Die dortige Wohnungspolitik ist seit der deutschen Wiedervereinigung von einem bemerkenswert raschen Wechsel der wirtschaftlichen Dynamiken und vor allem der Erwartungshaltungen geprägt. Während Leipzig jüngst zur am schnellsten wachsenden deutschen Großstadt (Rink et al. 2015: 75) und zum Paradebeispiel einer bei jungen Bevölkerungsgruppen beliebten »Schwarmstadt« (Simons/Weiden 2015) geworden ist, war der lokale wohnungspolitische Diskurs bis Mitte der 2000er Jahre noch vom Bild einer *shrinking city* geprägt (Brecht 2015; Glock 2006). Nicht zuletzt aus den zu dieser Zeit entstandenen Zwischennutzungen[9] heraus ist seit ca. 2010 eine vielfältige lokale Szene selbstverwalteter Wohnprojekte entstanden.[10] Dieser Über-

---

9   Hier sind insbesondere die vom Verein ›HausHalten‹ initiierten ›Wächterhäuser‹ zu nennen.

10 So ist Leipzig nach Berlin und Freiburg momentan diejenige Stadt mit den drittmeisten Mietshäuser-Syndikats-Projekten.

gang von unsicheren Zwischennutzungsverhältnissen zu unabhängigen Kollektiveigentumsformen ist treffend als »Verstetigung« beschrieben worden (Wendt 2014). Damit ist ein enges Zeitfenster – zwischen dem beginnenden Aufschwung alternativer Projekte und dem absehbaren Ende des Leerstandes, der eine für diese essentielle »Ressource« darstellt – teilweise erfolgreich genutzt worden (Merseburger 2014).

Ein typisches Produkt dieser Zeit, dessen Initiator/-innen somit – auch dieser Aspekt sollte betont werden – das Glück hatten, zur richtigen Zeit am richtigen Ort zu sein, ist die ›Wohnungsgesellschaft Central LS W33‹ in Leipzig. Diese ist ein nach Vorbild des Mietshäuser Syndikats als GmbH im Besitz eines Vereins organisiertes Projekt (aber bislang, v.a. aufgrund zwischenzeitlicher Überlegungen in Richtung einer Leipzig-eigenen Verbundstruktur, nicht Mitglied im Syndikat). Ihre Entstehung (Haug 2013) verdankt sie dem vor wenigen Jahren noch relativ verbreiteten Leerstand im Stadtteil Lindenau. Dort wurden 2012 an einer damals gemeinhin als unattraktiv betrachteten Lage zwei durch Hinterhöfe verbundene, leerstehende und unsanierte Altbauten aus derselben Konkursmasse nacheinander zwangsversteigert. Das Haus, das die etwa zehnköpfige Gründungsgruppe des Projektes eigentlich erwerben wollte, wurde aber erst zum zweiten Termin aufgerufen. So stand man vor der Entscheidung, entweder zu riskieren, von einem Käufer des anderen Grundstücks mit starkem Interesse an einer Verwertung des gesamten Areals beim zweiten Termin überboten zu werden, oder mit einem Teil des bescheidenen Kapitals aus privaten Direktkrediten zunächst ein eigenes Gebot für das ›falsche‹ Haus abzugeben. Die Gruppe entschied sich für letzteres und verfügte somit nach zwei Versteigerungsterminen, bei denen sie jeweils mit Minimalgeboten erfolgreich war, über mehr Wohnraum als sie für ihre bisherigen Mitglieder benötigte. Folglich wurden neue Mitstreiter/-innen gesucht, die dann mehr oder weniger »wie die Jungfrau zum Kind« zu einem selbstverwalteten Hausprojekt kamen. Dass das gemeinsame Projekt mittlerweile sichere und bezahlbare Wohnverhältnisse für knapp vierzig statt nur etwa 15 Personen bietet, ist somit dem etwas hasardeurenhaften Kaufverhalten in der Gründungsphase zu verdanken.

Wenn sich entsprechende Gelegenheiten bieten, können also strategische »Leerkäufe« ein Element einer expansiven Strategie für Wohnprojekte sein. Solche Chancen ergeben sich jedoch nur unter besonderen Umständen – und vor allem an besonderen Standorten. In Leipzig ist die Zeit des verbreiteten Leerstands, wie erwähnt, auch in sogenannten schlechten Lagen definitiv vorbei. Akteure aus der dortigen Projekteszene[11] stehen mittlerweile aber beispielsweise auch Gründungsinitiativen in Chemnitz beratend zur Seite, wo gegenwärtig eine mit der Leipziger Entwicklung der letzten Jahre vergleichbare Trendumkehr vom angeblichen ›hoffnungslosen Schrumpfungsfall‹ zum ›heißen Anlagetipp‹ im Gange ist und die Zeit zur Sicherung nicht-profitorientierter Projekte folglich drängt.

In Basel herrschen demgegenüber gänzlich andere wirtschaftliche Verhältnisse. Die drittgrößte Schweizer Stadt erlebte nie eine Zeit umfassender Leerstände; aktuell besteht – bei 0.4 Prozent freien Wohnungen (Statistisches Amt des Kantons Basel-Stadt 2016) – eine manifeste Wohnungsknappheit. Wie in den meisten größeren Schweizer Städten hat der genossenschaftliche Wohnungsbau in Basel eine bis ins frühe 20. Jahrhundert zurückreichende Geschichte (Cuénod 2012) und eine gewisse Bedeutung; aktuell beträgt der genossenschaftliche Anteil am gesamten Wohnungsbestand im Kanton Basel-Stadt ca. 10 Prozent (Balmer 2017: 72). Erste gemeinschaftliche Wohnprojekte entstanden in Basel bereits in den 1970er Jahren, oft in genossenschaftlicher Rechtsform. Wie anderswo grenzten sie sich insbesondere durch die Betonung von Selbstverwaltung von den größeren bestehenden Genossenschaften ab. Die Motive für Projektgründungen waren vielschichtig; der Wunsch nach einem gemeinschaftlichen Wohnalltag spielte ebenso eine Rolle wie eine stadtpolitische Stoßrichtung für den Erhalt älterer Wohnungsbestände. Auch gab es personelle Verbindungen zu ersten Hausbesetzungen und linken Gruppierungen. Die ›Wohngenossenschaft Gnischter‹ ging 1979 aus einer Hausbesetzung hervor und wurde von Personen aus dem Umfeld der ›Progressiven Organisationen Basel‹ bzw. ›Schweiz‹ (POB/POCH) gegründet (Gelzer 2012). Heute besitzt sie 27 Häuser, die etwa 220 Bewohner/-innen ein Zuhause bieten. Auch die ›Wohngenossenschaft Klybeck‹, die nach langjährigen Mietverhältnissen 2004 zwölf ursprünglich als Werkswohnungen der chemischen Industrie errichtete Häuser mit Wohnraum für knapp 100 Personen erwerben konnte, hat ihren Ursprung in den Alternativbewegungen der 1980er Jahre.

Beide Genossenschaften spielten jüngst wieder eine wichtige Rolle in Auseinandersetzungen um eine von Aufwertungsbestrebungen getriebene Stadtentwicklungspolitik und bei der Entstehung neuer Selbstverwaltungsstrukturen. Kristallisationspunkte waren dabei u.a. die zeitweise als »Rheinhattan« bekannt gewordene Planung für einen neuen Stadtteil auf einem ehemaligen Hafenareal (Oppliger 2015) und der geplante Abriss der in kantonalem Besitz befindlichen Altbauten an der Wasserstrasse im Stadtteil St. Johann. Die dortigen Bewohner/

---

11 Als eine Art lokaler Dachverband und Interessenvertretung von Hausprojekten und Bauwagenplätzen hat sich 2014 der ›Haus- und Wagenrat e.V. – Verein für selbstorganisierte Räume in Leipzig‹ gegründet.

-innen hatten sich seit 2011 für den Erhalt ihrer Häuser eingesetzt. Schließlich konnte mithilfe der Wohngenossenschaft Gnischter, welche die Grundstücke im Erbbaurecht übernahm, ein Selbstverwaltungsmodell umgesetzt werden (Knopf 2016). In diesem Umfeld keimte die Idee auf, die Grundprinzipien des starken Solidarzusammenhangs bei weitgehender Selbstverwaltung einzelner Wohnprojekte vom deutschen Mietshäuser Syndikat in den Schweizer Kontext zu übernehmen. Bei der Ende 2014 erfolgten Gründung der ›Genossenschaft Mietshäuser Syndikat‹ (Spirgi 2015) entschied man sich schließlich für die in der Schweiz bewährte Rechtsform der Genossenschaft und für eine Variante der Dachgenossenschafts-Struktur.

Angesichts der in Basel herrschenden Wohnungsknappheit verfolgt die neue Genossenschaft – gewissermaßen in Umkehrung des oben beschriebenen Leerkauf-Vorgehens – die Strategie, vermietete Häuser, die zum Verkauf stehen, in ihren Besitz zu übernehmen, um die bestehenden Mietverhältnisse zu schützen. Die Bewohner/-innen werden dabei nach dem Kauf zu Genossenschaftsmitgliedern und von der im Vorstand engagierten Kerngruppe schrittweise zur größtmöglichen Selbstverwaltung befähigt. Drei Ankäufe vermieteter Häuser mit zusammen knapp 30 Bewohner/-innen sind bisher gelungen, während mehreren weiteren Kaufangeboten kein Erfolg beschieden war. Solche *friendly takeovers* sind mithin äußerst voraussetzungsreich. Sie können und sollen aber insbesondere bei Altbauten versucht werden, bei denen die letzte umfassende Sanierung länger zurückliegt. Hier wohnen in der Regel einkommensschwache Haushalte und hier ist die Ertragslücke (*rent gap*) zwischen momentan erzielten und (insbesondere nach einer aufwändigen Sanierung) maximal erzielbaren Marktmieten besonders groß (Smith 1986). Da sich die Investitionsvorhaben profitorientierter Käufer/-innen von Anfang an auf dieses Mietsteigerungspotential stützen, ist die Verdrängung der bisherigen Bewohner/-innen eine geradezu zwangsläufige Folge.

Diesem *business as usual* steht die genossenschaftliche Ankaufstrategie diametral entgegen, bei der das jeweils maximal vertretbare Kaufgebot wesentlich durch die Mietzahlungsmöglichkeiten und somit durch die Einkommen der Bestandsmieter/-innen bestimmt wird: Wenn die aus dem Kauf entstehenden Kapitalkosten sich in Mieten niederschlagen, die für die Bewohner/-innen nicht mehr tragbar sind, verfehlt die freundliche Übernahme ihren Zweck. Die Diskrepanz zwischen einer solchen von den tatsächlichen wirtschaftlichen Verhältnissen der Nutzer/-innen ausgehenden Rechnung und den von Profitinteressen bestimmten Kalkulationen konventioneller Investor/-innen verdeutlicht den Wert einer expansiven genossenschaftlichen Strategie.

Tabelle 1: Auswirkungen von Kaufpreisen und Sanierungskosten auf Miethöhen, Beispiel aus Basel (Angaben in Franken)

	Kaufpreis	Sanierungs-kosten[12]	Gesamt-kosten	Mietertrag pro Jahr	Miete netto/ Monat für 3-Raum-Wohnung	Nötiges Einkommen des Haushalts bei 25 Prozent Mietbelastung[13]	Mietpreis-steigerung
Vor Verkauf				41.400	575	2.530	
Kaufpreis und Sanierungskosten (»neuwertige« Sanierung) gemäß Angebot eines profitorientierten Investors	1.500.000	1.600.000	3.100.000	139.500	1.938	7.750	237 %
Von der Genossenschaft ursprünglich verlangter Kaufpreis und »normale« Sanierungskosten	1.300.000	800.000	2.100.000	94.500	1.313	5.250	128 %
Von der Genossenschaft bezahlter Kaufpreis und Kosten einer behutsamen Erneuerung	1.100.000	200.000	1.300.000	60.000	850	3.400	48 %

Quelle: Eigene Darstellung

---

12 Die Genossenschaft strebt eine abgestufte bauliche Erneuerung des Gebäudes an, bei der die jeweiligen Investitionen größtenteils aus den laufenden Mieteinnahmen bestritten werden.

13 Ein monatlicher Bruttolohn für eine Vollzeitbeschäftigung im Verkauf o.ä. beträgt in der Schweiz ca. 4.000 Franken. Die Mieten mussten zwar in den beiden beschriebenen Kauffällen gegenüber vor dem Kauf erheblich angehoben werden, blieben jedoch für alle Mietparteien tragbar, so dass niemand ausziehen musste und das Ziel der Übernahmen erreicht wurde.

Für eines der von der Genossenschaft Mietshäuser Syndikat in Basel erworbenen Mehrfamilienhäuser und eine darin gelegene Wohnung sind diese Unterschiede in Tabelle 1 anhand real angebotener, verlangter und bezahlter Summen dargestellt. Diese Gegenüberstellung bzw. die so aufgezeigte Zwangsläufigkeit der Verdrängung von bisherigen Mieter/-innen beim Verkauf an den ursprünglichen Interessenten trug im konkreten Fall dazu bei, den privaten Verkäufer im direkten Gespräch davon zu überzeugen, das Haus stattdessen zu einem annehmbaren Preis an die Genossenschaft zu verkaufen. Ein solches Entgegenkommen ist in der Regel Voraussetzung für einen sozialverträglichen Kauf durch ein genossenschaftliches Projekt.

FOLGERUNGEN: ELEMENTE EINER SOLIDARISCH-EXPANSIVEN WOHNPROJEKTESTRATEGIE

Dass der erfolgreiche Erhalt bezahlbarer Wohnungen auch einer neu gegründeten Genossenschaft in einer von Wohnungsknappheit und hohen Immobilienpreisen geprägten Stadt gelingen kann, motiviert zum Weiterdenken im Sinne einer solidarisch-expansiven genossenschaftlichen Strategie. Ohne eine völlige Neuheit der in den geschilderten Fällen angewandten Vorgehensweisen behaupten zu wollen, können wir aus ihnen Elemente einer solchen Strategie ableiten, die nachahmenswert erscheinen und in unterschiedlichen lokalen Kontexten adaptiert werden können.[14]

Zunächst einmal weisen die Beispiele auf die Bedeutung des im konventionellen wohnungspolitischen Diskurs (und somit in den meisten Förderprogrammen) stark vernachlässigten Altbausegments hin. Die Erfahrung zeigt, dass nicht-profitorientierte Projekte selbst bei relativ hohen Kaufpreisen und Sanierungskosten

---

14 Allgemein liegt die Relevanz solcher Modelle nicht zuletzt darin, dass sich von ihnen auch einige grundsätzliche »Bausteine« für solidarisch organisiertes Wohnen ableiten lassen, die nicht nur in einem vergleichsweise privilegierten europäischen Kontext hilfreich sind, sondern im besten Fall auch global inspirierend wirken können. So heißt es etwa im Entwurf für die als »New Urban Agenda« bezeichnete Abschlusserklärung der UN-Habitat-III-Konferenz in Quito im Oktober 2016: »We will consider policies that promote a wide range of alternative housing options, considering shifting from a predominantly private ownership to other rental and tenure options, including cooperatives[,] solutions such as co-housing and community land trust, in order to improve the supply of affordable housing, as well as to adopt policies that support incremental housing and slum/informal settlements upgrading programs.« (UN-Habitat 2016: 15).

im Altbau oft günstigere Mieten realisieren können als bei Neubauten. Dennoch oder vielmehr gerade deswegen sollte eine genossenschaftliche Expansionsstrategie beide Segmente in den Blick nehmen. In Basel konkretisiert sich zur Zeit das nötige »Zusammendenken« a) des entmietungsgefährdeten (nicht-genossenschaftlichen) Altbaubestands mit b) länger bestehenden Wohnprojekten in Altbauten und c) potentiellen Neubauprojekten. Im Rahmen der bestehenden und sich intensivierenden Vernetzung können Mitglieder verschiedener, in den 1970er und 1980er Jahren entstandener Projekte davon überzeugt werden, das seither durch Entschuldung und Wertsteigerung ihrer Häuser entstandene Kreditierungspotential zu günstigen Konditionen an neue Wohnprojekte weiterzureichen. Ein solcher Kapitalpool kann einerseits für gezielte Ankäufe entmietungsgefährdeter Altbaubestände genutzt werden. Tatsächlich machten Darlehen anderer Genossenschaften bereits in den oben beschriebenen Kauffällen einen beachtlichen Teil der benötigten Finanzierung aus. Nebenbei verringern diese *friendly takeovers* auch die soziokulturelle Exklusivität der Wohnprojekte-Szene, zumal mit den Bestandsmieterschaften in der Regel sehr heterogene Personengruppen in die Genossenschaften integriert werden. So leben beispielsweise im ersten von der Genossenschaft Mietshäuser Syndikat in Basel erworbenen Haus in acht Wohnungen Menschen mit ebenso vielen verschiedenen Staatsangehörigkeiten.

Andererseits könnte durch die Bündelung von finanziellen Ressourcen der Versuch unternommen werden, auch die Finanzierung von Neubauten ausreichend zu verbilligen. Dabei sollten die alternden Mitglieder bestehender Wohnprojekte in den Blick genommen werden: Sie tendieren dazu, aufgrund des sozialen Umfelds, gemäß dem sogenannten *Lock-in*-Effekt jedoch oft auch aus Mangel an bezahlbaren Alternativen, in nicht altersgerechten und möglicherweise (etwa nach dem Auszug von Kindern) auch nach eigenem Empfinden zu großen Altbauwohnungen zu verbleiben. Die Zielsetzung einer genossenschaftsübergreifenden Baufinanzierung müsste also lauten, dass bei einem Umzug in eine barrierefreie Neubauwohnung für weniger Fläche zumindest nicht mehr Miete bezahlt werden soll, sondern beispielsweise für zwei Zimmer gleich viel wie für vier im Altbau, was machbar scheint. Dadurch könnte ein Anreiz entstehen, Altbauwohnungen wieder für mehr und jüngere Personen freizugeben. So würde es zunehmend möglich, die aufgrund der Alterung von Häusern und Menschen notwendigen Umzugsketten zumindest innerhalb eines (genügend großen) Solidarzusammenhangs nicht als Verdrängung der ökonomisch Schwächeren durch die Stärkeren erdulden zu müssen, sondern als demokratisch gesteuerten Prozess zu gestalten.

Literatur

Ache, Peter/Fedrowitz, Micha (2012): »The Development of Co-Housing Initiatives in Germany«, in: Built Environment 38 (3), S. 395-412.
Aulich, Uwe (2012): »Zimmer-Sozialismus in Prenzlauer Berg«, in: Berliner Zeitung vom 22.08.2012, S. 19.
Balmer, Ivo (2017): »Neue lokale Wohnungspolitiken in der Schweiz? Fallstudien zu Auswirkungen von wohnungspolitischen Initiativen«, in: Marlon Barbehön und Sybille Münch (Hg.): Variationen des Städtischen – Variationen lokaler Politik, Wiesbaden: Springer VS, S. 63-89.
Balmer, Ivo/Bernet, Tobias (2015): »Housing as a Common Resource? Decommodification and Self-Organization in Housing – Examples From Germany and Switzerland«, in: Mary Dellenbaugh, Markus Kip, Maren Bieniok, Agnes Katharina Müller und Martin Schwegmann (Hg.): Urban Commons: Moving Beyond State and Market, Basel: Birkhäuser, S. 178-195.
Beck, Sylvia (2012): »Gemeinschaftliches Wohnen: Zwischen gelebter Sozialutopie, pragmatischer alltäglicher Lebensführung und instrumentalisierter Vergemeinschaftung«, in: Widersprüche 124, S. 33–53.
Beetz, Stephan (2008): »Wohnungsgenossenschaften und Stadtentwicklung«, in: Deutsche Zeitschrift für Kommunalwissenschaften 47 (1), S. 75-87.
Brecht, Norma (2015): »Dem Markt hinterher: Die Wohnungspolitischen Konzepte der Stadt Leipzig«, in: Frank Eckhardt, René Seyfarth und Franziska Werner (Hg.): Leipzig: Die neue urbane Ordnung der unsichtbaren Stadt, Münster: Unrast, S. 108-131.
Burri, Erika (2014): »Alles Bolo'Bolo oder was?«, in: Tages-Anzeiger vom 09.10.2014, S. 13.
Cuénod, Tim (2012): Das kurze »goldene Jahrzehnt« der Basler Baugenossenschaften und die politischen Auseinandersetzungen um die Wohnraumpolitik 1943-1950, Lizenziatsarbeit, Universität Basel.
Dellenbaugh, Mary/Kip, Markus/Bieniok, Majken/Müller, Agnes Katharina/Schwegmann/Martin (Hg.) (2015a): Urban Commons: Moving Beyond State and Market, Basel: Birkhäuser.
Dellenbaugh, Mary/Kip, Markus/Bieniok, Majken/Müller, Agnes Katharina/Schwegmann, Martin (Hg.) (2015b): »Seizing the (Every)Day: Welcome to the Urban Commons!«, in: Dies. (Hg.): Urban Commons: Moving Beyond State and Market, Basel: Birkhäuser, S. 9-25.
Ertl, Elisabeth/Humer, Florian (2016): »Machs dir doch Selbst! Das Mietshäuser Syndikat in Österreich«, in: dérive 63, S. 42-44.

Fedrowitz, Micha/Gailing, Ludger (2003): Zusammen wohnen: Gemeinschaftliche Wohnprojekte als Strategie sozialer und ökologischer Stadtentwicklung, Dortmund: Universität Dortmund, Institut für Raumplanung.

Fromm, Dorit (2012): »Seeding Community: Collaborative Housing as a Strategy for Social and Neighbourhood Repair«, in: Built Environment 38 (3), S. 364-394.

Gelzer, Daniel (2012): »Wohnen und Renovieren statt Spekulieren«, in: Wohnbaugenossenschaften Nordwestschweiz (Hg.): Wohngenossenschaften der Region Basel 1992-2012, Basel: Wohnbaugenossenschaften Nordwestschweiz, S. 34-37.

Glock, Birgit (2006): Stadtpolitik in schrumpfenden Städten: Duisburg und Leipzig im Vergleich, Wiesbaden: VS.

Gruber, Ernst (2015): »Nutzen statt Besitzen: Ein Beitrag zur aktuellen Genossenschaftsdebatte im Wohnbau und der Stadtentwicklung in Österreich«, in: RaumPlanung 179, S. 41-46.

Haug, Clemens (2013): »Gekommen, um zu bleiben«, in: Süddeutsche Zeitung vom 04.03.2013, S. 14.

Helfrich, Silke (Hrsg.) (2012): Commons: Für eine neue Politik jenseits von Markt und Staat, Bielefeld: Transcript.

Holm, Andrej (2010): »Private heißt Rauben: Zur Ökonomie der Wohnungsprivatisierungen«, in: Z. Zeitschrift marxistische Erneuerung 83, S. 46-59.

Holm, Andrej (2011): »Wohnung als Ware: Zur Ökonomie und Politik der Wohnungsversorgung«, in: Widersprüche 121, S. 9-20.

Holm, Andrej (2013): »Wohnen als soziale Infrastruktur«, in: Z. Zeitschrift marxistische Erneuerung 95, S. 44-57.

Holm, Andrej (2014): Mietenwahnsinn: Warum Wohnen immer teurer wird und wer davon profitiert, München: Knaur.

Holm, Andrej/Gebhardt, Dirk (Hg.) (2011): Initiativen für ein Recht auf Stadt: Theorie und Praxis städtischer Aneignungen, Hamburg: VSA.

Hummel, Bernhard (2011): »Das Mietshäuser Syndikat: Eine Alternative zum Eigentumsprinzip«, in: Arch+ 201/202, S. 124.

Hummel, Bernhard (2013): »Mietshäuser Syndikat: Langfristig günstig wohnen ohne Privateigentum«, in: Planerin 13 (4), S. 27-29.

id22 Institut für kreative Nachhaltigkeit (Hg.) (2012): Co-Housing Cultures: Handbuch für selbstorganisiertes, gemeinschaftliches und nachhaltiges Wohnen, Berlin: Jovis.

International Co-operative Alliance (2016): »Co-operative Identity, Values & Principles«. http://ica.coop/en/whats-co-op/co-operative-identity-values-principles vom 01.07.2016.

Knopf, Elias (2016): »Wenn die Bewohnerschaft selber Hand anlegt«, in: Wohnen (90) 12, S. 32-35.

Kreller, Anika (2012): »Vom Hausbesetzer zum Hausbesitzer«, in: Tagesspiegel vom 25.06.2012, S. 15.

Merseburger, Georg (2014): »Hausprojekte als Organisationsformen des Prekariats Oder: Privateigentum, Kollektivhäuser und der Commonismus«, in: Streifzüge 60. http://www.streifzuege.org/2014/hausprojekte-als-organisationsformen-des-prekariats vom 01.07.2016.

Metzger, Joscha (2015): »Genossenschaften als Alternative zur Gentrifizierung«, in: RaumPlanung 179, S. 29-33.

Mietshäuser Syndikat (Hrsg.) (2013): Rücke vor zur Schlossallee: Das Mietshäuser Syndikat und die Hausprojekte – Selbstorganisiert wohnen, solidarisch wirtschaften. Freiburg: Mietshäuser Syndikat.

Milbert, Antonia (2015): Wachsen oder schrumpfen? BBSR-Typisierung als Beitrag für die wissenschaftliche und politische Debatte, Berlin: Bundesinstitut für Bau-, Stadt- und Raumforschung.

Novy, Klaus (1982): »Anmerkungen zum Verhältnis von Trägerformen und Finanzierungsalternativen«, in: Arch+ 61, S. 52-53.

Novy, Klaus (1983): Genossenschafts-Bewegung: Zur Geschichte und Zukunft der Wohnreform, Berlin: Transit.

Oppliger, Matthias (2015): »Neue Vision soll ‚Rheinhattan' ersetzen«, Tageswoche.ch vom 21.03.2015. http://www.tageswoche.ch/de/2015_12/basel/683531/ vom 01.07.2016.

Praum, Carsten (2015): »Genossenschaftlich organisierte Baugemeinschaften: Möglichkeiten und Grenzen bei der Produktion von bezahlbarem Wohnraum am Beispiel der Spreefeld Berlin eG«, in: RaumPlanung 179, S. 15-19.

Rink, Dieter/Schönig, Barbara/Gardemin, Daniel/Holm, Andrej (2015): »Städte unter Druck: Die Rückkehr der Wohnungsfrage«, in: Blätter für deutsche und internationale Politik (6), S. 69-79.

Rost, Stefan (2012a): »Das Mietshäuser Syndikat«, in: Silke Helfrich (Hg.): Commons: Für eine neue Politik jenseits von Markt und Staat, Bielefeld: Transcript, S. 285-287.

Rost, Stefan (2012b): »Die beste Genossenschaft ist gar keine: Klaus-Novy-Preis 2012 für das Mietshäuser Syndikat«, in: Freihaus 18, S. 7-9.

Schader-Stiftung/Stiftung trias (Hg.) (2008): Raus aus der Nische – rein in den Markt: Ein Plädoyer für das Produkt ›gemeinschaftlich Wohnen‹, Darmstadt: Schader-Stiftung.

Schindler, Susanne (2014): »Housing and the Cooperative Commonwealth«, in: Places Journal, Oktober 2014. https://placesjournal.org/article/housing-and-the-cooperative-commonwealth/ vom 01.07.2016.

Schipkowski, Katharina (2015): »Räumung mit dem Brecheisen«, in: taz Nord vom 27.01.2015, S. 24.

Simons, Harald/Weiden, Lukas (2015): Schwarmstädte in Deutschland: Ursachen und Nachhaltigkeit der neuenWanderungsmuster (Endbericht), Berlin: GdW.

Smith, Neil (1986): »Gentrification, the Frontier and the Restructuring of Urban Space«, in: Ders./Peter Williams (Hg.): Gentrification of the City, Boston: Allen and Unwin, S. 15-34.

Smith, Neil/Williams, Peter (1986): »From ›Renaissance‹ to Restructuring: The Dynamics of Contemporary Urban Development«, in: Dies. (Hg.): Gentrification of the City, Boston: Allen and Unwin, S. 204-224.

Spirgi, Dominique (2015): »Wohnhaus an der Klybeckstrasse wird der Spekulation entzogen«, Tageswoche.ch vom 29. 04. 2015. http://www.tageswoche.ch/de/2015_18/basel/686610/ vom 01.07.2016.

Statistisches Amt des Kanton Basel-Stadt (Hg.) (2016): Leerstandserhebung. Basel: Kanton Basel-Stadt.

Tenz, Eric (2013): »Genossenschaften als Träger des sozialen Wohnens: Chancen, Grenzen, Perspektiven«, in: Planerin 13 (4), S. 30-31.

Tummers, Lidewij (2016): »The Re-Emergence of Self-Managed Co-Housing in Europe: A Critical Review of Co-Housing Research«, in: Urban Studies 53 (10), S. 2023-2040.

Twickel, Christoph (2014): »Land in Sicht«, in: Die Zeit Hamburg vom 30.10.2014, S. 4.

UN-Habitat (2016): »Habitat III: Zero Draft of the New Urban Agenda«. https://www.habitat3.org/bitcache/3d1efc3b20a4f563ce673671f83ea0f767b2 6c10?vid=578792&disposition=inline&op=view vom 01.07.2016.

von Saldern, Adelheid (1997): Häuserleben: Zur Geschichte städtischen Arbeiterwohnens vom Kaiserreich bis heute, Bonn: Dietz.

Wendt, Matthias (2014): »Was folgt auf die Zwischennutzung? Modelle der Verstetigung temporärer Raumaneignungen in Leipzig«, in: Olaf Schnur/Matthias Drilling/Oliver Niermann (Hg.): Zwischen Lebenswelt und Renditeobjekt: Quartiere als Wohn- und Investitionsorte, Wiesbaden: Springer, S. 145-157.

Community Land Trusts in den USA: Strukturen und aktuelle Tendenzen

SABINE HORLITZ

Community Land Trusts (CLT) sind nicht gewinnorientierte, selbstverwaltete Gesellschaften, deren vorrangiges Ziel in der treuhänderischen Verwaltung gemeinschaftlichen Landbesitzes besteht, um diesen für sozial orientierten Wohnraum, aber auch für andere Zwecke – von Community-Gärten bis hin zu landwirtschaftlichen oder gewerblichen Nutzungen – bereitzustellen. Das US-amerikanische CLT-Modell wurde in den 1960er Jahren entwickelt und hat in den letzten zehn Jahren, insbesondere seit der Finanz- und Immobilienkrise, verstärkt Aufmerksamkeit erfahren. In den USA gibt es derzeit um die 250 Community Land Trusts. Mittlerweile werden auch in Kanada, England, Belgien und Neuseeland vergleichbare Trusts gegründet.

Als privatrechtliches Modell der treuhänderischen Verwaltung und Bereitstellung von Grund und Boden bieten CLTs die Möglichkeit, nicht-spekulativen Wohnraum herzustellen und dauerhaft zu sichern. Indem sie die Erwirtschaftung von Profit begrenzen oder ganz unterbinden, gewährleisten sie die langfristige Bezahlbarkeit ihres Wohn- oder Gewerbebestands bzw. der von ihnen bereitgestellten landwirtschaftlichen Flächen und ihrer gemeinschaftlichen Einrichtungen. CLTs sind darüber hinaus ein Modell der Selbstverwaltung, in denen die Bewohner*innen und Repräsentant*innen der lokalen Nachbarschaft alle maßgeblichen Entscheidungen selbst treffen.

Der folgende Text ist in drei Abschnitte gegliedert. Zu Beginn wird ein Überblick über die Geschichte, Struktur und konzeptionellen Zielsetzungen des CLT-Modells gegeben. Anschließend werden die aktuellen Tendenzen und ihre Auswirkungen diskutiert sowie drei Fallbeispiele analysiert. Zuletzt werden die Möglichkeiten der Anwendbarkeit von Prinzipien des CLT-Modells im deutschsprachigen Raum skizziert.

LAND ALS GEMEINSCHAFTSBESITZ

Obwohl CLTs ein relativ neues Modell kollektiven Eigentums darstellen, gehen sie auf wesentlich ältere Formen gemeinschaftlichen Landbesitzes zurück. Gerade die ersten Protagonist*innen der CLT-Bewegung bezogen sich auf eine Reihe von Beispielen aus unterschiedlichen Gesellschaften, in denen der kollektive Besitz von Land eine lange Geschichte hat, beispielsweise das Konzept der commons in England oder die Gramdan-Bewegung in Indien, in der einzelne Dörfer als Treuhänder landwirtschaftlich genutzten Bodens fungierten, aber auch die mexikanischen Ejidos sowie die israelischen Kibbuzim und Moshavim (Davis 2010).

Originär US-amerikanische Vorläufer des CLT-Modells stellen die um 1900 gegründeten sich auf Henry Georges Theorie der Einheitssteuer beziehenden experimentellen Gemeinschaften dar. Diese sogenannten single-tax colonies verbinden gemeinschaftliches Eigentum von Grund und Boden mit individuellem Besitz der darauf befindlichen baulichen Strukturen. Erstmals von dem Agrarwissenschafter Ralph Borsodi in den 1930er Jahren als land trusts bezeichnet, bestehen solche Gemeinschaften auf gepachtetem Land, wie das 1940 von Quäkern gegründete Bryn Gweled in der Nähe von Philadelphia, zum Teil bis heute erfolgreich.

Der erste CLT im heutigen Sinn wurde in den USA Ende der 1960er Jahre von Civil-Rights-Aktivist*innen in der Nähe von Albany, im ländlichen Georgia, gegründet, um angesichts der vorherrschenden rassistisch-diskriminierenden Bodenpolitik schwarzen Farmer*innen einen dauerhaft gesicherten Zugang zu Ackerland und Wohnraum zu ermöglichen. Das einige Jahre zuvor von dem bereits erwähnten Ralph Borsodi in Zusammenarbeit mit Robert Swann konzipierte Modell treuhänderischen, selbstverwalteten Landbesitzes aufgreifend, erwarb die New Communities, Inc. genannte Organisation eine 23 km² (5.700 Acres) große Fläche zur gemeinschaftlichen Bewirtschaftung. Obwohl dieser erste CLT lediglich 20 Jahre Bestand hatte, war er dennoch von großer Bedeutung und eine zentrale Referenz für die Gründung zahlreicher weiterer CLTs im ländlichen Raum in den 1970er Jahren (ICE 1982).[1]

---

1 Die Selbstermächtigungsversuche von New Communities Inc. (NCI) trafen auf erheblichen auch tätlichen Widerstand in der weißen Bevölkerung. Zudem wurde die versprochene Förderung aus Washington zur Umsetzung der Planung nicht gewährt, so dass der vorgesehene Wohnungsneubau nicht realisiert werden konnte und NCI ein rein landwirtschaftliches Modell blieb. Darüber hinaus verweigerte die Farmers Home Administration – eine Behörde des US Landwirtschaftsministerium – zahlreichen schwarzen Farmer*innen in den Dürrejahren der 1980er Jahre die Gewährung von Krediten zur Überbrückung ihrer Ernteausfälle und zur Bedienung der laufenden Kredite, so dass

Abbildung 1: Treffen des Vorstands des ersten städtischen CLTs, der Community Land Cooperative of Cincinnati, 1981.

Quelle: Institute for Community Economics (1982)

In den 1980er Jahren, als Aufwertungsprozesse in US-amerikanischen Städten und dort insbesondere in einkommensschwachen Nachbarschaften verstärkt zur Verdrängung der dortigen Bewohner*innen führten, wurden die ersten städtischen CLTs gegründet (Abbildung 1). In diesem Kontext wurde das anfänglich ländlich-landwirtschaftliche Modell auf das Problem der Bereitstellung dauerhaft bezahlbaren Wohnraums und entsprechender Gemeinschaftseinrichtungen übertragen und den neuen Anforderungen gemäß ausdifferenziert. Die Tatsache, dass CLTs eine Möglichkeit boten, die Probleme der Armen anzugehen – den Mangel an bezahlbarem Wohnraum, den Verfall innerstätischer Nachbarschaften bzw. die Verdrängung von Menschen mit geringem Einkommen durch privatwirtschaftliches Profitstreben oder staatliche Politiken – brachten dem CLT-Modell Akzeptanz gerade unter Community-Aktivist*innen, die versuchten, dem Rückzug des Staats aus der Wohnungsversorgung und Nachbarschaftsförderung etwas entgegenzusetzen.

Als alternatives, nachbarschaftsbezogenes Modell der langfristigen Sicherung kostengünstigen Wohnraums für Menschen mit geringem Einkommen fanden

---

viele, auch NCI ihr Land durch Zwangsversteigerung verloren. 1997 jedoch beteiligte sich NCI an einer Sammelklage gegen das Landwirtschaftsministerium aufgrund jener rassistischen Diskriminierung in der Kreditvergabe und erwirkte nach mehr als 10 Jahren eine Entschädigung. 2011 schließlich erwarb NCI mithilfe des erstrittenen Geldes eine 6,5 km² (1.600 Acres) große ehemalige Plantage und führt dort das in den 1970er Jahren begonnene Projekt fort.

CLTs in den folgenden Jahren rasche Verbreitung. Diese Entwicklung wurde maßgeblich durch die Aktivitäten des 1967 (zunächst unter dem Namen International Independence Institute) gegründeten Institute for Community Economics (ICE) gefördert. Das ICE publizierte nicht nur die ersten Filme und Bücher über CLTs, sondern initiierte auch den für den Informationsaustausch innerhalb der sich formierenden CLT-Bewegung wichtigen Newsletter Community Economics. In den folgenden Jahren erstellte es darüber hinaus Schulungsmaterialen für die Gründung und Bewirtschaftung von CLTs, Musterverträge für den Erwerb von Grundstücken sowie Formulare für die Bestimmung des Weiterverkaufspreises der baulichen Strukturen, die 1991 im CLT Legal Manuel (ICE 1991) zusammengefasst wurden.

Von zentraler Bedeutung für die Verbreitung des CLT-Modells war zudem seine Verankerung im Bundesgesetz. Vertreter*innen der CLT-Bewegung gelang es, ihre Definition des CLT mithilfe des damaligen Kongressabgeordneten Bernie Sanders ohne Einschränkung und Veränderungen im Housing and Community Development Act von 1992 einzubringen. Diese gesetzliche Verankerung öffnete zahlreichen CLTs den Zugang zu staatlichen Fördermitteln, die ihnen ohne offiziellen Status verwehrt geblieben wären. Mit ihrem Ziel, benachteiligte Bevölkerungsgruppen, Orte und Tätigkeiten zu stärken, sind CLTs zudem als gemeinnützig (charitable) gemäß der Section 501(c)(3) des Bundessteuergesetzes anerkannt und können steuerbefreite Spenden und Zuwendungen von öffentlichen Stellen sowie privaten Organisationen erhalten. 2006 wurde schließlich mit dem National Community Land Trust Network eine bundesweite Organisation zur Unterstützung und besseren Vernetzung der einzelnen Trusts gegründet, die mit der National CLT Academy auch einen eigenen Schulungs- und Forschungszweig betreibt.[2] Im Zuge dieser Ausweitung von Zielgruppen und Ressourcen stieg auch die Anzahl der CLTs und hat sich von ca. 100 Ende der 1990er Jahre auf mittlerweile 250 mehr als verdoppelt.

RECHTLICH-ORGANISATORISCHE STRUKTUR

Das CLT-Modell zeichnet sich durch eine hohe Flexibilität und die Möglichkeit sehr unterschiedlicher Ausprägungen aus. Während der Großteil der außerhalb der Großstädte gelegenen CLTs eher konventionelle Wohntypologien, vor allem Einfamilien- und Reihenhäuser, anbietet, gibt es gerade in den Städten auch eine

---

2 2016 fusionierte das National Community Land Trust Network mit Cornerstone Partnership zu Grounded Solutions Network.

Reihe von CLTs, die eine Vielzahl von Wohnformen von Mehrfamilienhäusern bis zu Kooperationen mit lokalen Genossenschaften ermöglichen. Die Gesamtanzahl der durch die Trusts bereitgestellten Wohneinheiten in Wohneigentum wird auf 10-15.000, der zur Miete auf 20.000 geschätzt, wobei 80 Prozent der Trusts aus weniger als 100 Wohneinheiten bestehen und der größte, der Champlain Housing Trust in Burlington, Vermont, um die 2.300 Wohneinheiten zur Verfügung stellt (Zonta 2016: 5; Sungu-Eryilmaz/Greenstein 2007: 2).

Unabhängig von ihrer spezifischen Ausprägung besitzen alle CLTs eine ähnliche rechtlich-organisatorische Struktur. Ihr wesentliches Merkmal besteht in einer zweiteiligen Eigentumsstruktur, in der das Eigentum an Grund und Boden vom Eigentum an den darauf errichteten Gebäuden getrennt ist. Zwar erwerben die zukünftigen Nutzer*innen – seien es die Bewohner*innen von Einfamilienhäusern, Genossenschaften oder Gewerbetreibende – in der Regel die baulichen Strukturen, das darunter liegende Land verbleibt jedoch im Eigentum des Trusts und wird mittels eines langfristigen, in der Regel auf 99 Jahre angelegten Erbbaurechtsvertrags an die Nutzer*innen verpachtet.

Der Erbbaurechtsvertrag ist das entscheidende strukturelle Element des CLT-Modells. Er ist erneuerbar und vererbbar sowie für alle zukünftigen Nutzer*innen bindend. Er garantiert den Pächter*innen das alleinige Recht, das Land, auf dem ihr Haus steht, zu nutzen und enthält alle für die Funktionsweise des CLTs und die dauerhafte Bezahlbarkeit des jeweiligen Wohnbestands notwendigen Regelungen und Vorschriften, angefangen von einer Begrenzung des Weiterverkaufspreises des Hauses, über das Verbot des Besitzes in Abwesenheit (absentee ownership), bis hin zu Einkommensbeschränkungen möglicher Käufer*innen. Im Pachtvertrag ist auch das Vorkaufsrecht des CLTs festgeschrieben, wenn eine Wohneinheit veräußert werden soll. Der Vertrag ist zudem hypothekarisch belastbar, so dass es den Pächter*innen möglich ist, Kredite für den Kauf, die Errichtung oder die Sanierung baulicher Strukturen aufzunehmen.[3] Die Kontrolle und mögliche Durchsetzung der erbbaurechtlich festgeschriebenen Regelungen obliegt dem CLT.

---

3 Im konventionellen CLT-Modell benötigen diejenigen, die ein Haus oder eine Wohnung erwerben möchten, einen Bankkredit. Zwar gibt es mittlerweile eine Reihe regionaler Banken, die diesen zum Teil staatlich subventioniert zu relativ günstigen Konditionen bereitstellen (auch ist der für die Aufnahme eines Kredits benötigte Eigenkapitalanteil in den USA wesentlich geringer als beispielsweise in Deutschland), dennoch werden auf diese Weise Menschen mit sehr geringem Einkommen oder solche, die auf Sozialleistungen angewiesen sind, in der Regel vom CLT-Modell ausgeschlossen.

Die Bedingungen des Weiterverkaufs des Hauses (oder anderweitiger baulicher Strukturen) ist in den meisten CLTs so ausgestaltet, dass sie den ausziehenden Pächter*innen einen gewissen Gewinn auf ihre Investitionen garantieren und gleichzeitig den neuen Nutzer*innen den Zugang zu kostengünstigem Wohnraum ermöglichen. Die genauen Regelungen variieren von Trust zu Trust. Im Allgemeinen aber werden den Verkäufer*innen ihre geleisteten Investitionen erstattet sowie 25 Prozent des durch ein Gutachten ermittelten Wertzuwachses, während der Trust die verbleibenden 75 Prozent des Wertzuwachses einbehält und damit den Weiterverkauf subventioniert. Auf diese Weise kann der CLT den jeweiligen Wohnraum dauerhaft unter Marktwert anbieten.[4]

Ein wesentliches Merkmal des CLT-Modells liegt zudem in der Art und Weise wie die Trusts verwaltet werden. CLTs sind sogenannte Community-Based-Organisationen. Ihr Vorstand besteht in der Regel zu einem Drittel aus den Pächter*innen bzw. Nutzer*innen, zu einem Drittel aus Menschen aus der Nachbarschaft und zu einem weiteren Drittel aus Personen des öffentlichen Lebens (Abbildung 2). Anders als beispielsweise Wohnungsbaugenossenschaften begrenzen CLTs auf diese Weise den Einfluss der Bewohner*innen und betonen stattdessen die nachbarschaftlichen und gesellschaftlichen Komponenten der Wohnraumversorgung – eine Form von Verwaltung, die das gemeinschaftliche Verständnis von Grund und Boden, das für das CLT-Modell so zentral ist, reflektiert. Auf diese Weise vermittelt die rechtlich-organisatorische Struktur der CLTs zwischen den möglicherweise eher kurzfristigen Interessen der Pächter*innen und den langfristigen Zielsetzungen des Trusts bzw. der jeweiligen Nachbarschaft. So wirkt die Einbeziehung von Nicht-Nutzer*innen in die Verwaltungsstruktur beispielsweise der Gefahr entgegen, dass die Eigentümer*innen der Häuser oder Wohnungen, die in den Regularien der CLTs verankerten Profitbeschränkungen aufheben können. Diese Möglichkeit stellt gerade in vormals armen, im Laufe der Zeit jedoch aufgewerteten Stadtteilen eine große Versuchung dar und führte dazu, dass nicht wenige ursprünglich profitbeschränkte Wohnungsbaugenossenschaften ihren Bestand in Eigentumswohnungen umgewandelt haben.

---

4   Ein weiteres Charakteristikum des CLT-Modells liegt im Konzept des sogenannten Stewardship. Während konventionelle Immobilienhändler ihre Aufgabe nach der Veräußerung der Immobilie als erfüllt ansehen und keine Beziehung mehr zu den Nutzer*innen pflegen, bieten CLTs eine langfristige Betreuung der Pächter*innen und wenn nötig Beratung und Unterstützung bei Fragen der Finanzierung bzw. finanziellen Engpässen sowie bei Sanierungs- und Reparaturarbeiten an. Dies hat zur Folge, dass die Rate der in Verzug geratenen Kredite auch im Krisenjahr 2009 bei unter 2 Prozent lag (Thaden 2010: 12).

Abbildung 2: Organisations- und Verwaltungsstruktur von CLTs.

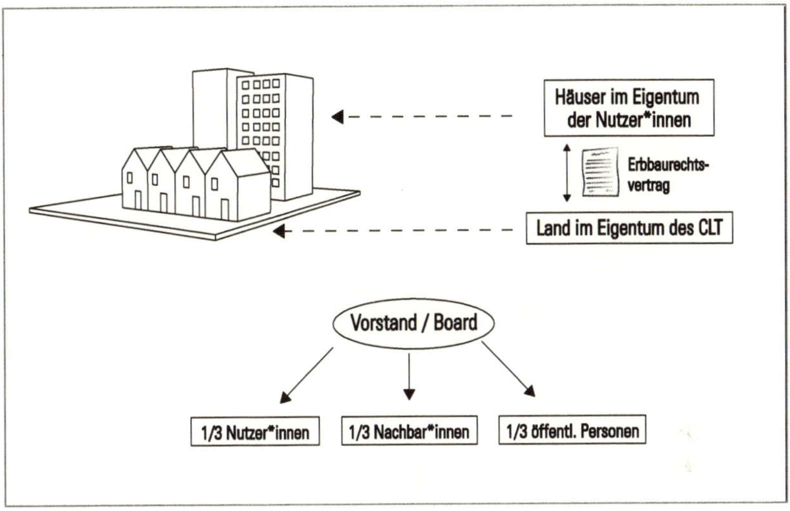

```
                    Häuser im Eigentum
                    der Nutzer*innen

                    Erbbaurechts-
                    vertrag

                    Land im Eigentum des CLT

                    Vorstand / Board

    1/3 Nutzer*innen   1/3 Nachbar*innen   1/3 öffentl. Personen
```

Quelle: Eigene Darstellung

NEUE TENDENZEN

In den letzten Jahren lassen sich im Zusammenhang mit dem CLT-Modell eine Reihe neuer Tendenzen beobachten – sowohl hinsichtlich der Trägerschaft und Größe der einzelnen Trusts als auch hinsichtlich der diskursiven Interpretation der Vorteile und generellen Zielsetzungen dieser Form der Wohnraumversorgung. Wurden CLTs bis vor 10 Jahren größtenteils durch Nachbarschafts- und lokale Non-Profit-Organisationen initiiert, so richten mittlerweile auch vermehrt staatliche Institutionen und städtische Verwaltungen CLTs ein. Dabei besteht das als Community im geografischen Sinn definierte Gebiet solcher top down initiierten Trusts oftmals nicht mehr nur aus einer räumlich überschaubaren innerstädtischen Nachbarschaft oder einem kleinen ländlichen Bezirk, sondern umfasst mittlerweile auch mehrere Nachbarschaften, ganze Städte oder sogar ganze Metropolregionen.

Noch sind diese groß angelegten Trusts quantitativ marginal und von ihrer Zielgröße weit entfernt. So besitzt der erste einen ganzen Bundesstaat umfassende CLT in Delaware lediglich 27 Häuser (angestrebt ist der Besitz von 350 Häusern) und auch der auf knapp 10.000 Wohneinheiten angelegte CLT der kalifornischen Stadt Irvine konnte bisher lediglich wenige hundert Wohneinheiten bereitstellen.

Dennoch ist bereits erkennbar, dass diese Verschiebungen in Größe und Trägerschaft unweigerlich auch den Charakter und die Zielsetzungen der entsprechenden CLTs verändern.

Insbesondere die von städtischen Verwaltungen initiierten CLTs unterscheiden sich in Struktur und Verwaltung sowie in ihrem Selbstverständnis deutlich von den Trusts der Vergangenheit. Beispielsweise hat die Stadt Chicago, nachdem dort der Bestand an staatlichen Sozialwohnungsbauten nahezu vollständig abgerissen wurde, im Jahr 2006 einen CLT eingerichtet, dessen Gebiet sich über die ganze Stadt erstreckt, und bewirbt diesen mit der Aussage, dass im »heutigen unsicheren Markt, Eigenheimbesitz noch immer eine gute langfristige Investition für Einzelpersonen und Familien darstellt, die ihre Wohnsituation kontrollieren, ihre Kosten stabilisieren und sich in einer Community verwurzeln wollen.« (City of Chicago o.D.). Die treibende Kraft für diesen städtischen CLT ist nicht das Streben lokaler Gruppen nach Community Control. Vielmehr wird sein Bestand durch Auflagen des sogenannten Affordable Requirement Ordinance gebildet, gemäß dessen Immobilienentwickler bei Neubaumaßnahmen einen gewissen Prozentsatz an sozialem Wohnraum bereitstellen müssen. Diese Auflagen können durch Zahlung von Ablösesummen umgangen werden, so dass der Chicago CLT bislang lediglich 72 Wohneinheiten umfasst. Der Wohnraum des Chicago CLTs ist zudem über die ganze Stadt verteilt, so dass es keine identifizierbare lokale Community oder auf eine bestimmte Nachbarschaft konzentrierte Aktivitäten gibt. Diese Distanz zwischen dem Chicago CLT und den Nutzer*innen bzw. der entsprechenden Community wird dadurch verstärkt, dass die Verwaltung des CLT von der Chicagoer Planungsbehörde organisiert und der Vorstand vom Bürgermeister der Stadt mit Zustimmung der Stadtverwaltung eingesetzt und eben nicht, wie bei den meisten CLTs, durch die Mitglieder gewählt wird. Zwar ist geplant, dass ein Drittel des Vorstands des Chicago CLT aus Bewohner*innen bzw. Pächter*innen bestehen wird, sobald der Trust einen Wohnbestand von 200 Haushalten erreicht hat. Dies ist jedoch noch nicht der Fall.

Diese Veränderungen in Trägerschaft und Ausrichtung der CLTs spiegeln sich in einer grundsätzlichen diskursiven Verschiebung in der Beurteilung des CLT-Modells wider. Wurde die Literatur zu CLTs bis vor wenigen Jahren vor allem von Protagonist*innen der CLT-Bewegung selbst verfasst und diente vorwiegend der selbstkritischen Reflektion und Verbreitung der kollektiven Ideen, so gibt es mittlerweile ein größeres Interesse auch von öffentlichen Forschungsinstitutionen an diesem Modell. Ein wesentliches Motiv hierfür ist die Beobachtung, dass während der Immobilienkrise der letzten Jahre die Rate von Zwangsversteigerungen innerhalb von CLTs auffallend niedrig war (Thaden 2010). In diesem Zusammenhang wird zudem die Funktion der Trusts in der Wohlstandsgenerierung betont (aufgrund der oben genannten Möglichkeit zur 25-prozentigen Gewinnbeteiligung) und das Modell als ein erster Schritt in Richtung eines vollständigen, individuellen Wohneigentums interpretiert (Axel-Lute 2010), ganz im Gegensatz zu seiner ursprünglichen Zielsetzung, Wohnraum dauerhaft den Marktmechanismen zu entziehen.

In Reaktion auf diese Verschiebungen in Diskurs und Umsetzungspraxis entfaltet sich gegenwärtig eine Diskussion innerhalb der CLT-Bewegung, wie die grundlegenden Prinzipien der kollektiven Selbstverwaltung und der demokratischen Entscheidungsstrukturen gewahrt werden können, um das Potential der CLTs als transformatives Modell zu erhalten. In diesem Kontext werden die Vergrößerung der Reichweite und die veränderte Trägerschaft sehr kontrovers diskutiert. Einerseits können sie dazu beitragen, dass CLTs über ihr Nischendasein hinauswachsen und zu einem substantiellen Faktor auf dem Wohnungsmarkt werden. Andererseits wird befürchtet, dass diese Entwicklung dem Modell zum Verhängnis werden kann, wenn im Zuge der Expansion die zentralen Charakteristika an Bedeutung verlieren und CLTs auf ein weiteres Instrument der Absicherung staatlicher Investitionen und Fördermittel reduziert werden (Davis 2010: 38).

FALLBEISPIELE

Im Folgenden soll anhand von drei aktuellen Beispielen vorgestellt werden, wie das transformative Potential des CLT-Modells derzeit nicht nur diskutiert, sondern in konkrete Praxis umgesetzt wird. Die Beispiele zeigen, wie konzeptionelle Ursprünge des CLT-Modells weiterentwickelt werden können, um Marktmechanismen, Verwertungsinteressen oder Maßnahmen der Regierung, die zu einem Verlust von städtischem Wohnraum für Arme und Minderheiten führen, entgegenzutreten. CLTs dienen hier als potentielles Bollwerk gegen Verdrängung und Gentrifizierung sowie als Mittel der Nachbarschaftsentwicklung und Selbstermächtigung.

New York City Community Land Initiative (NYCCLI), NYC.

Für eine radikale Ausprägung des CLT-Modells, die dieses nicht nur quantitativ erweitert, sondern zudem explizit auch ärmeren Bevölkerungsgruppen zugänglich macht, setzt sich seit einigen Jahren die New York City Community Land Initiative (NYCCLI) ein (Abbildung 3).[5] Diese aus Community-Organisationen, Aktivist*innen sowie einigen kritischen Wissenschaftler*innen bestehende Organisation entstand 2013 als Bündelung verschiedener Initiativen, die CLTs als Möglichkeit der Bereitstellung bezahlbaren Wohnraums verstehen, um New Yorks Mangel an selbigem sowie der hohen Obdachlosigkeit entgegenzuwirken.

Abbildung 3: Die Zukunft der New Yorker Nachbarschaften ist zu haben, Flyer NYCCLI.

Quelle: New York City Community Land Initiative

Konzeptionell geht die NYCCLI wesentlich auf die Arbeit der Obdachloseninitiative Picture the Homeless zurück, die im Rahmen ihrer Housing not Warehousing-Kampagne 2011 mehr als 6.000 leerstehende Gebäude und Grundstücke in NYC identifizierte und argumentierte, dass mit diesen Wohnraum für 200.000 Menschen geschaffen werden könnte. Das wären nahezu viermal so viele Personen, wie derzeit jede Nacht in den Notunterkünften verbringen (PtH 2012). Mit Verweis auf Wohnraum als Menschenrecht fordern sie, diese zum Teil seit Jahren leerstehenden Gebäude, die der Stadt, da die Eigentümer*innen oft keine grundstückbezogenen Steuern mehr zahlen, Kosten in Millionenhöhe verursachen, in sozialen Wohnraum für Menschen mit geringem Einkommen umzuwandeln und

---

5 New York City Community Land Initiative (NYCCLI): https://nyccli.org/

in einem CLT langfristig zu sichern (RttC 2010). Zur Umsetzung dieses Ziels hat die NYCCLI unter anderem mit dem East Harlem/El Barrio CLT ein Pilotprojekt initiiert, das als Basis für die Schaffung eines möglichen stadtweiten CLT dienen soll.[6]

Die NYCCLI berührt in ihrer Arbeit eine Reihe fundamentaler wohnungspolitischer Fragen und argumentiert für eine nicht warenförmige Organisation von Wohnraum. Indem sie die Art, wie dieser für Menschen mit geringem Einkommen bereitgestellt und verwaltet werden soll, grundsätzlich überdenkt, entwirft die Initiative eine nicht stigmatisierende und nicht institutionelle Form sozialen Wohnungsbaus, die den Mechanismen des Markts wie dem vorhandenen Shelter-System gleichermaßen eine Alternative entgegensetzt. Das Modell des CLT könnte hier sein ganzes transformatives Potential entfalten.

Storehouse of Hope CLT, Detroit.

In Detroit erfolgte im Jahr 2015 die größte sogenannte Tax Foreclosure, die in den USA jemals an einem Ort stattgefunden hat. Anders als in der Finanz- und Immobilienkrise 2008 standen die Häuser jedoch nicht aufgrund nicht bedienter Kredite zum Verkauf, sondern da ihre Eigentümer*innen die fälligen Grundsteuern nicht bezahlt hatten. Für viele arme Haushalte stellen diese eine hohe finanzielle Belastung dar, insbesondere da es in den letzten Jahren zahlreiche fehlerhafte Steuerbescheide mit zu hoch eingeschätzten Immobilienbewertungen sowie Verzugszinsen in Höhe von 18 Prozent gegeben hat. In einer Stadt, in der 38 Prozent der Einwohner*innen unter der Armutsgrenze leben, sind selbst Steuerschulden im niedrigen vierstelligen Bereich für viele unbezahlbar. Zwar könnten sich Haushalte mit geringem Einkommen von der Steuer befreien lassen, die komplizierten Anträge und einzuhaltenden Fristen stellen jedoch oftmals eine nicht zu bewältigende Hürde dar.

Allein im Oktober 2015 standen in Detroit 25.000 Häuser zur Zwangsversteigerung, von denen ca. 8.000 Häuser bewohnt waren. Die Detroit People`s Platform – ein Zusammenschluss lokaler Nachbarschaftsorganisationen – startete daraufhin die Keep Our Homes Detroit-Kampagne, um dieser Politik der massiven Verdrängung und Entrechtung armer, vor allem schwarzer Bevölkerung entgegenzuwirken. Mithilfe einer achttägigen Crowdfunding-Aktion gelang es ihr, über 100.000 Dollar an Spenden zu sammeln, mit denen insgesamt 25 bewohnte Häuser erworben, repariert und im einige Wochen zuvor gegründeten CLT dauerhaft gesichert werden konnten.

---

6   http://www.ehebclt.org/

Obwohl die Arbeit des Storehouse of Hope CLT angesichts der Größe und Dramatik des Problems der Verdrängung in Detroit rein quantitativ nicht viel ausrichten kann, ist sie dennoch bewusst so angelegt, dass sie über den Einzelfall hinaus weist. Beispielsweise verpflichtet sich jeder im CLT gesicherte Haushalt aktiv an Detroits Recht auf Wohnen Bewegung teilzunehmen. Das CLT-Modell stellt zudem hier auch ein Mittel dar, dessen politische Ziele weit über die Frage des Wohnens hinaus weisen, indem es dabei hilft, wieder nachbarschaftlichen Zugriff auf Grund und Boden zu erlangen und die grundlegenden demokratischen Rechte der Bewohner*innen wieder herzustellen (Detroit People's Platform 2016: o.S.).

Diamond State Community Land Trust, Delaware.

Der Diamond State CLT ist der erste US-amerikanische CLT, dessen Gebiet einen gesamten Bundesstaat umfasst. Er wurde 2006 von der Delaware Housing Coalition, einer lokalen Initiative, die sich für die Schaffung bezahlbaren Wohnraums einsetzt, in Kooperation mit der Delaware State Housing Authority, der Sussex County und der Stadt Dover sowie zentralen Finanzinstitutionen und Stiftungen gegründet. Erklärtes Ziel des Diamond State CLT ist es, »die Communities in Delaware durch die Schaffung und treuhänderische Verwaltung von dauerhaft bezahlbarem Wohnraum zu stärken und gleichzeitig die nachhaltige Nutzung von Grund und Boden zu fördern« (Diamond State CLT o.D.).

Quantitativ ist der Diamond State CLT noch recht klein. Zurzeit besitzt er lediglich 30 Häuser sowie drei unbebaute Grundstücke. Bis 2019 ist die Schaffung von 40 weiteren Wohneinheiten geplant. Dennoch hat er signifikanten Einfluss auf die Wohnungspolitik in Delaware. 2012 beispielsweise initiierte der Diamond State CLT eine Klage gegen die Planning and Zoning Commission der Sussex County, da sich die Behörde weigerte, für ein vom CLT geplantes Wohnungsbauvorhaben eine Genehmigung zu erteilen und beschuldigte sie der rassistischen Diskriminierung und des Verstoßes gegen den Fair Housing Act. In der vom Justizministerium herbeigeführten Einigung wurde die Behörde nicht nur zur Genehmigung des Bauvorhabens[7] und die County zur Zahlung einer Entschädigung in Höhe von 750.000 Dollar an den CLT verpflichtet, die County musste u.a. auch einen affordable and fair housing marketing plan aufstellen, um die Bereitstellung

---

7 Trotz dieses juristischen Erfolgs konnte das Bauvorhaben meines Wissens bis heute nicht realisiert werden, da unter anderem seit dem ersten Antrag auf Baugenehmigung die Regularien hinsichtlich der Regen- und Abwasserentsorgung verschärft wurden, so dass der ursprünglich für die Planung vorgesehene Standort unwirtschaftlich geworden war und aufgegeben werden musste.

von Wohnraum zu fördern, der allen Einwohnern der Sussex County unabhängig von ihrem ethnischen Hintergrund zugänglich ist (Department of Justice 2012).

STÄRKEN UND ANSCHLUSSFÄHIGKEIT DES CLT-MODELLS

Die drei skizzierten Fallbeispiele zeigen, dass das CLT-Modell auch heute noch transformatives Potential besitzen kann. CLTs funktionieren unter den Bedingungen kapitalistischen Wirtschaftens, weisen als Möglichkeit, nicht-spekulativen Wohnraum herzustellen und dauerhaft zu sichern, aber gleichzeitig über dieses hinaus: CLTs begrenzen, teilen oder schließen individuellen Profit ganz aus. Sie sichern die langfristige Bezahlbarkeit ihres Wohnraumbestands, indem sie ihn dem spekulativen Markt entziehen. Sie demokratisieren die Bereitstellung und Verwaltung von Wohnraum und fördern community control – wobei es verschiedene Auffassungen über die Ausformung der jeweiligen Community gibt. CLTs können den Prozessen von Gentrifizierung und Desinvestition gleichermaßen entgegen wirken und schließen mögliche staatliche oder private Subventionen in die Projekte ein, statt sie wie beispielsweise bei der Förderung privater Eigenheime im Fall eines Verkaufs in privaten Gewinn zu überführen.

CLTs sind wichtige Orte des Testens und Experimentierens, die aufzeigen, wie auch unter den gegenwärtigen Marktbedingungen Modelle selbstverwalteten, nicht-profitorientierten Wohnraums realisiert werden können. Sie helfen auf diese Weise, sowohl auf projektbezogener als auch auf diskursiver Ebene Alternativen zu vorherrschenden Formen der Wohnraumversorgung aufzubauen. In diesem Sinn kann das CLT-Modell auch für hiesige Debatten Anregung bieten. Zwar ist das Modell des Erbbaurechts auch in Deutschland bekannt und erfährt in stadtpolitischen Debatten derzeit wieder vermehrte Aufmerksamkeit, für die spezifische Ausprägung des CLT-Modells gibt es hingegen hierzulande keine Entsprechung.

Jenseits des sicher interessanten Versuchs der Implementierung von CLTs auch im deutschsprachigen Raum, können auch einzelne Prinzipien der CLTs wichtige Impulse für hiesige stadt- und wohnungspolitische Fragen liefern. Insbesondere drei Anknüpfungspunkte sollen hier abschließend hervorgehoben werden: die zweiteilige Eigentumsstruktur, die Regularien des Erbbaurechts sowie die explizite Einbeziehung von Vertreter*innen der Nachbarschaft und der breiteren Öffentlichkeit in die Selbstverwaltungsstruktur alternativer Wohnprojekte.

Im Kontext der verstärkten Forderungen nach einer Rekommunalisierung der in den letzten 20 Jahren privatisierten städtischen Dienste oder des veräußerten kommunalen Wohnbestands kann das CLT-Modell zahlreiche Anregungen bereithalten. Gerade hinsichtlich der Kontroll- und Verwaltungsstruktur möglicher neuer institutioneller Arrangements können die US-amerikanischen Erfahrungen – insbesondere die zweiteilige Eigentumsstruktur sowie die Zusammensetzung des Vorstands des CLT-Modells – wertvolle Impulse liefern. Diese können beispielsweise die auch seit einigen Jahren im deutschsprachigen Raum debattierten Vorschläge zur Mieterselbstverwaltung in rekommunalisierten sozialen Wohnungsbeständen wie zur Gründung kommunaler Bürgerstadtwerke, die eine Verbindung öffentlichen Eigentums mit bürgerschaftlichen Entscheidungsgremien fordern, ergänzen und sicherstellen, dass das rekommunalisierte Eigentum auch langfristig nicht wieder veräußert und demokratisch verwaltet wird.

Für die Ausformulierung und Etablierung der in einigen deutschen Städten derzeit diskutierten und zum Teil bereits in Ansätzen umgesetzten alternativen Liegenschaftspolitik, in der städtische Grundstücke nicht zum Höchstpreis verkauft, sondern vermehrt auch im Erbbaurecht verpachtet werden sollen, können die in den Erbbaurechtsverträgen des CLT-Modells festgeschriebenen Regelungen weiterführende Anregungen liefern. Sie zeigen unter anderem das Potenzial auf, die profitorientierte Verwertung von Wohnraum vertraglich zu unterbinden. So wäre es bei entsprechendem politischem Willen beispielsweise denkbar, per Erbbaurecht nicht nur die zukünftige Nutzung der Liegenschaft zu definieren, sondern auch Mietobergrenzen oder den Vorrang sozial bedürftiger Zielgruppen festzuschreiben.

CLTs könnten darüber hinaus auch für hiesige alternative gemeinschaftliche Wohnmodelle strukturelle Vorbildfunktion haben (siehe auch Balmer/Bernet in diesem Band). Sowohl die dezidierte Einbeziehung der Nachbarschaft in die Selbstverwaltungsstruktur der Trusts als auch ihre langfristige und nachweisliche Selbstverpflichtung zur Bereitstellung von Wohnraum für Menschen mit geringem Einkommen können dabei helfen, die in vielen alternativen Wohnprojekten und Genossenschaften vorhandene, jedoch nicht immer gewünschte, Tendenz zu Homogenität und sozio-ökonomischer Exklusivität zu überwinden und diese stärker einem größeren Solidargedanken und einem über die jeweilige Klientel hinausreichenden Anspruch zu verpflichten.

In diesem Sinn zeigt das CLT-Modell zahlreiche Möglichkeiten einer Demokratisierung wohnungspolitischer und städtischer Entscheidungsprozesse sowie anschlussfähige Mechanismen der Bereitstellung und Sicherung nicht spekulativen, kollektiven Eigentums auf, mit denen auch im hiesigen Kontext Wohnraum und andere gemeinschaftliche Nutzungen und Dienste auf der Grundlage von Bedürfnissen (und nicht auf der Grundlage der Profitmaximierung) hergestellt werden können.

LITERATUR

Axel-Lute, Miriam (2010): Homeownership Today and Tomorrow: Building assets while preserving affordability. http://www.nhi.org/research/2054/homeownership_today_and_tomorrow_building_assets_while_preserving_affordabi/

Becker, Sören/Beveridge, Ross/Naumann, Matthias (2014): „Infrastruktur in Bürgerhand? Soziale Bewegungen und Infrastruktur in Berlin", in: Forum Wohnen und Stadtentwicklung 6, S. 297-300.

City of Chicago (o.D.): Chicago Community Land Trust for Buyers. https://www.cityofchicago.org/city/en/depts/dcd/supp_info/chicago_communitylandtrustforbuyers.html

Davis, John Emmeus (2010): »Origins and Evolution of the Community Land Trust in the United States«, in: John Emmeus Davis (Hg.), The Community Land Trust Reader, Cambridge, MA: Lincoln Institute of Land Policy, S. 3-47.

Department of Justice (2012): Justice News: Justice Department settles Lawsuit against Sussex County, Delaware, for blocking Affordable Housing. https://www.justice.gov/opa/pr/justice-department-settles-lawsuit-against-sussex-county-delaware-blocking-affordable-housing

Detroit People's Platform (2016): Storehouse of Hope CLT. http://www.detroitpeoplesplatform.org/storehouse-of-hope-community-land-trust-an-update/

Diamond State CLT (o.D.): Our Nonprofit Information. http://www.diamondstateclt.org/aboutdiamondstate/our-nonprofit-information

ICE, Institute for Community Economics (1982): The Community Land Trust Handbook, Emmaus, Pa.: Rodale Press.

ICE, Institute for Community Economics (1991): The Community Land Trust Legal Manual: A Handbook for Community Land Trusts and their Attorneys, Springfield, MA: The Institute.

PtH, Picture the Homeless (2012): Banking on Vacancy. Homelessness and Real Estate Speculation, NYC.

RttC, Right to the City Alliance New York (2010): „People without Homes and Homes Without People. A Count of Vacant Condos in Select NYC Neighborhoods", New York City.

Sungu-Eryilmaz, Yesim/Greenstein, Rosalind (2007): A National Study of Community Land Trusts, Lincoln Institute of Land Policy Working Paper. http://www.lincolninst.edu/sites/default/files/pubfiles/1274_sungu-eryilmaz_final.pdf

Thaden, Emily (2010): Outperforming the Market: Making Sense of the Low Rates of Delinquencies and Foreclosures in Community Land Trusts. https://www.csbgtta.org/index2.php?option=com_member&task=tool-kit&act=download&id=78&no html=1&Itemid=17

Zonta, Michela (2016): Community Land Trusts. A Promising Tool for Expanding and Protecting Affordable Housing, Center for American Progress. https://cdn.americanprogress.org/wp-content/uploads/2016/06/14141430/CommunityLandTrusts-report.pdf

**Architektonische Strategien
für bezahlbaren Wohnraum**

Neben gesellschaftlichen, ökonomischen und politischen Strategien zur Sicherstellung bezahlbaren Wohnraums gibt es auch eine Reihe an innovativen architektonischen bzw. gestalterischen Lösungsansätzen, die dazu beitragen können, Bau- und dadurch letztlich auch Wohnkosten zu senken. Dabei besteht vor allem die Herausforderung, die Baukosten gering zu halten, gleichzeitig aber keine Abstriche bei der Wohnqualität zu machen und somit auch zu geringen Kosten qualitätsvollen Wohnungsbau bereitzustellen. Der sechste und letzte Abschnitt des Buches widmet sich dieser Themenstellung aus zwei unterschiedlichen, aber durchaus komplementären Perspektiven: Zum einen werden vor kurzem realisierte Bauprojekte analysiert und verglichen, um damit das Potenzial architektonischer Strategien als einen Schlüssel zu kostengünstigem Wohnungsbau genauer in den Blick zu nehmen. Zum anderen wird die Institution des historischen Bauhauses näher beleuchtet, die sich zu Beginn des 20. Jahrhundert intensiv mit der Bereitstellung qualitätsvollen, aber dennoch bezahlbaren Wohnraums auseinandergesetzt hat.

Prefab MAX – Die Potentiale vorgefertigter Konstruktionssysteme im kostengünstigen Wohnungsbau

JUTTA ALBUS UND HANS DREXLER

Die hohen Kosten für Wohnraum werden oft zu einem Großteil den hohen Baukosten zugeschrieben. Deswegen stellt sich die Frage, ob durch eine Steigerung der Effizienz bei der Produktion von Wohnraum die Kosten deutlich gesenkt werden können. Hier ist eine Erhöhung des Vorfertigungsgrades eine der am häufigsten genannten Strategien, um die immer noch handwerklich geprägte, dezentrale Bauwirtschaft an eine effiziente Produktion näher heranzuführen. Vorteile eines zentralisierteren Herstellungsprozesses und das Erreichen großer Stückzahlen führen zu erheblichen Effizienz- und Qualitätssteigerungen, prägende Merkmale von industriellen Hausbauunternehmen. Insbesondere die deutsche Fertighausindustrie gilt in diesem Zusammenhang als Vorreiter.

Im Kontext dieses Buches wird deutlich, dass die Vorfertigung nur eine von vielen Strategien zur Schaffung von bezahlbarem Wohnraum sein kann. Vor allem soll betont sein, dass sich diese technische Strategie mit anderen Maßnahmen kombinieren und komplementieren lässt: Politische (Rahmenbedingungen), wirtschaftliche (Finanzierung), soziale und organisatorische Fragen (Partizipation, Rechtsformen), Entwurf und Gebäudetypologie (Architektur), Städtebau, Standards und schließlich auch die Methoden der Planung und Projektentwicklung spielen eine maßgebliche Rolle. Ohne auf das Zusammenspiel zwischen den einzelnen Handlungsfeldern genauer eingehen zu können, sei der Hinweis gegeben, dass sich der vorgefertigte Wohnungsbau für bestimmte städtebauliche und architektonische Typologien besser eignet und notwendig größere Bauformen mit einem höheren Anteil sich wiederholender Bauteile prädestiniert sind, in vorgefertigter Bauweise umgesetzt zu werden. Am Beispiel des Plattenbaus lassen sich diese Wechselwirkungen erkennen: Gebäudetypologien und Städtebau sind maßgeblich durch die Absicht geprägt, die Gebäude mit einem maximalen Grad der Vorfertigung herstellen zu können.

Häufig werden mit der Idee des vorgefertigten Wohnungsbaus der zentralisiert geplante Wohnungsbau der sozialistischen Länder Osteuropas und in der Sowjetunion assoziiert. Dort sollte durch die Vereinheitlichung der Bauformen sowie Zentralisierung von Planung und Produktion der Wohngebäude die drängende Wohnungsnot gelöst werden. Zusammengefasst wird dies meist mit dem Begriff Plattenbau. Durch die repetitive Anordnung einer großen Zahl standardisierter Gebäude in oft peripheren Lagen entstanden Siedlungen, die recht schnell nach der Wende ein negatives Image erhielten. Allerdings sollte nicht vergessen werden, dass diese Wohnungen aufgrund der hohen Wohnqualität und des Wohnumfeldes während der DDR-Zeit gesucht und geschätzt waren. Es muss auch betont werden, dass weder der moderne Städtebau noch die vorgefertigten Großbauten allein im sozialistischen Städtebau umgesetzt wurden. So finden sich auch im Westen ähnliche Strukturen. Hier wie dort waren die Siedlungen vielfach von gesellschaftlichen Problemen und räumlichen Defiziten gekennzeichnet, deren Ursachen jedoch nicht auf Architektur und Städtebau zurückzuführen sind, sondern insbesondere auf die staatliche Belegungspolitik, die mangelhafte Ausstattung mit Infrastrukturen und Arbeitsplätzen oder auch die oft überdimensionierten Siedlungsformen im Zusammenhang mit öffentlichen Räumen. Aller Kritik an Städtebau, standardisierter Architektur und mangelhafter Ausführung zum Trotz aber kann konstatiert werden, dass das präfabrizierte Bauen es ermöglichte, in kürzester Zeit kostengünstig Wohnraum zu schaffen (Harnack 2014). So war es auch der DDR möglich, trotz niedriger Wirtschaftsleistung die Wohnungsnot zu lindern und bis Ende der 1970er Jahre eine Versorgung der Bevölkerung mit Wohnraum zu gewährleisten.

Ausgehend von dieser Beobachtung ist angesichts des anhaltenden Bedarfs an bezahlbarem Wohnraum zu fragen, in welcher Weise die positiven Aspekte und die große Leistungsfähigkeit industrieller Bauformen heute genutzt werden könnten. Dieser Frage widmet sich auch die Internationale Bauausstellung Thüringen (IBA Thüringen). In ihrem Auftrag wurde eine Studie durchgeführt, die danach fragt, ob und in welcher Weise sich die Vorteile der Technologie des präfabrizierten Bauens in das 21. Jahrhundert übersetzen lassen. Die Ergebnisse dieser Studie werden hier gebündelt dargestellt. Insgesamt folgte die Studie der Annahme, dass eine Maximierung des Vorfertigungs- und Automatisierungsgrades zu einer Senkung der Kosten im Wohnungsbau und zu einer Steigerung der Wohnqualität führen kann. Folgerichtig sollten in der Studie zum einen die Chancen für eine Effizienzsteigerung untersucht werden. Zum anderen sollten die Hemmnisse identifiziert werden, die einer Erhöhung des Vorfertigungsgrads im Wege stehen und Lösungen aufgezeigt werden, wie diese abgebaut werden könnten.

METHODE UND KATEGORISIERUNG VON BEST PRACTICE-BEISPIELEN

Im Rahmen der Studie wurden Präfabrikations-Systeme und präfabrizierte Einzelgebäude analysiert um den Status quo des vorgefertigten Wohnungsbaus zu erfassen. Hierbei wurden in erster Linie aber nicht ausschließlich europäische Beispiele eingehender untersucht, um eine bessere Vergleichbarkeit der Wohnformen und der technischen Anforderungen der analysierten Beispiele zu gewährleisten. Identifiziert wurden 68 relevante Beispiele für zeitgenössischen Wohnungsbau mit einem mehr oder weniger hohen Vorfertigungsgrad, die zwischen 2005 und 2015 gebaut wurden. Diese wurden unter planerischen, architektonischen, baukonstruktiven und technischen Potentialen betrachtet und im Hinblick auf die Schaffung von bedarfsgerechtem und bezahlbarem Wohnraum untersucht und analysiert.

Eine zeitliche Ausweitung des Untersuchungsraumes in die Vergangenheit (insb. ins 20. Jahrhundert) hätte noch eine deutlich größere Anzahl an Beispielen und Systemen ermöglicht. Allerdings wäre deren Übertragbarkeit in die Zukunft geringer gewesen. Bezeichnend ist, dass sich bei ca. einer Million Wohngebäuden aus dem Untersuchungszeitraum die Anzahl der für den Untersuchungsgegenstand – industrialisierter, vorgefertigter Wohnungsbau – relevanten Beispiele vermutlich im Bereich von 100 liegt. Dies lässt bereits erahnen, wie groß die Summe der Widerstände ist, die einer solchen Erneuerung des Wohnungsbaus entgegenstehen.

Methodisch haben wir eine vergleichende Untersuchung von Best Practice-Beispielen durchgeführt, um eine übergreifende und übertragbare Systematik für die Analyse von vorgefertigten Wohngebäuden zu entwickeln. Diese Systematik ließe sich auch als Analyseinstrument im Entwurf, in der Planung und Entwicklung neuer Gebäude einsetzen. So haben wir festgestellt, dass die konventionelle Kategorisierung von Bausystemen nach dem vorherrschenden Baumaterial (z.B. Holz, Stahlbeton oder Stahl), keine vergleichbare Grundlage im Hinblick auf den tatsächlichen Vorfertigungsgrad oder die Effizienz des Systems zulässt. Diese ergeben sich aus der Formulierung der Schnittstellen zwischen den einzelnen Bereichen der Baukonstruktion: Tragwerk, Fassade, Ausbau, Gebäudetechnik. Die Konstruktionsbereiche wurden der Analyse zu Grunde gelegt. Gegenüber der konventionellen Einteilung nach Baumaterial hat diese Betrachtungsmethode den

Vorteil, dass sie die zunehmende Verbindung von mehreren Materialien, die zu hybriden Bauteilaufbauten sowie Baukomponenten führt, berücksichtigt. Traditionell bezog sich die Einteilung nach Baumaterialien meist auf das Tragwerk. In zeitgenössischen Gebäuden macht dies jedoch nur einen kleinen Teil der Kosten und der Bauzeit aus, so dass eine differenziertere Methodik eingeführt werden musste, um der Komplexität der heutigen Wohngebäude gerecht zu werden.

Untersucht wurden Bausysteme, die realisiert und im Markt eingeführt sind, wodurch valide Aussagen zu Kosten und Qualitäten gemacht werden können. Die Auswahl der Beispiele (Best Practice) gewährleistet einen breiten Überblick von aktuell gängigen Ansätzen im Bereich des vorgefertigten Wohnungsbaus. Um die Anwendungsvielfalt der vorhandenen Systeme darzustellen, wurden unterschiedliche Konstruktionstechniken untersucht und gegenübergestellt und eine einheitliche Materialwahl vernachlässigt.

PRODUKTIONSBEDINGUNGEN UND VORFERTIGUNGSGRAD IM BAUWESEN

Im Allgemeinen weisen Architektur und Bauwesen einen geringen Anteil an Industrialisierung und Automation auf – im Vergleich zu anderen Industrien. Den höchsten Marktanteil für vorgefertigte Gebäude verzeichnet in Deutschland die Fertighausindustrie, die sich überwiegend mit dem Bau von Ein- und Zweifamilienhäusern beschäftigt. Allein Bauwerke mit geringen technischen Anforderungen oder Komplexität, wie Parkhäuser, Hallenbauten oder Supermärkte, stellen Ausnahmen dar und empfehlen sich aufgrund repetitiver Strukturen zur Vorfertigung. Zugleich ist ein eindeutiges Nord-Süd-Gefälle zu erkennen, das Rückschlüsse auf die Akzeptanz von Fertighausbauten erlaubt, die vorwiegend Tragstrukturen aus Holz aufweisen. So gibt es im Süden Deutschlands (Bayern, Baden-Württemberg, Hessen, Rheinland-Pfalz) einen größeren Anteil vorgefertigter Wohnbauten (BDF 2014) als im nördlichen Teil des Landes. Diese Tatsache beruht zum einen auf der Konzentration der Hersteller und Fertigungsunternehmen in diesem Teil Deutschlands, zum anderen herrscht grundsätzlich eine größere Akzeptanz für den Einsatz von Holz im Hausbau. Aufgrund höherer Transportgewichte und schwieriger Fügeprinzipien eignen sich die in Norddeutschland beliebteren Massivbauten weniger zur Vorfertigung.

Folgende Gründe, die eine relativ geringe Vorfertigung im Bauwesen beeinflussen, lassen sich identifizieren:

- *Vorwiegend handwerkliche Produktion sowie Organisationsstruktur der Baubranche:* Für die unterschiedlichen Zünfte (Innungen und Handwerkskammern) bestehen Gewerke, die unabhängig grundsätzlich den eigenen Markt verteidigen. Solche Strukturen und Marktbeschränkungen verhindern eine übergreifende Betrachtungsweise und erschweren das Zusammenfassen aller Bauleistungen.
- *Fehlende Produktionsstrukturen und -kapazitäten im industriellen Maßstab:* Außerhalb des Marktsegments Fertighausindustrie sind Wohngebäude individuelle Einheiten, deren Planung und Herstellung geringen Anteil an Systematisierung oder Eignung zur industriellen Produktion aufweisen. Die Betriebe des Bauhauptgewerbes sind meist klein und es fehlen große Unternehmen, die die notwendigen Investitionen zum Aufbau einer großmaßstäblichen Produktion tätigen können.
- *Vorbehalte der beteiligten Berufsgruppen (Planer, Handwerksbetriebe) gegen eine Standardisierung der Planung im Allgemeinen und Bauteilen und -komponenten im Besonderen:* Die Erhöhung des Vorfertigungs- und Automationsgrades bedingte in der Vergangenheit eine Standardisierung von Bauteilen. Durch die Verbesserung der Produktionsmethoden können heute auch individualisierte Elemente wirtschaftlich hergestellt werden. Dadurch wird ein repetitives Erscheinungsbild vermieden. Weiterhin bestehen industrielle Produktionsmethoden auf Bauteilebene (Mauersteine, Elektrobauteile, Sanitärarmaturen und -objekte, Rohre, Leitungen, Kabel, etc.) in Bereichen, in denen Produkte unabhängig der Nachfrage in großen Stückzahlen gefertigt werden. Diese sogenannten Halbzeuge bilden jedoch nur einen geringen Teil des Bauprozesses ab und erfordern Anpassung und Montage größtenteils handwerklich vor Ort. Die daraus resultierende niedrige Produktivität der Baubranche führt zu hohen Preisen und erhöht das Potential von Ausführungsfehlern auf der Baustelle.
- *Automation und Digitalisierung im Bauwesen:* Verglichen mit anderen Industrien werden Herstellung und Produktionsprozesse im Bauwesen weitestgehend von handwerklichen Prozessen bestimmt. Mit wachsender Unternehmensgröße kann die Einführung und Aufrüstung von technologisch innovativen Fertigungsmaschinen wirtschaftlich umgesetzt werden. Ausschlaggebend für den Einsatz neuer Technologien sind weiterhin die am Bau verwendeten Produkte und Materialien. Während im Bereich der Holzverarbeitung automatisierte Produktionsanlagen weit verbreitet sind, sind diese vor allem im Massiv- und Mauerwerksbau nicht im gleichen Umfang verfügbar und von konventionellen, analogen Herangehensweisen bestimmt. Es gibt einzelne Werke,

die zum Beispiel für einzelne Beton-Fertigteile robotische Produktionsmethoden einsetzen und damit eine automatische, computergestützte Fertigung der Schalformen ermöglichen. Diese machen jedoch nur einen kleinen Teil des gesamten Produktionsvolumens aus. Gleiches gilt für den Holzbau. Hier sind bisher nur wenige, standardisierte Schritte der Fertigung (Abbund und Teilschritte der Montage) automatisiert. Neben einem kleinen Anteil systemischer Bauweisen im Hochbau (z. B. Einfamilienhäuser, Fertighäuser, Fassadensysteme) zeigen aktuelle Entwicklungen in der digitalen Fertigung (BIM, CAD, CAM[1]) das hohe Potential industrieller Herstellungsmethoden. Eine Steigerung automatischer Prozesse und des Vorfertigungsgrads insgesamt kann zudem zu erhöhter Qualität und Effizienz führen. Dabei geht es in den teilweise automatisierten Fertigungsmethoden weniger um eine Erhöhung der Anzahl der Wiederholungen einzelner Bauteile als vielmehr um eine intergierte Planung und Fertigung, in der die Planung die Möglichkeiten und Bedingungen der Fertigung von vorneherein mitgedacht werden. Das folgende Kapitel zeigt Ansatzpunkte auf, die diese Faktoren erörtern.

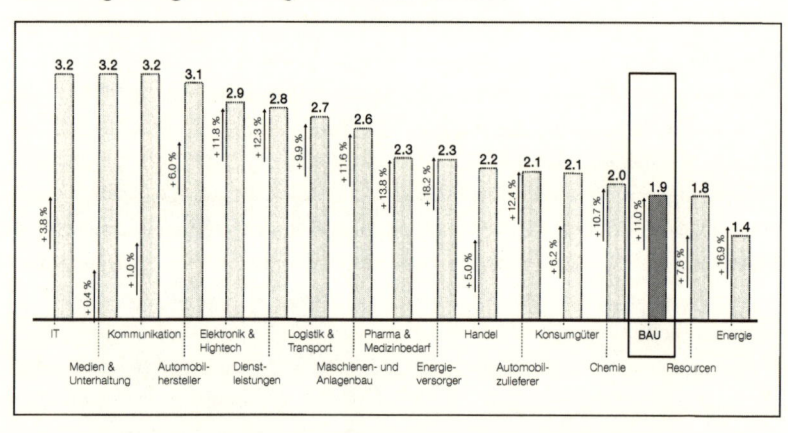

Abbildung 1: Digitalisierung nach Industrien 2014

Quelle: accenturestrategy (Accenture Digital Index). Zeichnung Albus, 2015

Trotzdem lassen sich Potentiale von Vorfertigung und Automation im Bauwesen definieren. Systematisierte Bauweisen erreichen, besonders in einzelnen Konstruktionsdisziplinen, teilweise hohe Vorfertigungsgrade. Insbesondere die Bereiche Tragwerk und Fassade eignen sich zur werkseitigen Herstellung. Weiterhin

---

[1] Building Information Modelling, Computer Aided Design und Computer Aided Manufacturing.

ist der stetig wachsende Marktanteil der Fertighausindustrie, der fast ausschließlich das Segment Einfamilienhausbau bedient, ein Indikator für potentiellen Einsatz und bietet darüber hinaus Anwendungsmöglichkeiten im mehrgeschossigen Wohnungsbau. Durch den Einsatz von vorgefertigten Einheiten und Komponenten kann eine Verkürzung der Bauzeiten sowie Kosteneinsparung erreicht werden. Außerdem wird durch kontrollierte Herstellungsmethoden eine steigende Ausführungsqualität gewährleistet.

POTENTIALE UND SYSTEME EINER MAXIMIERUNG DER VORFERTIGUNG IM BAUWESEN

Unsere Studie untersucht die These, ob eine Maximierung des Vorfertigungs- und Automatisierungsgrades zu einer Steigerung von Effizienz und Qualität führen können, und damit insbesondere zur Senkung der Baukosten beitragen.

Voraussetzung für diese Industrialisierung des gesamten Bauprozesses ist ein grundsätzliches Umdenken in der Planung und Fertigung von Gebäuden, die generell als Einzelobjekt geplant und gebaut werden. In anderen Industrien wie z. B. Automobil, Elektronik und Maschinenbau basiert die Produktentwicklung auf Skaleneffekten und serieller Herstellung. Im Gegensatz dazu entsteht die Entwicklungsarbeit erst bei konkreter Produktnachfrage. Gebäude werden selten als serielles Produkt entwickelt. Im Zusammenhang mit einer massenspezifischen Fertigung sind nur Halbzeuge und Bauprodukte zu nennen, die als multifunktionale Bauteile einsetzbar sind. In der Architektur lassen sich unterschiedliche Ansätze industrieller Gebäudeentwicklung erkennen, die je nach Ansatz kategorisiert werden können:

- Modulbauten als raumgroße Einheiten oder Fertighäuser in Gebäudegröße
- Bausysteme, die auf standardisierten Elementen basieren (z. B. Wandtafeln, Großtafelbau)
- Bausysteme, die auf einer bestimmten Herstellungstechnologie basieren (Fertigbauweisen in Holzrahmenbau, digitale und robotische Fertigung)

Die unterschiedlichen Eigenschaften dieser Kategorien entwickeln entsprechende Merkmale hinsichtlich Eignung und Einsatzfähigkeit. Die unterschiedlichen Ansätze lassen sich wie folgt beschreiben:

Modulbauten und Fertighäuser in Gebäudegröße

Bei der Verwendung von Raumzellen werden vorinstallierte, statisch und technisch komplettierte Einheiten eingesetzt. Aufgrund der Wiederholungshäufigkeit von gleichen Raumabmessungen eignen sich insbesondere Wohnheime, Hotels oder Krankenhäuser für einen wirtschaftlichen Einsatz. Durch hohe Stückzahlen werden Fertigungs- und Montageabläufe effizient und tragen zu einer Verkürzung der Bauzeit bei. Die Vorfertigung der Einheiten findet in optimal ausgestatteten Werkanlagen statt. In diesem Zusammenhang müssen Abmessungen und Gewicht der Einheiten berücksichtigt werden, um einen effizienten Transport zu gewährleisten.

Einheiten in Gebäudegröße wie z. B. das Micro Compact Home (kurz: mc-h; Richard Horden Cherry Lee mit der Technischen Universität München) entsprechen einem Minimalmodul und sind eher selten. Das mc-h entspricht einer leicht transportablen Wohnungseinheit für ein oder zwei Personen, die der Analogie zu Technologien aus Luftfahrt- und Automobilindustrie eine kompakte, aber effiziente Raumausnutzung und Ausstattung verdankt. Die geringen Abmessungen von 2,6 m Kantenlänge machen den Kubus für eine Vielzahl von Grundstücken und Kontexten anpassungsfähig. Er bietet Schlaf-, Arbeits- und Esszimmer sowie Koch- und Sanitärbereich und ist so für den täglichen Gebrauch als Wohneinheit geeignet. Durch die konstruktive Auslegung können Micro Compact Homes horizontal aneinandergereiht oder vertikal gestapelt als ›Cluster Familie‹ zusammengefasst werden. Architektonische Vorbilder modularer Systeme sind u.a. Archigrams ›Living Pod‹/›Plug-In City‹ und Kisho Kurokawas ›Nagakin Capsule Tower‹.

Bausysteme Elementbauweise

Die Elementbauweise beschreibt den Einsatz von Bauteilen, die je nach Anwendung in Boden-, Wand-, Decken-, Fassaden oder Technikbauteilen unterschieden werden. Die Vorfertigung dieser Komponenten findet überwiegend im witterungsgeschützten werksseitigen Umfeld statt. Im Vergleich zu modularen Systemen erhöht die Verwendung von Bauelementen den Planungs-, Fertigungs- und Montageaufwand, da kleinteiligere Einheiten eingesetzt werden. Auf der anderen Seite entsteht eine größere Flexibilität, was zur architektonischen und gestalterischen Vielfalt der Architektur beiträgt.

Ein signifikantes Beispiel industrieller Elementbauweise entstand mit dem ›General Panel System‹ in den 40er und 50er Jahren durch Konrad Wachsmann und Walter Gropius, die ein gleichnamiges Bausystem für die Fertigung von Einfamilienhäusern entwickelten. Mit der Gründung einer Firma versuchten die Architekten ein Bausystem am Fließband herzustellen, und damit Produktion und Nachfrage voneinander zu entkoppeln. Aufgrund der Kleinteiligkeit des Systems sollten die entstehenden Wohngebäude individuell umsetzbar sein, und Einheitsformen vermieden werden.

Gemessen an der Zahl der Umsetzungen ist die Großtafelbauweise oder der Plattenbau sicherlich eines der erfolgreichsten Bausysteme der jüngeren Vergangenheit. Durch die Industrialisierung, die in den 1920er Jahren auch den Bausektor durchdringt, entstehen erste Ansätze dieser Bauform. Eines der ersten Projekte in Tafelbauweise in Deutschland war das Projekt ›Neues Frankfurt‹ (1925-1930) vom damaligen Stadtbaurat Ernst May. Er ließ eine eigens für die Herstellung eine Fabrik errichten, in der Betonplatten als Wand- und Bodenelemente in einer Art serieller Herstellung gefertigt wurden. Es entstanden 15.000 Wohnungen, von denen jedoch nicht alle in Plattenbauweise errichtet wurden. In Berlin war Martin Wagner verantwortlich für ähnliche Entwicklungen, und realisierte u.a. die Splanemann Siedlung in Lichtenberg(-Friedrichsfelde). Insbesondere in der Zeit nach dem Zweiten Weltkrieg entstanden in Ost und West großmaßstäbliche Siedlungen in Plattenbauweise, die als effizientes und kostengünstiges Bausystem galt. Als Vorbild dieses Systems kann der Hochhaustyp der ›Unité d'Habitation‹ von Le Corbusier gesehen werden, die eine Weiterentwicklung des Apartment-Grundmoduls, dem ›Pavillon de l'Esprit Nouveau‹ aus dem Jahr 1925 darstellt. Die auch als Wohnmaschinen bezeichneten ›Unité d'Habitations‹ wurden zwischen 1947 und 1965 in vier französischen Orten und in Berlin realisiert.

Durch Verbindung eines ›tabula-rasa‹ Städtebaus, der auf freier Fläche oder zerstörten und abgerissenen Standquartiere als Ersatz diente, entstanden Wohnzeilen oder punktförmige Hochhäuser im großen Maßstab. Dieser Ansatz verfolgte eine hohe Anzahl gleicher, sich wiederholender Bauteile, um Herstellungskosten drastisch zu senken. Seit den 50er Jahren, vor allem aber zwischen 1960 und 1985 wurden fast ausschließlich Großsiedlungen in Plattenbauweise umgesetzt, die zum einen prägend für den Städtebau und dem Erscheinungsbild der Städte nach dem Krieg waren, und zum anderen einen erheblichen Anteil an der gesamten Bautätigkeit hatten. So wurden allein in der DDR 1,8 bis 1,9 Millionen Wohnungen im Großtafelbauweise errichtet (Hannemann 1996: 86ff.). Aus diesem Grund ist in der Wahrnehmung der Plattenbau und die Großsiedlung der Nachkriegszeit stark miteinander verknüpft, wobei kein technischer oder architektonischer Grund diese Faktoren stützt. Im Laufe der Zeit hat die mittlerweile negative Wahrnehmung vieler Großsiedlungen zu Vorurteilen gegenüber der Großtafelbauweise geführt. Maren Harnack weist in ihrer Forschung darauf hin, dass der Erfolg sowie Misserfolg dieser Wohnsiedlungen sehr unterschiedlich zu beurteilen ist (Harnack 2014: 86f). So können bei geschickter Planung und gutem Management auch Großsiedlungen attraktive Wohnformen bilden.

Planerische und fertigungstechnische Weiterentwicklung haben zur Erhöhung des Vorfertigungsgrades von Tragwerken und Gebäudehüllen nicht nur im Bereich der Bausysteme geführt. Einzelne Bauteilgruppen, wie zum Beispiel Fassaden für Gewerbebauten und Hochhäuser werden überwiegend vorgefertigt. Im Bereich des Wohnungsbaus lassen sich unterschiedliche Tendenzen feststellen, die in dieser Studie anhand von drei Beispielprojekten untersucht und aufgezeigt werden.

FOKUS: ANALYSE VON BEST-PRACTICE BEISPIELEN

Zur Auswahl der zu untersuchenden Beispiele wurde zunächst eine systematische Sichtung von zahlreichen auf dem Markt befindlichen Bausystemen vorgenommen. Aus dieser Recherche wurde eine Langliste von vorgefertigten Wohnungsbau-Systemen erstellt, von denen zehn Beispiele eingehender untersucht wurden. Diese wurden nach den folgenden Kriterien ausgewählt:

- Verfügbarkeit von Daten zu Konstruktion und Kosten.
- Material und Baukonstruktion: Um valide Aussagen zu Abhängigkeiten und Gesetzmäßigkeiten machen zu können, wurden gebräuchliche Materialien und Material-Kombinationen durch die Projektauswahl abgedeckt. Folgende Materialien und Konstruktionsprinzipien wurden als eignungsfähig eingestuft und untersucht:
    o Stahlbeton (Skelettbauweise, Modulbauweise)
    o Holz (Skelettbauweise, Modulbauweise)
    o Stahl (Skelettbauweise, Modulbauweise)

Hybride Bauweisen:

- Stahl und Holz (Skelettbauweise, Modulbauweise)
- Stahl und Stahlbeton (Skelettbauweise, Modulbauweise)
- Grad der Vorfertigung (bezogen auf Systemteile Tragwerk, Ausbau, technische Gebäudeausrüstung, Fassade): Insgesamt wurde für die untersuchten Projekte ein hoher Vorfertigungsgrad angesetzt.

Nachfolgenden werden drei Projekte exemplarisch vorgestellt, die sich in Materialwahl und Konstruktionssystem unterscheiden und sich für einen Einsatz im mehrgeschossigen Wohnbau eignen.

Experimenteller Wohnungsbau Ostersiepen (D), ACMS Architektur Contor Müller Schlüter 2013

Der experimentelle Wohnungsbau in Ostersiepen wurde in Hybridbauweise erstellt und zeigt eine effiziente Kombination unterschiedlicher Materialien in einem Gebäude. Zur Erreichung des Passivhausstandards wurde eine Gebäudehülle aus Holztafel-Elementen mit einem intelligenten haustechnischen Konzept verbunden.

Tabelle 1: Projektinformation

Projektdaten & Nutzung	
Land	Deutschland
Stadt	Wuppertal
Jahr	2013
Nutzung	Studentisches Wohnen
Anzahl Wohnungen	89

Kosten & Kennwerte	
Baukosten	4.975.085 €
BGF	3263 m2
NF	2655 m2
A/V	0.40
€/m2 BGF (300 + 400)	1524,50 €
NF/BGF	0.81
Primärenergiebedarf (kWh/m2)	32

Quelle: Interne Studie Pre-Fab-MAX der Autoren für die IBA Thüringen, Angaben des Architektur Contor Müller Schlüter 2015

Aus dem anspruchsvollem Grundstück mit Hanglage und komplexen Zuschnitt entwickelten die Architekten ein Bebauungskonzept, das aus drei versetzt und leicht zueinander verdrehten Einzelgebäuden besteht, die auf unterschiedlichen Höhenniveaus positioniert sind.

Da die Entwicklung der Studierendenzahlen der Universität Wuppertal nicht mit Sicherheit eingeschätzt werden konnte, wurde ein anpassungsfähiges Raumkonzept erarbeitet, welches eine nachträgliche Umnutzung der Studentenwohnungen in andere Wohnnutzungen dauerhaft ermöglicht. In diesem Zusammenhang wurde das Konstruktionskonzept als eine nutzungsoffene Tragstruktur definiert, das durch reversible Ausbauten an spätere Nutzungen angepasst werden kann. Die vorgefertigte, hochdämmende Gebäudehülle, sowie die gebäudetechnischen Anlagen tragen zur Erfüllung des Passivhaus-Standards bei. Zwei der drei annähernd würfelförmigen fünf Gebäude verfügen über einen Treppenhauskern. Bei dem dritten Gebäude konnte durch den geschickten Umgang mit der Topographie die Erschließung der Geschossebenen komplett nach außen verlagert werden, ohne dabei Einbußen hinsichtlich der Barrierefreiheit aller Geschosse hinnehmen zu müssen. In ihrer Grundkonzeption sind alle Gebäude gleich aufgebaut. Ziel war es tragende, unveränderliche Bauteile zu minimieren, um freie Grundrissebenen von maximaler Nutzungsflexibilität zu erhalten.

Aktuell werden für studentisches Wohnen in Wohngemeinschaften und Einzelapartments genutzt. Die frei nutzbaren Wohnebenen können sich durch ihre flexiblen Ausbauten und die ausschließliche Verwendung leichter Trockenbau-Trennwände im Zuge der Gebäudenutzungsdauer den wandelnden Anforderungen anpassen. Durch verhältnismäßig wenig Aufwand können die Regelgeschosse in kleine Apartments, Mehrzimmer-Wohnungen oder Etagenwohnungen für den freien Wohnungsmarkt umgenutzt werden. Auf diese Weise bleiben die Gebäude unter den unsicheren Vorzeichen des demographischen Wandels und der neu hinzugekommenen Flüchtlingsthematik dauerhaft nutzbar und können auf entsprechende Nachfrageverlagerungen des Marktes reagieren.

Konstruktiv sind die drei Gebäude als Hybrid aus unterschiedlichen Bauweisen entwickelt. So kann jeweils gezielt auf die spezifischen Anforderungen der Bauteile reagiert werden. Alle tragenden Bauteile wurden in Stahlbeton ausgeführt. Durch die Ausführung in vor Ort verarbeitetem und abgebundenem Ortbeton und die damit ermöglichte anspruchsvolle Bewehrungsführung konnte die Anzahl der Stützen minimiert und – trotz großer Spannweiten – auf Unterzüge verzichtet werden. Resultat ist eine flexibel nachnutzbare Grundstruktur, die unterschiedlichste Grundrisskonfigurationen erlaubt.

Abbildung 2: Montage und Transport der Fassadenelemente in Holztafelkonstruktion.

Quelle: Architektur Contor Müller Schlüter

Die hochdämmende Gebäudehülle wurde aus Holztafel-Fassadenelementen hergestellt, die jeweils geschosshoch von Gebäudeecke zu Gebäudeecke spannen. Durch die enorme Elementgröße von ca. 3x15m werden die Fügungsstöße auf ein erforderliches Mindestmaß reduziert. So wird die für den Passivhausstandard erforderliche Dichtigkeit der Gebäudehülle ohne größere Fehlerpotenziale ermöglicht und es können große Teile der inneren und äußeren Fassadenflächen oberflächenfertig in hoher Ausführungsqualität auf die Baustelle geliefert werden. Der Innenausbau wurde gewerkweise auf der Baustelle vorgenommen. Die haustechnischen Anlagen sind zum Großteil in den Bereichen der innenliegenden Bäder gebündelt.

Das Projekt wurde aufgrund seiner an wandelnde Markt- und Wohnbedürfnisse anpassungsfähige Grundkonzeption durch das Förderprogramm ›experimenteller Wohnungsbau‹ des Landes NRW subventioniert. In diesem Zusammenhang unterlag das Projekt einem strengen Kostenrahmen, der den Grad der Vorfertigung insbesondere in den Bereichen TGA und Innenausbau beschränkte. Beispielsweise war die modulweise Vorfertigung der Nasszellen aufgrund zu geringer Stückzahlen baugleicher Nasszellen teurer gegenüber einer herkömmlichen, auf mehrere Gewerke aufgeteilte Montage. Eine kostenneutrale Vorfertigung wäre erst ab einer Modulgröße von ca. 100 gleichen Einheiten möglich gewesen.

Insgesamt ist das Projekt mit 1524 €/m2 BGF (Kostengruppen 300+400, gemäß DIN 277 4.975.000 € Gesamtkosten) vergleichbar mit einer konventionellen Bauweise durch unterschiedliche Gewerke. Berücksichtigt man die 425.000 € Mehrkosten für den überdurchschnittlichen Energiestandard und die 175.000 € Mehrkosten, die aus der anspruchsvollen topographischen Situation und den damit verbundenen umfangreichen Gründungsmaßnahmen resultieren, kommt man auf einen bereinigten Wert von ca. 1340 €/m2 BGF mit dem bei dieser Bauweise auf einem freien Grundstück zu rechnen wäre. Die elementierte, vorgefertigte Gebäudehülle konnte mit einem geringen Kostenvorteil gegenüber einer herkömmlichen Bauweise errichtet werden. Einsparungen entstehen durch Verkürzung der Montagezeiten und einer damit einhergehenden schnelleren Gesamtbauzeit, die die Architekten auf ca. drei Monate beziffern. Das erforderliche Fassadengerüst hat sich als Kostentreiber und ›Störfaktor‹ des vorgefertigten Elementsystems herausgestellt, das gesteigerten planerischen und koordinativen Aufwand verursacht hat.

Abbildung 3: Auswertung Wohnungsbau ›Ostersiepen‹: Grad der Vorfertigung der Baukonstruktionsbereiche im Hinblick auf Fertigungsprozess und Bauzeit.

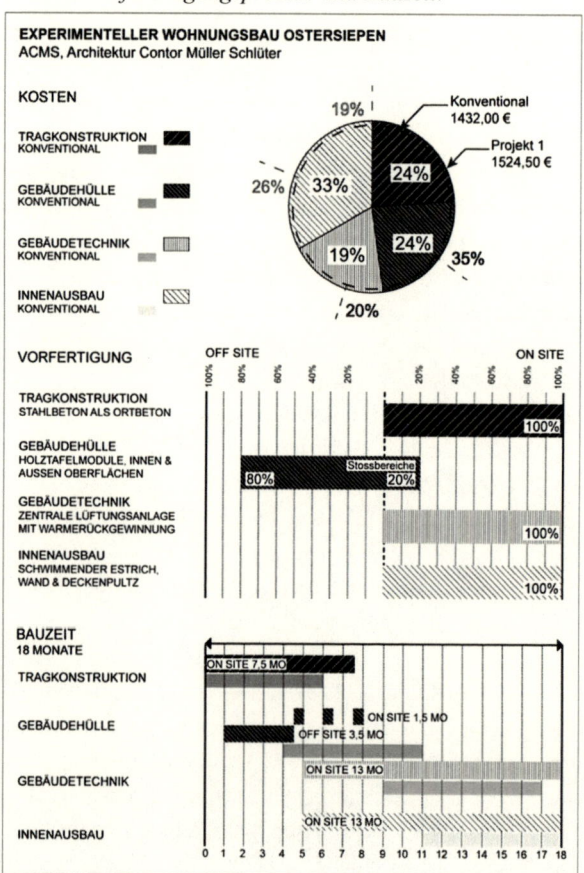

Quelle: Eigene Darstellung

Wohnungsbau Wagramer Straße (AT), Schluder Architektur 2012

Das Wohngebäude, Wagramer Straße in Wien von Schulder Architektur zeichnet sich durch seine Tragstruktur aus massiven Brettsperrholzelementen aus. Durch den Einsatz von vorgefertigten Wand- und Deckenelementen der tragenden Bauteile konnte der Rohbau in fünf Monaten abgeschlossen werden.

Tabelle 2: Projektinformation

Projektdaten & Nutzung	
Land	Österreich
Stadt	Wien
Jahr	2012
Nutzung	Wohnungsbau
Anzahl Wohnungen	101

Kosten & Kennwerte	
Baukosten	15.520.000 €
BGF	15.402 m2
NF	10.465 m2
€/m2 BGF (300 + 400)	1007 €
NF/BGF	0.67
Primärenergiebedarf (kWh/m2)	58.6

Quelle: Interne Studie Pre-Fab-MAX der Autoren für die IBA Thüringen, Angaben Schluder Architektur 2015

Der in 2012 fertiggestellte, mehrgeschossige Wohnbau besteht aus einem siebengeschossigen Riegel, der 71 Wohnungen beherbergt und drei dreigeschossigen Gebäudeblöcken in zweiter Reihe mit 30 Wohnungen. Die kammartige Anordnung der Gebäude ermöglicht die Ausbildung von Höfen im hinteren Bereich der Gruppe, die durch den parallel zur Straße verlaufenden Querriegel geschützt werden.

Die Stadt Wien hat innerhalb der letzten zehn Jahre verstärkt Klimaschutzprogramme verfolgt, und entsprechend Maßnahmen zur Förderung von nachhaltig entwickelten Projekten forciert. Im Jahr 2009 aus einem Bauträgerwettbewerb hervorgegangen, erhielt auch der Wohnungsbau an der Wagramer Straße aufgrund seines innovativen Materialeinsatzes und der energetisch fortschrittlichen Bauweise eine entsprechende Förderung. Die Gesamtbaukosten des Projekts belaufen sich auf 15,52 Millionen €, davon wurden 6,2 Millionen € aus der Wiener Wohnbauförderung bezuschusst. Die beiden Gebäudeblöcke weisen eine Wohnfläche von insgesamt 8586 m2 auf. Der siebengeschossige Riegel mit einer Länge von 94 Metern wurde vom Büro Schluder Architektur entwickelt. Das Büro Hagmüller wurde mit der Umsetzung der drei hinteren, dreigeschossigen Riegel beauftragt. In den Erdgeschossen befinden sich jeweils die Gemeinschaftseinrichtungen sowie eine Gästewohnung. Durch die Auflösung des Ensembles in eine kammartige Struktur wurde ein gelockerter Anschluss an die Umgebungsbebauung ermöglicht.

Das Konzept basiert auf einer Bauweise mit großformatigen Massivholzelementen aus Brettsperrholz (BSP) für tragende Wand- und Deckenbauteile der Obergeschosse. Aufgrund der Brandschutzrichtlinien der Wiener Bauordnung für Gebäude ab vier Geschossen mussten bei beiden Baublöcken die Erdgeschosse sowie die Kerne als Stahlbetonkonstruktionen ausgeführt und umfangreiche Brandschutzmaßnahmen durchgeführt werden. So mussten auch alle Massivholz-Wandelemente des hohen Gebäuderiegels mit Gipskarton beplankt werden, um eine Entzündung der Holzbauteile zu vermeiden.

Abbildung 4: Montage der Wand- und Deckenelemente in Massivholzbauweise.

Quelle: Schluder Architekten

Die Verwendung von großformatigen, vorgefertigten Bauteilen ermöglichten Aufbau und Montage der Gebäude in nur fünf Monaten. Die effiziente Herstellung der Platten im Werk wurde durch CAD- und CAM-basierende Werkzeuge innerhalb von weniger als vier Wochen gewährleistet. Die Plandaten wurden direkt vom Architekten zum Holzhersteller übergeben und in die Abbundmaschinen eingelesen. Parallel zu dieser Fertigung wurden auf der Baustelle die Tiefgarage, der Erdgeschossbereiche und Kerne in Ortbetonbauweise hergestellt.

Abbildung 5: Auswertung Wohnungsbau ›Wagramer Strasse‹: Grad der Vorfertigung der Baukonstruktionsbereiche im Hinblick auf Fertigungsprozess und Bauzeit.

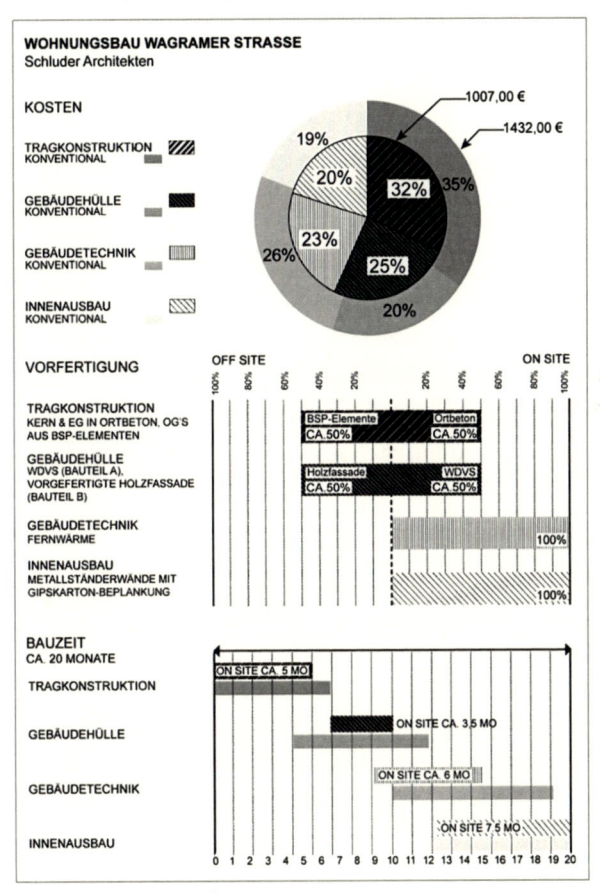

Quelle: Eigene Darstellung

Die für das Wohnprojekt an der Wagramer Straße gewonnenen Vorteile reduzieren sich auf die Komponenten der Gebäudestruktur sowie die Lärchenholzfassade der dreigeschossigen Baublöcke. Während Fertigung und Montage der tragenden Wand- und Deckenbauteile auf nur fünf Monate reduziert werden konnte, relativieren die konventionell ausgeführten Ausbauarbeiten diese Zeitersparnisse generell. Die Gipskarton-Beplankung zur Erreichung der Feuerwiderstandsdauer sowie die Aufbringung des Wärmedämmverbundsystems an der Fassade fanden vor Ort statt. Weiterhin wurden technischer Ausbau sowie Innenausbau konventionell durchgeführt. Mit einer Gesamtdauer von ca. 20 Monaten für die beiden Bauteile

A und B wurden im Vergleich zur konventionellen Herangehensweise allerdings insgesamt keine wesentlichen Vorteile erreicht. Die Gesamtbaukosten des Projekts belaufen sich auf 15,52 Millionen €, davon wurden 6,2 Millionen € aus der Wiener Wohnbauförderung bezuschusst. Das System wirkt sich positiv auf die Kosteneffizienz aus, und es wird ein Quadratmeter-Preis von 1007 €/Bruttogeschossfläche erreicht.

Studentenwohnheim Sant Cugat (ES), DATAAE & H Arquitectes 2012

Ein alternativer Ansatz für kostengünstigen Wohnbau findet sich in modularen Bausystemen. Das Projekt, ein Studentenwohnheim aus Raumzellen in Massivbauweise entstand in der Zusammenarbeit von Architekten mit einem Industrieunternehmen, das sich auf die Herstellung von Wohneinheiten aus Stahlbeton spezialisiert hat.

Tabelle 3: Projektinformation

Projektdaten & Nutzung	
Land	Spanien
Stadt	Sant Cugat
Jahr	2012
Nutzung	Wohnungsbau
Anzahl Module (davon Wohnungen)	62 (57)

Kosten & Kennwerte	
Baukosten	2 784 739 €
BGF	3101 m2
NF	2480 m2
A/V	NN
€/m2 BGF (300 + 400)	898 €
NF/BGF	0.79
Primärenergiebedarf (kWh/m2)	88

Quelle: Interne Studie Pre-Fab-MAX der Autoren für die IBA Thüringen, Angaben Compact Habit, 2014

Das Studentenwohnheim im spanischen Sant Cugat del Vallès beherbergt insgesamt 57 Wohnungen, die in zweigeschossigen, sich gegenüberliegenden Gebäuderiegeln untergebracht sind. Durch die Anordnung der Gebäuderiegel entsteht ein länglicher Innenhof, der Gemeinschaftsraum für Interaktion und Kommunikation bildet und das Herz der Anlage darstellt. Im oberen Geschoss wird er von Laubengängen flankiert, die für die Erschließung der Apartments sorgen, und zusätzliche Begegnungsfläche schaffen. Das Wohnheim geht aus einem Architektenwettbewerb hervor, der den Einsatz eines modularen Betonfertigteilsystems voraussetzte.

Die gesamte Fläche umfasst 3101 m2, davon beanspruchen die Wohneinheiten 3013,50 m2 der BGF. Insgesamt wurden 62 Module produziert. Die Fertigung der Zellen geschieht fast vollständig inklusive Innenausbau im Werk und basiert auf einem Fließbandprinzip. Für Aufbau und Montage wurden die vorinstallierten Einheiten per LKW transportiert, und mit dem Kran an Ort und Stelle versetzt. Aufgrund der Abmessungen des Gewichts der Wohnzellen waren Sondertransporte und Spezialausrüstung notwendig. Durch die firmeneigene Taktstraße konnte eine Fertigungszeit aller Wohnungen von nur sechs Wochen realisiert werden. Der hohe Standardisierungsanteil hat zudem zur extrem wirtschaftlichen Umsetzung beigetragen, da die Wiederverwendung der Schalformen gewährleistet wurde. Weiterhin hat sich die Herstellung im witterungsgeschützten Umfeld positiv auf die qualitative Ausführung der Apartments ausgewirkt.

Abbildung 6: Fertigungsstrasse der Raumzellen im Werk +
Montage der Einheiten auf der Baustelle.

Quelle: H Arquitectes, dataAE

Durch die Zusammenarbeit mit dem Betonfertigteilunternehmen gab es planerische Abhängigkeiten hinsichtlich der baulichen Ausführung der Module. Trotzdem wurden in Bezug auf Abmessungen und Innenausbau Freiräume geschaffen, die eine standardisierte Herstellung gewährleisten. Die Modulgröße beläuft sich auf 5,00x11,20x3,18 m, und basiert auf einer Grundfläche von 39,95 m2. Jede Einheit beinhaltet eine Sanitärzelle, an deren Rückseite eine Küchenzeile mit offenen Regalen integriert ist. Die Oberflächen im Innenraum sind roh belassen. Die Konstruktion der Module basiert auf einem Planungsraster von 0,90 m, das den

Abstand der Strukturelemente definiert. Die monolithische Bauweise trägt zur effizienten Herstellung bei, und erleichtert den sicheren Transport und Aufbau der Einheiten. Für die Fassade wurde ein hinterlüftetes Stahlleichtbausystem eingesetzt, dessen Außenhaut aus einer metallischen Oberfläche mit Holzfenstern besteht. Durch ein Stahlseilnetz, das an den Außenseiten der Fassaden befestigt ist, sorgen Kletterpflanzen für ausreichenden Sonnenschutz und gewährleisten die Einbettung in die umgebende Landschaft. Ein Gründach sorgt für zusätzliche Kühlung der Baukörper im heißen Klima Spaniens. Die haustechnischen Systeme wurden komplett vorinstalliert, und nach Montage auf der Baustelle angeschlossen. Definierte Installationszonen erleichtern die Anschluss- und Ausbauarbeiten vor Ort, und tragen zur effizienten Verteilung innerhalb der Gesamtstruktur bei. Durch den doppelten Aufbau von Wand- und Bodenplatten erreicht die Konstruktion optimale Schall- und Brandschutzwerte, die im Vergleich zu Holzkonstruktionen leicht umsetzbar sind. Es sind keine zusätzlichen Maßnahmen oder Ertüchtigungen des Systems notwendig, da das Material alle notwendigen Eigenschaften zur Erfüllung der bauphysikalischen Anforderungen erreicht.

Die Betonmodulbauweise ermöglicht eine hohe Effizienz von Herstellung und Montage, und führt zu großen Zeit- und Kosteneinsparungen. Die Fertigung der Module hat sechs Wochen gedauert, und hat in einem Werk in der Nähe der Baustelle stattgefunden. Der anschließende Aufbau der Einheiten war nach zehn Tagen fertiggestellt. Die Gesamtdauer von acht Monaten, bedingt durch Ausbauarbeiten sowie die Fertigstellung der Fassaden, des Dachs und der Grünanlagen, ist für ein Projekt dieser Größenordnung bemerkenswert, und macht die Vorteile der Modulvorfertigung deutlich.

Durch die Verlagerung des Großteils der Prozesse von der Baustelle in die Fertigungshalle können Zeit- und Kostenersparnisse realisiert werden Im Vergleich zum konventionellen Bauen in Ortbeton- oder Mauerwerk werden Einsparungen von bis zu 60 Prozent erwartet. Die Gesamtbaukosten beliefen sich auf 2.784.739 €, und erreichten somit einen BGF-Quadratmeterpreis von 898 €. Zur Erreichung dieses vergleichsweise niedrigen Wertes haben vor allem die Materialität der Konstruktion sowie der hohe Standardisierungsgrad beigetragen. Entsprechend war eine großmaßstäbliche Vorfertigung im klassischen Sinne einer Massenproduktionsherstellung möglich, die von vornherein das Ziel des Fertigteilunternehmens war. Diese Standardisierung der Einheiten wirkt sich auf die gestalterische Freiheit aus, die durch fertigungsabhängige Einschränkungen die Planung beeinflussen. Die gewonnenen Vorteile relativieren das Potential des hohen Vorfertigungsgrades, und müssen entsprechend in Betracht gezogen werden.

*Abbildung 7: Auswertung Wohnungsbau ›Sant Cugat‹:
Grad der Vorfertigung der Baukonstruktionsbereiche
im Hinblick auf Fertigungsprozess und Bauzeit.*

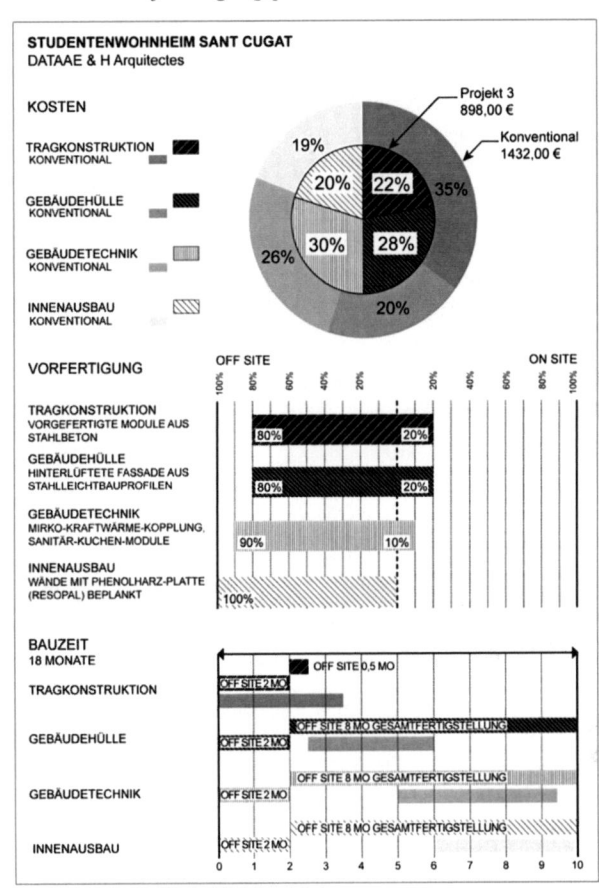

STUDENTENWOHNHEIM SANT CUGAT
DATAAE & H Arquitectes

KOSTEN

TRAGKONSTRUKTION KONVENTIONAL

GEBÄUDEHÜLLE KONVENTIONAL

GEBÄUDETECHNIK KONVENTIONAL

INNENAUSBAU KONVENTIONAL

Projekt 3: 898,00 €
Konventionell: 1432,00 €

19% / 20% / 22% / 35% / 28% / 30% / 26% / 20%

VORFERTIGUNG — OFF SITE / ON SITE

TRAGKONSTRUKTION
VORGEFERTIGTE MODULE AUS STAHLBETON — 80% / 20%

GEBÄUDEHÜLLE
HINTERLÜFTETE FASSADE AUS STAHLLEICHTBAUPROFILEN — 80% / 20%

GEBÄUDETECHNIK
MIRKO-KRAFTWÄRME-KOPPLUNG, SANITÄR-KÜCHEN-MODULE — 90% / 10%

INNENAUSBAU
WÄNDE MIT PHENOLHARZ-PLATTE (RESOPAL) BEPLANKT — 100%

BAUZEIT
18 MONATE

TRAGKONSTRUKTION — OFF SITE 2 MO / OFF SITE 0,5 MO

GEBÄUDEHÜLLE — OFF SITE 2 MO / OFF SITE 8 MO GESAMTFERTIGSTELLUNG

GEBÄUDETECHNIK — OFF SITE 2 MO / OFF SITE 8 MO GESAMTFERTIGSTELLUNG

INNENAUSBAU — OFF SITE 2 MO / OFF SITE 8 MO GESAMTFERTIGSTELLUNG

Quelle: Eigene Darstellung

Bewertung und Ausblick

Auswertung der Analyse nach Konstruktionsbereichen

In der Auswertung werden die ausgewählten Analysen aus dem Bereich der vorgefertigten und kostengünstigen Wohnbauten miteinander verglichen und in Hinblick auf die Hypothese, dass ein maximaler Vorfertigungsgrad zu geringen Kosten und hoher Qualität führt, reflektiert. Die Bewertungskriterien wurden nach den Konstruktionsbereichen Tragwerk, Gebäudehülle, technischer Ausbau und Innenausbau gegliedert. Für die einzelnen Konstruktionsbereiche wurden der Zeit- und Kostenaufwand evaluiert. Die Projektauswahl in der Studie deckt die Bandbreite gängiger Konstruktionssysteme ab, die in diesem Artikel nur teilweise präsentiert werden können. Die folgende Grafik zeigt die Gesamtauswertung der untersuchten Projekte. In der Darstellung wird der Zusammenhang zwischen der Bauweise und dem Bezug auf den Vor-Fertigungsgrad des Konstruktionsbereichs – und auf die Bewertungskriterien – deutlich.

Tragwerk

Für den Bereich Tragwerk weisen die untersuchten Projekte große Unterschiede hinsichtlich des Vorfertigungsgrades auf. Je nach Konstruktion wird komplett vorgefertigt oder eine konventionelle, in-situ-Bauweise eingesetzt. Generell bietet ein Tragwerk aus Stahlbeton wirtschaftliche Vorteile und verbindet Kosteneffizienz mit guten Brandschutzeigenschaften. Im Vergleich dazu ist beim Einsatz von Holz oder Stahl als Tragstruktur in mehrgeschossigen Wohngebäuden verstärkt auf die Einhaltung der brandschutztechnischen Anforderungen zu achten, welche die Mehrkosten des Materials zusätzlich beeinflussen. In diesem Zusammenhang muss die schnellere Bauzeit von Holz- oder Stahlkonstruktionen mit der Wirtschaftlichkeit von Stahlbeton verglichen werden.

Vorteile einer vorgefertigten Tragstruktur ergeben sich, wenn diese in Verbindung mit anderen Bauteilgruppen eingesetzt werden. So zeigt die Untersuchung hohe Vorfertigungsgrade im Bereich Tragstruktur auf, wenn diese in Form von Bauelementen oder Modulen eingesetzt werden. Es findet keine Trennung, sondern Integration statt, die z.B. tragende und abschließende Funktionen verbindet.

Abbildung 8: Gesamtauswertung der in der Studie untersuchten Projekte.

	OSTERSIEPEN ACMS / ARCHITEKTUR CONTOR MÜLLER SCHLÜTER	WOHNUNGSBAU WAGRAMER STRASSE SCHLUDER ARCHITEKTUR	STUDENTEN-WOHNHEIM SANT CUGAT H ARQUITECTES	DURCHSCHNITT ALLER UNTERSUCHTEN PROJEKTE
€ / M² BGF (300+400) NETTO	1.524 €	1.648 €	898 €	
PRIMÄRENERGIE KWH/M²A	32	58	88	
TRAGKONSTRUKTION OFF / ON	100%	35% / 65%	20%	40% / 60%
GEBÄUDEHÜLLE OFF / ON	80% / 20%	50% / 50%	90% / 10%	60% / 40%
GEBÄUDETECHNIK OFF / ON	100%	100%	90% / 10%	40% / 60%
INNENAUSBAU OFF / ON	100%	100%	100%	50% / 50%
GESAMTNIVEAU VORFERTIGUNG OFF / ON	20% / 80%	20% / 80%	40%	50% / 50%

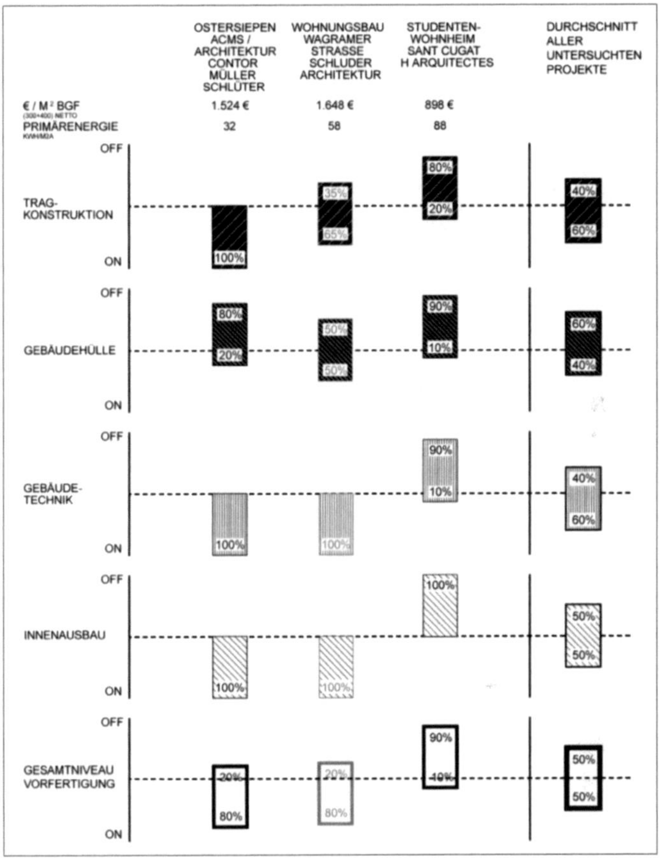

Quelle: Eigene Darstellung

Gebäudehülle/Fassade

Im Bereich der Gebäudehülle wurde durchgängig ein hoher Grad von Vorfertigung nachgewiesen. Bei acht der zehn untersuchten Systeme wurden die hochvorinstallierten Warmfassadensysteme fertig angeliefert, wobei in 50 Prozent der Fälle komplett gebrauchsfertige Elemente montiert werden konnten. Drei Fassadensysteme benötigten die bauseitige Anbringung der hinterlüfteten Fassadenschicht.

Fassadensysteme eignen sich insbesondere für eine separate Herstellung. Durch die größtenteils geschossweise Anbringung entstehen günstige Transportmaße, die wenig Schnittstellen zu den weiteren Baugruppen, insbesondere der Gebäudetechnik und dem Innenausbau, aufweisen. Die Vorfertigung von Fassadenelementen blickt auf eine lange Tradition zurück, weswegen am Markt Kompetenz in verschiedenen Materialausprägungen (Beton, Stahl, Holzbau) und entsprechenden Produktionskapazitäten der Anbieter vorhanden sind. Zimmerei- und Holzbaubetriebe fertigen Holzgebäude und Fassadensysteme für Sanierungen seit Jahrzehnten in der geschosshohen Holztafel- und Holzrahmenbauweise. Hier ist die Ausstattung der Elemente mit Fenstern, inneren und äußeren Oberflächen im Werk naheliegend und die Herstellung eines fertigen Bauelements in einem Montageschritt verbreitet.

Die vermehrt im Büro- und Gewerbebau eingesetzten Metallfassaden werden meist als Bauelemente vorgefertigt. Ähnliches gilt für die Außenwandelemente der Großtafelbauweise sowie für nichttragende Betonfassaden, auch wenn diese Lösungen aktuell einen nur kleinen Marktanteil erreichen.

Eine Einschränkung des hohen Vorfertigungsgrades ergibt sich bei der Gesamtbetrachtung der Gebäudehülle, die sowohl Bodenplatte und Dach betreffen. Während die Bodenplatte ggf. ähnlich der vorgefertigten Decken mit einer Dämmung ertüchtigt werden kann, werden Dachflächen fast ausschließlich konventionell hergestellt, da die Durchgängigkeit der wasserführenden Schichten flachgeneigter Dächer auf der Baustelle am einfachsten herstellbar ist. Weiterhin ist das Eindecken oder Abdichten von großen Dachflächen in relativ kurzer Zeit möglich. Um einen durchgängigen Feuchteschutz zu gewährleisten, werden Dachflächen direkt nach Elementmontage, parallel zu anderen Arbeiten (z.B. Innenausbau oder technischer Ausbau), hergestellt. In diesem Zusammenhang hat die Fertigstellung des Daches geringen Einfluss auf die Geschwindigkeit des gesamten Bauablaufs.

Gebäudetechnik
Gebäude- und haustechnische Systeme sind im Hinblick auf den Grad der Vorfertigung nach wie vor einer der am wenigsten entwickelten Bereiche. In den meisten Fällen finden Herstellung und Einbau der Haustechnik auf konventionelle Weise statt, und erfordert aufgrund zahlreicher räumlicher und geometrischer Schnittstellen, den Umgang mit Anschlussgewerken. Der Innenausbau erfolgt z.B. größtenteils erst nach Abschluss des technischen Ausbaus. Insbesondere die Verlegung von Elektroinstallationen über das gesamte Gebäude beeinträchtigt eine Vorfertigung der anderen Bereiche, da Anschlussmöglichkeiten gewährleistet werden müssen. Eine Ausnahme bilden die Innenseiten der Außenwände, die bei Wohngebäuden zumindest theoretisch von Installationen freigehalten werden können. Durch die Bündelung von Leitungen und Technik-Komponenten zu vorgefertigten, multifunktionalen Modulen kann ein höherer Vorfertigungsanteil erreicht

werden. Zentrale Einheiten wie z.b. Heizzentralen, Kompaktgeräte oder Lüftungsanlagen werden in der Regel ohnehin als vorgefertigte Standardprodukte an das Leitungsnetz im Gebäude angeschlossen.

Die vorgestellten Analysebeispiele verwenden Schachtkonzepte, die Schnittstellen zwischen Gebäudetechnik und Baukonstruktion auf einen bestimmten geometrischen Raum begrenzen. Dies führt zum einen zur Schnittstellendefinition, um haustechnische Leitungsführung exakt zu bestimmen und abzugrenzen, sowie eine schnelle und einfache Montage zu gewährleisten. Zum anderen kann für die Bauteile, die fern dieser Zonen liegen, ein hoher Vorfertigungsgrad erreicht werden.

Innenausbau

Im Bereich des Innenausbaus steht der Vorfertigungsgrad in direktem Zusammenhang mit der gewählten Bauweise: Modulbauten, die vorwiegend als geschlossene, und damit stabile Boxen hergestellt werden, erlauben eine Komplettierung des Innenausbaus im Werk. Die Einheiten werden gebrauchsfertig angeliefert und eingebaut. Dadurch entsteht eine vollständige Vorfertigung der Module, die sich positiv Fertigungszeiten und Gebäudequalität auswirkt. In diesem Zusammenhang müssen Gebäudeteile, die konventionell vor Ort erstellt werden, wie z. B. Dachflächen und Erschließungskerne, berücksichtigt werden.

Beim Bauen mit Wand- und Deckenelementen erfolgt der Ausbau größtenteils auf der Baustelle. Die Verknüpfung von technischem Ausbau oder der notwendige Schutz der Oberflächen stellen in diesem Zusammenhang ein Hindernis dar. Das Einbringen von oberflächennahen Schichten, z.B. Wandbekleidung, Anstriche oder Bodenbeläge am Schluss der Bauarbeiten schützt vor Verschmutzung und Beschädigung während der Bauphase.

Die konventionelle Durchführung der Innenausbauarbeiten stellt häufig die kostengünstigste Lösung dar. Wandflächen können einfach nach Element- oder Modulmontage mit Tapete oder Anstrich versehen werden, ohne die Notwendigkeit einer Werkhalle, die bei einer kompletten Vorfertigung für die Zeit des Innenausbaus vorgehalten und bezahlt werden muss. Plattenförmige Wandbekleidungen eignen sich besser zur Vorfertigung aufgrund geringer Rissgefährdung, sind allerdings teurer.

Eine Alternative sind unbehandelte Oberflächen aus Sichtbeton oder Massivholz, die eine hohe ästhetische Qualität aufweisen, jedoch im Vergleich zu Holzrahmenbau oder Stahlbeton aufgrund zu hoher Fertigungskosten nicht massenmarkttauglich sind.

Schnittstellen-Betrachtung: Bauen als Industrie

Vor dem Hintergrund der untersuchten Systeme sowie der betrachteten Konstruktionsebenen wird deutlich, dass sich derzeit nur bestimmte Bereiche des Bauprozesses zur Vorfertigung eignen und eine deutliche Beschleunigung des Bauablaufs erreichen. Die Notwendigkeit einer Differenzierung, welche Teile sich insbesondere verzögernd auf den Bauablauf auswirken ist in diesem Zusammenhang unumgänglich. In den Untersuchungen wurde deutlich, dass gebäude- oder haustechnische Systeme ein Hemmnis für den kontinuierlichen Fertigungsprozess bedeuten. Der geringe Vorfertigungsgrad sowie zahlreiche Schnittstellen zu den unterschiedlichen Konstruktionsbereichen, beeinflusst den Gesamtablauf und beeinträchtigt die vor- und nachgelagerten Gewerke erheblich. Ähnliches gilt für den Innenausbau. Die Verknüpfung zur Haustechnik oder reine Kostengründe bedingen in den meisten Fällen eine konventionelle Ausführung.

Gebäude werden in der Regel nicht als serielle Bausysteme oder industrielle Produkte gedacht, sondern als Prototypen mit geringer Aussicht auf Wiederholung oder Standardisierung entwickelt. Das reproduzierbare Wissen bezieht sich meist auf Detaillösungen. Die Beteiligten des Planungs- und Bauprozesses arbeiten mehr oder weniger explizit mit erprobten Details, Ausführungen, Standards und Produkten, die sich in der Anwendung qualifiziert haben und wiederholt eingesetzt werden. Insgesamt lassen sich die Innovationsprozesse im Bauwesen als kleinteilig, wenig systematisiert und auf Teilaspekte ausgerichtet beschreiben. Es gibt eine große Menge an Lösungen und Innovationen für einzelne Fragen des Planens, Bauens, Konstruierens und Herstellens von Bauprodukten. Es gibt nur wenige Versuche, die Schnittstellen zwischen den Systemen ganzheitlich zu untersuchen und/oder Systeme zu entwickeln, die alle Ebenen des Planens und Bauens einbeziehen.

Hier stellt sich die Frage ob die Architekt/-innen und Planer/-innen nicht Teil des Problems sind, weil diese eigentlich die übergreifende Koordinierung der Prozesse und Systeme obliegt. So liegt die Vermutung nahe, dass die Architektenschaft ein geringes Interesse daran haben könnte, ihre Existenzgrundlage durch die Entwicklung von reproduzierbaren Systeme in Frage zu stellen. In der Praxis stellt sich diese Frage meist nicht. So würde eine vorgefertigte Bauweise eine integrale Planung voraussetzen, in der sehr frühzeitig Entwurf und Planung auf die Möglichkeiten einer Produktion ausgerichtet werden. Diese Leistungen und die notwendigen Iterationen bedeuten in frühen Planungsphasen einen deutlich höheren Planungsaufwand, der sich durch die derzeitige Struktur der Planungsprozesse und Honorare nicht abbilden lässt. Auch sehen viele Bauherren und die öffentlichen Vergabeordnungen die daraus resultierende Einschränkung des Wettbewerbs als nachteilig an.

Die konventionelle Erbringung von Bauleistungen stellt ein erhebliches Hemmnis im Hinblick auf eine Erhöhung des Vorfertigungsgrades im Bauwesen dar. Die Handwerksordnung und traditionelle Trennung der Gewerke bedeutet eine Verteilung der unterschiedlichen Produktionsschritte und Ausführung der Arbeiten auf Einzelunternehmer. Im Allgemeinen besteht im Handwerk wenig Potential, gewerkeübergreifend zu arbeiten. In diesem Zusammenhang wirkt sich eine gute Baukonjunktur hemmend auf technische oder organisatorische Innovationen aus. Durch eine aktuell gute Auftragslage der Unternehmen besteht wenig Anlass, das funktionierende Modell in Frage zu stellen. Des Weiteren dominieren kleine und mittelständische Unternehmen den Baubereich. Diese Betriebe sind, teilweise aus wirtschaftlichen Gründen häufig nicht im Stande, strategische Überlegungen oder Entwicklungsarbeit in den alltäglichen Arbeitsprozess aufzunehmen. Grundsätzlich versteht sich das Handwerk auch nicht als Innovationsbranche sondern als Hüter einer Tradition, die über Jahrhunderte (oder Jahrtausende) gewachsen ist. Entsprechend werden in der Ausbildung und der Praxis das Bewährte und Vertraute reproduziert und die Innovation gemieden. Die geringe Risikobereitschaft hat auch mit komplexen und ausgedehnten Gewährleistungspflichten im Bauwesen zu tun, bei denen die ausführenden Firmen sogar noch mehr in der Pflicht stehen als die Planer. In diesem Umfeld scheint eine stufenweise Einführung von innovativen Prozessen in dem langsamen und wenig diskursiven Dialog zwischen Herstellern und Anwendern das realistische Szenario.

Es ist davon auszugehen, dass die Baubranche und das Handwerk diese Haltung z.B. deshalb aufrechterhalten können, weil die Reichweite der kleinen und mittelständischen Betriebe der Baubranche hauptsächlich auf das regionale, eventuell nationale Umfeld begrenzt ist. Diese These stützt die Beobachtung, dass Hersteller von Bauprodukten, die im internationalen Wettbewerb produzierend tätig sind, sich entsprechend angepasst haben oder angepasst wurden, um der Konkurrenz standzuhalten. Dies passiert entweder durch innovativere Produkte in effizienzoptimierter Fertigung, die weltweit vertrieben werden (Gebäudetechnik, Fenster und Fassaden), oder durch eine Verlagerung der Produktion (Stahl, Photovoltaik).

Problematisch an der innovationsfeindlichen Haltung des Handwerks im Hinblick auf die in der Einleitung genannten Herausforderungen und die fehlende Zukunftsfähigkeit ist, dass zum Aufbau von innovationsgetriebenen Strukturen erhebliche Investitionen notwendig sein werden. Diese Investitionen werden im momentan günstigen Marktumfeld nicht getätigt. In einer ungünstigen konjunkturellen Lage werden die Investitionen noch unwahrscheinlicher.

Eine Aufweichung dieser gewachsenen Strukturen durch Systemanbieter wie Fertighausfirmen oder Bauträger ist nicht realistisch, weil diese innerhalb des Systems arbeiten und die vorhandenen Strukturen nutzen, nachbilden oder in einem Unternehmen zusammenfassen.

Ein erster plausibler Schritt wäre, die einzelnen Systeme und Konstruktionsebenen mit anderen Systemen und Produkten zu kombinieren. Für solche Ansätze gibt es unterschiedliche Beispiele, in denen jeweils angrenzenden Bauteilebenen im Produkt berücksichtigt oder entsprechende Anschlussdetails angeboten werden, z. B. Dämmung, Folien, Dachdeckungen oder Mauerwerk, Dämmung, Putz (Wärme-Dämmverbund-System). Ähnlich eines Systembaukastens werden aus einer geschickten Kombination verfügbarer Teile und Komponenten vielfältige Lösungsansätze gewährleistet. Dieses Vorgehen ist vergleichbar mit dem Geschäftsmodell und der Herangehensweise eines Fertighausherstellers. Die Gebäude, die hauptsächlich aus konventionellen Baukonstruktionen bestehen, zeichnen sich durch den werksseitigen Herstellungsprozess aus, der einen möglichst hohen Grad der Vorfertigung und damit eine Steigerung der Effizienz anstrebt. Technische Innovationen werden weitestgehend vernachlässigt. Schon innerhalb bestehender Verfahren und Prozesse ist das Potential zur Verbesserung meist so hoch, dass es die zumeist kleineren Unternehmen auslastet, diese Potentiale zu beheben.

Was der deutschen Bauindustrie generell fehlt, ist ein Top-Down-Ansatz, der auf eine großmaßstäbliche Umsetzung oder eine Ausweitung und Verbindung vorhandener Teillösungen in Richtung eines Gesamtbausystems für Gebäude verfolgt. Vergleichbar mit Branchen wie der Automobil-, Flugzeugbau- oder Elektroindustrie sind diese in der Lage, Forschung und Entwicklung zu betreiben und große Produktionskapazitäten durch entsprechende Investitionen aufzubauen. Auch in der Baubranche gibt es große Konzerne und Unternehmen. Es fällt auf, dass ein Unternehmen mit Schwerpunkt im Fertigbau erst an fünfter Stelle im 2015 Ranking erscheint (Fa. Goldbeck), und dieses nur einen Bruchteil des Umsatzes der Branchenriesen erreicht (Hauptverband der Deutschen Bauindustrie e.V., 2015). Die Fa. Goldbeck macht ihren Umsatz in erster Linie mit Parkhaussystemen, erst in zweiter Linie mit im Gewerbebau (Hallen und Bürogebäude). Im Bereich Wohnen werden allein Wohnheime angeboten. Diese Lösungen sind auf den Mietwohnungsbau aus typologischen Gründen nicht übertragbar.

Die großen Baufirmen verstehen sich zunehmend als Dienstleistungsunternehmen, die Bauleistungen Dritter koordinieren und weiterverkaufen und nicht selbst im großen Maßstab bauen. Schwerpunkt der Tätigkeit der beiden großen Unternehmen Hochtief und Bilfinger ist nicht mehr das alleinige Baugeschäft, sondern Errichtung, Instandhaltung und Betrieb der Gebäude im gesamten Lebenszyklus, die als Gesamtleistung an öffentliche Auftraggeber in PPP-Modellen und für private Firmen als Dienstleistung angeboten werden. Auch innerhalb des eigentlichen Baugeschäfts machen bei allen Großprojekten die Verkehrs- und Infrastrukturbereiche den größten Anteil des Geschäfts aus. Eine innovative Produktion der Gebäude am Anfang der Kette spielt im Moment eine untergeordnete Rolle, da derzeit Betriebs- und Instandhaltungskosten den Lebenszyklus dominieren. Deswegen wird überwiegend auf konventionelle Planungs- und Bauverfahren zurückgegriffen. Allein der Bereich der Digitalisierung (BIM-Systeme) wird verstärkt vorangetrieben, weil er sich über den ganzen Lebenszyklus sowie die Instandhaltung und Wartung erstreckt. Dieses Geschäftsmodell (Errichtung, Betrieb) lässt sich nicht ohne Weiteres auf den Mietwohnungsmarkt übertragen. Auch wenn die großen Unternehmen der Baubranche Marktmacht, Kompetenz und einen großen Stab an Mitarbeitern haben, so fehlen ihnen die Produktionskapazitäten für den industriellen Wohnungsbau und der Wille diese weiterzuentwickeln. Das Geschäft konzentriert sich auf andere Geschäftsfelder, die ausgebaut werden und beschränkt sich im Baubereich auf eine großmaßstäbliche Anwendung der konventionellen Strategien.

FAZIT: MAXIMIERUNG DER VORFERTIGUNG

Die Analyse der Praxisbeispiele bestätigt und stützt die Hypothese, dass ein maximaler Vorfertigungsgrad zu einer Reduzierung von Bauzeit und Kosten beiträgt und zu vergleichbarer, in den meisten Fällen jedoch verbesserter Qualität in der Ausführung führt, als bei konventioneller Herangehensweise. Beim Fallbeispiel aus Wuppertal beschränkt sich die Vorfertigung auf den Bereich der Gebäudehülle. Durch die herkömmliche Ausführung der restlichen Konstruktionsbereiche kam es zu einer relativ langen Bauzeit und hohen Kosten. Das analysierte Beispiel aus Wien besteht aus einem vorgefertigten Tragwerk und Fassaden. Hier ergeben sich lange Bauzeiten und hohe Kosten aus den Bereichen Innenausbau und der technischen Gebäudeausrüstung. Im Hinblick auf die Reduzierung der Baukosten und der Bauzeit ist das Beispiel aus Spanien am erfolgreichsten. Die Verwendung von Raumzellen führt zur Maximierung des Vorfertigungsgrades, wirkt sich aber auch deutlich auf die städtebauliche Setzung und den Entwurf aus.

Die Maximierung der Vorfertigung insgesamt mit zwei wichtigen Einschränkungen zu qualifizieren: Das modulare Bauen mit komplett vorgefertigten Modulen in hoher Stückzahl eignet sich nur für spezielle Bauaufgaben (Wohnheime, Hotels, Kleinstwohnungen, Büros) an bestimmten Standorten (einfache Baukörper, serielle Anordnung). Insbesondere im Falle des Beispiels aus Spanien war der Einsatz von vorgefertigten Bauteilen Bestandteil der Wettbewerbsaufgabe, und damit ein elementarer Planungsparameter. Konventionelle Planungsprozesse neigen, wie oben beschrieben zu Lösungen, die sich nur schwer in eine vorgefertigte Bauweise übersetzen lassen.

AUSBLICK IN DIE ZUKUNFT: VORFERTIGUNG ODER STEIN AUF STEIN?

Auch wenn diese Darstellung vor allem die Hemmnisse der hiesigen handwerklich geprägten Baubranche erklärt, so muss hinzugefügt werden, dass sich ähnliche Strukturen auch in anderen Ländern und Kulturen finden: In Nordamerika und in den europäischen Ländern fehlen Systemlösungen für vorgefertigten Wohnungsbau, der im industriellen Maßstab produziert wird. Die Widerstände bestehen nicht nur auf der Seite der Produktion und des Angebots, sondern auch nachfrageseitig, indem nach den 1970er und 1980er Jahren das industrielle Bauen in der Wahrnehmung mit den Großsiedlungen gleichgesetzt wurde. Entsprechend endete auch das Interesse am industriellen Wohnungsbau, nachdem in den späten 1980er Jahren eine allgemeine Abkehr von den städtebaulichen, architektonischen und konstruktiven Ideen der Moderne stattfand.

Durchschlagenden Erfolg hatte das industrielle Bauen in der zentralisierten staatlichen Planwirtschaft des Ostblocks. Hier hat die Industrialisierung und Standardisierung dazu geführt, dass trotz der insgesamt geringeren Wirtschaftsleistung verhältnismäßig viele Wohnungen gebaut werden konnten. Ähnliche Strategien und Herangehensweisen sind in China auch heute noch weit verbreitet. Jedoch ist eine Vergleichbarkeit aufgrund der stark differierenden Strukturen, insbesondere der Kosten, Lohn- und Arbeitsbedingungen hervorzuheben, nicht gegeben und konnten in dieser Studie nicht berücksichtigt werden.

Für eine Steigerung von industriellen Bauweisen und deren Einsatz im Wohnungsbau bedeutet die Digitalisierung der Produktion eine wichtige Entwicklung und muss zum elementaren Bestandteil für die Zukunft des Bauens werden. Hier lässt sich neben den im ersten Kapitel aufgezeigten Systemansätzen erkennen, dass in der Industrie 4.0 eine besondere Chance für das Bauen liegt. So werden in China und den USA die ersten Häuser komplett 3D-gedruckt. Auch wenn sicher noch erhebliche Entwicklungsarbeit notwendig sein wird, um diese Technologie auf andere Bauaufgaben sowie europäische Standards zu übertragen, bieten diese Produktionstechniken die Möglichkeit, wesentlich geringere Investitionskosten zu generieren. Durch den Einsatz digitaler Fertigungstechniken entstehen größere Freiheitsgrade in der gestalterischen Planung, sodass eine breitere Vielfalt in der Planung und Realisierung von Gebäuden und Bauteilen erreicht wird.

Wir gehen davon aus, dass sich das Bauwesen intensiver mit dem Thema Vorfertigung auseinandersetzen wird. So entwickeln einzelne Akteure im In- und Ausland Einzellösungen für geeignete Bauaufgaben, wie die zuvor genannten Wohnheime, Modulbauten und Parkdecks. Von diesen Systemen ausgehend lassen sich andere Marktsegmente erschließen.

Literatur

Bundesverband Deutscher Fertigbau (BDF) (2014): Wirtschaftliche Lage der deutschen Fertigbauindustrie 2014, http://www.fertigbau.de/bdf/unsere-branche/#&panel1-1&panel2-1

Hannemann, Christine (1996): Die Platte: Industriealisierter Wohnungsbau in der DDR, Wiesbaden: Vieweg+Teubner.

Harnack, Maren (2014): ›Big is Beautiful‹, in: Dömer, Klaus/Drexler, Hans/Schultz-Granberg, Joachim (Hg.), Affordable living. Housing for everyone, Berlin: Jovis, S.44-48.

Hauptverband der Deutschen Bauindustrie e.V., (2015), Übersicht Bauunternehmen - Eine kurze Übersicht über die 50 größten Bauunternehmen Deutschlands, http://www.bauindustrie.de/zahlen-fakten/bauunternehmen/ubersicht-bauunternehmen/

Das Bauhaus
und die Bezahlbarkeit des Wohnens

CAROLINE KAUERT UND MAX WELCH GUERRA

So schillernd das historische Bauhaus bald hundert Jahre nach seiner Gründung erscheinen mag: Zu den unbestreitbaren Verdiensten dieser Institution gehört es, einen nachhaltigen Beitrag für die Verbesserung der Wohnverhältnisse der ärmeren Bevölkerungsgruppen geleistet zu haben. Verschiedene Initiativen unter den Direktoren Walter Gropius und Hannes Meyer hatten das Ziel, die Entstehungskosten einer Wohnung zu verringern. Der Rückblick auf die Geschichte zeigt, dass schon vor der Bauhaus-Gründung 1919 die Schaffung bezahlbarer Wohnungen auf der gesellschaftspolitischen Tagesordnung stand und dass die Optimierung der Bauproduktion nicht nur auf die Versorgung der ärmeren Bevölkerungsgruppen fixiert war. Erst in diesem zeitgeschichtlichen gesellschafts- und fachpolitischen Kontext wird der Beitrag des Bauhaus im Laufe der Zeit hinsichtlich der Bezahlbarkeit des Wohnens verständlich.

Eingebettet in eine Erörterung der gesellschaftspolitischen Determinanten der Wohnungsproblematik zu Beginn des 20. Jahrhunderts werden wir anhand von fünf Vorhaben skizzenhaft die Rolle des Bauhaus bei der Bewältigung der historischen Aufgabe umreißen. Dabei beschränken wir uns auf Deutschland und müssen darauf verzichten, den Beitrag aus anderen kontinentaleuropäischen Ländern wie Österreich und Holland sowie aus Großbritannien zu behandeln.

Gleichwohl haben wir es bei der Wohnungsfrage mit einer Problematik aller damals fortgeschrittenen Industrieländer zu tun. Die weltweite Durchsetzung der Industrialisierung in der Folgezeit mit einer teilweise noch schnelleren Urbanisierung als in den kapitalistischen Kernländern ließ die Wohnungsfrage zu einem der großen Probleme der Menschheit im 20. Jahrhundert anwachsen. Damit erhielt die europäische, vor allem die deutsche Wohnungsreformbewegung eine umso größere Bedeutung, ihre Erfahrungen wurden zu einer Referenz in vielen anderen Ländern.

DER BEDARF NACH BEZAHLBAREN WOHNUNGEN

In den Großstädten der führenden kapitalistischen Länder Europas hatte sich im Laufe des 19. Jahrhunderts ein Problemdruck angehäuft, der die Volkswirtschaften und die politische Stabilität der herrschenden Gesellschaftsordnungen gefährdete. Die Industrialisierung hatte sich Hand in Hand mit einer gewaltigen Verstädterung Bahn gebrochen, eine massenhafte Wohnungsnot war eine ihrer sichtbarsten Folgen. Utopist/-innen und sozialautoritäre Patriarchen, karitative Institutionen und Wissenschaftler/-innen, aber auch die Arbeiterbewegung und zunehmend auch die Unternehmen der neuen Industrien suchten nach Wegen, die Wohnungsfrage zu lösen. Gegen Ende des 19. Jahrhunderts traten eine Bodenreformbewegung sowie eine Wohnungsreformbewegung hinzu, letztere sehr stark von Architekt/-innen getragen. In Deutschland unterbanden die gesellschaftlichen Verhältnisse des Kaiserreiches solche Reformen auf breiter Front.

Die Novemberrevolution 1918 und die darauffolgende Gründung der Weimarer Republik 1919 veränderten die Grundlagen der Stadtentwicklung und der Wohnungspolitik in Deutschland. Die sogenannte Weimarer Koalition aus SPD und reformorientierten bürgerlichen Parteien ermöglichte im Einklang mit ebenfalls reformorientierten Teilen der Industrie erstmals in der deutschen Geschichte die Einführung eines Sozialstaates. Die Weimarer Verfassung verlieh dem Reich u.a. das Enteignungsrecht, das Recht zur »Vergesellschaftung von Naturschätzen und wirtschaftlichen Unternehmungen sowie [zur] Erzeugung, Herstellung, Verteilung und Preisgestaltung wirtschaftlicher Güter für die Gemeinwirtschaft«, und zur Regelung des Bauwesens (Art. 7) sowie das Recht, »im Wege der Gesetzgebung Grundsätze auf[zu]stellen für [...] das Bodenrecht, die Bodenverteilung, das Ansiedlungs- und Heimstättenwesen, die Bindung des Grundbesitzes, das Wohnungswesen und die Bevölkerungsverteilung« (Art. 10). Die wohnungspolitische Gestaltungsmacht des Reiches wurde einige Jahre später durch die Hauszinssteuer entscheidend gestärkt. Von 1924 bis 1931 hat diese Sondersteuer umfangreiche private Mittel geschöpft, um den öffentlichen Wohnungsbau zu finanzieren. Dies war eine materielle Voraussetzung für einen wichtigen Teil der Wohnungsproduktion jener Jahre.

Nun waren damals – wie auch heute – die Kosten einer Wohnung von vielen Faktoren abhängig. Bodenpreis und Finanzierungsbedingungen des Bauvorhabens sind von Belang, aber auch die unternehmerische Orientierung der Besitzenden. Die Höhe der Miete lässt sich grundsätzlich durch das Mietpreisrecht regulieren, wobei ein Haushalt durch Wohngeld und andere Leistungen der öffentlichen Hand in die Lage versetzt werden kann, eine bessere Wohnung zu beziehen und zu halten. Das Bauhaus konzentrierte sich im Laufe der 1920er Jahre – wie auch andere Akteure – auf einen weiteren Faktor: die Bezahlbarkeit sollte durch eine Senkung der Baukosten modellhaft erhöht werden.

Zwei Ansätze wurden dabei in erster Linie verfolgt, um die Baukosten zu senken. Die zu erstellenden Wohnungen sollten möglichst klein sein, aber die Optimierung des Grundrisses sollte eine gute Wohnqualität gewährleisten. Die Errichtung der Bauten sollte zudem so wirtschaftlich wie möglich sein, ohne dabei auf eine identitätsstiftende Gestaltung zu verzichten.

Rationalisierung war im ersten Drittel des 20. Jahrhunderts in den USA und den reichsten kapitalistischen Ländern Europas ein wichtiges Thema, allerdings stand hier zunächst die Rationalisierung der industriellen Produktion im Vordergrund. Systematisch wurde die Effizienz eines Werks erhöht, indem die einzelnen Betriebsabläufe wissenschaftlich erfasst wurden und daraufhin eine tiefere Arbeitsteilung sowie eine Normierung und Standardisierung der Produktionskomponenten eingeführt wurden. Der bekannteste Akteur der Rationalisierung der industriellen Produktion, Frederic Winslow Taylor (1856-1915), gab diesem wissenschaftlich basierten Modernisierungsschub der Technik den Namen. Der Taylorismus erfuhr eine wesentliche Erweiterung, als Industrielle, Intellektuelle und Politiker/-innen begannen, diese Rationalisierungsmethoden auf die gesamtgesellschaftliche Reproduktion anzuwenden. Die Rationalisierung verließ den Betrieb und erfasste tendenziell die gesamte Volkswirtschaft und damit auch die Stadt und das Territorium. Sie stellte auch neue Anforderungen an die politische Steuerung der Gesellschaft. Rationalisierung wurde zu einer Staatsangelegenheit.

Der Innovationsschub, der von den USA im Laufe des 20. Jahrhunderts beinahe die ganze Welt erfassen sollte, wird indessen mit dem Namen des Industriellen Henry Ford (1863-1947) in Verbindung gebracht. Es war Ford, der vorführte, wie der Taylorismus erfolgreich ergänzt werden konnte durch höhere Einkommen und bessere materielle Reproduktionsbedingungen für die Industriearbeiterschaft. Die kam der Produktivität der Volkswirtschaft zugute, erhöhte spürbar die Binnennachfrage und stärke die politische Integration der Arbeiterklasse in das System. Der Fordismus wurde auch in Deutschland zu einem Vorbild für die Politik wie die Wissenschaft, Unternehmen wie Gewerkschaften, für Rechte wie für Linke, um die eigene Volkswirtschaft zu stärken oder die Lage der eigenen

Gruppe zu verbessern.[1] Gerade jüngere Architekt/innen setzten sich mit dieser Quelle technischer Innovation sehr aufmerksam auseinander. Die Gründung der neuen Republik 1919 schuf die Bedingungen, um in Deutschland auf die Potentiale der gesamtgesellschaftlichen Rationalisierung zu setzen. Aber schon zuvor hatten sich Architekten mit der Typisierung von Grundrissen und Bauelementen, wie Türen, Fenstern, Wandaufbauten sowie optimierten Bauabläufen beschäftigt, etwa bei der Errichtung der Gartenstadt Hellerau (1909-1913). Unter den Bedingungen des Krieges wurde in Staaken bei Berlin sogar mit öffentlicher Förderung auf das Prinzip der Rationalisierung zurückgegriffen, um die Wohnungsbauproduktion zu verbilligen.

GARTENSTADT STAAKEN BEI BERLIN 1914 – 1917

Ausschlaggebend für den Bau der Gartenstadt Staaken in Spandau bei Berlin war der Bedarf, für die Arbeiter/-innen und Angestellten der staatlichen Rüstungsindustrie während des Ersten Weltkrieges betriebsnah Wohnungen zu schaffen. Daher gründete das Innenministerium eine Genossenschaft, die zwischen 1914 und 1917 eine Mustersiedlung mit 1.000 Wohnungen errichten sollte.

Mit dem Bau einer Wohnsiedlung für etwa 6.000 Bewohner/innen sollten neue Bauformen und Konstruktionsprinzipien, aber auch Finanzierungsmodelle und Organisationsformen erprobt werden, zugleich ging es darum, dass die Reichsregierung sich gegenüber reformorientierten Projekten öffnet (Kiem 1991). Deshalb und weil sie als Vorbild für weitere Siedlungen mit Gartenstadtcharakter nach dem Krieg gelten sollte, wurde die Mustersiedlung unter der Leitung von Paul Schmitthenner trotz der schwierigen Lage der Volkswirtschaft und der Staatsfinanzen bis 1917 mit staatlichen Mitteln fertiggestellt (Voigt/Frank 2003: 130). Heutzutage ist die Gartenstaat Staaken als Pionier für den öffentlich geförderten sozialen Wohnungsbau in Deutschland anerkannt.

Die Staakener Gartenstadt beruht auf dem Prinzip der seriellen Bauweise mit einem klaren und rationalen Städtebau, bei dem Typisierung und Normierung von Bauteilen und Individualisierung ausbalanciert werden. Eine viergeschossige Blockrandbebauung umschließt zweigeschossige, zeilenförmig angeordnete Wohnhäuser im Innern der Wohnanlage im traditionellen Architekturstil. Rationalität im Bau der Siedlung und die damit verbundene Senkung der Baukosten

---

1 Vertiefende Einsichten in den Zusammenhang Fordismus und Wohnungsfrage bietet: Bittner, Fehl u. Kegler 1995.

sollten mit nur fünf verschiedenen Haustypen und fünf entsprechend den Wohnformen und Haushaltsgrößen angepassten Grundrissen erreicht werden.

Die Architektur der Wohnhäuser wurde vorrangig aus der Funktion heraus gewonnen; sie folgte einem variablen Baukastensystem, mit dem typisierte Grundrisse für unterschiedliche Haushaltsgrößen von Ein- bis Dreizimmerwohnungen realisiert werden können. Individuelle Vielfalt hingegen wurde über seriell hergestellte, standardisierte Ausbauelemente, wie Fenster, Türen, Treppen und Beschlägen in verschiedenen Farben und Materialien ermöglicht. Auch in der Gestaltung der Fassaden und der Eingänge erreichte der Architekt mit wenigen Stilelementen einen hohen Grad an Individualisierung, die dem geschlossenen städtebaulichen Charakter nicht widersprechen. Unter den Bedingungen des Krieges gelang es Paul Schmitthenner mit der Gartenstadt Staaken einen Siedlungstyp mit rationalisierter Bauweise und hoher baukünstlerischer Qualität für untere Einkommensschichten zu schaffen.

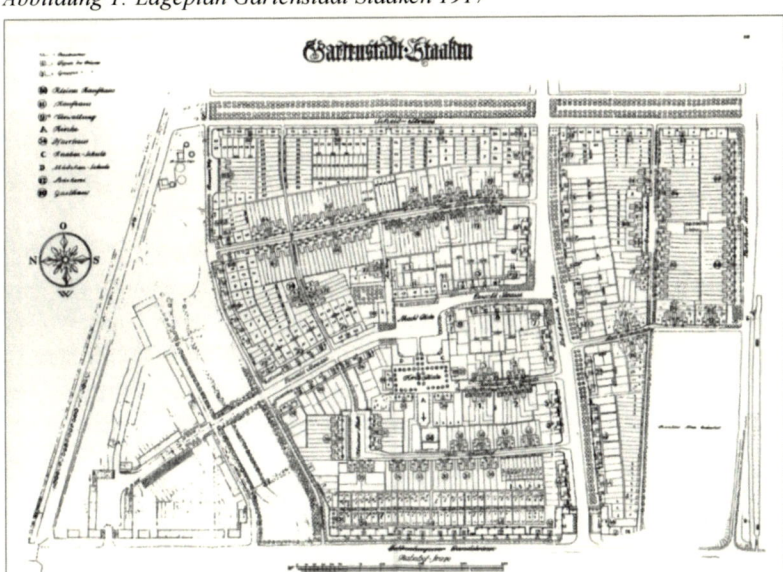

Abbildung 1: Lageplan Gartenstadt Staaken 1917

Quelle: Kiem 1997, Innenumschlag, Jürgen Göhler, Goehler@Gartenstadt-Staaken.de

Die variantenreich gestaltete Wohnsiedlung – Gartenstadt Staaken – ist geprägt von einem rationalen Städtebau, typisierten Grundrissen und standardisierten Ausbauelementen und gilt als eine der fortschrittlichsten Wohnsiedlungen des beginnenden 20. Jahrhunderts.

Abbildung 2: Gartenstadt Staaken, 2016

Quelle: Jürgen Göhler, 2016

Die in gestalterischer Hinsicht konservative Gartenstadt Staaken bei Berlin von Paul Schmitthenner (1884-1972) wurde lange Zeit von der Architekturgeschichtsschreibung übersehen, die vornehmlich auf Siedlungen des „Neuen Bauens" fixiert ist.

DAS HAUS AM HORN IN WEIMAR

Bis am Bauhaus eine Wohnsiedlung errichtet wurde, sollten noch einige Jahre vergehen. Der Bau von Wohnungen gehörte überhaupt nicht zu den ersten Aufgaben der neuartigen Schule. 1919 begann in Weimar eine Phase des Experimentierens auf der Suche nach neuen Lösungen für die handwerkliche Gestaltung von Alltagsgegenständen. In Vorbereitung der Ausstellung 1923 vollzog das Bauhaus den Übergang zu einer explizit industrieorientierten Gestaltung. Das Haus am Horn, 1923 erstellt, vier Jahre nach der Gründung der Institution, ist der erste realisierte Beitrag des Bauhaus für die Lösung der Wohnungsfrage. Es ist ein freistehendes Einfamilienhaus, ein Projekt, das aus einem Wettbewerb hervorging, vom jungen Meister Georg Muche entworfen und in nur vier Monaten errichtet wurde. Mit der finanziellen Unterstützung des Bauunternehmers Sommerfeld gelang die Realisierung. Die geplante Siedlung hinter dem Haus am Horn, am damaligen östlichen Stadtrand Weimars, konnte allerdings nicht mehr realisiert werden (siehe auch Siebenbrodt 2009).

Abbildung 3: Haus am Horn in Weimar

Quelle: Max Welch Guerra, 2010

Die äußere Gestalt des Haus am Horn verrät nur teilweise das Neue. So wurden etwa großformatige vorgefertigte Leichtbausteine aus Schlackebeton mit einer speziellen Wärmeschicht eingesetzt. Dies sollte nicht nur eine rationelle Bauweise ermöglichen, sondern auch eine gute Wärmedämmung, um die Heizkosten zu reduzieren.

Mit der Ausstellung 1923 ging der Übergang zu einer stärkeren Orientierung an industrielle Methoden und einer Abwendung von der Zusammenarbeit mit dem Handwerk einher, was dazu führte, dass die rechten Parteien umso stärker das Bauhaus bekämpften und dafür sorgten, dass dessen Finanzierung prekärer wurde. Damit war das Ende der Weimarer Phase des Bauhaus absehbar.

Das Haus am Horn als freistehendes Einfamilienhaus ist typologisch ein Wohnungsbau für die Mittelschicht. Als Bautyp und mit Blick auf seine Lage lässt es sich als ein erster Entwurf für die systematische Suburbanisierung mit seriellem Wohnungsbau interpretieren.

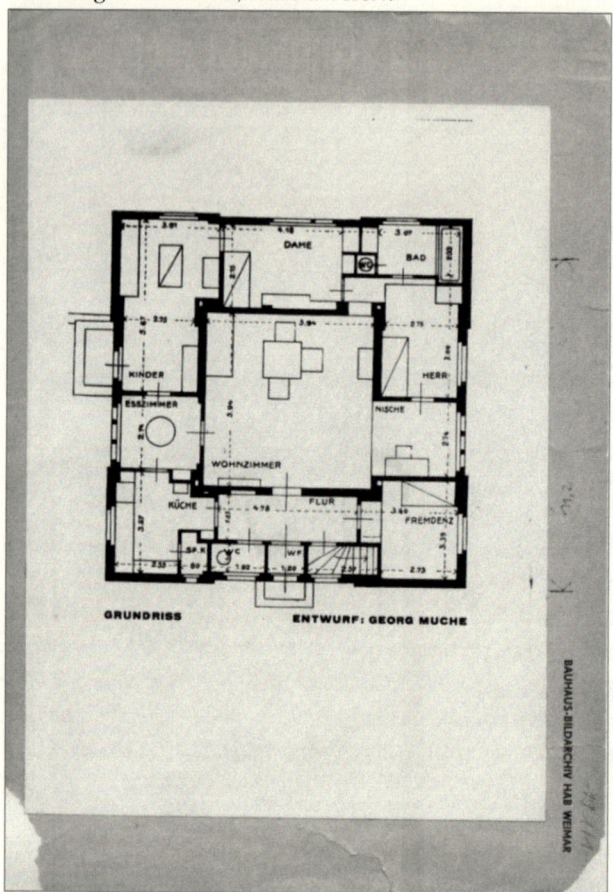

Abbildung 4: Grundriss, Haus am Horn

Quelle: Bauhaus-Universität Weimar, Archiv der Moderne

Der Grundriss des Haus am Horn erinnert uns daran, dass die herrschende Rollenaufteilung zwischen den Geschlechtern baulich festgeschrieben wurde.

SIEDLUNG DESSAU-TÖRTEN 1926-1928

Erst nach dem Umzug des Bauhaus im Jahr 1923 nach Dessau, kam es zur Errichtung einer ganzen Wohnsiedlung, diesmal unter der Leitung von Walter Gropius. Streng genommen wurde die Wohnsiedlung Dessau-Törten nicht direkt vom Bauhaus entworfen, sondern vom Bauatelier Gropius.

Abbildung 5: Siedlung Dessau-Törten

Quelle: Max Welch Guerra, 2016

Trotz nachträglich vorgenommenen individueller baulicher Eingriffe und Veränderungen verweisen die rhythmisierten Gebäudevorsprünge auf das Taktverfahren des Bauprozesses.

Gemeinsam mit Architekten beschäftigten sich weitere Fachleute im 1926 gegründeten Reichstypenausschuss (Eiselen 1927: 21) wissenschaftlich damit, wie die Wohnungsnot bekämpft werden könnte. Der Reichstypenausschuss beobachtete und wertete rationalisierte Versuchsbauten hinsichtlich volkswirtschaftlicher, finanzieller sowie technischer Fragen aus. Mitglieder waren Vertreter aus Politik, Verwaltung, Gewerbe und Industrie, die sich für die Rationalisierung im Wohnungsbau einsetzten. Nach Fachtagungen und Begehungen, u.a. in Dessau, war beschlossen worden, eine Versuchssiedlung unter der Leitung von Gropius zu fördern, die einen wesentlichen Beitrag zur Bezahlbarkeit durch Rationalisierung leisten sollte.

Ziel war es, staatlich geförderte kostengünstige Eigenheime mit Selbstversorgergärten in Dessau zu errichten. Auch in Berlin, Stuttgart-Weißenhof und Frankfurt-Praunheim genehmigte die Nachfolgeinstitution des Reichstypenausschusses, die Reichsforschungsgesellschaft, Fördergelder für weitere Versuchssiedlungen (Schwarting 2010).

Südlich der Stadt Dessau wurde ab 1926 auf einem vorher als Obstgarten genutzten Grundstück nahe des eingemeindeten Dorfes Törten die neue Wohnsiedlung geplant. In Anlehnung an traditionelle Gestaltungselemente der Gartenstadt in der Gesamtkonzeption ordnet sich der Städtebau im Detail mit der doppelreihigen Anordnung der Wohnhäuser und gerader Straßenführung aber dem rationalisierten Taktverfahren des Fertigungsprozesses auf der Baustelle unter. Architektonisch steht die Verbindung von industrieller Typisierung und Individualisierung der Wohnhäuser im Vordergrund. In ihrer Vielfalt sollten sie, wie etwa bei der zeitgleich entstandenen Weißenhofsiedlung in Stuttgart, eine Einheit bilden.

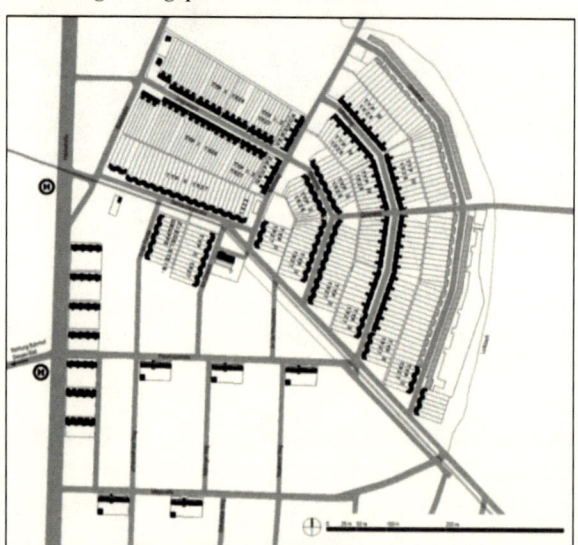

Abbildung 6: Lageplan Dessau Törten

Quelle: Stiftung Bauhaus Dessau 2014

Die Krangleise wirken als Richtschnur für die Straßenführung. Bis in die Straßennamen, wie bspw. »Am Dreieck«, »Kleinring«, »Mittelring«, spiegelt sich der städtebauliche Rationalisierungsgedanke wider.

Da es sich um eine Versuchssiedlung in Serienbauweise handelt, erfolgte der Bau in drei Abschnitten mit jeweils unterschiedlichen Haustypen. Spezialisierte Baukolonnen realisierten verschiedene Baukonstruktionen mit variierenden Bauverfahren und -abläufen, um die Wirtschaftlichkeit der einzelnen Bauabschnitte zu ermitteln. Der Ertrag der Rationalisierung sollte gemessen werden an den Kosten für Materialien und Konstruktionen unterschiedlicher Wand- und Deckenaufbauten sowie Türen, Fenstern, Heizungsanlagen und Warmwassertechnik bis hin zu Fassaden. Die über einen längeren Zeitraum laufenden wissenschaftlichen Untersuchungen zur Dauerhaftigkeit von Materialien und technischen Anlagen, zu Betriebskosten und bautechnischen Werten hätten schließlich Aufschluss über die tatsächliche rationelle Produktion geben sollen (Schwarting 2010: 204 ff).

In Dessau-Törten ging es nicht nur darum, preiswert, industrialisiert und standardisiert zu bauen. Mit den 314 in der Zeit von 1926 bis 1928 entstandenen Häusern sollte auch baukünstlerisch anspruchsvoll gebaut werden. Standardisierte Grundrisse waren mit individuellen Wohnbedürfnissen und die industrielle Bauweise mit handwerklicher Materialästhetik zu vereinen.

Dem Rationalisierungsgedanken kam es entgegen, in Dessau-Törten nicht für kleinteilige Eigentümerstrukturen individuelle Architekturen entwerfen zu müssen. Anders als für die einst geplante Bauhaussiedlung in Weimar vorgesehen, wurden in Dessau nicht für Angehörige des Bauhaus Wohn- und Arbeitsstätten gebaut, sondern Reihenhäuser, die nach dem Reichsheimstättengesetz anschließend ins Eigentum der künftigen Bewohner/-innen übergingen. Auftraggeber in Dessau-Törten war die Stadt Dessau, eine Bauherrin, für die ein weitgehend einheitlicher Städtebau konzipiert werden konnte.

WEISSENHOFSIEDLUNG IN STUTTGART 1927

Der Gedanke der Rationalisierung eroberte nicht nur die Sphäre der materiellen Stadtproduktion, sondern wurde auch zu einem Leitbegriff für die Gestaltungskultur. Dies zeigt die Weißenhof-Siedlung in Stuttgart. Die Idee dieser Siedlung fiel zeitlich zusammen mit dem Wohnungsbauprogramm der Stadt Stuttgart, mit dem die Stadt auf die starke Wohnungsnot, die Arbeitslosigkeit und die Wirtschaftskrise Mitte der 1920er Jahre reagierte. In den Jahren 1925 und 1926 war jeweils der Bau von 1000 Wohnungen geplant.

Die Architekturausstellung zum Thema »Form« im Jahr 1924 gab letztlich den Anstoß für die 1927 folgende Ausstellung »Die Wohnung« mit der Ausstellungssiedlung auf dem Weißenhof, im Zuge dessen die Württembergische Arbeitsgemeinschaft des Werkbundes – eines reformorientierten Zusammenschlusses von Fachleuten der Gestaltung, der gewerblichen Produktion und der Wirtschaft – die Frage der Rationalisierung im Wohnungsbau und Wohnbetrieb vorantrieb. Mit der modernen Wohnsiedlung sollten die Kosten für Baumaterialien und die technischen Wohnungsanlagen verringert, die Hauswirtschaft vereinfacht und die Wohnqualität verbessert werden. Ausführende Architekten waren siebzehn Vertreter der Avantgarde unter der Leitung von Mies van der Rohe, der mit der Wohnung einen baukünstlerischen und weniger einen technischen oder wirtschaftlichen Anspruch verband. Daran beteiligt waren auch u.a. Walter Gropius, Le Corbusier, Max und Bruno Taut, Ludwig Hilberseimer, Hans Scharoun und Hans Pölzig.

Abbildung 7: Haus Scharoun, Weißenhofsiedlung in Stuttgart, 2010

Quelle: Max Welch Guerra, 2010

Das ursprüngliche Ziel, Wohnungen für die Arbeiterklasse zu bauen, wurde vielfach nicht erreicht. So verfügt das Einfamilienhaus von Hans Scharoun über ein Dienstmädchenzimmer. Julius Posener mokierte 1981, dass das Mädchenzimmer winzig sei, mache es nicht besser (Kähler 1991: 148).

Die Stuttgarter Weißenhof-Siedlung ist heute ein weltweit anerkanntes gebautes Manifest des Neuen Bauens (Voigt/Frank 2003: 67). Mit 63 Wohnungen in 21 Häusern wurde eine Vielfalt an Wohnformen für die modernisierungsorientierte feine Gesellschaft über differenzierte Haustypen realisiert. Sie funktionieren als Einfamilienhaus, Doppelwohnhaus, Reihenhaus, Terrassenhaus und als Wohnblock, von der Stahlskelettbauweise bis zum traditionellen Mauerwerksbau. Waren die Bauten ursprünglich für gering- bis mittelverdienende Arbeiter/-innen und

Angestellte gedacht, so traten mit dem baukünstlerischen Anspruch an eine neue Architektur im Wohnungsbau, wie er in Stuttgart modellhaft präsentiert wurde, die Rationalisierung und die Kostensenkung in den Hintergrund. Der oppositionelle, rechte Flügel des Werkbundes – darunter insbesondere Paul Schmitthenner – kritisierte hingegen, dass sich die neue Form der Konstruktion unterordnet. Die Weißenhofsiedlung wurde gleichwohl für das Neue Bauen wegweisend. Sie verkörpert dabei Rationalisierung für Begüterte und transportiert die Modernisierung nach industriellem Muster als Werbebotschaft.

Abbildung 8: Modell Ausstellung Weißenhofsiedlung in Stuttgart, 2010

Quelle: Max Welch Guerra, 2010

Mit neuen Baumaterialien und rationellen Baumethoden sollten fortschrittliche Wohnformen für den modernen Großstadtmenschen geschaffen werden.

LAUBENGANGHÄUSER DESSAU 1930

Erst 1930, kurz bevor es in Dessau aufgelöst wurde, gab das Bauhaus, nunmehr unter der Leitung von Hannes Meyer, mit den Laubenganghäusern eine neue architektonische und soziale Antwort auf die Wohnungsfrage. Fünf der ursprünglich zehn geplanten und von der Stadt Dessau in Auftrag gegebenen Wohnbauten lassen sich als Erweiterung der zuvor fertiggestellten Reihenhaussiedlung Dessau-

Törten betrachten und stehen damit typologisch für eine städtebauliche Durchmischung. Zugleich wurde mit der Ansiedlung von Einkommensschwächeren für eine soziale Mischung im neuen Wohnquartier gesorgt.

Abbildung 9: Laubenganghäuser Dessau

Quelle: Yvonne Tenschert, 2012

Die Laubenganghäuser sind konsequent rationale Wohnbauten für eine kostengünstige Wohnungsversorgung mit nachhaltiger Qualität.

Auf der Suche nach der Beantwortung der sozialen Frage im Wohnungsbau, gelang es dem Bauhaus unter Hannes Meyer mit dem Bau der Laubenganghäuser nun, ein Zeichen für Wohnraum für die unteren Einkommensschichten zu setzen, was sich mit unterschiedlichen Kriterien und mit Blick auf die baulich-räumlichen Dimensionen belegen lässt. Zum einen gelang es, über die genossenschaftlich organisierte Form der Vermietung und die Finanzierung des Baus über einen Baukostenzuschuss der Landesversicherungsanstalt einer einkommensschwachen Bewohner/-innenschaft preiswerten Wohnraum zur Verfügung zu stellen. Der in diesen Häusern erzielte niedrige Mietpreis ließ sich andererseits durch die Reduzierung der Kosten für Baumaterialien und einen rationalisierten Planungs- und Fertigungsprozesse realisieren. Einem der Grundgedanken des Bauhaus folgend, verstärkte Hannes Meyer in der Architekturausbildung am Bauhaus ab 1927 die Verknüpfung von Theorie und Praxis und griff im Planungs- und Fertigungsprozess auf die Kreativität und Schaffenskraft der Bauhaus-Studierenden zurück. Gemeinsam mit ihnen und der Bauabteilung des Bauhaus plante er im Kollektiv die für die Zeit in der Konzeption und der Umsetzung als fortschrittlich geltende Wohnbauten, mit preiswerteren, aber qualitativ und funktional hochwertigen und nachhaltigen Materialien für die Inneneinrichtung.

Funktionsökonomische Wohnungen für das Existenzminimum zu schaffen, gelang über die Typologie der Laubenganghäuser. Den 90 Geschosswohnungen, mit zu jener Zeit beachtlichen 47qm, stand durch die Auslagerung der Erschließungsräume genügend Platz für den Wohnbereich zur Verfügung. Über die konsequente Ausrichtung der Funktionsräume in Richtung des nördlich gelegenen Laubengangs, können die nach Süden angeordneten Wohn- und Schlafräume über große Fensteröffnungen voll belichtet werden. Technisch gut ausgestattete Bäder mit emaillierter Badewanne, Küchen mit Elektroherd und Einbauschränken aus Holz, eine kohlebetriebene Zentralheizung für jede einzelne Wohnung, Kellerräume, Fahrradboxen und ein im Garten errichtetes Waschhaus unterstreichen den fortschrittlichen Charakter der Laubengangwohnungen mit hohem Wohnkomfort. Auch in der sachlichen Gestaltung der bewusst zurückhaltenden Kubatur der Wohngebäude mit Flachdach, schmucklosen Ziegelmauerwerkfassaden mit Sichtbetonelementen, der klaren Rhythmisierung wiederkehrender standardisierter Fensterelemente, Treppenhaus und Laubengängen kommt die für Hannes Meyer typische funktionsorientierte Entwurfslehre zum Ausdruck. Standardisierte Fensterformate werden hinsichtlich des optimalen Einsatzes von Baumaterialien in der Straße Mittelbreite in Holz und in der Peterholzstraße in Stahl ausgeführt.

Das rationale Gestaltungsprinzip mündete in der Reduktion der verwendeten Materialien und in der Materialästhetik der Innenausstattung. Hölzerne Einbauschränke, knapp dimensionierte Türzargen aus Stahl, Türklinken mit integriertem Schloss, kostengünstige Steinholzböden in den Wohnräumen und Terrazzobelag in den Funktionsräumen zeugen von einer aus der Funktion heraus entwickelten Gestaltung und rationalisiertem, kostensenkendem Bauen mit einer hohen architektonischen Qualität.

Dass die Bauhäusler/-innen das Ziel schließlich erreichten, qualitätsvolle Wohnungen für das Existenzminimum zu schaffen, beweist der Einzug der Arbeiter/-innen, Angestellten und Handwerker/-innen im August 1930. Sie zahlten für damalige Verhältnisse, neben einem geringen Baukostenzuschuss und einem Genossenschaftsbeitrag an die Dessauer Spar- und Baugenossenschaft, eine vergleichsweise niedrige Miete von 37,50 Reichsmark. Die fünf Laubenganghäuser erwiesen sich als beliebte Wohnbauten mit hoher Wohnqualität (Stiftung Bauhaus Dessau 2015).

EINE ANERKENNUNG DER NACHWELT

Im Herbst 2016, während wir diesen Text schreiben, werden die Dessauer Laubenganghäuser gemeinsam mit der Bundesschule des Allgemeinen Deutschen Gewerkschaftsbundes in Bernau bei Berlin, ebenfalls ein Werk von Hannes Meyer, ob ihrer Berechtigung geprüft, als UNESCO-Weltkulturerbe anerkannt zu werden (ebd.). Damit würden auch die Laubenganghäuser die Aufwertung erfahren, die in Weimar die Bauten van de Veldes sowie das Haus am Horn, in Dessau das Bauhaus-Gebäude sowie die Meisterhäuser 1996 erfahren haben. Indessen, eine solche Anerkennung haben schon einmal deutsche Wohnsiedlungen erhalten. Bereits 2008 wurden gleich sechs Berliner Reformsiedlungen als UNESCO-Weltkulturerbe anerkannt, und zwar

- die Gartenstadt Falkenberg (Bruno Taut, 1913-15 in Berlin-Treptow),
- die Siedlung Schillerpark (Bruno Taut und Franz Hoffmann, 1924-30 in Berlin-Wedding)
- die Hufeisensiedlung Britz (Bruno Taut und Martin Wagner 1925-30 in Berlin-Neukölln),
- die Wohnstadt Carl Legien (Bruno Taut und Franz Hillinger, 1928-30 in Berlin-Prenzlauer Berg),
- die Großsiedlung Siemensstadt (Otto Bartning, Fred Forbat, Walter Gropius, Hugo Häring, Paul Rudolf Henning und Hans Scharoun, 1929-34 verteilt auf Berlin-Charlottenburg und Berlin-Spandau), sowie
- die Weiße Stadt (Bruno Ahrends, Wilhelm Büning und Otto Rudolf Salvisberg, 1929-31 in Berlin-Reinickendorf).[2]

Nicht eine einzige dieser Siedlungen ist ein Produkt des Bauhaus. In der Folgezeit – etwa in Lateinamerika, wo es zwischen 1930 und 1960 eine große Welle der Rationalisierung des Wohnungsbaus gab, und zwar unter Berufung auf das deutsche Neue Bauen (Sambricio 2012) – beriefen sich die Architekten und Städtebauer in aller Welt gern auf die Brüder Taut und Martin Wagner, auch auf Walter Gropius, kaum aber auf das Bauhaus als Institution und Schule. Erst in den letzten

---

2 Anfang des Jahrzehnts wurde auch diskutiert, die Frankfurter Siedlungen von Ernst May für das Weltkulturerbe vorzuschlagen, eine Bewerbung wurde aber nicht eingereicht. http://www.faz.net/aktuell/rhein-main/frankfurt-welterbe-status-fuer-may-siedlungen-in-weiter-ferne-12050107.html

Jahrzehnten gewann der Begriff Bauhaus weltweit den Sinn eine die weiteren Flügel und Personen des Neuen Bauens in den Schatten stellende Gruppierung. Den weitesten Widerhall weltweit bei der Verallgemeinerung der Standardisierung in der Architektur erreichte tatsächlich die „Bauentwurfslehre", ein Lehrbuch, das Ernst Neufert 1936 in NS-Deutschland erstmals veröffentlichte. Neufert, ein Bauhaus-Schüler der ersten Stunde, war ab 1926 Leiter der Architekturabteilung an der Staatlichen Hochschule für Handwerk und Baukunst Weimar, der Nachfolgeinstitution des Weimarer Bauhaus, die 1930 geschlossen wurde. Er wurde 1938 unter der Ägide des Generalbauinspektors für die Reichshauptstadt und Stratege der Rüstungswirtschaft Albert Speers, zum Normungsbeauftragten ernannt (Schröteler-von Brandt 2008: 213).

BAUHAUS – EINE INSTITUTION IM GESELLSCHAFTLICHEN KONTEXT

Die Frage nach dem Zusammenhang zwischen dem Bauhaus und der Bezahlbarkeit des Wohnens eröffnet den Blick auf ein recht vielfältiges Feld der Geschichte der deutschen Wohnungspolitik in der ersten Hälfte des 20. Jahrhunderts. Das historische Bauhaus steht wohl für den Versuch, die Bezahlbarkeit des Wohnens durch den Einsatz der Rationalisierung der Bauproduktion zu befördern, aber dies ist kein Alleinstellungsmerkmal, auch keine Pioniertat. Die Rationalisierung der Wohnungsproduktion stand zunächst auf der Tagesordnung in der fortgeschritteneren kapitalistischen Welt, ab 1930 wurde sie zur Staatspolitik in zahlreichen Ländern, so etwa in der Sowjetunion und in Lateinamerika.

Die Geschichte der Rationalisierung als Mittel, die Produktion von Wohnungen zu verbilligen, beginnt in Deutschland noch im Kaiserreich, wird in der Weimarer Republik zum staatspolitischen Anliegen und erfährt während der NS-Zeit eine Bekräftigung. Beide deutsche Nachkriegsstaaten setzten die Rationalisierung der Bauproduktion in unterschiedlicher Weise fort, in der DDR wurde sie ab 1971 mit dem Wohnungsbauprogramm, das die Lösung der Wohnungsfrage bis zum Jahr 1990 ermöglichen sollte, faktisch und legitimatorisch zu einem Kernelement der Gesellschaftsstrategie, die allerdings die Erhaltung des städtebaulichen Bestands vernachlässigte.

Es wäre falsch, die Fährte der Rationalisierung im Wohnungsbau der ersten Jahrzehnte des 20. Jahrhunderts nur als eine Angelegenheit sozial oder gar sozialistisch angehauchter Architekt/-innen zu verstehen, die für die ärmeren Bevölkerungsschichten zeitgemäße Wohnungen entwerfen und dabei auf eine moderne Formensprache zurückgreifen. Rationelle Bauproduktion entstand auch mit einer traditionellen Formensprache. Ein rationalisierter Wohnungsbau kann auch die Reproduktion von Arbeitskräften für die Rüstungsindustrie verbilligen, die Distinktion der progressiven Oberschicht zeitgemäß vorführen, die Rendite eines Unternehmens erhöhen oder auch die politische und kulturelle Integration bestimmter Bevölkerungsschichten tragen. Das Bauhaus hat im Haus am Horn in Weimar einen Typus für die wohlhabende Mittelschicht geschaffen und in Dessau-Törten eine breitere Mittelschicht bedient. Die Meisterhäuser, ebenfalls unter dem Direktor Gropius entstanden – und die hier nicht behandelt werden konnten –, richten sich an eine Kulturelite. Das Bauhaus hat erst unter dem Direktor Hannes Meyer ein Vorhaben verwirklicht, das für Bezieher/-innen niedriger Einkommen zugänglich war.

Der Weg des Bauhaus zur Rationalisierung des Wohnungsbaus musste erst gefunden werden. Das Haus am Horn in Weimar ist ein erster kollektiver Versuch, eine erstaunliche Leistung bezüglich des Wagemuts der Gestaltung und der Schnelligkeit der Errichtung, aber in dieser Weise nicht verallgemeinerungsfähig. Erst als das Bauhaus auf öffentliche Finanzierung zurückgreifen konnte, wurde ein großes Vorhaben wie Dessau-Törten möglich, Experimentalbauten, die eine Begleitforschung in staatlichem Auftrag erhielten. Die Errichtung der Laubenganghäuser in Dessau zeigt, wie am Bauhaus mit modernen Lehrprinzipien, kollegialer Arbeit und einer ganzheitlichen Entwurfsmethodik sowie kostensparendem Materialeinsatz qualitätsvolle Architektur und ebensolcher Städtebau geschaffen werden kann, um mit sozialem Anspruch massentaugliche Wohnungsversorgung zu leisten.

Die hier untersuchten Beispiele zeigen, dass bestimmte politische und ökonomische Rahmenbedingungen für den Erfolg eines Vorhabens eine unabdingbare Voraussetzung waren. Auch das Bauhaus konnte nur in enger Zusammenarbeit mit einem privaten Financier oder mit Reichsinstitutionen und der Kommune Vorhaben entwickeln. Die Nutzung der Effizienzgewinne durch die Anwendung tayloristischer bzw. fordistischer Methoden setzte den Aufwand beträchtlicher wirtschaftlicher, administrativer und fachlicher Mittel voraus.

Die langfristigen Folgen der Rationalisierung des Wohnungsbaus können hier nur angerissen werden. Auf der einen Seite steht der Beitrag zur Hebung der Lebensbedingungen weltweit, wozu die Verbilligung der Wohnungsbauproduktion eine Voraussetzung war. Auf der anderen ist die Missachtung des städtebaulichen Bestandes durch eine ausschließlich auf Neubau orientierte Architektur zu bedenken. Besonders die Geschichte der DDR wirft die Frage nach einer Unterscheidung, ja nach dem Widerspruch zwischen der Ökonomie des Baubetriebs und der Ökonomie der Gesamtstadt auf. Gesamtgesellschaftliche Rationalität erfordert heute eine komplexere Herangehensweise, wenn es darum geht, die Wohnung zu einem bezahlbaren Gut auch der ärmeren Bevölkerung zu machen. Technische und gestalterische Innovationen bedürfen der Einbettung in eine gesellschaftspolitisch konturierte Wohnungs- und Stadtentwicklungspolitik.

LITERATUR

Bittner, Regina/Brünning, Henning/Fehl, Gerhard/Kegler, Harald (Hg.) (1995): Zukunft aus Amerika, Dessau: Stiftung Bauhaus Dessau/RWTH Aachen.
Eiselen, Fritz (Hg.) (1927): Deutsche Bauzeitung, Nr. 84, 61. Jg., Berlin 19.10.1927, Nr. 21, S.89, http://delibra.bg.polsl.pl/Content/15798/P-392_1927_21.pdf vom 30.11.2016.
Kähler, Gerd (1991): Architektour: Bauen in Stuttgart seit 1900, Wiesbaden: Vieweg+Teubner Verlag, S. 148.
Kiem, Karl (1991): Die Gartenstadt Staaken (1914-1917): Typen, Gruppen, Varianten, Mann (Gebr.), Berlin.
Sambricio, Carlos (Hg.) (2012): Ciudad y vivienda en América Latina 1930-1960, Madrid: Lampreave.
Schröteler-von Brandt, Hildegard (2008): Stadtbau- und Stadtplanungsgeschichte: Eine Einführung, Wiesbaden: Kohlhammer.
Schwarting, Andreas (2010): Die Siedlung Dessau-Törten. Rationalität als ästhetisches Programm, Thelem, Dresden.
Siebenbrodt, Michael (2009): »Architektur am Bauhaus in Weimar. Ideen und Pläne für eine Bauhaussiedlung«, in: Klassik Stiftung/Ute Ackermann/Ulrike Bestgen (Hg.), Das Bauhaus kommt aus Weimar, Berlin, München, S. 236 – 254.
Stiftung Bauhaus Dessau (2015): Antrag auf Erweiterung der UNESCO-Welterbestätte. Das Bauhaus und seine Stätten in Weimar und Dessau, Berlin und Dessau.
Voigt, Wolfgang/Frank, Hartmut (Hg.) (2003): Paul Schmitthenner 1884-1972, Katalog zur Ausstellung »Schönheit ruht in der Ordnung. Paul Schmitthenner 1884 – 1972«, vom 16. August bis 9. November 2003 im Deutschen Architektur Museum, Tübingen.

Autorinnen und Autoren

Albus, Jutta, ist wissenschaftliche Mitarbeiterin am Institut für Baukonstruktion, Lehrstuhl 2 der Universität Stuttgart. In ihrer Forschung beschäftigt sie sich schwerpunktmäßig mit industriellen Fertigungsmethoden im Bereich Architektur und Baukonstruktion. Ihre Dissertation mit dem Titel ›The Benefits of Implementing Prefabrication and Automated Processes in Residential Construction‹ untersucht Potentiale, die durch den Einsatz automatisierter Bauweisen im Wohnungsbau erreicht werden können.

Balmer, Ivo, doktoriert am Geographischen Institut der Universität Bern. Sein Promotionsprojekt widmet sich aktuellen wohnungspolitischen Veränderungen in Schweizer Städten. Er ist aktiv in der Vernetzung und Beratung von Wohnprojekten in der Region Nordwestschweiz.

Belina, Bernd, ist Professor für Humangeographie am Institut für Humangeographie der Goethe-Universität Frankfurt; er beschäftigt sich mit historisch-geographischem Materialismus, Stadtforschung und Kritischer Kriminologie.

Bernet, Tobias, ist Doktorand an der Freien Universität Berlin und am Max-Planck-Institut für Bildungsforschung. Seine Dissertation widmet sich der Entstehung neuer genossenschaftlicher Wohnformen seit den 1970er-Jahren. Er ist Mitgründer eines selbstverwalteten Wohnprojektes in Leipzig und berät neu entstehende Projekte.

Brecht, Norma, hat Politikwissenschaften und Architektur in Leipzig studiert. Sie arbeitet in verschiedenen Projekten der Fakultät Architektur und Sozialwissenschaften an der HTWK Leipzig, der Stadtpolitik und in Architekturbüros. Ihre Forschungs- und Arbeitsschwerpunkte sind Wohnungspolitik, alternative Wohnformen sowie inklusive Architektur.

Czischke, Darinka, ist Assistenzprofessorin am Department of Management in the Built Environment, Faculty of Architecture and the Built Environment, Delft University of Technology. Sie ist Expertin für soziales und bezahlbares Wohnen in Europa. In 2014 erhielt sie die Delft Technology Fellowship zur Etablierung eines Forschungsprogramms im Bereich gemeinschaftliches Wohnen.

Drexler, Hans, ist Mitbegründer von Drexler Guinand Jauslin Architekten in 1999, das in Frankfurt, Zürich und Den Haag arbeitet. Die Schwerpunkte des Büros sind Wohnungsbau, nachhaltiges Bauen und Energie-Effizienz.

Frank, Susanne, ist Professorin für Stadt- und Regionalsoziologie an der Fakultät Raumplanung der Technischen Universität Dortmund. In ihren Forschungen interessiert sie sich für den Wandel von Siedlungsstrukturen in urbanen Regionen (Suburbanisierung, Reurbanisierung, Gentrifizierung) und für die Soziologie des Wohnens.

Heeg, Susanne, ist Professorin für Geographische Stadtforschung am Institut für Humangeographie der Goethe-Universität Frankfurt am Main. Ihre Forschungsinteressen liegen in Bereich der Immobilienwirtschaft mit einem Fokus auf die Finanzialisierung der gebauten Umwelt und einer Globalisierung der Immobilienwirtschaft.

Holm, Andrej, ist Stadtsoziologe. Seine Arbeitsschwerpunkte liegen im Bereich Stadterneuerung, Wohnungspolitik und Gentrification.

Horlitz, Sabine, ist Architektin und Stadtforscherin mit den Arbeitsschwerpunkten Wohnungspolitik und alternative Eigentumsmodelle. Zurzeit forscht sie, gefördert durch ein Postdoc Stipendium der Fritz Thyssen Stiftung, zu Community Land Trusts in den USA.

Hunger, Bernd, ist Stadtplaner und Soziologe, er hat in Weimar studiert und gelehrt. Als Referent für Stadtentwicklung und Wohnungsbau des GdW Bundesverband deutscher Wohnungs- und Immobilienunternehmen ist er politikberatend zu Themen der integrierten Stadtentwicklung, des Stadtumbaus, der Sozialen Stadt und der Baukultur tätig. Als Vorsitzender des »Kompetenzzentrums Großsiedlungen« tritt er für die städtebauliche und soziale Weiterentwicklung der großen Wohnsiedlungen des 20. Jh. ein.

Kauert, Caroline, ist wissenschaftliche Mitarbeiterin an der Fakultät Architektur und Urbanistik und erforscht die Planungsgeschichte Weimarer Wohnsiedlungen aus den 1920er Jahren und der Zeit des Nationalsozialismus sowie deren wohnungspolitische Bedeutung für den niedrigpreisigen Wohnungssektor.

Kuhnert, Jan, ist Kaufmann und Geschäftsführer. Mit der KUB Kommunal- und Unternehmensberatung GmbH berät er Kommunen und kommunale Wohnungsunternehmen hinsichtlich der Reorganisation für soziale und effiziente Zielerfüllung und zur Einführung von Mietermitbestimmung. Derzeit ist er Vorstandsmitglied der »Wohnraumversorgung Berlin«, einer Anstalt des öffentlichen Rechts des Landes Berlin zur Entwicklung politischer Leitlinien für die 6 Landeswohnungsunternehmen.

Lompscher, Katrin, ist seit Dezember 2016 Senatorin für Stadtentwicklung und Wohnen in Berlin. Sie war davor fünf Jahre lang stellvertretende Fraktionsvorsitzende und Sprecherin der Fraktion DIE LINKE für Stadtentwicklung, Bauen und Wohnen sowie Mitglied des Vorstandes der Hermann-Henselmann-Stiftung. Sie studierte Städtebau an der Hochschule für Architektur und Bauwesen Weimar.

Metzger, Joscha, ist Doktorand am Institut für Geographie der Universität Hamburg, er forscht und lehrt zu den Themen Wohnungspolitik, Quartiersentwicklung und (genossenschaftliche) Wohnungswirtschaft.

Reinprecht, Christoph, ist Professor für Soziologie an der Universität Wien und assoziierter Wissenschaftler am Centre de Recherche sur l'Habitat in Paris. Seine Forschungsarbeiten behandeln die Themen Migration und städtische Lebenszusammenhänge, Sozialer Wohnbau, Soziale Ungleichheit und Unsicherheit sowie politische Soziologie.

Scanlon, Kathleen, ist Wohnungsforscherin an der London School of Economics. Ihre Arbeitsschwerpunkte liegen im Bereich sozialer Wohnungsbau (Organisation und Finanzierung), vergleichende Wohnungspolitik, Hypothekenfinanzierung und Mietregulierung. In den letzten zwei Jahren hat sie an einem Forschungsprojekt zur Realisierung neuen Wohnungsbaus in London gearbeitet.

Schade, Grit, hat Architektur und Real Estate Management studiert. Sie ist Leiterin der Wohnungsbauleitstelle der Berliner Senatsverwaltung für Stadtentwicklung und Umwelt.

Schipper, Sebastian, forscht und lehrt am Institut für Humangeographie der Goethe-Universität Frankfurt am Main zu Fragen der Stadtpolitik, der politischen Ökonomie des Wohnens, Gentrifizierung und städtischen sozialen Bewegungen.

Schönig, Barbara, lehrt und forscht als Professorin für Stadtplanung am Institut für Europäische Urbanistik (Fakultät Architektur und Urbanistik) an der Bauhaus-Universität Weimar. Ihre Forschungsschwerpunkte sind soziale Wohnraumversorgung und Stadtentwicklung, Suburbanisierung und stadtregionale Planung sowie Zivilgesellschaft und Stadtentwicklung.

Vittu, Elodie, ist wissenschaftliche Mitarbeiterin an der Professur Raumplanung und Raumforschung an der Bauhaus-Universität Weimar und Stipendiatin der Thüringer Graduiertenförderung. Sie forscht über soziale Protestbewegungen, soziale Wohnraumversorgung und Stadt(teil)politik.

Vogelpohl, Anne, ist wissenschaftliche Mitarbeiterin am Institut für Geographie der Universität Hamburg. Ihre Forschung thematisiert den Einfluss von Expertisen auf Stadtpolitik, städtische Konflikte und Differenzen, Wohnungspolitik sowie feministische Methodologien.

Vollmer, Lisa, ist wissenschaftliche Mitarbeiterin am Institut für Europäische Urbanistik, Professur Stadtplanung, an der Bauhaus-Universität Weimar. Ihre Forschungsschwerpunkte sind soziale Bewegungen, Wohnungspolitik und neuere politische Theorien.

Welch Guerra, Max, ist Hochschullehrer an der Bauhaus-Universität in Weimar und forscht gegenwärtig vor allem zum Spannungsverhältnis Räumliche Planung, Wissenschaft und Politik im Europa des 20. Jahrhunderts.

Soziologie

Uwe Becker
Die Inklusionslüge
Behinderung im flexiblen Kapitalismus

2015, 216 S., kart., 19,99 € (DE),
ISBN 978-3-8376-3056-5
E-Book: 17,99 € (DE), ISBN 978-3-8394-3056-9
EPUB: 17,99 € (DE), ISBN 978-3-7328-3056-5

Gabriele Winker
Care Revolution
Schritte in eine solidarische Gesellschaft

2015, 208 S., kart., 11,99 € (DE),
ISBN 978-3-8376-3040-4
E-Book: 10,99 € (DE), ISBN 978-3-8394-3040-8
EPUB: 10,99 € (DE), ISBN 978-3-7328-3040-4

Johannes Angermuller, Martin Nonhoff,
Eva Herschinger, Felicitas Macgilchrist,
Martin Reisigl, Juliette Wedl, Daniel Wrana,
Alexander Ziem (Hg.)
Diskursforschung
Ein interdisziplinäres Handbuch (2 Bde.)

2014, 1264 S., kart., 2 Bde. im Schuber, zahlr. Abb.
44,99 € (DE), ISBN 978-3-8376-2722-0
E-Book: 44,99 € (DE), ISBN 978-3-8394-2722-4

Leseproben, weitere Informationen und Bestellmöglichkeiten
finden Sie unter www.transcript-verlag.de

Soziologie

Silke Helfrich, Heinrich-Böll-Stiftung (Hg.)
Commons
Für eine neue Politik
jenseits von Markt und Staat

2014, 528 S., kart., 24,80 € (DE),
ISBN 978-3-8376-2835-7
als Open-Access-Publikation kostenlos erhältlich
E-Book: ISBN 978-3-8394-2835-1

Carlo Bordoni
Interregnum
Beyond Liquid Modernity

März 2016, 136 p., 19,99 € (DE),
ISBN 978-3-8376-3515-7
E-Book: 17,99 € (DE), ISBN 978-3-8394-3515-1
EPUB: 17,99 € (DE), ISBN 978-3-7328-3515-7

*Kijan Espahangizi, Sabine Hess, Juliane Karakayali,
Bernd Kasparek, Simona Pagano, Mathias Rodatz,
Vassilis S. Tsianos (Hg.)*
**movements. Journal für kritische Migrations-
und Grenzregimeforschung
Jg. 2, Heft 1/2016:
Rassismus in der postmigrantischen Gesellschaft**

September 2016, 272 S., kart.
24,99 € (DE), ISBN 978-3-8376-3570-6
als Open-Access-Publikation kostenlos erhältlich:
www.movements-journal.org

Leseproben, weitere Informationen und Bestellmöglichkeiten
finden Sie unter www.transcript-verlag.de